KB177673

임동석중국사상100

서경

書經(尚書)

林東錫 譯註

周公 像

象犀珠玉珍怪之物有悅於人之耳目而不適於用金石草木絲麻五穀六材有適於用而用之則弊取之則竭悅於人之耳目而適於用用之而不弊取之而不竭賢不肖之所得各因其才仁智之所見各隨其分才分不同而求無不獲者惟書乎

丁亥菊秋錄東坡李氏山房藏書記 丘堂呂元九

"상아, 물소 뿔, 진주, 옥. 이런 진괴한 물건들은 사람의 이목은 즐겁게 하지만 쓰임에는 적절하지 않다. 그런가 하면 금석이나 초목, 실, 삼베, 오곡, 육재는 쓰임에는 적절하나 이를 사용하면 닳아지고 취하면 고갈된다. 그렇다면 사람의 이목을 즐겁게 하면서 이를 사용하기에도 적절하며, 써도 닳지 아니하고 취하여도 고갈되지 않고, 똑똑한 자나 어리석은 자라도 그를 통해 얻는 바가 저마다 그 자신의 재능에 따라주고, 어진 사람이나 지혜로운 사람이나 그를 통해 보는 바가 저마다 그 자신의 분수에 따라주되 무엇이든지 구하여 얻지 못할 것이 없는 것은 오직 책뿐이로다!"

《소동파전집》(34) 본 《眞寶》(後集) 099 〈이씨산방장서기〉에서, 구당(丘堂) 여원구(呂元九) 선생의 글씨

《書經》 목차 일람표

차례

書經을

Ⅳ 주서周書

부록

Ⅳ 주서周書

〈周書〉는 周나라의 政令과 史料를 모은 것이다. 주나라는 기원전 11세기쯤 武王姬發이 殷의 紂를 멸하고 세운 나라이다. 주나라의 시조는 舜임금 때 邰에 봉해졌던 姬棄, 즉 后稷이다. 《史記》周本紀에 의하면 姜嫄이 거인의 발자국을 따라갔다가 낳은 아들이며 상서롭지 못하다 하여 버렸던 아이라 하여 이름이 棄이다. 물론 이는 母系사회에서 父系사회로 이전되는 과정을 설명한 것이다. 그 뒤 고공단보古公亶父에 이르러 주원周原에 자리를 잡아 《史記正義》에는 "因太王所居周原, 因號曰周"라고 하여 이때부터 주나라라는 이름을 갖게 되었다. 이 고공단보의 세 아들, 즉 太伯, 虞仲, 季歷 중에 계력이 뒤를 이었고, 다시 그 뒤를 姬昌으로 이어졌으며, 이때가 은주殷紂와 동시대였다. 《史記》周本紀에 "公季卒, 子昌立, 是爲西伯. 西伯曰文王"이라 하여 희창은 岐山에 거하면서 雍州伯에 봉해졌다가 남쪽으로 梁과 荊을 겸병하자 西伯에 봉해진 것이다. 희창 때부터 紂와는 대립과 갈등 국면을 조성하였다가 그 아들 姬發(武王: 대체로 B.C.1027–B.C.1025년까지 재위한 것으로 알려져 있음)이 殷을 멸하고 주나라가 천하를 차지하게 된 것이다. 무왕은 은을 멸한 다음 호(鎬, 지금의 陝西 西安 서쪽)를 도읍으로 하고, 고공단보를 太王으로, 季歷을 公季王季로, 姬昌을 文王으로 추존하여 왕통의 정통성을 확립하였다. 아울러 봉건제封建制를 실시하여 1차 봉건을 시행, 혈족과 공신들을 제후국으로 봉하였고, 그 아들 成王姬誦 때 周公姬旦이 섭정을 하면서 삼감지란三監之亂을 계기로 제2차 봉건을 실시하여 왕실을 공고히 함과 아울러 제후국을 통해 종주국으로서의 천자 지위를 이어가게 된다. 그러나 10대 여왕厲王 때 共和행정을 거쳐 12대 유왕幽王 때 서융西戎과 포사褒姒의 사건으로 인해 기원전 771년에 망하고, 유왕의 아들 희의구

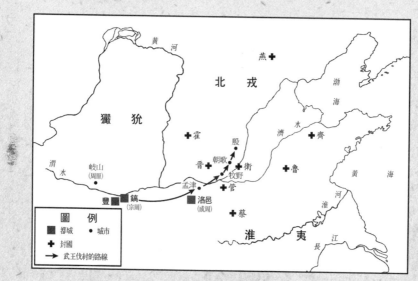

〈武王伐紂〉形勢圖

姫宜臼가 낙읍(洛邑, 지금의 河南 洛陽)으로 천도하여 왕통을 이어가게 된다. 이가 동주東周 첫 임금 평왕平王이다. 때문에 역사적으로 그 이전을 '서주', 평왕 이후 난왕(赧王, 姫延)이 망한 기원전 256년까지를 '동주'라 한다. 대체로 서주 시기는 기원전 1027–771년으로 보고 있으며, 동주는 기원전 770–256년까지로 8백여 년 간이었다. 서주는 12대 임금, 동주는 25대 임금 등 37군주로 이어진 것이며, 다시 동주는 전반부를 春秋, 후반부를 戰國시대라 하며 秦始皇의 천하통일(기원전 221)로 마감하게 된다.

　지금 전하는 〈주서〉는 주로 西周 무왕武王, 성왕成王, 강왕康王, 姫釗, 목왕穆王, 姫滿과 東周 평왕平王 때의 사료이며, 모두 32편으로 〈금문상서〉에 19편, 〈고문상서〉에 13편이 들어 있다.

*蔡沈《書傳》注에 "周, 文王國號, 武王因以爲有天下之號. 《書》凡三十二篇"이라 하였다.

　西周와 東周의 世系圖를 보이면 다음과 같다.

◎西周世系圖
(約西紀前1027 – 前771年)

(一)武王發————(二)成王誦————(三)康王釗————(四)昭王瑕———
(公元前1027—前1025年)　(公元前1024—前1005年)　(公元前1004—前967年)　(公元前966—前948年)

(五)穆王滿————(六)共王繄扈————(七)懿王█
(公元前947—前928年)　(公元前927—前908年)　(公元前907—前898年)

　　　　　　　　(八)孝王辟方
　　　　　　　　(公元前897—前888年)

(九)夷王燮————(十)厲王胡————(十一)宣王靜————(十二)幽王宮涅
(公元前887—前858年)　(公元前857—前842年)　(公元前827—前782年)　(公元前781—前771年)

※ 宣王靜卽位前, 自西紀前841〜前828년까지는 共和行政時期로 共14年간이었음.

◎東周世系圖
(公元前770 – 前256年)

(一)平王宜臼(幽王子)——太子洩父——(二)桓王林————(三)莊王佗——
(公元前770—前720年)　　　　　　(公元前719—前697年)　(公元前696—前682年)

(四)僖王胡齊————(五)惠王閬————(六)襄王鄭閬————(七)頃王壬臣
(公元前681—前677年)　(公元前676—前652年)　(公元前651—前619年)　(公元前618—前613年)

(八)匡王斑
(公元前612—前607年)

(九)定王瑜————(十)簡王夷————(十一)靈王泄心————(十二)景王貴
(公元前606—前586年)　(公元前585—前572年)　(公元前571—前545年)　(公元前544—前520年)

(十三)悼王猛
(公元前520, 不滿一年)

(十四)敬王匄————(十五)元王仁————(十六)定王介(貞定王)
(公元前519—前477年)　(公元前476—前469年)　(公元前468—前441年)

(十七)哀王去疾
(公元前441, 不滿一年)

(十八)思王叔
(公元前441, 不滿一年)

(十九)考王嵬————(二十)威烈王午————(二十一)安王驕——(二十二)烈王喜
(公元前440—前426年)　(公元前425—前402年)　(公元前401—前376年)　(公元前375—前369年)

　　　　　　　　　　　　　　　　　　　　　　　　(二十三)顯王扁
　　　　　　　　　　　　　　　　　　　　　　　　(公元前368—前321年)

(二十四)慎靚王定————(二十五)赧王延
(公元前320—前315年)　(公元前314—前256年)

〈21〉 태서泰誓(上, 中, 下)(110-116)

〈白瓷雙腹龍柄傳瓶〉(隋) 1957 陝西 西安
李靜訓묘 출토

〈태서泰誓〉는《史記》(周本紀)에는 '太誓'로 되어 있으며,《國語》(周語 下)에는 '大誓'로 되어 있다. '매우 중대한 서약'이라는 뜻이다. 무왕(武王, 姬發)이 은殷의 주紂를 칠 때 맹진(孟津, 盟津)에 모여든 많은 제후들에게 맹세를 한 서사誓辭이다.《史記》周本紀에는 "居二年, 聞紂昏亂暴虐滋甚, 殺王子比干, 囚箕子. 太師疵·少師彊抱其樂器而奔周. 於是武王徧告諸侯曰:「殷有重罪, 不可以不畢伐.」乃遵文王, 遂率戎車三百乘, 虎賁三千人, 甲士四萬五千人, 以東伐紂. 十一年十二月戊午, 師畢渡盟津, 諸侯咸會. 曰:「孳孳無怠!」武王乃作〈太誓〉"라 하였다. 상, 중, 하 3편으로 구분되어 있으며 〈古文尙書〉에만 들어 있으며, 이는 僞作으로 여겨 〈僞泰誓〉로도 부르고 있다.

＊蔡沈《書傳》〈泰誓〉注에 "泰, 大同,《國語》作大. 武王伐殷, 史錄其誓師之言, 以其大會孟津, 編書者, 因以〈泰誓〉名之. 上篇未渡河作, 後二篇, 旣渡河作. 今文無, 古文有. 按: 伏生二十八篇, 本無〈泰誓〉. 武帝時〈僞泰誓〉出, 與伏生今文書合爲二十九篇. 孔壁《書》, 雖出而未傳於世, 故漢儒所引皆用〈僞泰誓〉. 如曰 '白魚入于王舟, 有火復于王屋, 流爲烏.' 太史公記〈周本紀〉亦載其語, 然〈僞泰誓〉雖知剽竊, 經傳所引而古書亦不能盡見, 故後漢馬融得疑其僞謂〈泰誓〉. 按其文若淺露, 吾又見書傳多矣, 所引〈泰誓〉而不在〈泰誓〉者, 甚多. 至晉孔壁古文書行而〈僞泰誓〉始廢"라 하였다.

〈서〉: 문왕 11년, 무왕武王이 은殷나라 정벌에 나섰다. 13년 정월 무오戊午날 군사들이 맹진孟津에서 하수河水를 건너면서 〈태서泰誓〉 3편을 지었다.

〈序〉: 惟十有一年, 武王伐殷. 一月戊午, 師渡孟津, 作〈泰誓〉三篇.

【惟十有一年】'惟'는 維와 같으며 뜻이 없는 發語辭. '有'는 숫자 십 단위 사이에 넣는 常套語이며 又와 같음. 11年은 周 文王 11년. 文王은 9년에 죽었으며 햇수로 2년이 지난 그 뒤 2년에 해당함. 孔安國 傳에는 "九年而文王卒, 武王三年服畢, 觀兵孟津, 以卜諸侯伐紂之心, 諸侯僉同, 乃退, 以示弱"이라 함. 武王은 즉위하고 나서 紀元을 고치지 않고 아버지 文王의 紀年을 그대로 이어갔기 때문에 11년이라 한 것이며, 이는 아버지의 업을 이어받겠다는 의지를 보인 것임. 《史記》周本紀에는 "九年, 武王上祭於畢"이라 함.

【一月戊午】孔安國 傳에 "十三年正月二十八日"이라 함. 한편 《尙書正讀》에는 "志(《漢書》律曆志)以伐殷觀兵爲十一年事, 日月戊午師渡孟津爲十三年事, 似〈書序〉一月, 上當有十三年三字"라 하여 "十三年一月戊午"여야 한다고 보았음. 한편 고대에는 每月 날짜를 숫자로 세지 않고 六十甲子로 이어갔음.

【孟津】黃河 옛 나루 이름. 지금의 河南 孟縣. 《史記》殷本紀에는 "西伯旣卒, 周武王之東伐, 至盟津, 諸侯叛殷會周者八百. 諸侯皆曰:「紂可伐矣.」 武王曰:「爾未知天命.」 乃復歸"라 하였고, 〈周本紀〉에는 "九年, 武王上祭于畢. 東觀兵, 至于盟津. 爲文王木主, 載以車, 中軍. 武王自稱太子發, 言奉文王以伐, 不敢自專"이라 하였으며, 〈秦楚之際月表〉에는 "湯·武之王, 乃由契·后稷脩仁行義十餘世, 不期而會孟津八百諸侯, 猶以爲未可, 其後乃放弑"라 하는 등 '孟津', '盟津'을 섞어 표기하고 있음.

泰誓(上)

　상편은 무왕武王. 姬發이 맹진孟津에 이르러 그곳에 모인 제후들에게 상주商紂의 악행을 낱낱이 거론함과 아울러, 자신이 아버지 문왕文王의 뒤를 이어 천명天命을 수행하게 된 과정을 자세히 설명하며, 모든 이들이 자신을 도와 은殷을 쳐서 멸할 것을 호소한 내용이다.

110(21-1)
대회맹진大會孟津

13년 봄, 맹진孟津에 크게 모였다.

무왕이 말하였다.

"아! 우리 우방友邦의 총군冢君과 나라의 일을 맡은 여러 관원들은 서약을 명확히 들으라. 천지와 만물은 부모요, 오직 사람이 만물의 영장靈長이로다. 진실로 총명聰明해야 천자가 되는 것이며, 천자는 백성의 부모로다. 지금 상왕商王 수受는 상천上天을 공경하지 않아 아래 백성들에게 재앙을 내리고 있다. 그는 술에 빠지고 색을 탐하며, 포학暴虐한 짓을 감행하여 죄를 지은 사람이라면 그 가족까지 멸살하고, 한 번 관직에 오른 자는 대를 이어 직위를 누리고 있으며, 궁실, 대사臺榭, 피지陂池를 짓고 만들며, 복식을 사치롭게 하느라 너희 만백성을 잔혹하게 해치고 있다. 게다가 충신과 양신을 불태워 죽이는가 하면 임신부의 배를 가르는 짓까지 하고 있다. 황천皇天이 진노震怒하여 나의 아버지 문왕文王에게 명하여 엄숙히 장차 하늘의 위엄을 보이라 하셨으나, 아직 큰 공훈을 성취하지 못하셨다. 지난날 어린 나 소자小子 발發이 너희 우방의 총군들을 통해 상나라의 정치를 관찰하였다. 그러나 상왕 수는 조금도 개전改悛의 정이 없이 오만무례한 행동을 하며 상제上帝와 천신지기를 받들지 아니하고, 자신들의 선대 종묘를 버린 채 제사조차 지내지 않고 있다. 희생犧牲과 자성粢盛은 모두 흉측한 도적들이 모두 털어가 버렸다. 그런데도 '나는 백성을 가지고 있고 천명도 가지고 있다!'고 떠들고 있으니, 자신의 오만함을 제어할 줄 모르는 것이다. 하늘은 아래 백성을 돕기 위해 임금을 세우고 군사를 세워준 것이니, 마땅히 상제를 돕고 사방 백성을 보호하고 위무하여야 하는 것이다. 죄가 있고 죄가 없음에 대하여 내 어찌 감히 하늘의 뜻을 멀리할 수 있겠는가?"

惟十有三年春, 大會于孟津.

王曰:「嗟! 我友邦冢君越我御事庶士, 明聽誓. 惟天地萬物父
母, 惟人萬物之靈. 亶聰明, 作元后, 元后作民父母. 今商王受, 弗
敬上天, 降災下民. 沈湎冒色, 敢行暴虐, 罪人以族, 官人以世, 惟
宮室·臺榭·陂池·侈服, 以殘害于爾萬姓. 焚炙忠良, 刳剔孕婦. 皇
天震怒, 命我文考, 肅將天威, 大勳未集. 肆予小子發, 以爾友邦冢
君, 觀政于商. 惟受罔有悛心, 乃夷居, 弗事上帝神祇, 遺厥先宗廟
弗祀. 犧牲粢盛, 旣于凶盜. 乃曰:『吾有民有命!』罔懲其侮. 天佑下
民, 作之君, 作之師, 惟其克相上帝, 寵綏四方. 有罪無罪, 予曷敢有
越厥志?」

〈周武王〉宋 馬麟(畫)

【大會】크게 모임. 武王이 殷나라 紂를 정벌하러 나서자
아무런 약속이 없었음에도 8백 제후들이 참여하고자 모
여들었다 함.

【孟津】河水의 나루터. 지금의 河南 孟縣.

【友邦冢君越我御事庶士】'友邦'은 孔穎達 疏에 "同志爲友,
天子友諸侯親之也. 〈牧誓〉傳曰: 言志同滅紂"라 함. '冢君'
은 諸侯. '越'은 與, 及의 뜻. '御事庶士'는 일을 맡아 처리
하는 여러 관원. 王樵는 "卽本國三卿, 亞旅, 師氏, 千夫長,
百夫長"이라 함.

【明聽】명확히 들음. 〈蔡傳〉에 "告以伐商之意, 且欲其聽
之審也"라 함.

【惟人萬物之靈】사람은 만물의 靈長임을 뜻함.

【亶聰明】'亶'은 誠, 固, 眞과 같음. '진실로'의 뜻.

【元后】大帝. 곧 천자. 大君. '元'은 大의 뜻. '后'는 君, 主
의 뜻.

【商王受】'受'는 帝辛, 곧 紂의 이름.

【沈湎冒色】'沈湎'은 술에 빠져 몽매한 상태. '冒色'은 女色을 탐하는 것. 《新書》道術篇에 "厚人自薄謂之讓, 反讓爲冒"라 함.

【罪人以族】한 사람의 죄에 그 집안 사람들을 모두 죽임. 孔安國 傳에 "一人有罪, 刑及父母兄弟妻子"라 함.

【官人以世】'官'은 임용함. '世'는 부자가 세습함을 뜻함. 《周禮》秋官 大行人 "世相朝也"의 鄭玄 注에 "父死子立曰世"라 함.

【臺榭】'臺榭'는 높은 樓閣. 孔穎達 疏에 李巡의 말을 인용하여 "臺, 積土爲之, 所以觀望也. 臺上有屋謂之榭"라 함.

【陂池】제방을 쌓아 만든 못. 池塘.

【侈服】화려한 복식. 孔安國 傳에 "侈謂服飾過制, 言匱民財力爲奢麗"라 함.

【以殘害于爾萬姓】'以'는 來와 같음.

【焚炙忠良】'焚炙'는 불에 태워 죽이는 것. 炮烙之刑(炮格之刑)을 가리킴. 《史記》殷本紀에 "百姓怨望而諸侯有畔者, 於是紂乃重刑辟, 有炮格之法"이라 하였고, 《列女傳》孽嬖傳(殷紂妲己)에는 "百姓怨望, 諸侯有畔者. 紂乃爲炮烙之法, 膏銅柱, 加之炭. 令有罪者行其上, 輒墮炭中, 妲己乃笑"라 하여 기름을 바른 구리기둥을 숯불 위에 세우고 죄인을 오르도록 하여 떨어져 죽도록 함.

【刳剔孕婦】살을 갈라 뼈를 바름. 《列女傳》에 "比干諫曰:「不修先王之典法, 而用婦言, 禍至無日!」紂怒, 以爲妖言. 妲己曰:「吾聞聖人之心有七竅.」於是剖心而觀之"라 하여 紂가 충신 比干의 심장을 열어 보았다 하며, 《韓詩外傳》(10)에도 "昔殷王紂殘賊百姓, 絶逆天道, 至斲朝涉, 刳孕婦, 脯鬼侯, 醢梅伯. 然所以不亡者, 以其有箕子・比干之故. 微子去之, 箕子執囚爲奴, 比干諫而死, 然後周加兵而誅絶之"라 하여 잉태한 여인의 배를 갈라 그 胎兒를 살펴보는 등 온갖 악행을 저질렀다 함.

【震怒】크게 노함. 大怒함.

【命我文考】'文考'는 文王(姬昌)을 가리킴. '考'는 돌아가신 부친을 이르는 말.

【肅將天威】엄숙하게 장차 하늘의 징벌이 있을 것임.

【大勳未集】'大勳'은 大勛으로도 표기하며 큰 공훈. '集'은 成功, 成就와 같음.

【肆予小子發】'肆'는 '그리하여, 혹 從前, 故'와 같음. '發'은 姬發, 즉 武王의 이름.

【觀政于商】'觀政'은 정치를 관찰해 봄. 〈蔡傳〉에 "觀政, 猶伊尹所謂萬夫之長, 可以觀政. 八百諸侯, 背商歸周, 則商政可知"라 함.

【悛心】잘못을 뉘우쳐 고침. 悔改, 改過遷善의 뜻.

【乃夷居】'夷居'는 傲慢無禮한 행동을 뜻함. 《荀子》修身篇에 "容貌太刀, 進退趨行,

由禮則雅, 不由禮則夷固僻違, 庸衆而野"의 楊倞 注에 "夷, 倨也"라 함.

【神祇】天神地祇의 줄인 말.

【犧牲粢盛】'犧牲'은 제물로 바치는 여러 가축. '粢盛'은 제사에 쓰이는 기장이니 곡물 등을 일컫는 말.

【旣于凶盜】'旣'는 盡과 같음.

【罔懲其侮】'懲'은 制止의 뜻. '侮'는 오만함.

【惟其克相上帝】'克'은 能과 같음. '相'은 '보좌하다'의 뜻.

【寵綏四方】'寵'은 '보호하다, 애호하다'의 뜻. '綏'는 '안정시키다'의 뜻.

【予曷敢有越厥志】'越'은 孔安國 傳에 "越, 遠也"라 함. 여기서는 '의무를 저버리다'의 뜻.

111(21-2)
천필종지 天必從之

"힘이 같다면 덕德을 헤아리고, 덕이 같다면 의義를 헤아려보면 될 것이다. 수受는 거느린 신민臣民이 억만億萬이지만 그들은 억만의 마음이요, 나는 신민이 3천이나 오직 한마음이로다. 상나라의 죄는 꿰어서 가득하여 천명天命이 그를 주벌하고 있다. 내가 하늘의 이러한 뜻을 따르지 않는다면 나의 죄는 그와 똑같게 되는 것이다. 나 이 소자는 이른 새벽부터 밤늦도록 하늘을 공경하며 두려워하면서 아버지 문왕文王의 명을 받아, 상제에게 제사를 올리고 총토家土에게 제사를 올려, 이렇게 그대들 무리와 하늘이 주紂에게 벌이 이르도록 한 것이다. 하늘은 백성을 긍휼히 여겨, 백성이 원하는 것을 하늘은 반드시 들어주게 되어 있다. 그대들은 나 한 사람을 보필하여 사해四海를 길이 깨끗하게 해 주기를 바란다. 때가 되었다, 놓칠 수 없노라!"

「同力度德, 同德度義. 受有臣億萬, 惟億萬心; 予有臣三千, 惟一心. 商罪貫盈, 天命誅之. 予弗順天, 厥罪惟鈞. 予小子夙夜祇懼, 受命文考, 類于上帝, 宜于冢土, 以爾有衆, 底天之罰. 天矜于民, 民之所欲, 天必從之. 爾尚弼予一人, 永清四海. 時哉, 弗可失!」

【同力度德, 同德度義】힘이 같을 경우에는 德이 있는 쪽이 승리하며, 덕도 같을 경우 정의가 있는 쪽이 승리함. '度'는 揆度, 즉 '양을 재어보다, 헤아려보다'의 뜻. 孔安國 傳에 "力鈞則有德者勝, 德鈞則秉義者强, 揆度優劣, 勝負可見"이라 함.
【億萬心】億萬人이 제각기 딴 마음을 먹고 있음.
【貫盈】'貫'은 串과 같음. 꿸. 관통함. '盈'은 滿과 같음. 가득 참.

【厥罪惟鈞】그 죄가 똑같게 됨을 뜻함. 그러한 紂를 벌하지 않으면 나도 그의 죄와 같아짐. '鈞'은 均一함, 같음.

【夙夜祗懼】'夙夜'는 '새벽부터 밤늦게까지'의 뜻. '祗'는 敬과 같음.

【受命文考】아버지 文王의 명을 내가 받아서 내가 그 임무를 마치는 것임. 〈蔡傳〉에 "言受命文考者, 以伐紂之擧, 天本命之文王, 武王特稟文王之命, 以卒其伐功而已"라 함.

【類于上帝】'類'는 '禷'와 같음. 제사의 한 종류. 특별한 일이 있을 때 하늘에 고하는 제사. 《說文》에 "以事類祭天神也"라 함.

【宜于冢土】'宜'는 〈蔡傳〉에 "祭社曰宜"라 하였고, 《爾雅》 釋天에는 "起大事, 動大衆, 必先有事乎社而後出, 謂之宜"라 하여 社廟, 즉 土地神에게 제사를 올린 다음 출발하는 것을 말함. '冢土'는 大社. 社廟 중에 가장 으뜸이 國家의 社廟. 《詩》 大雅縣 "乃立冢土"의 〈毛傳〉에 "冢, 大. 冢土, 大社也"라 함.

【以爾有衆】'有'는 '衆'을 雙音節로 만들기 위한 添加詞.

【底天之罰】'底'는 致와 같음.

【天矜于民】'矜'은 긍휼히 여김. 불쌍히 여김.

【爾尚弼予一人】'尚'은 庶幾와 같음. '바라다, 원하다'의 뜻. '予一人'은 武王 자신을 지칭함.

【永淸四海】길이 천하를 맑게 함. 陳經은 "四海本淸, 紂汙濁之. 伯夷大公所以避之以待天下之淸也. 去紂而除其穢惡則淸其源而天下淸矣"라 함.

【時哉】때가 이르렀음을 뜻함.

泰誓(中)

중편中篇은 무왕武王이 군사를 이끌고 맹진孟津에서 드디어 하수河水를 건너 북쪽에 주둔하면서 포고한 서사誓辭이다. 내용은 천의天意와 인사人事가 모두 은殷을 쳐서 멸하도록 되어 있는만큼 틀림없이 승리할 것이니, 일심일덕一心一德으로 확신을 갖도록 사기를 북돋운 것이다. 〈금문〉에는 실려 있지 않으며 〈고문〉에만 있다.

한편 임지기林之奇는 "上篇雖不明言所以誓師之日, 然以中篇曰「惟戊午, 王次于河朔」, 則知上篇當是丁巳日, 尙在河南未渡孟津時所作, 旣誓師而渡河也. 中篇則是戊午日, 旣渡而次舍於河之北所誓也"라 하였다.

112(21-3)
무고유천 無辜籲天

무오戊午날, 무왕武王이 황하 북쪽에 주둔하였다.

여러 제후의 장들이 군사를 이끌고 모두 모이자 무왕은 이에 군사들을 순시하며 이렇게 맹세하였다.

"오호라! 서토西土의 여러분이여. 모두 짐朕의 말을 들어라. 내 듣기로 '길한 사람은 선한 일을 하되 하루 날이 부족하고, 흉한 사람은 선하지 못한 짓을 하되 또한 하루 날이 부족하다'라 하였다. 지금 상왕商王 수受는 법도에 어긋난 짓을 하기에 온 힘을 쏟으면서 두루 노인들을 버리며 죄인을 가까이 하고 있다. 술에 취해 마구 잔학한 짓을 하여 그 신하들도 그에게 물들어가고 있으며, 서로 붕당을 지어 원수를 만들며 권세를 끼고 서로를 죽이고 있다. 이에 무고한 사람들이 하늘에 호소하여 그의 더러운 악행을 드러내어 널리 알리고 있다."

> 惟戊午, 王次于河朔.
> 羣后以師畢會, 王乃徇師而誓.
> 曰:「嗚呼! 西土有眾. 咸聽朕言. 我聞:『吉人爲善, 惟日不足; 凶人爲不善, 亦惟日不足.』今商王受, 力行無度, 播棄犁老, 昵比罪人. 淫酗肆虐, 臣下化之, 朋家作仇, 脅權相滅. 無辜籲天, 穢德彰聞.」

【戊午】武王이 殷의 紂를 치기 위해 河水를 건넌 날짜. 고대에는 매월 날짜를 숫자로 세지 않고 六十甲子로 연이어 세었음. 天命을 받은 지 13년째의 1월 壬辰(二日)날 武王은 군사를 출동시켰으며, 같은 달 戊午(二十八日)에 孟津에서 하수를 건넜

고, 엿새 뒤인 甲子날에 紂王을 토벌한 것으로 계산하고 있음.

【王次于河朔】'王'은 武王 姬發. '次'는 군사가 행군하여 주둔함을 뜻함. 孔安國 傳에 "次, 止也"라 함. 《左傳》 莊公 3년 傳에 "凡師, 一宿爲舍, 再宿爲信, 過信爲次"라 함.

【群后以師畢會】'群后'는 여러 제후들. '畢'은 '모두'의 뜻.

【徇師】군사들을 순시함. '徇'은 孔安國 傳에 "徇, 循也"라 하였고, 《字詁》에는 "循, 巡也"라 하였으며, 《漢書》 東方朔傳의 注에는 "循, 行視也"라 함.

【西土有衆】서쪽 땅의 여러 제후들. '西土'는 周나라가 서쪽에 있어 이른 말. '有'는 語頭辭.

【商王受】'受'는 帝辛, 즉 紂의 이름.

【力行無度】'力'은 盡力, 竭力의 뜻. '無度'는 법도에 어긋나는 행동.

【播棄犁老】'播'는 布, 遍과 같음. 孔穎達 疏에 "傳以播爲布, 布者, 遍也. 言遍棄之, 不禮敬也"라 함. '犁老'는 노인을 가리킴. 구체적으로는 箕子와 比干를 가리키는 것으로 보고 있음. 한편 '犁'는 '黎', 혹 '耆'와 같음. 《經義述聞》에 "黎老者, 耆老也. 古字黎與耆通"이라 함.

【昵比罪人】'昵'은 '親'과 같으며 가까이 여기는 자를 뜻함. '比' 또한 뜻이 같음.

【淫酗肆虐】'淫'은 '과도하다, 지나치다, 넘치다'의 뜻. 酗(후)는 술에 빠져 정신을 차리지 못하는 상태. 혹은 주사를 부리거나 주정을 함. '肆'은 방자하게 구는 것.

【臣下化之】'化'는 變과 같음. 변해감. 점차 善을 버리고 惡의 길로 들어섬. 孔穎達 疏에 "臣下化而爲之, 由紂惡而臣亦惡. 言君臣之罪同也"라 함. 한편 《管子》 七法에 "漸也, 順也, 靡也, 九也, 服也, 習也, 謂之化"라 함.

【朋家作仇】'朋'은 朋黨을 지음. 각기 作黨하여 서로 원수를 삼음.

【脅權相滅】'脅'은 挾과 같음. 《釋名》 釋形體에 "脅, 挾也"라 함. '權'은 권력. 권세를 끼고 서로 죽임. 孔安國 傳에 "脅上權命以相誅滅"이라 함.

【無辜籲天】'無辜'는 無罪와 같음. 籲(유)는 '호소하다'의 뜻.

【穢德彰聞】'穢德'은 더러운 행동·악행, '彰'은 현저하게 드러남. '聞'은 널리 소문이 퍼짐.

113(21-4)
동심동덕同心同德

"하늘은 백성을 사랑하며, 임금은 하늘을 받드는 것이다. 그런데 하夏
나라 때 걸桀은 하늘의 뜻에 능히 순종하지 않은 채 그 해독을 예속된
나라들에게 유포시켰다. 하늘이 이에 성탕成湯을 도와 명령을 내려 하나
라의 운명을 폐기하도록 내려보내셨다. 수受는 그러한 걸보다 더 큰 죄
를 짓고 있다. 크고 선량한 신하 미자微子에게 못된 짓을 하여 나라를
떠나도록 하였고, 간언하던 보필 비간比干을 적해하며 학대하였다. 그러
면서 자신은 천명을 타고났다고 말하며, 공경이라는 것도 실행할 만한
것이 못된다고 떠들고 있으며, 제사도 무익한 것이라 말하며, 포악한 짓
을 해도 아무런 상해를 입지 않는다고 말하고 있다. 그가 거울로 삼을
일은 멀리 있지 않으니 저 하왕夏王 걸을 살피면 알 것이건만 그런 짓을
하고 있다. 하늘이 나를 써서 백성을 다스리게 하였으니 나의 꿈이 나의
점괘와 부합하며, 아름다운 상서로움이 겹쳐졌으니 상나라를 정벌하면
틀림없이 승리를 거두게 될 것이다. 주왕 수는 억조를 가지고 있다 하나
평범한 사람들로 마음과 덕이 흩어져 떠나 있지만, 나는 다스리는 신하
열 명 뿐이로되 한 마음에 하나의 덕으로 뭉쳐 있다. 그에게 비록 지극
히 친밀한 자가 곁에 있다 해도, 나에게 어진 사람 있는 것만 같지 못하
리라."

「惟天惠民, 惟辟奉天. 有夏桀不克若天, 流毒下國. 天乃佑命成
湯, 降黜夏命. 惟受罪浮于桀. 剝喪元良, 賊虐諫輔. 謂己有天命, 謂
敬不足行, 謂祭無益, 謂暴無傷. 厥監惟不遠, 在彼夏王. 天其以予
乂民, 朕夢協朕卜, 襲于休祥, 戎商必克. 受有億兆夷人, 離心離德,

予有亂臣十人, 同心同德. 雖有周親, 不如仁人.」

【惟天惠民】'惠'는 愛와 같음. 은혜를 베풂. 사랑을 베풂.

【惟辟奉天】'辟'은 군주. '奉'은 받듦.

【有夏桀不克若天】'克'은 '능히'의 뜻. '若'은 '순종하다'의 뜻.

【流毒下國】'流毒'은 害毒이 널리 유포됨. '下國'은 예속된 나라들.

【成湯】'成'은 郕으로도 표기하며 지명, 그러나 혹 諡號라고도 함. 有湯으로도 불림.
商(殷)나라 시조 湯王. 子姓. 이름은 履. 武湯, 成湯, 天乙로도 불림. '湯'은 원래 夏
나라 때의 諸侯. 亳을 근거로 발전하여 夏나라 末王 桀의 무도함을 제거하고 伊尹
을 등용하여 殷(商)을 세운 개국군주. 儒家에서 聖人으로 받듦.《史記》殷本紀를
참조할 것.《十八史略》(1)에는 "殷王成湯: 子姓, 名履. 其先曰契, 帝嚳子也. 母簡狄,
有娀氏女, 見玄鳥墮卵吞之, 生契. 爲唐虞司徒, 封於商, 賜姓"이라 함.

【降黜夏命】하늘이 夏나라의 國運이 廢棄되도록 내림.

【惟受罪浮于桀】'浮'는 '초과하다'의 뜻. 孔穎達 疏에 "物在水上謂浮. 浮者, 高之意,
故爲過也. 桀罪已大, 紂又過之. 言紂惡之甚, 故下句說其過桀之狀"이라 함.

【剝喪元良】'剝'은 孔安國 傳에 "傷害也"라 함. '喪'은 나라를 떠나게 함.〈蔡傳〉에
"喪, 去也. 古者去國爲喪"이라 함. '孔'은 大, '良'은 善의 뜻. '元良'은 微子를 가리키는
것으로 보고 있음.《史記》殷本紀에 "微子數諫不聽, 乃與大師, 少師謀, 遂去"라 함.

【賊虐諫輔】'賊'은 賊害함, 殺害함. '虐'은 虐待함, 殘虐한 짓을 저지름. '輔'는 보필하
는 신하.《尙書大傳》에 "古者天子必有四鄰: 前曰疑, 後曰丞, 左曰輔, 右曰弼"이라 함.
여기서 '輔'는 比干을 가리키는 것으로 보고 있음.《史記》殷本紀에 "王子比干者,
亦紂之親戚也. 見箕子諫不聽而爲奴, 則曰:「君有過而不以死爭, 則百姓何辜!」乃直
言諫紂. 紂怒曰:「吾聞聖人之心有七竅, 信有諸乎?」乃遂殺王子比干, 剖視其心"이라
함.

【厥監惟不遠】'監'은 鑑과 같음.《新書》胎敎에 "明監所以照形也"라 함.

【在彼夏王】'在'는 '살피다, 관찰하다'의 뜻. 본《尙書》堯典 "在璿璣玉衡"의 '在'와 같
은 용법임.

【天其以予乂民】'其'는 蓋와 같음. '아마도'의 뜻. '以'는 '사용하다'의 뜻. '乂'는 '다스리
다'의 뜻.

【朕夢協朕卜】'協'은 '符合하다'의 뜻. '나의 꿈과 점괘가 부합하다'의 의미.

【襲于休祥】襲은 '중첩, 중합, 거듭되다' 등의 뜻.

【戎商必克】'戎'은 '정벌하다', '克'은 '승리하다'의 뜻.

【受有億兆夷人】'受'는 紂(帝辛)의 이름. '夷'는 平의 뜻. '夷人'은 平人, 凡人을 의미함. 孔穎達 疏에 "傳訓夷爲平, 平人爲凡人, 言其智慮齊, 識見同"이라 함.

【離心離德】마음과 행동이 괴리됨. 서로 각기 자신만을 위해 행동함.

【亂臣十人】'亂'은 治의 뜻. 《爾雅》釋詁에 "亂, 治也"라 하였고, 《說文》에도 "亂, 治也"라 함. 《論語》泰伯篇 "予有亂臣十人"의 集注에 "馬氏曰:「亂, 治也. 十人, 謂周公旦、召公奭、太公望、畢公、榮公、太顚、閎夭、散宜生、南宮适, 其一人謂文母.」"라 함.

【雖有周親】'周'는 至와 같음. 지극히 친한 사이.

【不如仁人】'仁人'은 위에서 말한 '亂臣'을 가리킴. 仁愛와 德을 가진 사람들.

114(21-5)
일덕일심一德一心

"하늘이 나를 보기는 백성을 통하여 보는 것이며, 하늘이 나의 말을 듣기는 백성을 통해서 듣는 것이다. 백성이 책임을 맡기는 것이 나 한 사람에게 있으니 지금 나는 기필코 나설 것이다. 나의 무위武威는 드날리니 그의 강역으로 들어가서 저 흉악하고 잔학한 주紂를 잡아 내가 정벌하여 큰 성과를 거둘 것이며, 탕湯이 이루었던 그러한 영광을 얻을 것이다. 힘써 나서라! 여러 장수와 병사들이여! 그러나 혹 두려움이 없을 수는 없을 것이니 차라리 적수도 되지 않는 자를 잡는다고 생각하라. 그 백성들은 두려워하며 마치 산이 무너지듯 우리에게 머리를 숙일 것이다. 오호라! 한 마음 한 뜻으로 그 공을 세우고 안정시켜 능히 세상을 영원히 이어지게 하라."

「天視自我民視, 天聽自我民聽. 百姓有過在予一人, 今朕必往. 我武惟揚, 侵于之疆, 取彼凶殘, 我伐用張, 于湯有光. 勖哉! 夫子! 罔或無畏, 寧執非敵. 百姓懍懍, 若崩厥角. 嗚呼! 乃一德一心, 立定厥功, 惟克永世.」

【百姓有過】'過'는 책임을 질 일. 자신에게 책임을 맡긴 것이라 여김.《廣韻》에 "過, 責也"라 함.

【在予一人】武王 자신을 가리킴. 王安石은 "蓋以其身任天下之責, 不如是不足以爲天吏也"라 함.

【今朕必往】〈蔡傳〉에 "言天之視聽皆自乎民, 今民皆有責於我, 謂我不正商罪. 以民心而察天意, 則我之伐商斷必往矣"라 함.

【我武惟揚】'武'는 武威, 武德, 武力. '揚'은 '발양하다, 드날리다'의 뜻.

【侵于之疆】'侵'은 入과 같음. '于'는 到와 같음.

【取彼凶殘】'取'는 擒取함, 잡음. '凶殘'은 흉악하고 잔포한 사람. 즉 紂王을 가리킴.

【我伐用張】'用'은 '취득하다'의 뜻. '張'은 大의 뜻. 즉 '지대한 성과'를 뜻함.

【于湯有光】成湯이 桀을 멸했던 것과 같은 영광이 있게 됨.

【勗哉】'勗'은 勉, 努力과 같은 뜻.

【夫子】將士. 장병과 군사들을 함께 부르는 말. 孔安國 傳에 "夫子謂將士"라 함.

【罔或無畏】'罔'은 毋와 같음. '無畏'는 '두려워할 것이 없다'의 뜻. 孔穎達 疏에 "老子云: 禍莫大於輕敵. 敵今將士無敢有無畏之心, 令其必以前敵爲可畏也"라 함.

【寧執非敵】'寧'은 '차라리', 혹은 '편하게'의 뜻. '執'은 '잡다'의 뜻. '非敵'은 敵手가 되지 않는 자.

【百姓懍懍】'懍懍'은 두려워하는 모습.

【若崩厥角】머리를 떨구기를 마치 산이 무너지듯이 함.《漢書》諸侯王表 "厥角稽首"의 應劭 注에 "厥者, 頓也. 角者, 額角也"라 함.

泰誓(下)

본 편은 무왕이 무오일 다음 날 대군을 출발시키면서 한 誓辭이다. 무왕은 주紂의 죄행을 열거하며 이미 그는 백성과 하늘로부터 버림받은 자로써 더는 용서할 수 없음을 강조함과 아울러, 전군은 과감하게 그에게 적개심을 가지고 섬멸에 나설 것을 호소한 내용이다. 역시 〈금문상서〉에는 없으며 〈고문상서〉에만 실려 있다.

115(21-6)
대순륙사大巡六師

때는 그 이튿날, 무왕이 육사六師를 순시하며 많은 군사들에게 밝혀 맹세하였다.

무왕이 말하였다.

"오호라! 우리 서토西土의 그대들이여. 하늘이 분명하게 드러낸 도가 있으니 그 법칙은 창명彰明하도다. 지금 商나라 임금 수受는 오상五常을 마구 모욕하고 황태荒怠히 공경을 무시하고 있다. 스스로 천명을 끊은 채 백성에게는 원망을 맺고 있다. 아침에 물을 건너는 자의 정강이를 잘라보며, 현인賢人 비간比干의 배를 갈라 심장을 꺼내보며, 위엄을 내세워 살육을 저질러, 사해에 그 독한 병을 퍼뜨리고 있다. 간사하고 회곡回曲한 짓만을 높이 여겨 믿으며, 사보師保를 방출하고, 전형典刑을 병기屛棄하며, 정의의 선비 기자箕子를 가두어 노예로 만들고, 교제郊祭와 사제社祭도 제대로 지내지 않으며, 종묘 제사도 올리지 않은 채 기이한 기술이나 교묘한 물건을 만들어 부인 달기妲己를 기쁘게 하는 데에 빠져 있다. 상제上帝는 그의 뜻을 따를 리 없고 결연히 망하도록 재앙을 내려주신 것이다. 그대들은 힘써 노력하여 나 한 사람을 받들어, 하늘이 그에게 내리는 천벌을 공경히 실행에 옮길지어다."

時厥明, 王乃大巡六師, 明誓衆士.

王曰:「嗚呼! 我西土君子. 天有顯道, 厥類惟彰. 今商王受, 狎侮五常, 荒怠弗敬. 自絶于天, 結怨于民. 斷朝涉之脛, 剖賢人之心, 作威殺戮, 毒痡四海. 崇信姦回, 放黜師保, 屛棄典刑, 囚奴正士, 郊社不修, 宗廟不享, 作奇技淫巧, 以悅婦人. 上帝弗順, 祝降時喪.

爾其孜孜, 奉予一人, 恭行天罰.」

【厥明】그 다음 날. 즉 戊午일 다음의 己未날. '明'은 '明日'의 뜻. '厥'은 其와 같음.

【六師】고대 天子는 六軍. 諸侯 중 大國은 三軍을 두었으나 그 무렵 武王은 천자가 아니므로 육군을 갖지는 않았음. 따라서 여기서의 六師는 그곳에 모은 제후들 전체 군사들을 뜻함.

【衆士】孔安國 傳에 "衆士, 百夫長以上"이라 함.

【西土君子】서쪽에서 온 將兵들을 높여서 부른 말.

【天有顯道】'顯道'는 분명하게 드러난 常理.

【厥類惟彰】'類'는 法則을 뜻함. 《方言》에 "類, 法也"라 함. '彰'은 明과 같음. 선양의 뜻. 환하게 드러내어 밝힘. 彰明함.

【狎侮五常】'狎侮'는 아무렇지도 않게 마구 가까이 여기며 모욕함. '五常'은 일상의 윤리 도덕 준칙. 孔穎達 疏에 "五常卽五典, 謂父義, 母慈, 兄友, 弟恭, 子孝. 五者, 人之常行"이라 함.

【自絶于天】스스로 天命을 끊음.

【斮朝涉之脛】'斮'은 斫, 斲과 같음. 작두로 끊듯 자름. '涉'은 '맨발로 물을 건너다'의 뜻. 《說文》에 "徒行厲水也"라 함. 아침에 물을 건넌 자가 어찌 찬물을 참을 수 있는지 알아보겠다고 그의 정강이를 잘라봄. 孔安國 傳에 "冬月見朝涉水者, 謂其脛耐寒, 斮而視之"라 함.

【剖賢人之心】'剖'는 '刳'와 같으며 '가르다, 자르다'의 뜻. 현인은 比干을 가리킴. 《史記》 殷本紀에 "王子比干者, 亦紂之親戚也. 見箕子諫不聽而爲奴, 則曰:「君有過而不以死爭, 則百姓何辜!」乃直言諫紂. 紂怒曰:「吾聞聖人之心有七竅, 信有諸乎?」乃遂殺王子比干, 刳視其心"이라 함.

【毒痡四海】'毒'은 害毒, 暴惡한 행위. '痡'(부)는 傷害를 입힘, 病, 苦痛. 《爾雅》釋詁에 "痡, 病也"라 함.

【崇信姦回】'回'는 回曲됨. 邪惡함을 뜻함.

【放黜師保】'師保'는 天子 등에게 道를 가르쳐 인도하는 스승.

【屛棄典刑】'屛棄'는 막거나 폐기함. '典刑'은 법을 뜻함.

【囚奴正士】'囚奴'는 감금하거나 노예로 삼음. '正士'는 箕子를 가리킴. 《史記》殷本紀에 "剖比干, 觀其心. 箕子懼, 乃詳狂爲奴, 紂又囚之"라 함.

【郊社】'郊'는 郊祭, '社'는 社祭. 즉 天神과 土地神에게 지내는 제사.

【奇技淫巧】기이한 재주와 교묘하게 만든 물건.

【婦人】妲己를 가리킴. 有蘇氏의 딸로 紂의 妃. 紂로 하여금 暴虐한 짓을 하도록 조장하여 殷나라를 망하게 한 여인.《列女傳》孽嬖傳 殷紂妲己에 "妲己者, 殷紂之妃也, 嬖幸於紂. 紂材力過人, 手格猛獸. 智足以距諫, 辯足以飾非. 矜人臣以能, 高天下以聲, 以爲人皆出己之下. 好酒淫樂, 不離妲己. 妲己之所譽, 貴之；妲己之所憎, 誅之. 作新淫之聲, 北鄙之舞, 靡靡之樂, 收珍物積之於後宮, 諛臣群女, 咸獲所欲. 積糟爲邱, 流酒爲池, 懸肉爲林, 使人裸形相逐其間, 爲長夜之飮. 妲己好之. 百姓怨望, 諸侯有畔者. 紂乃爲炮烙之法, 膏銅柱, 加之炭. 令有罪者行其上, 輒墮炭中, 妲己乃笑. 比干諫曰：「不修先王之典法, 而用婦言, 禍至無日!」紂怒, 以爲妖言. 妲己曰：「吾聞聖人之心有七竅.」於是剖心而觀之. 囚箕子. 微子去之. 武王遂受命興師伐紂, 戰於牧野. 紂師倒戈. 紂乃登廩臺, 衣寶玉衣而自殺. 於是武王遂致天之罰, 斬妲己頭, 懸於小白旗, 以爲亡紂者, 是女也.《書》曰：『牝雞無晨, 牝雞之晨, 惟家之索.』"이라 함.

【祝降時喪】'祝'은 孔安國 傳에 "祝, 斷也"라 함.'斷然코'의 뜻.'時'는 是와 같음.'喪'은 亡과 같으며 商나라의 멸망을 뜻함.

【天罰】하늘이 商나라 紂에게 내리는 懲罰.

116(21-7)
무아즉후撫我則后

"옛사람이 말하기를 '나를 위무해주면 임금이요, 나를 학대하면 원수'라 하였도다. 독부獨夫 수受가 크게 위세를 짓고 있으니, 이가 바로 지금이 시대 그대들의 원수이니라. 덕德은 심어 잘 크도록 하기에 힘써야 하고, 악은 제거하여 근본을 힘써야 하는 것이다. 그러므로 나는 그대 여러 군사들로써 그대들의 원수를 섬멸하는 것이니, 그대 여러 군사들은 과감하고 견결하게 나서서 그대들의 임금이 이를 성취하도록 해 줄 것을 바라노라. 공功이 많으면 후한 상이 있으려니와 나서지 않으면 분명히 드러나는 죽음이 있을 것이니라. 오호라! 나의 문고文考께서는 해와 달이 비쳐 임하는 것과 같아 사방에 빛나며 서토西土에 환히 드러나시어, 이에 우리 주周나라가 여러 제후국들을 보호하며 한 편이 되어 있는 것이다. 내가 수受를 이긴다 해도 이는 나의 무위武威 때문이 아니라 나의 문고께서 죄가 없기 때문이요, 수가 나를 이긴다면 이 또한 나의 문고께서 죄가 있기 때문이 아니라 오직 나 소자小子가 훌륭하지 않기 때문일 뿐이다."

「古人有言曰:『撫我則后, 虐我則讎.』獨夫受洪惟作威, 乃汝世讎. 樹德務滋, 除惡務本, 肆予小子, 誕以爾衆士殄殲乃讎, 爾衆士其尚迪果毅, 以登乃辟. 功多有厚賞, 不迪有顯戮. 嗚呼! 惟我文考, 若日月之照臨, 光于四方, 顯于西土, 惟我有周, 誕受多方. 予克受, 非予武, 惟朕文考無罪; 受克予, 非朕文考有罪, 惟予小子無良.」

【撫我則后】"나를 위무해주는 자라면 그를 임금으로 여기다"의 뜻.

【獨夫受洪有作威】하늘과 백성으로부터 버림받아 고독하게 홀로 남은 사람. 즉 紂를 가리킴. 〈蔡傳〉에 "獨夫, 言天命已絶, 人心已去, 但一獨夫耳"라 함. '洪'은 大의 뜻. '惟'는 維와 같으며 維護의 뜻. '作威'는 위엄을 내세움.

【乃汝世讎】'世讎'는 당세의 원수. '讎'는 讐, 仇와 같음.

【樹德務滋】'樹'는 動詞, '심다'의 뜻. '務滋'는 힘쓰고 길러냄.

【除惡務本】〈蔡傳〉에 "喩紂爲衆惡之本, 在所當去"라 함.

【誕以爾衆士殄殲乃讎】'誕'은 助詞. '殄殲'은 완전히 섬멸해버림.

【尙迪果毅】'尙'은 '바라다, 원하다, 기대하다'의 뜻. '迪'은 《爾雅》 釋詁에 "進也"라 함. '果'는 '果敢히'의 뜻. '毅'는 '堅決, 堅毅, 果毅'의 뜻. 孔穎達 疏에 "言其心不猶豫也. 軍法以殺敵爲上, 故勸令果毅成功也"라 함.

【以登乃辟】'登'은 '이루다, 성취하다'의 뜻. 《爾雅》 釋詁에 "登, 成也"라 함. '乃辟'은 '그대들 임금'이라는 뜻.

【不迪有顯戮】'不迪'은 용감히 나가지 못함. '顯戮'은 사람들 앞에서 공공연히 죽이는 것.

【文考】武王이 아버지 文王(姬昌)을 지칭하여 부른 것. '考'는 돌아가신 아버지를 뜻함.

【顯于西土】〈蔡傳〉에 "言其德尤著于所發之地也"라 함.

【我有周誕受多方】'周'는 周나라. '誕'은 助詞. 뜻은 없음. '受'는 '애호하다, 친히 여기다, 같은 편이 되다'의 뜻. 《廣雅》 釋詁에 "受, 親也"라 함. '多方'은 여러 제후들을 가리킴.

【予克受】'克'은 勝과 같음. '受'는 紂의 이름.

【非予武】'武'는 武勇, 武力, 勇武.

【惟朕文考無罪】孔穎達 疏에 "文王無罪於天下, 故天佑之, 人盡其用"이라 함.

【惟予小子無良】'予小子'는 武王이 자신을 낮추어 부르는 말. 자신이 受(紂)를 이기지 못한다면 이는 자신의 잘못이지 돌아가신 아버지 문왕(文考) 탓이 아님을 강조한 것. 孔穎達 疏에 "言勝非我功, 敗非父咎, 崇孝罪己, 以求衆心耳"라 함.

〈22〉 목서牧誓(117-118)

'牧'은 牧野이며 商나라 땅 朝歌의 남쪽 70리 지점으로 지금의 河南 淇縣 남쪽이다. 周 武王이 이곳에서 殷나라 紂王과 결전을 벌이기 전 군사들에게 밝힌 誓辭이다. 1976년 3월 陝西 臨潼에서 출토된 〈利簋〉의 銘文에

〈散氏盤〉

"珷征商, 隹甲子朝歲, 鼎克, 睧夙又商"이라 하여, 이 〈목서〉의 기록과 일치하고 있으며, 이로써 역사적 사실이 증명되기도 하였다.

*蔡沈《書傳》〈牧誓〉注에 "牧, 地名, 在朝歌南, 卽今衛州治之南也. 武王軍於牧野, 臨戰誓衆前. 旣有〈泰誓〉三篇, 因以地名別之, 今文·古文皆有"라 하였다.

〈서〉무왕武王이 융거戎車 3백 량兩, 호분虎賁 3백인으로 주왕 수受와
목야牧野에서 전투를 벌였으며 이를 기록한 것이 〈목서牧誓〉이다.

〈序〉: 武王戎車三百兩, 虎賁三百人, 與受戰于牧野, 作〈牧誓〉.

【戎車】戰車. 전투용 수레.

【兩】'輛'과 같음. 수레를 세는 단위.

【虎賁】戰士, 勇士.《漢官儀》에《書》稱虎賁三百人, 言其猛如虎之奔赴也"라 함.

【三百人】《史記》에는 '三千人'으로 되어 있으며,《尙書今古文注疏》에는 "《司馬法》:「革
車一乘, 士十人, 徒二十人.」〈樂記〉:「虎賁之士說劍」, 則虎賁則士也, 一乘十人, 三百
輛則三千人矣.《孟子》盡心篇:「武王之伐殷也, 革車三百輛, 虎賁三千人.」三百人當
三千人之誤也"라 함.

【受】紂王 帝辛의 이름.

【牧野】지금의 河南 淇縣 남쪽. 武王이 제후 군사들을 모아 紂와 결전을 벌이고자
모였던 곳.《史記》周本紀에는 "於是武王徧告諸侯曰:「殷有重罪, 不可以不畢伐.」乃
遵文王, 遂率戎車三百乘, 虎賁三千人, 甲士四萬五千人, 以東伐紂. 十一年十二月戊午,
師畢渡盟津, 諸侯咸會. 曰:「孳孳無怠!」武王乃作〈太誓〉, 告于衆庶:「今殷王紂乃用
其婦人之言, 自絶于天, 毁壞其三正, 離逖其王父母弟, 乃斷棄其先祖之樂, 乃爲淫聲,
用變亂正聲, 怡說婦人. 故今予發維共行天罰. 勉哉夫子, 不可再, 不可三!」二月甲子
昧爽, 武王朝至于商郊牧野, 乃誓. 武王左杖黃鉞, 右秉白旄, 以麾. 曰:「遠矣西土之
人!」武王曰:「嗟! 我有國家君, 司徒·司馬·司空, 亞旅·師氏, 千夫長·百夫長, 及庸·蜀·
羌·髳·微·纑·彭·濮人, 稱爾戈, 比爾干, 立爾矛, 予其誓.」王曰:「古人有言『牝雞無晨. 牝
雞之晨, 惟家之索'. 今殷王紂維婦人言是用, 自棄其先祖肆祀不答, 昏棄其家國, 遺其
王父母弟不用, 乃維四方之多罪逋逃是崇是長, 是信是使, 俾暴虐于百姓, 以姦軌于商
國. 今予發維共行天之罰. 今日之事, 不過六步七步, 乃止齊焉, 夫子勉哉! 不過於四
伐五伐六伐七伐, 乃止齊焉, 勉哉夫子! 尙桓桓, 如虎如羆, 如豺如離, 于商郊, 不禦克
奔, 以役西土, 勉哉夫子! 爾所不勉, 其于爾身有戮.」誓已, 諸侯兵會者車四千乘, 陳師
牧野"라 함.

117(22-1)

목야맹서牧野盟誓

때는 갑자일甲子日, 어둠이 걷히기 시작하는 새벽, 무왕武王이 일찍 상商나라 교외 목야牧野에 이르러 맹세하였다.

무왕은 왼손에 황월黃鉞을 잡고 오른손에는 백모白旄를 잡고 지휘하면서 이렇게 말하였다.

"멀리 왔도다, 서쪽 사람들이여!"

그리고 무왕은 이렇게 말하였다.

"아! 나의 우방 군주들과 일을 맡아 다스리는 사도司徒, 사마司馬, 사공司空과 아려亞旅, 사씨師氏, 그리고 천부장千夫長, 백부장百夫長, 나아가 용庸, 촉蜀, 강羌, 모髳, 미微, 노盧, 팽彭, 복濮나라 등 여덟 제후국 사람들이여. 그대들의 창을 들어라, 그대들의 방패를 배열하라, 그대들의 창을 세워라. 내 그대들과 맹세하노라."

時甲子昧爽, 王朝至于商郊牧野, 乃誓.

王左杖黃鉞, 右秉白旄以麾, 曰:「逖矣, 西土之人!」

王曰:「嗟! 我友邦家君御事, 司徒·司馬·司空, 亞旅·師氏, 千夫長·百夫長, 及庸, 蜀·羌·髳·微·盧·彭·濮人. 稱爾戈, 比爾干, 立爾矛. 予其誓.」

【甲子】甲子日. 戊午보다 엿새 뒤인 二月 四일.

【昧爽】채 밝지 않은 이른 새벽.《說文》에 "昧爽, 旦明也"라 하였고,《禮記》內則에는 "昧爽而朝, 日出而退"라 함.

【朝】早와 같음. '일찍'의 뜻.

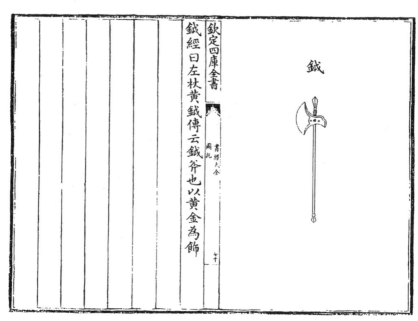

〈鉞〉《書經大全》

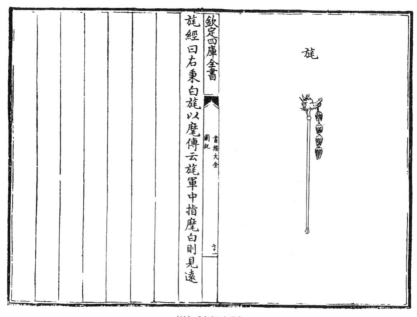

〈旄〉《書經大全》

干

欽定四庫全書

書經大全 圖說

七十二

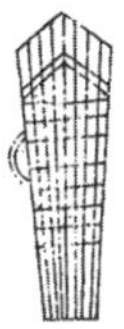

干楯也方言曰自關而東或謂之楯或謂之干關西謂之楯是干楯為一也

〈干〉《書經大全》

戈

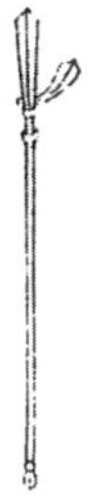

欽定四庫全書

書經大全 圖說

七十三

戈廣二寸內四寸胡六寸援八寸柲六尺有六寸內謂胡以內接柲者胡謂矛之旁出者曲猶牛胡馬援謂直刃也柲謂柄也戈之用主于胡胡過于直則倨但可以剌胡過於曲則句但可以鉤人惟得其中制徃無不利

〈戈〉《書經大全》

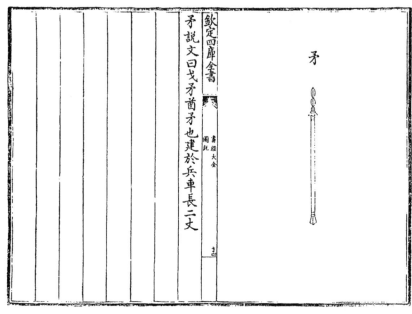

欽定四庫全書

矛說文曰戈矛酋矛也建於兵車長二丈

矛

〈矛〉《書經大全》

【商郊】商나라 國都 朝歌의 郊外. 杜子春은 "五十里爲近郊, 百里爲遠郊"라 함.

【左杖黃鉞】왼손에 黃鉞을 잡음.《說文》에 "杖, 持也"라 함. '黃鉞'은 금(구리)으로 만든 의장용, 혹 지휘용 도끼. 권위를 나타냄.

【秉白旄以麾】'秉'은 杖과 같음.《爾雅》釋詁에 "秉, 持也"라 함. '白旄'는 흰 털로 장식한 지휘용 깃발. 馬融은 "旄牛尾"라 하여 旄牛(야크) 꼬리로 장식한 것이라 하였음. '麾'는 揮와 같음. 지휘함.

【逖矣】'逖'은 '멀리 왔다'의 뜻.

【我友邦冢君御事】'冢君'은 諸侯, 혹 邦國의 군주. '御事'는 王의 일을 도와 처리하는 大臣.

【司徒, 司馬, 司空】이 셋은 三卿, 혹 三公이라 부리던 높은 직위의 대신. '司徒'는 문교와 호적을 담당하였으며, 司馬는 군사를, '司空'은 토지 및 토목공사, '營建'를 담당하였음. 孔安國 傳에 "治事三卿, 司徒主民, 司馬主兵, 司空主土"라 함.

【亞旅, 師氏】둘 모두 관직 이름. '亞旅'는 上大夫. '師氏'는 中大夫로 모두 군사를 다스리는 將官이었음.《左傳》文公 15년 注와《周禮》地官 序官을 볼 것.

【千夫長, 百夫長】관직 이름. 鄭玄은 "千夫長, 師帥; 百夫長, 旅帥"라 함.

【庸, 蜀, 羌, 髳, 微, 盧, 彭, 濮】모두 周나라 초기 서남쪽의 8개 諸侯들. '庸'은 지금의
湖北 房縣 경내였으며, '蜀'은 지금의 四川 西部 일대. '羌'은 지금의 甘肅 동남부,
'髳'는 지금의 甘肅省과 四川省 경계지역. '微'는 眉로도 불렸으며 지금의 陝西 郿
縣 경내. '盧'는 지금의 湖北 南彰縣 지역. '彭'은 지금의 甘肅 鎮原縣 일대, '濮'은 지
금의 湖北 경내였음.

【稱爾戈, 比爾干】'稱'은 擧와 같음. '들다'의 뜻. '戈'는 옆으로 칠 수 있는 창의 일종.
'比'는 '배열하다'의 뜻. '干'은 방패.

【立爾矛】'矛'는 자루로 곧바로 찌를 수 있는 병기.

【予其誓】'誓'는 '약속하다'의 뜻. 《說文》에 "誓, 約束也"라 함.

118(22-2)
빈계무신牝雞無晨

무왕이 말하였다.

"옛사람이 한 말이 있으니 '암탉은 새벽을 알리지 못한다. 암탉이 새벽에 울면 그 집안이 삭막해진다'라 하였다. 지금 상왕商王 수受는 오직 부인 달기妲己의 말만 들어주며 그 사사肆祀도 경멸한 채 길흉을 묻지도 않고 있으며 그 선왕의 후예, 동성의 어른 형제도 무시한 채 임용하지 않으면서, 이에 사방 제후국에서 죄를 짓고 그 나라로 도망간 이들을 숭상하고 어른으로 모시며, 그들의 말을 믿어주고 그들을 임용하여, 대부大夫, 경卿, 사士로 삼아주고 있다. 그리하여 그들로 하여금 백성에게 포학暴虐하게 굴어 상나라 도읍에서 간귀姦宄한 짓을 일삼도록 하고 있다. 지금 나 발發은 공손히 하늘이 그들에게 내리는 벌을 실행하고자 한다. 오늘의 거사에서 행군할 때 육보六步, 칠보七步를 넘지 말고 대열이 갖추어질 때까지 기다리도록 하라. 장사將士들은 힘쓸지어다. 그리고 사벌四伐, 오벌五伐, 육벌六伐, 칠벌七伐을 넘지 말고, 그때마다 다시 대열이 갖추어지기를 기다리도록 하라. 힘쓸지어다, 장사들이여! 무용을 발휘하여 범처럼, 비貔처럼, 곰처럼, 비羆처럼 상나라 교외로 나아가라. 상나라 군사로서 항복해 도망 와 우리 서쪽 주나라를 도와줄 자를 막지 말라. 힘쓸지어다 장사들이여! 그대들이 만약 힘쓰지 않으면 그대들의 몸에 죽임이 가해질 것이다!"

王曰:「古人有言曰:『牝雞無晨, 牝雞之晨, 惟家之索.』今商王受, 惟婦言是用, 昏棄厥肆祀弗答, 昏棄厥遺王父母弟不迪, 乃惟四方之多罪逋逃, 是崇是長, 是信是使, 是以爲大夫卿士. 俾暴虐于百

姓, 以姦宄于商邑. 今予發, 惟恭行天之罰. 今日之事, 不愆于六步·
七步, 乃止齊焉. 夫子勖哉! 不愆于四伐·五伐·六伐·七伐, 乃止齊
焉. 勖哉夫子! 尚桓桓, 如虎如貔, 如熊如羆, 于商郊. 弗迓克奔, 以
役西土. 勖哉夫子! 爾所弗勖, 其于爾躬有戮!」

【牝雞無晨】'牝雞'는 암탉. 암탉은 새벽에 우는 기능을 발휘하지 못함. 나아가 '암탉
이 울면 집안이 망한다'와 같은 뜻의 '牝雞守晨'의 의미임. 여기서는 妲己를 두고
한 말임.

【惟家之索】'索'은 공허함. 索寞함. 활기찬 집안이 되지 못함을 뜻함. 우리 속담의
"집안이 망한다"와 같음.

【婦言是用】'婦'는 妲己를 가리킴. 《史記》殷本紀에 "紂嬖於婦人, 愛妲己, 妲己言是從"
이라 함.

【昏棄厥肆祀弗答】'昏棄'는 輕蔑하고 輕視함. '肆'는 祭祀 이름. 《周禮》大祝 鄭玄 注
를 볼 것. '答'은 問의 뜻.

【王父母弟不迪】'迪'은 用의 뜻.

【多罪捕逃】죄를 많이 짓고 도망옴. '逋'는 逃와 같은 뜻임.

【是崇是長, 是信是使】'崇'과 '長'은 尊敬의 뜻. '信'은 신임함. '使'는 부림. 사용함.

【大夫卿士】신분의 稱謂. 고대 신분은 卿, 大夫, 士, 庶民으로 구분되었음.

【今予發惟恭行天之罰】'發'은 武王의 이름. 姬發.

【不愆于六步七步】'愆'은 허물, 과실.

【乃止齊焉】'止'는 '待'의 뜻. '齊'는 整齊의 뜻. 따라서 '止齊'는 隊列이 잘 갖추어지기
를 기다림. 섣불리 나서지 않으면서 공격과 접전을 효과적으로 하기 위해 멈추어
기다림. 鄭玄은 "好整好暇, 用兵之術"이라 함.

【夫子勖哉】'夫子'는 將士. 孔安國 傳에 "夫子謂將士"라 함. '勖'은 勉과 같음.

【四伐, 五伐】'伐'은 鄭玄은 "伐謂擊刺也. 一擊一刺曰一伐. 始前就敵, 六步七步當止齊,
整行列. 及兵相接, 少者四伐, 多者五伐, 又當止齊, 整行列也"라 함. 따라서 정해진
공격의 횟수가 되면 즉시 다시 대열이 갖추어지기를 기다렸다가 명령에 따라 일제
히 공격을 개시함.

【尚桓桓】'尚'은 命令語 '-하라', 혹은 祈願語 '-하기 바라다'의 뜻. '桓桓'은 용맹스러
운 모습. 鄭玄은 "桓桓, 威武貌"라 함.

【如虎如貔, 如熊如羆】'貔'는 표범과에 속하는 猛獸로 수컷을 貔, 암컷을 貅라 함. 《說文》에 "豹屬"이라 함. '羆'는 큰곰의 일종.

【于商郊】'于'는 往과 같음.

【弗迓克奔以役西土】'迓'는 〈王肅本〉에는 '御'로, 《史記》와 〈馬融本〉에는 '禦'로 되어 있으며, 馬融은 "禦, 禁也"라 함. '克奔'은 殷나라 병사로서 도망쳐 나와 항복하는 이들. '役'은 《廣雅》釋詁에 "役, 助也"라 함. '西土'는 周나라를 가리킴.

【爾所弗勖】'所'는 若과 같음.《經傳釋詞》에 "所, 猶若也"라 함.

〈23〉 무성武成(119-121)

'武成'은 '武功이 성취되다'의 뜻이다. 즉 周 武王이 殷을 멸한 무공을 말한다. 본편은 주로 무왕의 무공을 칭송함과 아울러 은을 멸한 뒤 천하를 태평하게 하였다는 내용이다.

《史記》周本紀에는 "封商紂子祿父殷之餘民. 武王爲殷初定未集, 乃使其弟管叔鮮·蔡叔度相祿父治殷. 已而命召公釋箕子之囚. 命畢公釋百姓之囚, 表商容之閭. 命南宮括散鹿臺之財, 發鉅橋之粟, 以振貧弱萌隷. 命南宮括·史佚展九鼎保玉. 命閎夭封比干之墓. 命宗祝享祠于軍. 乃罷兵西

〈詛盟場面〉銅貯貝器(西漢) 1956 雲南 晉寧縣 滇王墓 출토

歸. 行狩, 記政事, 作〈武成〉. 封諸侯, 班賜宗彝, 作分殷之器物. 武王追思先聖王, 乃褒封神農之後於焦, 黃帝之後於祝, 帝堯之後於薊, 帝舜之後於陳, 大禹之後於杞. 於是封功臣謀士, 而師尙父爲首封. 封尙父於營丘, 曰齊. 封弟周公旦於曲阜, 曰魯. 封召公奭於燕. 封弟叔鮮於管, 弟叔度於蔡. 餘各以次受封"이라 하였다.

한편 《孟子》盡心下에는 "孟子曰 : 「盡信書, 則不如無書. 吾於〈武成〉, 取二三策而已矣. 仁人無敵於天下. 以至仁伐至不仁, 而何其血之流杵也?」"라 하여 武王이 殷을 멸할 때의 참혹함에 대해 의혹을 품기도 하였다.

본편은 〈古文尙書〉에만 실려 있어 혹 예로부터 내려오던 傳說을 後代 사람들이 기록한 것이 아닌가 하며, 宋代 蔡沈은 文脈이 통하도록 정리하고자 하였으나 역시 순통하지 못한 부분이 있다.

＊蔡沈《書傳》〈武成〉注에 "史氏記武王往伐, 歸獸祀群神, 告群后與其政事, 共爲一書. 篇中有武成二字, 遂以名篇. 今文無, 古文有"라 하였다.

〈서〉: 무왕武王이 은殷을 정벌하였다. 가서는 정벌하고 돌아와서는 순수를 행하였다. 그 기간의 정사政事를 기록하여 이 〈무성〉을 지었다.

〈序〉: 武王伐殷, 往伐, 歸獸. 識其政事, 作<武成>.

【往伐歸獸】'獸'는 狩와 같음. "가서 殷나라를 정벌하고 돌아와서 巡狩를 행하였다"의 뜻. 《尙書孔傳參正》(35)에 皮錫瑞의 말을 인용하여 "獸狩通用, ……古文序作'往伐歸獸'者, 謂往而伐殷, 歸而巡狩. ……解者誤以爲用本字, 則'往伐歸獸', 近於不辭矣"라 함.

【識其政事】'識'는 '지'로 읽으며 '記'와 같음. '기록하다'의 뜻.

119(23-1)
언무수문偃武修文

정월 임진壬辰날, 달빛이 거의 빛이 없을 때였다.

그로부터 다시 이틀이 지난 계사癸巳날, 무왕武王이 아침 일찍 주周나라 호경鎬京으로부터 상商나라를 정벌하러 나섰다.

그 4월, 달빛이 비로소 빛을 발하기 시작할 때 무왕이 상으로부터 돌아와 풍豐에 이르렀다.

이에 무사武事를 중지하고 문사文事를 닦아, 말을 화산華山의 남쪽으로 돌려보내고 소를 도림桃林의 들로 풀어주어 천하에 더는 전쟁이 없을 것임을 보여주었다.

4월 정미丁未날에는 주나라 종묘에 제사를 올리려 함에, 기내畿內와 전복甸服, 후복侯服, 위복衛服의 제후들이 급히 달려와 목두木豆와 죽변竹籩을 진설陳設하였다.

그로부터 사흘 뒤 경술庚戌날, 시제柴祭와 망제望祭를 올려 무공을 이루었음을 널리 고하였다.

惟一月壬辰, 旁死魄.
越翼日, 癸巳, 王朝步自周, 于征伐商.
厥四月, 哉生明, 王來自商, 至于豐.
乃偃武修文, 歸馬于華山之陽, 放牛于桃林之野, 示天下弗服.
丁未, 祀于周廟, 邦·甸·侯·衛, 駿奔走, 執豆籩.
越三日, 庚戌, 柴·望, 大告武成.

【旁死魄】'旁'은 孔安國 傳에 "旁, 近也"라 하였으며, '魄'은 霸로도 표기하며 달 윤곽

의 빛. 따라서 '死魄'은 달빛이 다 없어진 때, 곧 초하루를 가리킴. '旁死魄'은 '거의 달빛이 없는 때'를 의미함. 孔安國 傳에는 음력 초이틀로 보았음. 一說에는 매월 음력 25일부터 말일까지의 때를 뜻하는 것이라고도 함. 王國維의 《觀堂集林》에 〈生霸死霸考〉에서 이를 자세히 논증함.

〈黃帝陵〉(陝西 黃陵縣)

【越翼日】'越'은 《經傳釋詞》에 "越, 猶及也"라 함. '翼日'은 翌日과 같으며 그 이튿날. 즉 초사흗날 癸巳.

【王朝步自周】'朝'는 이른 아침. '步'는 孔安國 傳에 "行也"라 함. '自'는 從과 같음. '周'는 주나라 도읍 鎬京.

【于征伐商】'于'는 往과 같음.

【哉生明】'哉'는 纔(才), 始와 같음. '겨우, 막'의 뜻. '哉生明'은 '哉生魄'과 같음. 달빛이 막 밝아지기 시작할 때. 고대 초이틀, 초사흘을 일컫는 말.

【豐】지명. 文王 때의 周나라 도읍. 지금의 陝西 長安 서북 灃河 서쪽. 그곳에 先王들의 사당이 있었음.

【偃武修文】'偃'은 止, 休와 같음. 武力을 멈추고 휴식을 취함. '偃武修文'은 武備를 멈추고 文德과 敎化를 중시하여 닦는 것을 말함. 孔安國 傳에 "倒載干戈, 包以虎皮, 示不用; 行禮射, 設庠序, 修文敎"라 함.

【歸馬于華山之陽】말을

黃河 상류

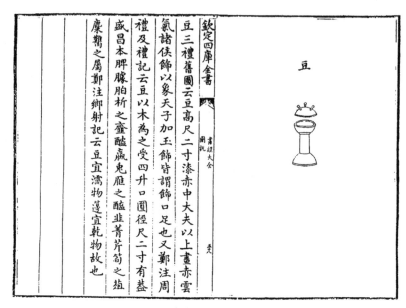

欽定四庫全書

豆三禮舊圖云豆高尺二寸漆赤中大夫以上畫赤雲
氣諸侯飾以象天子加玉飾皆謂飾口足也又鄭注周
禮及禮記云豆以木為之受四升口圓徑尺二寸有蓋
盛昌本脾臄胅析之薀醢蠃蚳雁之醢韭菁芹筍之菹
麋鮝之屬鄭注鄉射記云豆宜濡物籩宜乾物故也

〈豆〉《書經大全》

華山 남쪽으로 돌려보냄. 말을 軍用으로 쓰지 않을 것임을 보인 것. '華山'은 五嶽 중의 西嶽으로 지금의 洛陽 남쪽에 있음. '陽'은 산의 남쪽. 그러나 閻若璩는 "〈武成〉之華山, 非太華山, 乃陽華山. 今商州雒南縣東北有陽華山, 卽武王歸馬之地, 與桃林之野南北相望, 壤地相接"이라 함.

【放牛于桃林之野】전쟁 물자를 나르기 위해 부리던 소를 桃林의 들에 풀어줌. '桃林'은 지금의 河南에 있던 지명. 閻若璩는 "桃林塞爲今靈寶縣西至潼關廣圍三百里皆是"라 함.

【示天下弗服】'弗服'은 말과 소를 軍用으로 쓰지 않을 것임을 천하에 보임. 더는 전쟁이나 전투가 없을 것임을 천명한 것.

【丁未】四月 丁未日. 4월 19일이라 함.

【祀于周廟】'周廟'는 周나라 선조들의 위패를 모신 사당. 孔安國 傳에 "祭告后稷以下, 文考文王以上七世之祖"라 함.

〈神農採藥圖〉

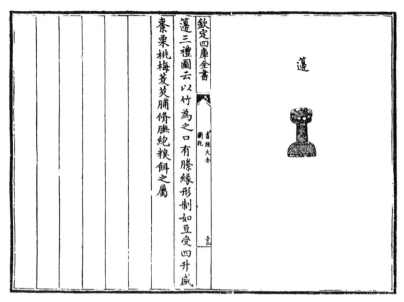

〈籩〉《書經大全》

【邦甸, 侯, 衛】'邦'은 王畿. 甸服, 侯服, 衛服을 가리킴.《周禮》六服에 諸侯를 봉하면서 王城을 중심으로 四方 5백 리까지는 畿內이며, 畿內로부터 5백 리씩 侯服, 甸服, 男服, 采服, 衛服, 蠻服(要服)으로 구분하여 그 貢物과 義務에 차등을 두었음.

【駿奔走】'駿'은 駿馬. 빨리 달리는 말.《爾雅》釋詁에 "駿, 速也"라 함. 諸侯들이 祭祀에 참여하기 위해 급히 달려 武王이 있는 곳으로 모임.

【執豆籩】'執'은 '陳設하다'의 뜻. 즉 祭器를 잡고 제사에 참여하였음을 말함. '豆籩'은 각각 祭器의 일종. '豆'는 나무로 만들어 고기나 음식을 담는 木豆. '籩'은 대나무로 굽이 높게 짠 것으로 과일 담는 竹籩. 여기서는 제사에 함께 참여하였음을 말함.

【越三日, 庚戌】사흘 지나 庚戌날. '庚戌'은 4月 22日이었다 함.

【柴】제사 이름. 柴祭. 섶을 태우며 하늘에 지내는 제사.《禮記》大傳에 "柴于上帝"라 함.

【望】역시 제사 이름. 望祭. 山川에 지내는 제사로 眺望圈에 들어오는 山川에 지낸다 하여 '望祭'라 함.

【大告武成】武威의 成就를 이루었음을 널리 고하여 알림.

120(23-2)
혈류표저 血流漂杵

이윽고 달그림자가 생기기 시작하자 여러 제후국의 총군冢君 및 백관들이 주나라에게 정명政命을 받았다.

무왕은 이와 같이 말하였다.

"오호라, 여러 제후들이여! 우리 선왕先王 후직后稷께서 나라를 세우시고 땅을 여셨으며, 공류公劉께서는 능히 앞선 이들의 빛나는 업적을 독실히 하셨으며, 태왕大王 고공단보古公亶父에 이르러 왕업의 시작을 여셨으며, 왕계王季께서는 왕가王家를 위해 근면을 다하셨다. 그리고 나의 돌아가신 부친 문왕文王께서는 그 공훈을 성취하시어 크게 천명天命을 받아 사방과 중하中夏를 위무하셨다. 그러자 큰 나라는 그의 힘을 두려워하였고 작은 나라들은 그의 덕을 그리워하였다. 그로부터 9년, 천하가 아직 통일을 이루지 못하였을 때 나 이 소자小子는 그 뜻을 이어받았던 것이다. 상商나라가 이러한 죄를 지음에 이르러 황천후토皇天后土에게 고하고, 지나온 바의 명산대천名山大川에게 이렇게 고하였노라. '도를 가진 증손 주왕周王 나 발發은 장차 상商나라와 큰일을 벌이고자 합니다. 지금 상왕商王 수受는 무도하여 천물天物을 포악하게 진멸하며 수많은 백성에게 해를 입히고 학대하고 있으며, 천하에 죄를 지은 못된 자들은 모두 그에게 도망하여 그를 주인으로 모시기를 마치 물고기가 못에 모이듯, 짐승이 늪에 모이듯 하고 있습니다. 나 소자는 이미 어진 이들을 얻었으니 감히 상제上帝의 뜻을 공경히 이어받아 그들의 혼란한 정략을 막고자 합니다. 화하華夏와 만맥蠻貊도 따르지 않음이 없습니다. 하늘이 상나라에게 내린 천명을 공경히 봉행하여 그 때문에 동쪽 정벌에 나서서 그곳 사녀士女들을 안정시키고자 합니다. 오직 그곳 사녀들은 검은색, 노란색 비단을 광주리에 담아 우리 주나라 왕업을 돕고 있습니다. 하늘의 아름다운 축복에 민심을 크게 얻어 진동하여 우리 대읍大邑 주나라의 편이 되어 다가오고 있습니다. 그대 신께서는 신령함을 가지고 있으니 능히 나를 도와 조민兆民을 구제하여 신神으로서 부끄러워 할 일이 없도록 해 주시기 바랍니다'라고 말이다."

이윽고 무오戊午날 군사들은 맹진孟津을 건넜다.

다시 계해癸亥날, 상나라 교외에 진을 치고 하늘의 아름다운 명령을 기다렸다.

갑자甲子날 이른 새벽, 상왕 수가 마치 수풀처럼 많은 군사를 거느리고 나타났으며, 이들과 목야牧野에서 회전會戰을 벌였다.

그러나 그들은 우리 군사와 대적할 뜻이 없어 앞장 선 무리들은 창을 거꾸로 하여 뒤따르던 자신들 군사를 공격하여, 패하여 달아났으며 피가 흘러 절굿공이가 둥둥 떠다닐 정도였다.

무왕이 한 번 군복을 입자 천하가 크게 안정되었던 것이다.

이에 상나라의 행정을 뒤집어 옛 훌륭한 정치를 사용하였다.

갇혀 있던 기자箕子를 석방하고 비간比干의 묘를 다시 수축하였으며, 상용商容이 살던 마을을 지나면서는 식軾을 하였다.

그리고 녹대鹿臺의 재물을 흩어 나누어 주고 거교鉅橋의 양식을 풀어, 사해四海에 그 재물을 크게 나누어주자 만백성들은 기꺼워하며 감복하였다.

旣生魄, 庶邦冢君曁百工, 受命于周.

王若曰:「嗚呼, 羣后! 惟先王建邦啓土, 公劉克篤前烈, 至于大王肇基王迹, 王季其勤王家. 我文考文王, 克成厥勳, 誕膺天命, 以撫方夏. 大邦畏其力, 小邦懷其德. 惟九年, 大統未集, 予小子其承厥志. 底商之罪, 告于皇天后土, 所過名山大川, 曰:『惟有道曾孫周王發, 將有大正于商. 今商王受無道, 暴殄天物, 害虐烝民, 爲天下逋逃主, 萃淵藪. 予小子旣獲仁人, 敢祗承上帝, 以遏亂略. 華夏蠻貊, 罔不率俾. 恭天成命, 肆予東征, 綏厥士女. 惟其士女, 篚厥玄黃, 昭我周王. 天休震動, 用附我大邑周. 惟爾有神, 尙克相予, 以濟兆民, 無作神羞!』」

　旣戊午, 師渡孟津.

　癸亥, 陳于商郊, 俟天休命.

　甲子昧爽, 受率其旅若林, 會于牧野.

　罔有敵于我師, 前徒倒戈, 攻于後以北, 血流漂杵.

　一戎衣, 天下大定.

　乃反商政, 政由舊.

　釋箕子囚, 封比干墓, 式商容閭.

　散鹿臺之財, 發鉅橋之粟, 大賚于四海, 而萬姓悅服.

【旣生魄】'魄'은 霸로도 표기하며 '달빛, 달그림자'를 뜻하는 말. "이윽고 달그림자가 생기기 시작하다"의 뜻으로 음력 16일을 뜻함. 따라서 記述의 순서가 뒤바뀐 것으로 추측됨. 《漢書》律曆志에는 "生霸, 望也"라 하였고, 孔安國은 음력 15일 이후라 하였음. 그러나 一說에는 上弦부터 望月 직전까지이며 달이 이미 밝기는 하였으나 보름에 이르지 않은 때라 함. 王國維의 《觀堂集林》生霸死霸考에 "旣生霸, 謂自八九日以降至十四五日也"라 함.

【庶邦冢君曁百工】'庶邦'은 여러 제후들. '曁'는 及, 同과 같음. '百工'은 百官.

【受命于周】'命'은 政事에 대한 명령. 周나라로부터 명령을 받음. 〈蔡傳〉에 "四方諸侯及百官皆于周受命, 蓋武王新卽位, 諸侯百官皆朝見新君"이라 함.

【群后】여러 제후들을 가리킴.

【先王建邦啓土】'先王'은 周나라의 선조 后稷(姬棄). 孔穎達 疏에 "后稷非王, 尊其祖, 故稱先王"이라 함. '建邦啓土'는 나라를 세우고 疆域을 개척함. 孔穎達 疏에 "后稷始封于邰, 故言建邦啓土"라 함.

【公劉克篤前烈】后稷의 曾孫. '篤'은 厚와 같음. '烈'은 업적. 公劉가 능히 선조들의 업적을 더욱 돈독하게 이어받음. 《史記》周本紀에 公劉에 대해 "務耕種, 行地宜, 自漆沮渡渭, 取財用, 行者有資, 居者有蓄積, 民賴其慶. 百姓懷之, 多徙而保歸焉"이라 함.

【大王肇基王迹】‘大王’은 ‘태왕’으로 읽으며 古公亶父를 가리킴. 文王의 祖父이며 太公으로 불렸으나 武王이 추존하여 太王으로 부름. ‘肇基’는《爾雅》釋詁에 “基, 肇, 始也”라 하여 처음으로 시작함. 古公亶父가 岐山 아래 周原으로 옮겨와서 덕을 쌓고 의를 행하여 민심을 얻음으로써 왕업의 기틀을 시작하였다는 뜻. ‘迹’은 功績을 뜻함.《史記》周本紀에 “蓋王瑞自太王興”이라 함.

【王季其勤王家】‘王季’는 古公亶父의 막내아들이며 文王의 아버지 季歷. 뒤에 武王이 추존하여 王季라 칭한 것. 季歷은 그의 두 형 太伯과 虞仲이 季歷에게 왕통이 이어지도록 하기 위해 멀리 吳 땅으로 피하여 家系를 잇게 되

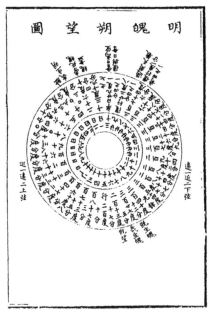

〈明魄朔望圖〉《書經大全》

었으며 文王(姬昌)을 거쳐 武王(姬發)에 이르러 周王室을 일으킴.

【誕膺天命】‘誕’은 大의 뜻. ‘膺’은 受와 같음.

【以撫方夏】‘方夏’는 四方과 中夏.

【惟九年】‘文王이 德으로 다스리기 9년이 되어’의 뜻.

【大統未集】‘大統’은 통일천하의 大業. ‘集’은 성취, 성공의 뜻.

【底商之罪】‘底’는 至, 致와 같음.

【告于皇天后土】‘皇天后土’는 고대 하늘과 땅을 함께 일컫는 말.《左傳》僖公 15년에 “君履后土而戴皇天, 皇天后土, 實聞君之言”이라 함.

【所過名山大川】‘名山’은 華山, ‘大川’은 黃河를 뜻함. 周 武王이 商을 정벌하고자 鎬京으로부터 朝歌에 이르면서 경과하게 된 華山과 河水를 가리킴.

【有道曾孫周王發】道가 있는 사람. 武王 자신을 가리킴. 孔穎達 疏에 “自稱有道者, 聖人至公, 爲民除害, 以紂無道言己有道, 所以告神求助不得飾以謙辭也”라 함. ‘曾孫’은 제후가 자신을 일컫는 칭호. 무왕이 자신을 칭한 것.《禮記》曲禮에 “諸侯自稱之辭, 臨祭祀, 內事曰孝子某侯某, 外事曰曾孫某侯某”라 함.

【大正于商】‘正’은 政과 같음. 大政은 大事, 즉 전쟁을 뜻함.

【暴殄天物】'天物'은 鳥獸草木 등 하늘이 내려준 모든 물자를 가리킴.

【害虐烝民】'烝'은 衆多의 뜻. '烝民'은 많은 백성을 뜻함.

【天下逋逃主】천하에 못된 죄를 짓고 도망 온 자들이 紂를 주인으로 여김. 孔安國
傳에 "天下罪人逃亡者以紂爲魁主"라 함.

【萃淵藪】'萃'는 聚集의 의미. '淵藪'는 물고기가 모여드는 곳은 淵, 짐승이 모여드는
곳은 藪라 함. 여기서는 천하 악인들이 모두 紂에게 모여듦을 비유한 것.

【旣獲仁人】'仁人'은 太公, 周公, 召公 등의 大臣들을 가리킴.

【以遏亂略】'遏'은 '막다, 저지하다'의 뜻. 紂의 나라를 어지럽히는 政略을 막을 것임
을 기원한 것.

【華夏蠻貊】'華夏'는 中原, 中華의 뜻. 孔穎達 疏에 "〈釋詁〉云: 夏, 大也. 故大國曰夏.
華夏謂中國也"라 함. '蠻貊'은 남쪽 이민족과 북쪽 이민족. 사방 모든 이민족을 통틀
어 말한 것.

【罔不率俾】'俾'는 《爾雅》 釋詁에 "從也"라 함.

【恭天成命】'恭'은 奉行의 뜻. '成命'은 定命과 같음. 이미 정해진 天命. 즉 하늘이 殷
을 멸망시키고자 하는 뜻.

【肆予東征】'肆'는 故, 所以와 같음. '東征'은 서쪽 周나라가 동쪽 殷나라를 정벌함을
뜻함.

【綏厥士女】'綏'는 '안정시키다'의 뜻. '士女'는 남녀를 통칭하여 부른 말.

【篚厥玄黃】검은색과 누런색의 비단을 광주리에 담아 옴.

【昭我周王】'昭'는 詔와 같으며 助의 뜻. 《爾雅》 釋詁에 "詔, 助也"라 함. '周王'은 주
나라의 王業.

【天休震動】'休'는 美의 뜻이며 여기서는 '축복하다'의 의미. 하늘이 周나라에게 내
리는 축복을 뜻함. '震動'은 민심을 크게 얻음을 의미함.

【用附我大邑周】'用'은 以와 같음. 大國周는 주나라의 위세를 표현한 것.

【惟爾有神, 尙克相予】'爾'는 神을 가리킴. '尙'은 '원하다, 바라다'의 뜻. '克'은 能. '相'
은 '돕다'의 뜻.

【以濟兆民】'兆民'은 많은 백성을 뜻함.

【無作神羞】神으로서 부끄러워할 행동을 하지 말 것을 권한 것.

【旣戊午】'旣'는 '이윽고', '얼마 되지 않아'의 뜻. 戊午는 1월 28일.

【師逾孟津】'逾'는 건너감. 넘어감. '孟津'은 河水의 나루터, 지금의 河南 孟縣.

【癸亥, 陳于商郊】癸亥는 2월 3일. 陳은 陣과 같음. '진을 치다'의 뜻.

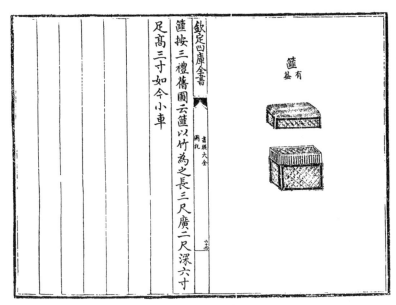

〈篚〉《書經大全》

【俟天休命】 '俟'는 '기다리다'의 뜻. 孔安國 傳에 "謂夜雨止畢陳"이라 함. '休命'은 祝福의 天命.

【甲子昧爽】 '甲子'는 2월 4일. '昧爽'의 '昧'는 昏, '爽'은 亮의 뜻. 여기서는 아직 채 밝지 않은 이른 새벽을 뜻함.

【受率其旅若林】 '旅'는 《爾雅》 釋詁에 "衆也"라 함. 여기서는 군대의 旅團을 뜻함. '若林'은 孔安國 傳에 "如林, 言盛多"라 함. 숲의 나무들처럼 많음을 비유함.

【會于牧野】 '會'는 會戰.

【前途倒戈】 '前途'는 前軍. 앞에 배치된 군대. 紂임금의 군대 앞에 선 장병들. '倒戈'는 창 끝을 적에게 돌리지 않고 반대로 자기편에게 돌리는 것. 《史記》 周本紀에 "紂師雖衆, 皆無戰之心. 心欲武王亟入. 紂師皆倒兵以戰, 以開武王"이라 함.

【攻于後以北】 도리어 뒤따르던 자신들의 군대를 공격하여 이로써 패하여 달아남. '北'는 '배'로 읽으며 敗北를 뜻함.

【血流漂杵】 피가 흘러 절굿공이가 둥둥 떠다닐 정도임. '杵'는 舂杵. 절굿공이. 혹, 방앗공이. 《孟子》 盡心(下)에는 "孟子曰:「盡信書, 則不如無書. 吾於〈武成〉, 取二三策而已矣. 仁人無敵於天下. 以至仁伐至不仁, 而何其血之流杵也?"라 하여 그렇게까지 심하지는 않았을 것이라 하였음.

【一戎衣】'무왕이 한 번 군복을 입고 싸우다'의 뜻.

【乃反商政】'反'은 反對의 뜻. 여기서는 '商나라의 弊政을 廢棄하다'의 뜻.

【政由舊】'由'는 用과 같음. '정치는 상나라 옛 어진 임금의 政事를 사용하다'의 뜻.

【釋箕子囚】箕子가 紂에게 노예가 되어 갇혔던 것을 풀어 줌. 箕子는 이름이 胥餘. 箕 땅에 봉해진 子爵의 왕족. 紂임금의 諸父로 알려짐. 紂의 무도함을 간언하였으나 듣지 않자 거짓 미친 체하며 살았다 함.

【封比干墓】'封'은 益土의 뜻. 孔穎達 傳에 "益其土"라 함. 이미 죽은 比干의 墓를 重修하여 그를 존중함을 보인 것.

【式商容閭】'式'은 軾과 같음. 수레에 탄 채 몸을 굽혀 예를 표하는 방법. 孔穎達 疏에 "男子立乘, 有所敬則俯而憑軾"이라 함. '商容'은 殷나라 때의 賢人.《史記》殷本紀에 "商容賢者, 百姓愛之, 紂廢之"라 함. '閭'는 마을 단위 명칭.《說文》에 "閭, 族居里門也"라 함.

【散鹿臺之財】'鹿臺'는 창고 이름.《史記》殷本紀에 "厚賦稅以實鹿臺之錢"이라 하였고, 〈史記集解〉에 如淳의 말을 인용하여 "《新序》云鹿臺, 其大三里, 高千尺"이라 함.

【發鉅橋之粟】'鉅橋'는 倉庫 이름으로 全國의 糧穀을 漕運을 통해 실어와 보관하던 곳. 〈史記集解〉에 服虔의 말을 인용하여 "鉅橋, 倉名. 許慎曰鉅鹿水之大橋也, 有漕粟也"라 함.

【大賚于四海】'賚'는 賮와 같음. '실어다 주다', 혹은 '상이나 재물을 널리 베풀다'의 뜻.

21(23-3)

열작유오 列爵惟五

 작위의 배열은 공公, 후侯, 백伯, 자子, 남男의 다섯으로 하며, 토지는 세 등급으로 나누었다.

 관직을 세움에는 오직 어짊을 기준으로 하고, 일에 맞는 지위는 능력으로 하였다.

 백성에게 오교五敎를 중시토록 하되 먹는 것, 상례, 제례를 중시하였다.

 믿음을 돈독하게 하고 의를 명확히 하며, 덕을 숭상하고 공적에는 보답을 하였다.

 이리하여 옷깃을 늘어뜨리고 팔짱을 끼고 있어도 천하가 잘 다스려졌다.

> 列爵惟五, 分土惟三.
> 建官惟賢, 位事惟能.
> 重民五敎, 惟食喪祭.
> 惇信明義, 崇德報功.
> 垂拱而天下治.

【列爵惟五】'惟'는 爲와 같음. '五'는 公, 侯, 伯, 子, 男의 다섯 등급의 爵位.

【分土惟三】孔安國 傳에 "列地封國, 公侯方百里, 伯七十里, 子男五十里, 爲三品"이라 함.

【重民五敎】'五敎'는 五常, 五倫. 즉 父義, 母慈, 兄友, 弟恭, 子孝의 다섯 가지 人倫德目.

【食喪祭】먹는 것, 장례, 제사 등 세 가지. 孔安國 傳에 "民以食爲命, 喪禮篤親愛, 祭祀崇交讓, 皆聖王所重"이라 함.

【惇信明義】'惇'은 敦과 같음. 믿음을 돈후하게 하고 義를 명료하게 함.

【垂拱】垂衣拱手의 줄인 말. '垂'는 옷깃을 늘어뜨린 채 편한 자세로 있음. '拱'은 팔
짱을 끼고 있음. 作爲를 하지 않음을 뜻함. 孔安國 傳에 "言武王所修皆是, 所任得
人, 故垂拱而天下治"라 함.

〈24〉 홍범洪範(122-132)

'홍洪'은 대大의 뜻이며 '범範'은 법法이라는 뜻이다. 따라서 '洪範'은 대법大法이라는 의미이다. 대우大禹가 〈낙서洛書〉를 얻었는데 그것이 바로 본편의 "初一日五行"부터 "威

秦始皇陵 〈銅馬車〉 1980 陝西 秦始皇陵 출토

用六極"까지의 65자라는 것이다. 이는 역대 매우 중시하여 왔으며 이것이 기자箕子에게 전해졌다. 은殷나라가 망하고 주周 무왕武王이 기자에게 치국의 방책을 질문하자 기자가 이 〈낙서〉를 근거로 9가지의 대법을 진술하였

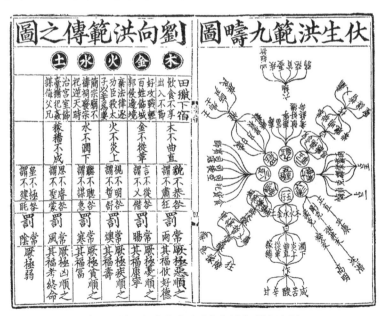

〈伏生洪範九疇圖〉와 〈劉向洪範傳之圖〉《書經大全》

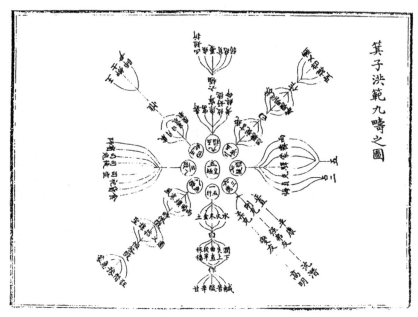

〈箕子洪範九疇圖〉《書經大全》

으며, 사관史官이 그 내용을 다시 정리한 것이 이 〈홍범〉이다. 〈홍범〉은 《상서》에서 매우 중요한 내용으로 혹자는 이 글이 전국시대戰國時代에 쓰여진 것이 아닌가 여기기도 하지만, 그럼에도 그 무렵 이러한 기록이 전한다는 것은 고대의 정치, 철학, 문화, 우주관 등에 대한 인식을 연구하는 귀중한 자료로 가치를 인정받고 있다.

＊蔡沈《書傳》〈洪範〉注에 "〈漢志〉曰:「禹治洪水, 錫〈洛書〉, 法而陳之, 洪範是也.」《史記》武王克殷, 訪問箕子以天道. 箕子以〈洪範〉陳之. 按篇內'曰而·曰汝'者, 箕子告武王之辭, 意洪範發之於禹, 箕子推衍增益以成篇歟! 今文·古文皆有"라 하였다.

〈서〉: 무왕武王이 은殷에게 승리하여 수受를 죽이고 무경武庚을 세웠으며, 기자箕子를 돌아오도록 하여 〈홍범洪範〉을 지었다.

〈序〉: 武王勝殷殺受, 立武庚, 以箕子歸, 作〈洪範〉.

【受】殷(商)의 末王 紂 帝辛의 이름.

【武庚】紂의 아들. 일명 녹보(祿父)라고도 불리며 周 武王이 殷나라 제사를 잇도록 그를 제후로 세워주었으나 뒤에 武庚이 蔡叔, 管叔과 모의하여 난을 일으키자 그를 폐하고 대신 微子(啓)를 세워 殷의 제사를 잇도록 하였으며, 나라 이름을 宋이라 하였음.《史記》周本紀에 "封紂子武庚祿父, 以續殷祀, 令修行盤庚之政. 殷民大說. 於是周武王爲天子. 其後世貶帝號, 號爲王. 而封殷後爲諸侯, 屬周. 周武王崩, 武庚與管叔·蔡叔作亂, 成王命周公誅之, 而立微子於宋, 以續殷後焉"이라 함.

【箕子】이름은 胥餘. 箕 땅에 봉해진 子爵의 왕족. 紂임금의 諸父로 알려짐. 紂의 무도함을 간언하였으나 듣지 않자 거짓 미친 체하며 살았다 함. 뒤에 武王이 殷을 멸하고 箕子를 周의 도읍 鎬京으로 돌아오도록 불렀음.

122(24-1)
왕방기자王訪箕子

13년째 되던 해, 문왕이 기자箕子에게 자문을 구하였다.

문왕이 이에 이렇게 말하였다.

"오호라! 기자여. 하늘이 아래 백성들을 안정시키어 그 삶을 서로 화합하게 하셨는데, 내가 그것을 이륜彛倫으로 제정해야 할 바를 알지 못하고 있소."

기자가 이에 이렇게 말하였다.

"제가 듣기로 옛날 곤鯀이 홍수를 막으면서 그 오행五行을 마구 흩어 배열하자 제帝께서 이에 진노震怒하여 홍범구주洪範九疇를 주지 아니하시어 이륜이 무너지게 된 것이라 합니다. 곤은 쫓겨나 죽임을 당하고 그 아들 우禹가 그 사업을 이어받게 되자, 하늘이 이에 우에게 홍범구주를 내려주시어 이륜이 제정된 것입니다. 처음 첫째는 오행이요, 다음 두 번째 경건함은 오사五事로써 하는 것이며, 다음 셋째 정사에 힘씀에는 팔정八政으로 함이요, 다음 넷째 화합함에는 오기五紀로써 함이요, 다음 다섯째 군주를 세움에는 황극皇極으로써 함이요, 다음 여섯째 백성을 다스림에는 삼덕三德으로써 함이요, 다음 일곱째 명확함에 대해서는 계의稽疑로써 함이요, 다음 여덟 번째 늘 염두에 둘 일은 서징庶徵으로써 함이요, 다음 아홉 번째 권면할 일은 오복五福으로써 하는 것과, 위엄은 육극六極으로써 하는 것입니다."

惟十有三祀, 王訪于箕子.

王乃言曰:「嗚呼! 箕子. 惟天陰騭下民, 相協厥居, 我不知其彛倫攸敍.」

箕子乃言曰:「我聞, 在昔, 鯀陻洪水, 汨陳其五行. 帝乃震怒, 不
畀洪範九疇, 彝倫攸斁. 鯀則殛死, 禹乃嗣興, 天乃錫禹洪範九疇,
彝倫攸敍. 初一曰五行, 次二曰敬用五事, 次三曰農用八政, 次四
曰協用五紀, 次五曰建用皇極, 次六曰乂用三德, 次七曰明用稽疑,
次八曰念用庶徵, 次九曰嚮用五福, 威用六極.」

【十有三祀】'祀'는 年과 같음. 孔安國 傳에 "祀, 年也. 夏曰歲, 商曰祀, 周曰年, 唐虞曰
載"라 함. '有'는 又와 같음. 13년은 周 文王이 건국한 지 13년이며 武王이 殷을 멸
한 뒤 2년임.

【王訪于箕子】'王'은 周 武王. '訪'은 '자문을 구하다, 모책을 세우다, 찾아가 묻다' 등
의 뜻.《爾雅》釋詁에 "訪, 謀也"라 함.

【陰騭】'몰래 보호해 주다'의 뜻. '陰'은 馬融은 "覆也"라 하였고,《釋名》에는 "蔭也"라
하였음. '騭'은《史記》에는 '定'으로 되어 있어 "안정을 주다"의 뜻임.

【相協厥居】'相'은 使와 같음. '協'는 和의 뜻. '厥'은 其와 같음.

【彝倫攸敍】'彝倫'은 常理와 같은 뜻. '攸'는《經傳釋詞》에 "攸, 猶所以也"라 함. '敍'는
차례의 뜻이나 여기서는 '제정하다, 규정하다'의 의미로 쓰였음.

【鯀陻洪水】鯀은 禹임금의 아버지. '陻'(인)은 '메우다, 막다'의 뜻. 堯帝로부터 洪水를
다스리도록 명을 받아 물을 메우고 막는 방법으로 하다가 실패하여 방축되어 죽
임을 당함.

【汨陳其五行】'汨'은 亂의 뜻. '陳'은 '陳列하다, 配列하다'의 뜻. 鯀이 五行의 원리를
제대로 알지 못한 채 물을 막는 방법으로 홍수를 다스리는 잘못을 저지름. '五行'
은 水, 火, 木, 金, 土를 가리킴.《尙書大傳》에 "水火者, 百姓之所飮食也; 金木者, 百
姓之所興作也; 土者, 萬物之所資生也. 是爲人用"이라 함.

【不畀洪範九疇】'畀'는 '주다, 수여하다'의 뜻. '洪範九疇'의 疇는 類와 같음. '가지'의
뜻. 즉 '大法이 되는 아홉 가지'라는 뜻. 아래에 열거한 아홉 가지 대법을 가리킴.

【彝倫攸斁】'斁'(두)는 敗壞의 뜻. '攸'는 因과 같음. ' 때문에'의 의미.

【鯀則殛死】鯀이 죽을 때까지 流放되었다가 죽임을 당하였음을 뜻함.《呂氏春秋》
行論에 "書云鯀則殛死, 先殛後死也"라 함.

【錫禹洪範九疇】'錫'은 賜와 같음. 내려줌.

【敬用五事】'敬'은 敬虔함, 謹愼함의 뜻. '用'은 以와 같음. 敬虔함을 위해서는 五事를

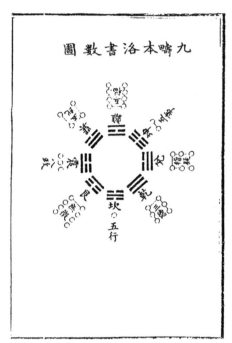

〈九疇本洛書數圖〉《書經大全》

써서 함. '五事'는 아래에 자세히 열거되어 있음.

【農用八政】'農'은 '노력하다'의 뜻. 《廣雅》釋詁에 "農, 勉也"라 함. "政務에 노력함에는 여덟 가지 사항으로써 하다"의 뜻.

【協用五紀】'協'은 合과 같음. '紀'는 《廣雅》釋詁에 "紀, 識也"라 함.

【建用皇極】'建'은 '건립하다, 세우다'의 뜻. '皇'은 君王, '極'은 法則. '皇極'에 대해 朱熹는 "皇者, 君之稱; 極者, 至極之義, 標準之名也"라 함. 《尙書大傳》에 '王極'으로 되어 있음.

【乂用三德】'乂'는 治의 뜻. 여기서는 '백성을 다스리다'의 의미. '三德'은 剛, 柔, 正直을 가리킴. 孔安國 傳에 "治民必用剛柔正直之三德"이라 함.

【明用稽疑】'明'은 '명석함, 현명함, 명찰함, 명확함, 분명함'의 의미. '稽疑'는 결단을 내릴 수 없을 때의 일처리 방법을 설명한 것임. '稽'는 '고찰하다'의 뜻. '叀(계, 점쳐서 알아보다)의 뜻이 原義임. 《說文》에 "叀, 卜以問疑也, 讀與稽同"이라 함.

【念用庶徵】'念'은 '평소 늘 염두에 둘 일'을 뜻함. 《說文》에 "念, 常思也"라 함. '庶'는 衆의 뜻. 徵은 徵兆.

【嚮用五福】'嚮'은 饗과 같음. '勸勉하다'의 의미. 《漢書》谷永傳에 "永對曰: 經曰饗用五福, 畏用六極"이라 하여 饗자를 썼음.

【威用六極】'威'는 威嚴. '六極'은 여섯 가지 극단적인 것.

123(24-2)
오행五行

"첫째, 오행五行입니다. 첫째는 수水요, 둘째는 화火요, 셋째는 목木이요, 넷째는 금金이요, 다섯째는 토土입니다. 수는 젖은 채 아래로 내려가는 것이요, 화는 불꽃이 솟아오르는 것이요, 목은 굽은 것 곧은 것을 말함이요, 금은 만들고자 하는 대로 변화를 따르는 것이요, 토는 농사를 지을 수 있는 것임을 말합니다. 젖어 아래로 흘러가게 할 수 있으니 짠 것을 만들어낼 수 있고, 불꽃이 위로 솟구치니 쓴 것을 만들어 낼 수 있으며, 굽고 곧게 할 수 있으니 신맛을 만들어낼 수 있으며, 변화를 따르니 매운맛을 만들어낼 수 있으며, 농사를 지으니 단맛을 만들어낼 수 있는 것입니다."

「一, 五行: 一曰水, 二曰火, 三曰木, 四曰金, 五曰土. 水曰潤下, 火曰炎上, 木曰曲直, 金曰從革, 土爰稼穡. 潤下作鹹, 炎上作苦, 曲直作酸, 從革作辛, 稼穡作甘.」

【潤下】아래로 윤기를 흐르게 할 수 있음. 물의 기능을 설명한 것.

【炎上】불꽃이 위로 솟구침. 아래에 있는 것을 위로 솟구치게 할 수 있음을 말함.

【曲直】나무는 굽힐 수도 있고 곧게 켤 수도 있음을 말함.

【從革】'革'은 變革, 變化의 의미. 금속류는 녹여서 여러 형태로 변화시킬 수 있음을 말함.

【土爰稼穡】'爰'은 《史記》에는 '曰'로 되어 있음. '稼'는 씨를 뿌리는 것. '穡'은 곡물을 수확하는 것. 농사를 뜻함. 흙으로는 농사를 지어 곡물을 생산할 수 있음을 말함.

【作鹹】바닷물을 모아 소금을 만들어낼 수 있음. '作'은 '생겨나게 하다, 만들어내다'의 뜻. 《詩》周頌 天作 "天作高山, 大王荒之"의 〈毛傳〉에 "作, 生也"라 함.

【作苦】불에 태워 쓴맛이 나는 것을 만들어냄.

【作酸】나무에서는 그 자체의 신맛과 신맛의 과일 등을 얻을 수 있음.

【作辛】쇠붙이는 불로 가공한 다음에는 맛이 辛熱함을 뜻함.

【作甘】흙에서 나는 농산품은 사람의 생명을 이어주는 단맛이 됨을 뜻함.

〈五行表〉

1	2	3	4	5	6	7	8	9	10	11	12	13	14	15	16	17	18	19	20	21	22	23	24	25	26
五行	五方	五色	五音	五常	五臟	五季	五事	五聲	五味	五義	五嶽	五帝	五帝	天干	地支	五神	動物	五數	五臭	五祀	五穀	五牲	五木	四靈	五民
木	東	青	角	仁	肝	春	貌	牙	甘	謙	泰山	太皞	帝嚳	甲乙	寅卯辰	句芒	鱗	八	羶	戶(奧)	麥	禽(鷄)	梧	青龍	夷
火	南	赤	徵	禮	心	夏	聽	舌	鹹	敢	衡山	炎帝	顓頊	丙丁	巳午未	祝融	羽	七	焦	竈	菽	狗	柳	朱雀	蠻
土	中	黃	羽(宮)	信	脾	季夏	思	脣	酸	和	嵩山	黃帝	黃帝	戊己		后土	倮	五	香	中霤	稷	牛	桑		夏華
金	西	白	商	義	肺	秋	言	齒	苦	容	華山	少皞	帝堯	庚申	申酉戌	蓐收	毛	九	腥	門	麻(粱)	羊	棘	白虎	戎
水	北	黑	宮(羽)	智	腎	冬	視	喉	辛	廉	恒山	顓頊	帝舜	壬癸	亥子丑	玄冥	介	六	朽	井	黍	彘	棗	玄武	狄

★相生: 水生木. 木生火, 火生土, 土生金, 金生水

★相剋: 水剋火, 火剋金, 金剋木, 木剋土, 土剋水

124(24-3)
오사五事

"둘째는 오사五事입니다. 첫째 용모요, 둘째는 말이요, 셋째는 눈으로 보는 것이요, 넷째는 듣는 것이요, 다섯째는 생각하는 것입니다. 용모는 공경하는 태도여야 하고, 말은 순종하는 태도여야 하며, 보는 것은 명확해야 하고, 듣는 것은 널리 들어야 하며, 생각함은 통달해야 합니다. 용모가 공경하는 태도이면 엄숙하게 되고, 말이 순종하면 남을 다스릴 수 있고, 보는 것이 명확하면 지혜로울 수 있고, 듣는 것이 넓으면 모책을 세울 수 있으며 사고가 통달하면 성스러운 단계에 이르게 됩니다."

「二, 五事: 一曰貌, 二曰言, 三曰視, 四曰聽, 五曰思. 貌曰恭, 言曰從, 視曰明, 聽曰聰, 思曰睿. 恭作肅, 從作乂, 明作哲, 聰作謀, 睿作聖.」

【貌】용모, 표정, 남을 대할 때의 몸가짐 표현.
【言曰從】말이 바르고 이치에 맞으면 남으로 하여금 따르고 복종하게 할 수 있음. 《漢書》五行志에 "言正曰從"이라 함.
【聽曰聰】'聽'은 널리 들어 치우치지 않는 것. 《楚辭》涉江 王逸 注에 "遠聽曰聰"이라 함.
【思曰睿】'睿'는 '통달하다'의 뜻.
【恭作肅】'作'은 則과 같음. '肅'은 敬虔함. 嚴肅함.
【從作乂】'乂'는 治와 같음.
【明作哲】'晢'은 '哲'의 이체자. 明哲하고 智慧로움. '晢'은 음이 反切로 '之舌反', 혹은 '丁列反'으로 '절'. 많은 판본에는 '哲'로 되어 있으나 〈十三經〉본을 따름.
【睿作聖】통달하면 성스러운 단계에 이르게 됨. 孔穎達 疏에 "貌能恭則心肅敬也, 言

可從則政必治也, 視能明則所見照晳也, 聽能聰則所謀必當也, 思通微則事無不通乃
成聖也. 〈洪範〉本體與人主作法, 皆據人主爲說"이라 함.

125(24-4)
팔정 八政

"셋째는 팔정八政입니다. 첫째 먹는 것과 그것을 관장하는 관원이요, 둘째 재물과 이를 관장하는 관원이요, 셋째는 제사와 이를 관장하는 관원이요, 넷째는 토목공사와 이를 관장하는 관원이요, 다섯째는 교육과 이를 관장하는 관원이요, 여섯째는 치안과 이를 관장하는 관원이요, 일곱째는 빈객과 이를 관장하는 관원이요, 여덟 번째는 군사와 이를 관장하는 관원입니다."

「三, 八政: 一曰食, 二曰貨, 三曰祀, 四曰司空, 五曰司徒, 六曰司寇, 七曰賓, 八曰師.」

【八政】여덟 가지 政務와 그에 종사하는 官員. 鄭玄은 "食, 謂掌民食之官, 若后稷者也. 貨, 掌金帛之官, 若《周禮》司貨賄者也. 祀, 掌祭祀之官, 若宗伯者也. 司空, 掌居民之官. 司徒, 掌敎民之官. 砂丘, 掌詰盜賊之官. 賓, 掌諸侯朝覲之官, 《周禮》大行人是也. 師, 掌軍旅之官, 若司馬也"라 함.
【食】먹는 것을 관장하고 다스리는 업무와 그 관원.
【司空】백성이 집을 짓고 살 수 있는 營建의 업무를 맡은 관원.
【司徒】백성을 가르치는 업무와 그 관원.
【司寇】치안, 즉 범죄를 다스리는 업무와 그 관원.
【賓】손님 접대를 관장하는 업무와 그 관원.
【師】군사 업무와 그 일을 맡은 관원.

오기五紀

"넷째는 오기五紀입니다. 첫째는 해요, 둘째는 달이요, 셋째는 날이요, 넷째는 별이요, 다섯째는 역수曆數입니다."

「四, 五紀: 一曰歲, 二曰月, 三曰日, 四曰星辰, 五曰曆數.」

【星辰】'星'은 이십팔수(二十八宿)를 가리키며, '辰'은 十二辰으로 해와 달이 마주치는 곳. 子, 丑, 寅, 卯, 辰, 巳, 午, 未, 申, 酉, 戌, 亥의 天位. 孔安國 傳에 "二十八宿迭見以 敍節氣, 十二辰以紀日月所會"라 함.

【曆數】'曆'은 曆과 같음. 해와 달이 하늘을 주기적으로 운행하는 度數. 태양은 365¼도이며 태양은 매일 1도씩 움직임. 달은 매일 13과 7/19도씩 움직임. 이를 계산하여 윤달을 정함. 〈十三經〉 注에 "曆數, 節氣之度, 以爲曆, 敬授民時"라 함. 〈堯典〉에 "以閏月定四時成歲"라 함.

127(24-6)
황극皇極

"다섯째는 황극皇極입니다. 임금은 그 군권君權을 세워야 하는 것입니다. 이러한 오복五福을 모아들여 이로써 많은 서민들에게 두루 펴서 베풀어주어야 합니다. 그렇게 되면 서민들은 그대의 군권을 크게 여겨 그대가 군권을 보유함에 공헌을 할 것입니다. 무릇 서민들이 사악한 편당을 짓지 아니하고, 백관들이 사사롭게 서로 빌붙지 아니하는 것은, 임금의 군권이 모범을 보일 때 가능한 것입니다. 무릇 서민들이란 삶에 대한 모책이 있어야 하고, 할 일이 있어야 하고, 지켜낼 것이 있어야 하는 것이니 그대는 이를 늘 염두에 두셔야 합니다. 군권에 합당하지 않으면서 또한 죄에도 걸려들지 않은 사람에 대해서는, 그대는 그들에게 관용을 베풀어 받아주어야 합니다. 그러면서 편안하고 온화한 표정으로 '나는 훌륭한 덕을 닦기를 좋아하노라'라고 말하십시오. 그리고 그들에게 복을 내리십시오. 그러면 이러한 사람들은 이에 임금의 군권을 생각하게 됩니다. 외롭고 홀로 되어 의탁할 곳이 없는 이들을 학대하지 말 것이며, 높고 덕 있는 사람을 두려워할 것이며, 어떤 사람이 능력도 있고 일을 할 줄도 안다면 그로 하여금 자신의 행동을 펴 보일 수 있도록 하시면 그 나라가 창성해질 것입니다. 무릇 그 관리들에게는 늘 봉록으로써 부유하게 해 주어야 하는 것이니, 만약 그들로 하여금 능히 나라에 공헌할 기회를 주지 못한다면 이러한 사람들은 그대를 탓할 것입니다. 그러나 훌륭한 덕을 갖추지 못한 자라면 그대가 비록 복을 내려준다 해도 그들은 그대로 하여금 죄악을 짓도록 할 것입니다. 치우침도 없도록 할 것이며, 기욺도 없도록 하여 임금의 법을 준수하도록 하고, 사사롭게 좋아하는 것이 없도록 하여 임금의 도를 준행하도록 하며, 악한 짓을 짓지 않도록 하여 임금의 길을 따르도록 해야 합니다. 치우침도 없으며, 당파도 짓지 않으면 왕도王道는 탕탕蕩蕩할 것이며, 당파도 짓지 아니하고 치우침도 없으면 왕도는 평평平平할 것이며, 도리에 어긋남도 없고 한쪽으로 기울지도 않는다면 왕도는 바르고 곧게 될 것입니다. 그 군권을 모아 단결하면 그 군권으로 모두가 모여들 것입니다. 이르되 임금이 이상 말한 것을 두루 펴 보이며 이를 진열하여 널리 알리며 이를 가르침으로 하게 되면 천제天帝가 그의 뜻을 들어주어 따르게 될 것입니다. 무릇 서민들이란 이러한 가르침을 따르고 이를 행동으로 옮겨 천자의 영광에 가까이 접근하는 것입니다. 그러니 '천자는 백성의 부모가 되어야 하는 것이기에 천하의 왕이 되는 것'이라 말하는 것입니다."

「五, 皇極: 皇建其有極. 斂時五福, 用敷錫厥庶民. 惟時厥庶民于汝極, 錫汝保極: 凡厥庶民, 無有淫朋, 人無有比德, 惟皇作極. 凡厥庶民, 有猷有爲有守, 汝則念之. 不協于極, 不罹于咎, 皇則受之. 而康而色, 曰:『予攸好德.』汝則錫之福. 時人斯其惟皇之極. 無虐煢獨, 而畏高明, 人之有能有爲, 使羞其行, 而邦其昌. 凡厥正人, 旣富方穀, 汝弗能使有好于而家, 時人斯其辜. 于其無好德, 汝雖錫之福, 其作汝用咎. 無偏無陂, 遵王之義; 無有作好, 遵王之道; 無有作惡, 遵王之路. 無偏無黨, 王道蕩蕩; 無黨無偏, 王道平平; 無反無側, 王道正直. 會其有極, 歸其有極. 曰: 皇, 極之敷言, 是彝是訓, 于帝其訓. 凡厥庶民, 極之敷言, 是訓是行, 以近天子之光. 曰:『天子作民父母, 以爲天下王.』」

【皇建其有極】君權을 세움. 즉 군주로서의 최고 권위와 모범의 표준을 세워 백성들로 하여금 따르도록 하는 것. 이에 본문의 '極'은 모두 '君權'으로 풀이함.

【斂時五福】'斂'는 '채취하다'의 뜻. '時'는 是와 같음. '五福'은 壽, 富, 康寧, 攸好德, 考終命의 다섯 가지 복을 일컫는 것으로 보고 있음.

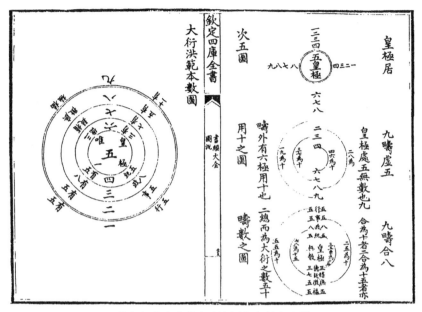

〈皇極九疇圖〉와 〈大衍洪範本數圖〉《書經大全》

【用敷錫厥庶民】'敷'는 遍과 같음. '두루'의 뜻. '錫'은 '베풀어주다'의 뜻.

【于汝極】'于'는 《尙書易解》에 "《方言》: 大也, 猶言重視"라 함.

【錫汝保極】'錫'은 賜와 같으며 '貢獻하다'의 뜻. '保'는 '保有하다'의 의미.

【無有淫朋】'淫朋'은 사악한 무리.

【人無有比德】'人'은 百官, '比德'은 蔡傳에는 "私相比附也"라 하여 '사사롭게 서로 빌붙다'의 뜻으로 보았음.

【有猷有爲有守】'猷'는 모책, 계책. '爲'는 作爲. '守'는 '지켜내다'의 뜻.

【汝則念之】'念'은 늘 염두에 두고 생각하는 것.《說文》에 "念, 常思也"라 함.

【不罹于咎】'罹'는 '걸리다, 빠져들다'의 뜻. '咎'는 죄악.

【皇則受之】'受'는 용서하고 받아들임.

【而康而色】'康'은 和悅한 표정. '色'은 溫潤한 모습.《詩》泮水 "載色載笑"의 〈毛傳〉을 볼 것.

【予攸好德】'攸'는 '遵行하다'와 같은 뜻임.《尙書易解》에 "攸, 與由通, 遵行之意"라 함.

【時人斯其惟皇之極】'斯'는 乃와 같음.《經傳釋詞》에 "斯, 猶乃也"라 함. '惟'는 思와 같은 뜻임.

【無虐煢獨, 而畏高明】'煢'은 형제가 없는 것이며 '獨'은 자식이 없는 것으로 煢獨은 孤獨과 같음. 鰥寡와 함께 의탁할 곳이 없어 배려해야 할 대상을 뜻함. '高明'은 지위가 높고 명망이 있는 사람.

【使羞其行】'羞'는 《爾雅》釋詁에 "進也"라 하여 '공헌하다'의 의미임. '그들로 하여금 재능을 펼 수 있도록 해주다'의 뜻.

【凡厥正人】'正人'은 官員을 뜻함. 《尙書今古文注疏》에 "正人謂在位之正長"이라 함.

【旣富方穀】'方'은 '항상, 늘'의 뜻. '穀'은 祿과 같음.

【汝弗能使有好于而家】'家'는 國家를 뜻함.

【時人斯其辜】'時'는 是와 같음. '辜'는 '책임을 묻다, 탓하다'의 뜻. '이 사람들이 너를 탓하다'의 의미.

【其作汝用咎】'作'은 焦循은 "《周禮》司士注 : 作謂使之也"라 하였음. '用'은 《說文》에 "可施行也"라 함. '咎'는 《廣雅》釋詁에 "惡也"라 함. 여기서는 惡政을 의미함.

【無偏無陂】'無'는 勿과 같음. 否定命令을 표시함. '陂'는 頗와 같으며 '부정한 짓, 치우치는 행동'을 뜻함.

【遵王之義】'義'는 法.

【無有作好】'有'는 非指稱, '或'과 같음. 《呂覽》과 《韓非子》에 인용된 것은 '有'가 '或'으로 되어 있음. '好'는 자신만이 사사롭게 좋아하는 것. 馬融은 "好, 私好也"라 함.

【無反無側】馬融은 "反, 反道也 ; 側, 傾側也"라 함.

【會其有極, 歸其有極】'會'는 '모으다, 취합하다, 단결하다'의 뜻.

【曰皇, 極之敷言】'曰'은 《尙書正讀》에 "更端之詞"라 함.

【是彝是訓】'彝'는 《史記》에는 '夷'로 되어 있으며 '진열하여 널리 알리다'의 뜻. '訓'은 敎訓, 訓戒.

【于帝其訓】'訓'은 '順從하다'의 뜻임.

삼덕三德

"여섯째는 삼덕三德입니다. 첫째는 정직正直이요, 둘째는 강극剛克이요, 셋째는 유극柔克입니다. 평강平康은 정직에서 비롯되는 것이며, 지나치게 강하여 가까이 할 수 없는 것이 강극이요, 유순하기만 하고 강하지 못한 것이 유극이니, 임금으로서 극강에게는 침잠沈潛으로써 상대하고, 유극에게는 고명高明으로써 상대해야 합니다. 오직 임금만이 복을 줄 수 있으며 임금만이 위엄을 부릴 수 있으며, 임금만이 귀한 음식을 먹을 수 있는 것입니다. 신하는 복을 주거나 위엄을 부리거나 좋은 음식을 먹을 수 없습니다. 신하가 복을 주거나 위엄을 부리거나 귀한 음식을 먹게 되면 그 나라에 해가 미치며, 그 나라가 흉하게 됩니다. 그리하여 그러한 사람은 기울게 하거나 편파되게 하거나, 편벽되게 하여 백성들은 그들로 말미암아 참특한 짓을 하게 됩니다."

「六, 三德: 一曰正直, 二曰剛克, 三曰柔克. 平康正直, 彊弗友剛克, 燮友柔克, 沈潛剛克, 高明柔克. 惟辟作福, 惟辟作威, 惟辟玉食. 臣無有作福作威玉食. 臣之有作福作威玉食, 其害于而家, 凶于而國. 人用側頗僻, 民用僭忒.」

【剛克, 柔克】'克'은 《爾雅》 釋詁에 "勝也"라 하였음. 剛克은 지나치게 剛强한 것이며, 柔克은 지나치게 柔順함을 뜻함.

【平康正直】'平康'은 中正和平함을 뜻함.

【彊弗友剛克】'友'는 '가까이 친히 여겨 순종하다'의 뜻.

【燮友柔克】'燮'은 和親, 和順의 의미.

【沈潛剛克】'沈潛'은 '잠긴 채 스스로를 억제함'을 뜻함.

【惟辟作福】'作福'은 祿位를 주어 잘 살도록 해줌.

【惟辟玉食】'玉食'은 馬融은 "美食"이라 함. 임금만이 여러 나라로부터 보내오는 珍貴한 음식을 먹을 수 있음.

【人用側頗僻】'側'은 傾側됨. '頗'는 '陂'와 같으며 치우치거나 비뚤어진 것. '僻'은 便辟됨.

【民用僭忒】'用'은 因과 같음. '僭'은 僭越함. 궤도를 지키지 않음. '忒'은 惡行을 저지름. '僭忒'은 犯上作亂을 뜻함.

129(24-8)
계의稽疑

"일곱째는 계의稽疑입니다. 복서卜筮를 담당하는 사람을 선택하여 세워, 그에게 명하여 점을 치게 합니다. 우雨, 제霽, 몽蒙, 역驛, 극克, 정貞, 회悔 등 7가지가 있습니다. 거북점은 5가지이며 시초 점은 2가지로서 이를 미루어 펼쳐나가면 됩니다. 이러한 사람을 세워 점을 쳐 보되 세 사람이 점을 쳐서 두 사람의 말을 따르면 됩니다. 그럼에도 크게 의심이 생긴다면 먼저 자신이 고려해 보고 다시 경사卿士들과 모책을 세우되, 그 모책이 일반 서민의 의견까지 감안하고 다시 그 모책이 복서에까지 이르게 하면 됩니다. 그대가 따르며, 거북점이 따르고, 시초점이 따르고, 경사들이 따르고, 서민들이 따른다면 이를 일러 대동大同이라 합니다. 그렇게 되면 자신도 평강하고 강하게 될 것이며 자손들도 크게 될 것이니 길한 것입니다. 그대가 따르고, 거북점이 따르고 시초점이 따르지만 경사들이 반대하며 서민들이 반대해도 길한 것입니다. 경사들이 따르고, 거북점이 따르고, 시초점이 따르는데 그대가 반대하고 서민이 반대해도 이는 길한 것입니다. 서민들이 따르고 거북점이 따르고 시초점이 따르되 그대가 반대하고 경사들이 반대해도 이는 길한 것입니다. 그대가 따르고, 거북점이 따르고 시초점이 따르는데 경사들이 반대하고 서민들이 반대한다면 이는 국내의 일은 길하나 외국과의 관계는 흉한 것입니다. 거북점과 시초점이 함께 사람의 뜻에 위배되면 실행하지 아니하고 조용히 참으면 길하려니와 그런데도 억지로 일을 벌이면 흉하게 됩니다."

「七, 稽疑: 擇建立卜筮人, 乃命卜筮. 曰雨, 曰霽, 曰蒙, 曰驛, 曰克, 曰貞, 曰悔, 凡七. 卜五, 占用二, 衍忒. 立時人作卜筮, 三人占,

則從二人之言. 汝則有大疑, 謀及乃心, 謀及卿士, 謀及庶人, 謀及
卜筮. 汝則從, 龜從, 筮從, 卿士從, 庶民從, 是之謂大同. 身其康彊,
子孫其逢, 吉. 汝則從, 龜從, 筮從, 卿士逆, 庶民逆, 吉. 卿士從, 龜
從, 筮從, 汝則逆, 庶民逆, 吉. 庶民從, 龜從, 筮從, 汝則逆, 卿士
逆, 吉. 汝則從, 龜從, 筮逆, 卿士逆, 庶民逆, 作內吉, 作外凶. 龜筮
共違于人, 用靜吉, 用作凶.」

【稽疑】'稽疑'는 결단을 내릴 수 없을 때의 일처리 방법을 설명한 것임. '稽'는 '고찰
하다'의 뜻. '乩'(계, 점쳐서 알아보다)의 뜻이 原義임.《說文》에 "乩, 卜以問疑也, 讀與
稽同"이라 함.

【卜筮】'卜'은 거북으로 길흉을 점치는 것. '筮'는 筮竹, 즉 蓍草로 치는 점. 즉 거북점
과 시초점.

【霽】비가 갬.

【蒙】안개로 인해 날이 어두움.

【驛】古文에는 '圛'로 되어 있으며《說文》에 "《尚書》曰圛. 圛, 升雲半有半無. 讀若驛"
이라 함.

【克】'서로 섞여 어긋남'의 뜻. 鄭玄은 "如祲氣之色, 相違也"라 함.

【貞, 悔】蓍草로 치는 占에서 아래 위 두 괘가 있으며 위의 것을 '悔'라 하며 이를
外卦라 하고 아래의 것을 貞이라 하여 內卦로 삼음.

【七】雨, 霽, 蒙, 驛, 克, 貞, 悔. 이 중에서 앞의 다섯은 卜의 점괘이며, 뒤의 둘은 筮
의 점괘임.

【衍忒】'衍'은 推衍, 즉 '미루어 펼쳐나가다'의 뜻. '忒'은 변화를 의미함.

【立時人作卜筮】'時'는 是와 같음. '時人'은 卜筮를 관장하는 관원을 가리킴.

【汝則有大疑】'則'은 若과 같음. 假定節을 이룸.《經傳釋詞》에 "則, 猶若也"라 함.

【大同】모두의 뜻이 같음. 일치하여 화합을 이룸.

【子孫其逢】'逢'은 '興旺하다, 昌盛하다'의 뜻.

【卿士逆, 庶民逆】'逆'은 '반대하다, 거스르다, 거역하다'의 의미. 孔安國 傳에 "三從二
逆, 中吉, 亦可擧事"라 함.

【作內吉】'內'는 국내. 나라 안.

【用靜吉, 用作凶】'作'은 作爲, 作事, 擧事의 뜻.

130(24-9)
서징庶徵

"여덟째 서징庶徵입니다. 날씨는 비오는 날, 맑은 날, 따뜻한 날, 추운 날, 바람 부는 날이 있습니다. 이 다섯 가지가 모두 갖추어져 저마다 그 순서대로 펼쳐지면 온갖 풀들이 번성하고 무성하게 되는 것입니다. 그 중 한 가지가 지나치게 많아도 흉년이 들게 되며, 한 가지라도 지나치게 적어도 흉년이 들게 됩니다. 휴징休徵은, 임금의 엄숙함이란 마치 때맞추어 비가 내리는 것과 같은 것이요, 임금의 다스림이란 마치 때맞추어 볕이 잘 드는 것과 같은 것이요, 임금의 지혜로움이란 마치 때맞추어 따뜻한 날씨와 같은 것이요, 임금의 모책이란 마치 때맞추어 추위가 찾아오는 것과 같은 것이요, 임금의 성스러움이란 마치 때맞추어 바람이 불어 주는 것과 같은 것입니다. 다음으로 구징咎徵은, 임금의 광기狂氣란 늘 비가 내리는 것과 같은 것이요, 임금의 과오는 마치 늘 햇볕만 내리쬐는 것과 같은 것이요, 임금의 일락逸樂이란 마치 늘 더운 날씨만 계속되는 것과 같은 것이요, 임금의 조급함은 마치 늘 찬 기운만 감도는 것과 같은 것이요, 임금의 몽매함은 마치 늘 바람만 부는 것과 같은 것입니다. 임금이 살펴야 할 것은 한 해 전체요, 경사들이 살펴야 할 것은 매 월별 자신의 업무요, 사윤師尹들이 살펴야 할 것은 날짜별 자신들의 업무입니다. 이처럼 한 해, 월별, 날짜별로 함은 때라고 하는 것이 변혁이 없어야 백곡百穀이 이로써 여무는 것이요, 다스림이 이로써 분명해지는 것이니, 뛰어난 인재를 드러나게 등용하여야 나라가 이로 인해 평강을 얻게 되는 것입니다. 날짜, 월별, 한 해란 그때 변혁이 생기면 백곡이 그 때문에 여물지 못하고, 정치가 그로 인해 혼암해지고 밝지 못하며, 뛰어난 인재가 미천한 처지가 되어 국가는 이로 인해 안녕을 얻지 못하는 것입니다.

서민들은 별과 같은 존재이니 별 중에는 혹 바람을 좋아하는 별도 있고, 혹 비를 좋아하는 별도 있습니다. 해와 달의 운행은 겨울이 있고 여름이 있으며, 달은 별의 위치를 따라 바람과 비를 만들어 그들을 돕는 것입니다."

「八, 庶徵: 曰雨, 曰暘, 曰燠, 曰寒, 曰風, 曰時. 曰五者來備, 各以其敍, 庶草蕃廡. 一極備, 凶; 一極無, 凶. 曰休徵: 曰肅, 時雨若; 曰乂, 時暘若; 曰晢, 時燠若; 曰謀, 時寒若; 曰聖, 時風若. 曰咎徵: 曰狂, 恒雨若; 曰僭, 恒暘若; 曰豫, 恒燠若; 曰急, 恒寒若; 曰蒙, 恒風若. 曰王省惟歲, 卿士惟月, 師尹惟日. 歲月日, 時無易, 百穀用成, 乂用明, 俊民用章, 家用平康. 曰月歲, 時旣易, 百穀用不成, 乂用昏不明, 俊民用微, 家用不寧. 庶民惟星, 星有好風, 星有好雨. 日月之行, 則有冬有夏, 月之從星, 則以風雨.」

【暘】'陽'과 같음. 해가 솟음. 《說文》에 "暘, 日出也"라 함. '雨'와 상대되는 뜻으로 맑게 갠 날을 의미함.

【燠】《說文》에 "熱在中也"라 하여 寒에 상대되는 뜻으로 溫暖함을 의미함.

【各以其敍】'敍'는 차례, 순서.

【庶草蕃廡】'蕃'은 茂盛한 모습. '廡'는 蕪와 같으며, 역시 풀이 무성함을 뜻함.

【一極備】'一'은 雨, 暘, 澳, 寒, 風 중의 하나를 가리킴. '極備'는 지나치게 심하거나 많음.

【極無】지나치게 심하거나 적음.

【肅, 乂, 晢, 謀, 聖】앞장 五事의 德目들. '晢'은 哲의 이체자. 음은 反切로 之設反 '절'이며 '지혜롭다'의 뜻. 注에 "君能照晢, 則時燠順之"라 함.

【休徵】'休'는 美의 뜻. '훌륭하다, 아름답다'의 뜻. '徵'은 象徵, 徵兆, 徵驗.

【時雨若】'若'은 《尙書正讀》에 "若, 譬況之詞, 位於句末. 如《易》離卦「出涕沱若, 戚嗟若」, 言出涕沱沱, 戚若嗟也. 《詩》氓「柔之未落, 其葉沃若」, 言其葉若沃也. 本文曰「肅時雨若」, 猶《孟子》言「若時雨降」也. 下均倣此"라 함.

【咎徵】休徵의 상대되는 뜻으로 흉한 징험이나 결과.

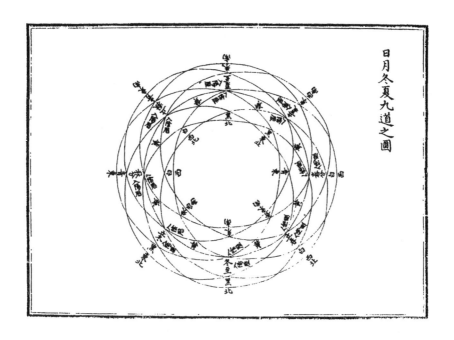

日有中道月有九行說見洪範本傳合以陽歷陰歷之

說推之凡月行所交以黃道內為陰歷外為陽歷冬入

陰歷月行青道　冬至夏後青道半交在春分之宿當黃道東南至夏至後青道半交在立秋之宿當黃道西北至所衝之宿亦如

春入陽歷秋入陰歷月行朱道　春分後朱道半交在夏至之宿當黃道東北至立夏後朱道半交在立冬之宿當黃道西南至所衝之宿亦如

冬入陽歷夏入陰歷月行白道　秋分後白道半交在冬至之宿當黃道西南至立冬後白道半交在立春之宿當黃道東北至所衝之宿亦如

陰歷月行黑道　黃道北立春至立夏後黑道半交在立夏之宿當黃道南立秋至立冬後黑道半交在立冬之宿所衝之宿亦如

欽定四庫全書　書經大全圖說

四序離為八節至陰陽之所交皆

與黃道相會故月行有九道所謂日月之行則有冬有

夏也

〈日月冬夏九道之圖〉《書經大全》

【狂】傲慢함.

【僭】잘못, 과오, 差錯.

【豫】逸樂, 즉 즐거움에 빠짐.

【急】儼急함.

【蒙,狂,豫,急,蒙】肅, 乂, 哲, 謀, 聖의 상대되는 의미나 상황.

【王省惟歲】임금의 정치는 해(年)를 모두 살펴야 하는 것과 같음. 그 아래 卿士, 師尹의 역할도 한 해의 月別, 日別로 나누어짐과 같음을 비유한 것임.

【師尹】각종 행정의 개별적인 분야의 담당 관원이나 그 우두머리.

【歲月日時無易】'易'은 改變, 바뀜.《尙書易解》에 "喩君臣各順其常"이라 하였고, 孔安國 傳에는 "是三者已易, 喩君臣易職"이라 함.

【百穀用成】'用'은 因과 같음. '成'은 熟, 登과 같음.

【俊民用章】'俊民'은 재능이 있는 사람. '章'은 彰과 같음. 드러남.

【俊民用微】'微'는 章의 상대되는 뜻으로 稀微함. 드러나지 못함. 重用을 당하지 못함.

【惟星】'惟'는 如와 같음. 별과 같음.

【星有好風, 星有好雨】별 중에서 箕星은 바람을 좋아하고, 畢星은 비를 좋아함. 馬融은 "箕星好風, 畢星好雨"라 함.

【日月之行】郭崇燾의《史記札記》에 "冬夏者, 天地所以成歲功也, 而日月之行循乎橫度以佐成歲功. 以喩臣奉君命而布之民"이라 함.

【月之從星, 則以風雨】'以'는 用과 같음.《史記札記》에 "月入箕則風, 入畢則雨, 風雨者, 天之所以發生萬物也. 而月從星之好以施行之. 以喩宣導百姓之欲以達之君"이라 하여 달이 箕星으로 들어가면 바람이 불고, 畢星으로 들어가면 비가 오듯이 백성의 욕구를 널리 이끌어 임금의 뜻에 맞추어주어야 함을 비유한 것이라 함. 즉 해는 임금, 달은 卿士와 師尹, 별은 서민들로서 경사와 사윤(月)이 서민(星)들의 욕구를 따라 정치 상황을 개선하여 임금(日, 歲)을 돕는다는 뜻임.

131(24-10)
오복五福

"아홉째로 오복五福입니다. 첫째 수壽요, 둘째는 부富요, 셋째는 강녕康寧이요, 넷째는 유호덕攸好德이요, 다섯째는 고종명考終命입니다. 그리고 육극六極이란 첫째는 흉凶, 단短, 절折이요, 둘째는 질疾이요, 셋째는 우憂요, 넷째는 빈貧이요, 다섯째는 악惡이요, 여섯째는 약弱입니다."

九, 五福: 一曰壽, 二曰富, 三曰康寧, 四曰攸好德, 五曰考終命. 六極: 一曰凶·短·折, 二曰疾, 三曰憂, 四曰貧, 五曰惡, 六曰弱.」

【攸好德】'攸'는 修, 혹은 由와 같음. '遵行하다, 修行하다'의 뜻. '好德'은 美德.
【考終命】'考'는 老와 같음. 늙어 자연스럽게 삶을 마침을 뜻함.
【凶, 短, 折】모두 天壽를 누리지 못한 채 일찍 죽음을 뜻함. 鄭玄은 "未齔曰凶, 未冠曰短, 未婚曰折"이라 함.
【疾】疾病, 疾患 등으로 고생하는 삶을 뜻함.
【憂】憂患, 근심. 쉽게 해결할 수 없는 일로 고통을 당하는 것.
【惡】邪惡한 행동으로 바른 삶을 살지 못함.《尙書易解》에 "惡, 指善惡之惡, 攸好德之反, 謂爲姦宄, 不遵循好德也"라 함.
【弱】늘 겁이 많고 어리석으며 굳세지 못한 삶의 방법. 鄭玄은 "愚懦不壯毅曰弱"이라 함.

132

〈분기分器〉

〈서〉: 무왕武王이 이윽고 은殷을 이기고 제후들을 봉하면서 종이宗彛를 나누어주자 이를 기록한 것이 〈분기分器〉이다.

<序>: 武王旣勝殷, 邦諸侯, 班宗彛, 作<分器>.

【分器】序文만 전하고 正文은 없음. '分器'는 武王이 은을 멸한 뒤 제후들을 봉하고 종이(宗彛) 등 예기(禮器)를 주면서 각기 자신들의 방국(邦國)을 잘 이끌어나갈 것을 당부한 내용으로 보임.

【旣勝殷】'武王이 이윽고 殷나라를 멸하고 나서'의 뜻.

【邦諸侯】'邦'은 封과 같음. 봉해줌. 《釋名》에 "邦, 封也"라 함. 封建을 시작한 것임.

【班宗彛】'班'은 '수여하다, 주다'의 뜻. 《爾雅》釋言에 "班, 賦也"라 함. '宗彛'는 종묘 제사에 사용하는 酒器. 彛器.

〈周彛〉《書經大全》

〈25〉 여오旅獒(133-137)

'旅'는 중국의 서쪽에 있는 나라를 말하며, 오獒는 큰 개이다. 주周무왕武王이 殷을 멸하고 나자 이 여국旅國에서 무왕에게 큰 개를 바쳤다. 그러자 태보太保 소공召公이 무왕이 신기한 외물에 마음이 빠져 뜻을 잃을까 두려워, 이에 무왕에게

李家山 〈雙牛銅枕〉 1972 雲南 李家山 古墓群 17호 출토

왕업을 이룬 다음에는 반드시 덕을 닦기에 신중해야 하며, 원방의 진기한 물건을 보물로 여겨서는 안 된다고 간언하였다. 아울러 소공은 현능한 이를 중시하여 나라를 안정시키며 백성을 보호해야 한다는 덕목들을 열거하였다. 이에 사관들이 소공의 말을 기록한 것이 이 〈여오旅獒〉이다.

본 편은 〈금문상서〉에는 없으며 〈고문상서〉에만 실려 있다. 채심蔡沈은 본편은 훈체訓體에 속하는 문장이라 하였다.

＊蔡沈《書傳》〈旅獒〉注에 "西旅貢獒, 召公以爲非所當受, 作書以戒武王. 亦訓體也. 因〈旅獒〉名篇. 今文無, 古文有"라 하였다.

〈서〉: 서쪽 여旅나라에서 큰 개를 헌납하자 태보太保가 〈여오〈旅獒〉〉를 지었다.

〈序〉: 西旅獻獒, 太保作〈旅獒〉.

【西旅】서쪽의 旅나라. 구체적 위치는 알 수 없음.
【獒】큰 개.《爾雅》釋畜에 "狗四尺爲獒"라 함.
【太保】周나라 때의 官名으로 三公의 하나. 매우 높은 지위였으며 武王 때의 太保는 召公(姬奭)이었음. 姬奭은 文王의 아들이며 武王의 아우로 召公에 봉해졌으며, 뒤에 燕나라에 봉해져 燕나라의 시조가 됨.《史記》燕召公世家 참조.

133(25-1)
여오旅獒

무왕이 상商나라를 이기고 드디어 구이팔만九夷八蠻과 교통을 열었다.
그리하여 서쪽 여旅나라에서 그곳의 개를 공물로 바치자 태보太保가
〈여오旅獒〉를 지어 이로써 임금께 훈계하였다.

惟克商, 遂通道于九夷八蠻.
西旅底貢厥獒, 太保乃作〈旅獒〉, 用訓于王.

【通道】길을 열어 서로 오가며 통할 수 있도록 함.
【九夷八蠻】中原 밖의 사방 이민족을 총칭한 것. '夷'는 동쪽 이민족, '戎'은 서쪽 이

〈召公〉(姬奭)《三才圖會》

민족, '蠻'은 남쪽 이민족, '狄'은 북쪽 이민족. 《禮記》에 "東夷西戎南蠻北狄"이라 하
였고, 《後漢書》東夷傳에 "夷有九種, 曰 : 畎夷, 于夷, 方夷, 黃夷, 白夷, 赤夷, 玄夷,
風夷, 陽夷"라 하였으며, 《爾雅》釋地에는 "八蠻在南方"이라 함. 그러나 '九'와 '八'은
많은 숫자를 표시함.

【底貢】 '底'는 致, 至, 來의 뜻. 와서 공물을 바침.

【用】 以, 因과 같음.

【訓】 훈계함. 가르침. 깨우침.

【王】 武王(姬發)을 가리킴.

134(25-2)
사이함빈四夷咸賓

소백은 이렇게 말하였다.

"오호라! 명군明君은 덕德을 삼가시기에 사이四夷들이 빈복賓服에 오는 것입니다. 멀고 가까움이 없이 모두가 그곳의 방물方物을 헌납하는 것은 오직 의복, 먹는 것, 기용器用들이어야 합니다. 왕께서는 이러한 덕을 이성異姓의 먼 나라에게까지 이르도록 밝게 보여주시어 그들이 자신들의 업무를 폐기하지 않도록 해야 하며, 보옥을 백숙伯叔의 동성 제후국들에게 분배하여 이로써 친밀함을 펼쳐보이셔야 합니다. 백성들이 공물을 다른 것으로 바꾸지 않도록 하여, 오직 덕을 그 물건으로 삼아야 합니다!"

曰:「嗚呼! 明王愼德, 四夷咸賓. 無有遠邇, 畢獻方物, 惟服食器用. 王乃昭德之致于異姓之邦, 無替厥服; 分寶玉于伯叔之國, 時庸展親. 人不易物, 惟德其物!」

【愼德】덕에 신중을 기함. 덕을 닦는 일에 관심을 가짐.

【四夷咸賓】사방 이민족이 모두 賓客을 보내어 服從의 뜻을 보임.

【方物】그 지방의 土産物. 孔安國 傳에 "方土所生之物"이라 함.

【惟服食器用】일상 생활에 필요한 의복, 식료, 그릇 등일 뿐임.《尚書正義》에 "惟可以供服食器用者, 玄纁絺紵, 供服也; 橘柚菁茅, 供食也; 羽毛齒革, 瑤琨篠簜, 供器用也"라 함.

【昭德之致】'昭'는 밝게 펴서 보임. '德之致'는 孔安國 傳에 "德之所致, 謂遠夷之貢"이라 하여 方物을 가리킴.

【無替厥服】'替'는 폐기함. '服'은 職務, 服務의 뜻.

【伯叔之國】'伯叔'은 고대 제후의 나라를 일컫는 말로 同姓으로 行列이 높은 경우를 존칭하여 부르는 말이기도 함. 異姓之邦의 상대되는 표현.

【時庸展親】'時'는 是와 같음. '庸'은 以와 같음. '展'은 展示의 뜻. '親'은 친히 여김.

【人不易物】'易'은 바꿈, 다른 것으로 함. '物'은 貢物.

【惟德其物】孔穎達 疏에 "此戒人主使修德也"라 함

135(25-3)

완물상지 玩物喪志

"덕을 풍성하게 닦으면 남을 마구 대하거나 업신여기는 마음이 없게 될 것입니다. 군자를 마구 대하거나 업신여기면 남도 그대를 위해 마음을 다 쏟지 않을 것이며, 소인일지라도 임금이 마구 대하거나 업신여기면 그도 자신의 힘을 다 쏟지 않을 것입니다. 임금으로서 만약 이목耳目의 즐거움에 빠지지 않는다면 온갖 일이 모두 바르게 될 것입니다. 사람을 희롱하면 덕을 상실하게 되고, 물건을 좋아하면 뜻을 잃게 됩니다. 자신의 뜻을 도道로써 편안히 여겨야 하며, 남의 말에 대해서는 도로써 응수해야 합니다. 무익하기만 할 뿐, 유익한 것에 방해만 되는 일은 하지 말아야 공을 이룰 수 있고, 괴이한 물건을 귀히 여기느라 일상생활에 쓰이는 중요한 물건을 천히 여기지 않아야 백성들이 풍족하게 됩니다. 개나 말은 그 생산지가 아니면 기르지 마시고, 진귀한 새나 기이한 짐승도 나라 안에서는 기르지 말아야 합니다. 먼 데서 온 물건을 보물로 여기지 않으면 멀리 있는 사람이 찾아올 것이요, 오직 현자만을 보물로 여기면 가까이 있는 사람이 편안히 살 수 있을 것입니다."

「德盛不狎侮. 狎侮君子, 罔以盡人心; 狎侮小人, 罔以盡其力. 不役耳目, 百度惟貞. 玩人喪德, 玩物喪志. 志以道寧, 言以道接. 不作無益害有益, 功乃成; 不貴異物賤用物, 民乃足. 犬馬, 非其土性不畜; 珍禽奇獸, 不育于國. 不寶遠物, 則遠人格; 所寶惟賢, 則邇人安.」

【德盛不狎侮】'德盛'은 '덕을 풍성하게 닦다'의 뜻. '狎侮'는 親狎하고 侮辱함. 경홀히

여김. 허투루 대함.

【狎侮君子】'君子'는 臣下나 爲政者를 가리킴. 小人에 상대되는 말. 《左傳》襄公 9년에 "君子勞心, 小人勞力"이라 함.

【不役耳目】耳目의 使役을 당하지 않음. 聲色에 放縱하지 않음을 뜻함.

【百度惟貞】'百度'는 온갖 일. 《左傳》昭公 元年 "玆心不爽, 而昏亂百度"의 杜預 注에 "百度, 百事之節也"라 함. '貞'은 正과 같음.

【玩人喪德, 頑物喪志】사람을 상대로 희롱하면 덕을 잃게 되고, 물건(嗜好品, 玩賞品)에 빠져들면 뜻을 잃게 됨. '喪'은 失과 같음.

【志以道寧】'道'는 準則, 標準. '寧'은 安과 같음.

【言以道接】'接'은 應酬함. 《朱子語類》에 "接者, 酬應之謂. 言當以道酬應也. 又曰, 志, 我之志; 言, 人之言"이라 함.

【不作無益害有益】孔安國 傳에 "游觀爲無益, 奇巧爲異物"이라 함.

【異物賤用物】眞德秀는 "爲無益, 則心志分而功不成; 貴異物, 則徵求多而民不足"이라 함.

【土性不畜】'性'은 生과 같음. 土生은 土山, 즉 그 지역 生態에 맞아야 함. '畜'은 畜養. 犬馬는 그 풍토에 맞아야 기를 수 있음. 孔安國 傳에 "非此土所生不畜, 以不習其用"이라 함.

【則遠人格】'格'은 至와 같음.

【則邇人安】'安'은 安居樂業의 줄인 말.

136(25-4)
공휴일궤 功虧一簣

"오호라! 아침 일찍부터 밤늦도록 근면하지 않음이 없어야 합니다. 작은 행동을 삼가지 않았다가는 마침내 큰 덕에 누가 될 수 있습니다. 아홉 길 산을 만들면서 한 삼태기 흙이 모자라는 경우도 있습니다. 진실로 이러한 간언을 실행하시면 생민生民은 자신들의 삶을 보장받을 것이니, 그렇게 되면 대대로 왕 노릇을 할 수 있을 것입니다."

「嗚呼! 夙夜罔或不勤. 不矜細行, 終累大德. 爲山九仞, 功虧一簣. 允迪玆, 生民保厥居, 惟乃世王.」

【夙夜罔或不勤】'罔'은 無와 같음. '或'은 有와 같음.

【不矜細行】'矜'은 '삼가다'의 뜻. '細行'은 小德, 자질구레한 일들.

【爲山九仞】아홉 길 높이의 산을 만드는 것.

【功虧一簣】'虧'는 결핍됨, 모자람. '簣'는 흙을 퍼 담아 나르는 삼태기. 《論語》子罕篇에 "子曰:「譬如爲山, 未成一簣, 止, 吾止也. 譬如平地, 雖覆一簣, 進, 吾往也.」"라 함.

【允迪玆】'允'은 誠, 信의 뜻. '迪'은 실행함, 실천함. '玆'는 此, 斯와 같음. 召公의 勸告를 가리킴.

【生民保厥居】'生民'은 생업에 전념하는 일반 백성. '保'는 생업을 보장받음.

【惟乃世王】代代로 왕 노릇을 하게 됨.

137

〈여소명旅巢命〉

〈서〉: 소백巢伯이 주 무왕에게 조견을 오자 예백芮伯이 〈여소명旅巢命〉
을 지었다.

〈序〉: 巢伯來朝, 芮伯作〈旅巢命〉.

【旅巢命】 '旅'는 嘉, 讚美 등의 뜻. 〈書序〉의 "旅天子之命"의 구절을 《史記》魯世家에
는 '旅'자를 '嘉'로 썼음. 따라서 '旅巢命'은 周 武王이 '巢伯의 誥命을 찬미하다'의
뜻임. 본 편은 序文만 있고 正文은 전하지 않음.

【巢伯】 巢나라 군주. 巢나라는 殷末周初 남방에 있던 작은 나라. 鄭玄은 "殷之諸侯,
伯爵也. 南方之國, 歲一見者. 聞武王克商, 慕義而來朝"라 함.

【芮伯】 姬姓으로 周나라 때의 대신. 爵位는 伯爵. 畿內侯였던 것으로 보임.

⟨26⟩ 금등金縢(138-140)

'金'은 금속류이며, '縢'은 물건을 묶는 끈이다. 따라서 '金縢'이란 '쇠줄로 묶다'의 뜻이며, 나아가 그렇게 묶은 상자를 말한다. 그리고 그 상자 속에 주공周公의 발원문이 들어 있었던 것이다. 무왕武王은 은殷나라를 멸한 2년 뒤 중병에 걸리고 말았다. 그러자 주공이 선왕先王께 "자신이 무왕 대신 죽게 해 달라"는 발원문을 썼다. 결국 무왕이 숨을 거두자 사관史官들이 그 글을 금등

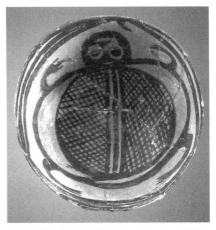

師趙村遺址 〈蛙紋彩陶鉢〉(新石器) 1982 甘肅 天水 師趙村 출토

의 상자에 넣어 보관하게 된 것이다. 무왕을 이어 성왕成王, 姬誦이 왕위에 올랐으나 너무 어려 주공이 섭정攝政을 하게 되었는데 삼감三監이 "주공이 성왕에게 불리한 짓을 할 것"이라는 유언을 퍼뜨리며 은나라 유민들과 결탁하여 난을 일으키게 되었다. '삼감'이란 무왕과 주공의 아우 관숙管叔, 채숙蔡叔, 곽숙霍叔 셋을 말하며 이들은 은나라 주紂의 아들 무경武庚을 감시하도록 임무를 맡았던 동성 제후들이었다. 그러자 주공은 동정東征을 감행하여 이 반란을 평정하고 아우들도 추방해 버렸다. 그럼에도 성왕이 여전히 주공에 대한 의심을 버리지 못하고 있다가 뒤에 금등의 글을 보고 크게 깨달아 교외까지 나가 주공을 영접하였다. 사관들이 이러한 일련의 사건을 기록한 것이 바로 이 〈금등〉편이다. 역사학자들은 이 기록이 사실일 것으로 믿으며 주초 복잡한 정치 상황과 사회생활을 연구하는데 귀중한 자료로 여기고 있다. 본 편은 〈今文尙書〉와 〈古文尙書〉에 모두 들어 있다.

《史記》殷本紀에는 "周武王崩, 武庚與管叔·蔡叔作亂, 成王命周公誅之, 而立微子於宋, 以續殷後焉"이라 하였고, 〈周本紀〉에는 "武王病. 天下未集, 群公懼, 穆卜, 周公乃祓齋, 自爲質, 欲代武王, 武王有瘳. 後而崩, 太子誦代立, 是爲成王. 成王少, 周初定天下, 周公恐諸侯畔周, 公乃攝行政當國. 管叔·蔡叔群弟疑周公, 與武庚作亂, 畔周. 周公奉成王命, 伐誅武庚·管叔, 放蔡叔. 以微子開代殷後, 國於宋. 頗收殷餘民, 以封武王少弟封爲衛康叔. 晉唐叔得嘉穀, 獻之成王, 成王以歸周公于兵所"라 하였으며, 〈魯周公世家〉에는 "武王克殷二年, 天下未集, 武王有疾, 不豫, 群臣懼, 太公·召公乃繆卜. 周公曰:「未可以戚我先王.」周公於是乃自以爲質, 設三壇, 周公北面立, 戴璧秉圭, 告于太王·王季·文王. 史策祝曰:「惟爾元孫王發, 勤勞阻疾. 若爾三王是有負子之責於天, 以旦代王發之身. 旦巧能, 多材多藝, 能事鬼神. 乃王發不如旦多材多藝, 不能事鬼神. 乃命于帝庭, 敷佑四方, 用能定汝子孫于下地, 四方之民罔不敬畏. 無墜天之降葆命, 我先王亦永有所依歸. 今我其卽命於元龜, 爾之許我, 我以其璧與圭歸, 以俟爾命. 爾不許我, 我乃屏璧與圭.」周公已令史策告太王·王季·文王, 欲代武王發, 於是乃卽三王而卜. 卜人皆曰吉, 發書視之, 信吉. 周公喜, 開籥, 乃見書遇吉. 周公入賀武王曰:「王其無害. 旦新受命三王, 維長終是圖. 茲道能念予一人.」周公藏其策金縢匱中, 誡守者勿敢言. 明日, 武王有瘳. 其後武王旣崩, 成王少, 在强葆之中. 周公恐天下聞武王崩而畔, 周公乃踐阼代成王攝行政當國. 管叔及其群弟流言於國曰:「周公將不利於成王.」周公乃告太公望·召公奭曰:「我之所以弗辟而攝行政者, 恐天下畔周, 無以告我先王太王·王季·文王. 三王之憂勞天下久矣, 於今而后成. 武王蚤終, 成王少, 將以成周, 我所以爲之若此.」於是卒相成王, 而使其子伯禽代就封於魯. 周公戒伯禽曰:「我文王之子, 武王之弟, 成王之叔父, 我於天下亦不賤矣. 然我一沐三捉髮, 一飯三吐哺, 起以待士, 猶恐失天下之賢人. 子之魯, 愼無以國驕人.」管·蔡·武庚等果率淮夷而反. 周公乃奉成王命, 興師東伐, 作大誥. 遂誅管叔, 殺武庚, 放蔡叔. 收殷餘民, 以封康叔於衛, 封微子於宋, 以奉殷祀. 寧淮夷東土, 二年而畢定. 諸侯咸服宗周"라 하였다.

＊蔡沈 《書傳》〈金縢〉 注에 "武王有疾, 周公以王室未安, 殷民未服, 根本易搖. 故請
命三王, 欲以身代武王之死. 史錄其冊祝之文, 幷敍其事之始末, 合爲一篇, 以其藏
於金縢之匱. 編書者, 因以金縢名篇, 今文·古文皆有"라 하였다.

〈서〉: 무왕武王이 병이 들자 주공周公이 〈금등金縢〉을 지었다.

〈序〉: 武王有疾, 周公作〈金縢〉.

【疾】疾患, 病. 重病. 武王이 중병에 걸린 것은 殷을 멸한 2년 뒤였음.

【周公】姬旦. 文王(姬昌)의 아들이며 武王(姬發)의 아우. 成王(姬誦)의 삼촌. 周初 文物制度를 完備한 聖人으로 알려져 있으며 뒤에 曲阜 지역을 封地로 받아 魯나라 시조가 되었으나 어린 성왕을 보필하여 섭정하느라 대신 아들 伯禽을 보냄.《史記》周本紀 및 魯周公世家 등을 참조할 것.

138(26-1)
금등지궤金縢之匱

이윽고 상商나라를 이기고 나서 두 해 뒤, 무왕武王이 병이 들어 몸이 불편하였다.

태공太公, 망과 소공召公, 奭이 이렇게 말하였다.

"임금을 위해 우리가 공경스럽게 점을 쳐보았습니다."

그러자 주공周公이 말하였다.

"아직 우리 선왕先王들께 기도를 해보지는 않으셨지요?"

그리고는 주공은 자신을 인질로 하여 세 개의 제단을 만들어 주변을 깨끗이 청소하고, 남쪽에 다시 단을 만들어 북면北面하고 스스로 거기에 섰다.

주공은 벽璧을 안치하고 규珪를 잡고 태왕大王, 왕계王季, 문왕文王에게 고하였다.

사관이 서책에 이를 기록하였으며 주공은 이렇게 빌었다.

"우리 장손 모某, 무왕가 지독한 악성의 병에 걸렸습니다. 삼왕三王께서는 하늘에서 천제 곁에 계시면서 제사 지낼 자리를 까는 직책을 맡고 계시니, 저 단旦이 문왕의 몸을 대신하도록 해 주십시오. 저는 어짊이 돌아가신 아버지만 하며 능력도 있고, 다재다예多材多藝하여 능히 귀신을 섬길 수 있습니다. 원손武王 姬發은 저만큼 다재다예하지 못하여 능히 귀신을 섬길 수 없습니다. 그는 막 상제의 뜰에서 명령을 받고 널리 사방을 차지하여, 그 능력을 써서 그대 자손을 이 땅에서 안정시켰습니다. 천하의 백성들도 그를 공경하고 두려워하지 않는 이가 없습니다. 오호라! 상제께서 주나라에 내려주신 보귀한 사명을 잃지 않도록 해 주시어, 우리 선왕들께서도 영원히 의지하고 귀의할 곳이 있도록 해 주십시오.

지금 저는 큰 거북의 명령을 듣고자 합니다. 만약 그대들께서 저의 기도를 허락해 주신다면 저는 그 벽壁과 규珪를 가지고 돌아가 그대들의 명령을 기다릴 것이며, 만약 저의 기도를 허락하지 않으신다면 저는 벽과 규를 거두어들이겠습니다.”

그리고 세 마리의 거북으로 점을 쳤더니 하나같이 거듭 길하다는 것이었다. 이에 자물쇠를 열고 점괘를 풀이한 책과 대조해 보았더니 또한 모두가 길하다는 것이었다.

주공이 말하였다.

“형체를 보시오! 왕의 병은 위험이 없을 것입니다. 나 소자가 직접 삼왕께 명령을 물었더니 영원히 우리 주나라를 돌보아주실 것이라 하였소. 지금 기대하는 바는 선왕들께서 능히 우리의 왕 한 사람을 생각하고 계실 것이라는 점입니다.”

주공이 돌아오자 사관이 주공이 기도한 서책을 금등의 상자에 넣었다.

무왕은 이튿날 병이 말끔히 나았다.

旣克商二年, 王有疾, 弗豫.
二公曰:「我其爲王穆卜.」
周公曰:「未可以戚我先王?」
公乃自以爲功, 爲三壇同墠, 爲壇於南方, 北面, 周公立焉.
植璧秉珪, 乃告大王·王季·文王.
史乃冊, 祝曰:「惟爾元孫某, 遘厲虐疾. 若爾三王, 是有丕子之責于天, 以旦代某之身. 予仁若考能, 多材多藝, 能事鬼神. 乃元孫, 不若旦多材多藝, 不能事鬼神. 乃命于帝庭, 敷佑四方, 用能定爾子孫于下地. 四方之民, 罔不祗畏. 嗚呼! 無墜天之降寶命, 我先王亦永有依歸. 今我卽命于元龜, 爾之許我, 我其以璧與珪, 歸俟爾命; 爾不許我, 我乃屛璧與珪.」

乃卜三龜, 一習吉, 啓籥見書, 乃幷是吉.

公曰:「體! 王其罔害. 予小子新命于三王, 惟永終是圖; 玆攸俟, 能念予一人.」

公歸, 乃納冊于金縢之匱中.

王翼日乃瘳.

【既克商二年】武王(姬發)이 商(殷)의 紂를 멸한 지 2년째 되던 해.

【弗豫】'豫'는《爾雅》釋詁에 "安也"라 하였고, 黃式三은 "疾曰弗豫, 猶言身不快也"라 함. 본문에서 유래하여 漢나라 이후로 天子의 병을 '弗豫'라 하였음.《史記》에는 '不豫'로 표기되어 있음.

【二公】文王때부터의 재상이었던 太公望 呂尙(姜子牙)과 文王의 庶子 召公(姬奭).

【穆卜】'穆'은 恭敬의 뜻. '공경스럽게 점을 쳐보았다'의 뜻.

【戚我先王】'戚'은 禱와 같음. 기도함, 발원함. 일을 告하며 복을 구함. 先王은 周나라 선대의 조상들.

【自以爲功】《史記》에는 '功'이 '質'로 되어 있음. 자신을 인질로 함. 즉 '자신이 대신 죽겠노라'의 뜻.

【三壇同墠】'三壇'은 太王, 王季, 文王을 위한 세 개의 祭壇. '墠'(선)은 제사를 지내기 위한 터를 잘 소제함. 鄭玄의《禮記》祭法 注에 "除地曰墠"이라 함.

【爲壇于南方】周公 자신이 제사를 올리기 위한 壇을 남쪽에 만듦.

【植璧秉珪】'植'은 置와 같음. 鄭玄은 "植, 古置字"라 함. '璧'은 圓形의 옥. '珪'는 上圓下方의 옥. 둘 모두 고대 기도를 올릴 때 사용하였음.

【大王】'大'는 太와 같으며 '태'로 읽음. 古公亶父. 武王(姬發)의 曾祖父. 泰伯 (太伯), 虞仲, 季歷의 아버지이며 文王

〈周 成王(姬誦)〉《三才圖會》

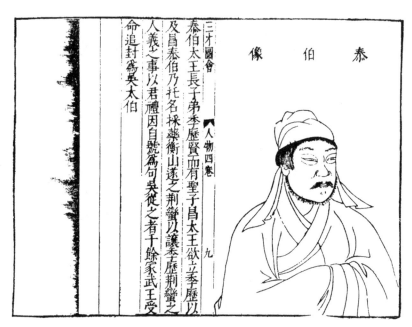

泰伯太王長子弟季歷賢而有聖子昌太王欲立季歷以
及昌泰伯乃托名採藥衡山遂之荊蠻以讓季歷荊蠻義
之人二事以君禮因自號爲句吳從之者千餘家武王受
命追封爲吳太伯

二才圖會　人物四卷　九

〈泰伯〉《三才圖會》

周公名旦武王弟也成王幼周公爲冢宰攝政管蔡流言
作亂公東征誅管蔡初武王有疾公作策請以身代策藏
金縢疾果瘳後成王得策執以泣請公東還公乃作無逸
之書以訓焉

三才圖會　人物四卷　十一

〈주공〉(姬旦)《三才圖會》

太公(姜子牙, 呂尙)《三才圖會》

(姬昌)의 祖父. 武王이 殷을 멸한 뒤 太王으로 추존함.

【王季】古公亶父의 막내아들 季歷. 文王(姬昌)의 아버지이며 武王(姬發)의 조부. 두 형 泰伯과 虞仲이 季歷을 거쳐 昌에게 지위가 이어지도록 피신하자 고공단보를 이어 周民族의 지도자가 됨. 武王이 殷을 멸한 뒤 王季로 추존함.

【文王】姬昌, 西伯 昌. 古公亶父의 孫子이며 季歷의 아들. 周민족의 지도자가 되어 殷 紂 때 서쪽 일대를 장악하여 西伯이 됨. 그의 아들 武王 때 이르러 殷을 멸하고 周를 세운 다음 文王으로 추존함.

【史乃冊】‘史’는 內史. 역사 기록을 주관하는 관직 이름. 史官. ‘冊’은 《史記》에는 ‘策’으로 되어 있으며 ‘書冊에 역사사실을 기록하다’의 뜻.

【惟爾元孫某】‘惟’는 語氣助詞. 發語辭. ‘元孫’은 長孫의 다른 말. ‘某’는 武王(姬發)을 가리킴. 史官이 避諱하여 武王의 이름을 쓰지 않은 것임.

【遘厲虐疾】‘遘’는 ‘우연히 만남, 병에 걸림’. ‘厲’는 위험함. 지독함. ‘虐’은 惡性의 뜻. 우연히 지독한 악성의 병에 걸림.

【三王】이미 하늘로 돌아가셔서 天帝 곁에서 다음 후손의 入天을 위해 제사 지낼 자리를 깔고 있는 세 선조 왕들. 즉 太公(古公亶父), 王季(季歷), 文王(姬昌)을 가리

킴.

【丕子之責】'丕子'는 '제사 지낼 자리를 깔다'의 의미. 《尙書正讀》에 "丕子當讀爲布玆. 布與丕, 子與玆, 幷聲之轉. 《史記》周本紀武王立于社南, 毛叔奉明水, 衛康叔封布玆, 召公奭贊采, 師尙父牽牲. 〈集解〉云: 玆, 藉席之名. 據此, 則布玆爲弟子助祭以事鬼神者之一役. 本文意言三王在帝左右, 如需執賤役, 奉事鬼神, 且尤能擧其職, 故請以旦代某之身也"라 함.

【以旦代某之身】'旦'은 周公(姬旦). '某'는 병을 앓고 있는 武王(姬發). 자신이 무왕의 몸을 대신해서 죽을 수 있도록 해 줄 것을 발원함.

姜太公(呂尙)

【予仁若考能, 多材多藝】'予'는 周公 자신. '考'는 돌아가신 아버지 文王(姬昌). '材'는 才와 같음. 才能과 藝能이 많음. 주공은 자신이 무왕보다 먼저 죽어 天帝를 도와 귀신들을 받들기에 적합한 인물임을 말한 것.

【乃命于帝庭】《詞詮》에 "乃, 始也, 初也"라 함. '(무왕은) 이제 막 上帝의 뜰에서 命을 받다'의 뜻. 무왕은 천하를 안정시킨 지 얼마 되지 않아 앞으로도 할 일이 많아 지금 죽으면 안 됨을 강조한 것.

【敷佑四方】'敷'는 普와 같음. '널리, 보편'의 뜻. '佑'는 有와 같음. 王國維는 "〈盂鼎〉云: 匍佑四方, 知佑爲有之假借, 非佑助之謂矣"라 함.

【爾子孫于地下】'地下'는 인간 세상을 뜻함.

【罔不祗畏】'祗'는 '공경하다'의 뜻.

【無墜天之降寶命】'墜'는 '상실하다, 실추시키다'의 뜻이며, '寶命'은 위에서 거론한 '命于帝庭, 敷佑四方'의 使命.

【今我卽命于元龜】'卽命'은 나아가서 명령을 들음. '卽'은 가까이 하다의 뜻.

【爾之許我】'爾'는 三王을 가리킴. '之'는 如, 若과 같음.

【屛璧與珪】'屛'은 '거두어 보관하다'의 뜻. '더 이상 요구를 하지 않겠다'의 뜻.

【三龜】세 마리의 거북. 세 임금에게 빌었기 때문에 각각 세 마리 거북에게 점친 것.

【一習吉】'一'은 '한결같이'의 뜻. '習'은 '거듭되다, 중복되다'의 뜻.

【啓籥見書】'啓'는 '열다', '籥'은 자물쇠. '書'는 占卜 풀이를 적은 글. 점괘 풀이 책과 대조하여 살펴본 것임.

【體】占兆, 점의 결과가 거북에 나타난 裂痕의 모양.

【惟永終是圖】'惟圖永終'과 같은 뜻임. '圖'는 周나라를 돌보아 줄 것임을 뜻함.

【玆攸俟】'攸'는 所와 같으며, '俟'는 '기대하다, 기다리다'의 뜻.

【翼日乃瘳】'翼日'은 翌日과 같음. '瘳'(추)는 '병이 낫다, 쾌유되다, 병이 사라지다'의 뜻.

139(26-2)
치효鴟鴞

무왕武王이 결국 돌아가시자 관숙管叔과 그 아우들이 나라 안에 이렇게 유언을 퍼뜨렸다.

"주공周公이 앞으로 어린 성왕成王에게 불리한 짓을 할 것이다."

주공이 이에 태공太公과 소공召公에게 이렇게 고하였다.

"만약 내가 섭정을 하지 않으면 내가 장차 나의 선왕에게 할 말이 없게 될 것이다."

그리하여 주공은 동쪽으로 가서 2년을 거하면서 삼숙三叔과 무경武庚 등 죄인들을 잡아 처리하였다.

뒤에 주공은 한 편의 시를 지어 성왕에게 주었는데, 그 제목이 〈치효鴟鴞〉였으며, 성왕 또한 감히 주공을 책망하지 못하였다.

武王旣喪, 管叔及其羣弟, 乃流言於國, 曰:「公將不利於孺子.」
周公乃告二公曰:「我之弗辟, 我無以告我先王.」
周公居東二年, 則罪人斯得.
于後, 公乃爲詩以貽王, 名之曰<鴟鴞>, 王亦未敢誚公.

【旣喪】'喪'은 死와 같음.《史記》封禪書에 "武王克殷二年, 天下未寧而崩"이라 함. 이에 13세의 成王(姬誦)이 그 뒤를 이었으며 그의 삼촌 周公(姬旦)이 섭정함.

【管叔】姬鮮. 管 땅에 봉해짐. 文王의 셋째 아들. 鄭玄은 "周公兄, 武王弟, 封于管"이라 함.

【羣弟】蔡叔과 霍叔을 가리킴.《逸周書》作雒解에는 "武王克殷, 乃立王子祿父俾守商祀, 建管叔于東, 建蔡叔霍叔于殷, 俾監殷臣"이라 함.《史記》管蔡世家 참조. 참고로

《列女傳》에 의하면 文王(姬昌)은 그 아내 太姒와 사이에 伯邑(考), 武王(發), 周公(旦), 管叔(鮮), 蔡叔(度), 曹叔(振鐸), 霍叔(武), 成叔(處), 康叔(封), 聃季(載) 등 10명의 아들을 낳은 것으로 되어 있어 관숙은 주공 다음이 아니라 그 앞이며 주공의 형이었음. 그리고 召公(姬奭)은 太姒에게서 난 아들이 아닌 庶出임을 알 수 있음.

【孺子】어린아이. 곧 成王(姬誦), 武王의 아들이며 13세에 왕위에 오름. 《史記》魯世家에 "武王旣崩, 成王少, 周公恐天下聞武王崩而畔. 周公乃踐阼代成王, 攝行政當國. 管叔及其群弟流言於國曰: 「周公乃不利於成王.」"이라 함.

【辟】曾運乾은 "辟卽攝政也. 〈洛誥〉: 朕復子明辟, 卽還政成王也. 管叔言周公攝政, 將不利於孺子; 周公言我不攝政, 將無以告我先王也"라 함. '辟'을 '避'자로 보아 周公이 成王으로부터 '자리를 피하다'의 뜻으로 보기도 하나, 다음 구절의 '居東二年'은 東征을 의미하므로 攝政의 뜻으로 보는 것이 타당함.

【居東二年】동쪽에 거함. 여기서는 周公의 東征을 가리킴. 이 일로 周公은 2년 동안 동쪽에 있었음.

【罪人斯得】'罪人'은 三叔(管叔, 蔡叔, 霍叔)과 武庚을 가리킴. '斯'는 結句助詞. '得'은 '잡아 처리하다'의 뜻. 成王이 처음에는 周公을 의심했으나 곧 뉘우치고, 紂의 아들 武庚을 치고, 管叔을 베고, 蔡叔을 추방한 일을 가리킴.

【鴟鴞】올빼미. 《詩》豳風 鴟鴞의 〈詩序〉에 "鴟鴞, 周公救亂也. 成王未知周公之志, 公乃爲詩以遺王, 名之曰鴟鴞焉"이라 함. 여기서 鴟鴞로써 비유한 것은 周室이 위급하며 자신은 온힘을 다해 安定을 찾고자 고심하고 있음을 成王에게 알리고자 한 것. 詩의 원문은 "鴟鴞鴟鴞, 旣取我子, 無毁我室. 恩斯勤斯, 鬻子之閔斯. 迨天之未陰雨, 徹彼桑土, 綢繆牖戶. 今女下民, 或敢侮予. 予手拮据, 予所捋荼, 予所蓄租, 予口卒瘏, 曰予未有室家. 予羽譙譙, 予尾翛翛, 予室翹翹, 風雨所漂搖, 予維音嘵嘵"라 하였음.

【誚公】'誚'는 '꾸짖다, 책망하다, 원망하다'의 뜻. 公은 周公.

140(26-3)
대숙미확大熟未穫

그해 가을, 풍년이 들었으나 아직 수확하지 않고 있었을 때, 하늘이 크게 우레와 번개, 그리고 바람을 일으켜, 곡식이 모두 쓰러졌으며 큰 나무가 모두 뽑혔다.

그러자 나라 안 사람들이 크게 두려워하였다.

성왕成王과 대부들이 모두 변관弁冠을 쓰고 금등金縢의 기록을 열어 이에 주공周公이 자신의 몸으로써 무왕武王을 대신하여 죽겠다고 말했던 기도문을 찾아내었다.

태공太公과 소공召公, 그리고 성왕은 이에 사관과 그 일에 관여하였던 모든 집사執事들에게 물어보았다.

그들은 이렇게 대답하였다.

"사실대로입니다. 아! 주공께서는 명령이 있으셔서 우리가 감히 말하지 않았던 것입니다."

성왕이 글을 잡고 울면서 이렇게 말하였다.

"공경스럽게 점을 칠 필요도 없다! 지난날 주공께서는 근면히 왕가王家를 위해 노고를 아끼지 않으셨는데, 어린 내가 미처 이를 알지 못하였던 것이다. 지금 하늘이 위엄을 움직여 주공의 그러한 덕을 드러내신 것이니, 나 이 소자小子가 친히 나서서 맞이하리라. 우리나라의 예절로써도 역시 그렇게 함이 마땅하리라."

성왕이 주공을 맞으러 교외로 나서자 하늘에서 여전히 비가 내리더니 바람이 거꾸로 불어 곡식이 모두 다시 일어서는 것이었다.

태공과 소공이 나라 사람들에게 쓰러졌던 모든 큰 나무를 모두 일으켜 세워 흙을 메워 바르게 자라도록 명하였다.

그 해에 큰 풍년이 들었다.

秋, 大熟, 未穫, 天大雷電以風, 禾盡偃, 大木斯拔, 邦人大恐.
王與大夫盡弁, 以啓金縢之書, 乃得周公所自以爲功, 代武王之
說.
二公及王, 乃問諸史與百執事.
對曰:「信. 噫! 公命我勿敢言.」
王執書以泣曰:「其勿穆卜! 昔公勤勞王家, 惟予沖人弗及知. 今
天動威, 以彰周公之德, 惟朕小子其新逆, 我國家禮亦宜之.」
王出郊, 天乃雨, 反風, 禾則盡起.
二公命邦人, 凡大木所偃, 盡起而築之.
歲則大熟.

【秋】그 해 가을. 즉 "周公居東二年, 罪人斯得" 이후의 가을.
【大熟】크게 풍년이 듦. 곡물이 크게 잘 익고 여묾.
【天大雷電以風】'以'는 《廣雅》에 "與也"라 함.
【禾盡偃】'禾'는 穀類의 총칭. '偃'은 '눕다, 쓰러지다'의 뜻.
【大木斯拔】'斯'는 盡의 뜻.
【盡弁以啓金縢之書】'弁'은 禮服으로 쓰이던 모자. 禮를 갖추고 金縢의 글을 열어봄.
【代武王之說】周公이 武王을 대신하여 죽게 해 달라고 기원하였던 기도문.
【百執事】모든 執事. '執事'는 '有司'와 같으며 어떠한 일을 專任하여 맡은 관리.
【信】'사실대로입니다'의 뜻.
【其勿穆卜】'穆'은 '공경히, 경건히'의 뜻. "곡식이 쓰러지고 나무들이 뽑힌 재앙에 대
  해 이제는 점을 쳐서 그 원인을 알아보거나 재앙을 없애달라고 기도할 필요도 없
  다"의 뜻. 즉 成王이 周公을 의심한 때문에 이러한 재난이 생겼음을 알게 되었음
  을 말함.
【沖人弗及知】'沖人'은 나이 어린 사람, 즉 성왕 자신을 가리킴.
【惟朕小子其新逆】'新'은 親이어야 함. 〈馬融本〉에는 '親'으로 되어 있음. '逆'은 迎과
  같음.

周公과 姜太公

【禾則盡起】'起'는 偃의 상대어. 곡식들이 모두 다시 일어서 똑바로 자람.

【築之】나무를 세워 쓰러지지 않도록 지지대를 세우고 흙을 메워 곧게 서도록 함. 〈釋文〉에 "謂築其根"이라 함.

⟨27⟩ 대고大誥(141-144)

'大誥'는 대사大事, 즉 전투를 앞두고 내린 고사체誥辭體의 문장이라는 뜻이다. ⟨서서書序⟩와 《사기史記》 주본기周本紀 및 노세가魯世家 등의 기록에 따르면 주 무왕姬發이 은의 주紂를 멸한 뒤 2년 만에 죽고, 성왕(成王, 姬誦)이 어린 나이에 뒤를 잇자 주공(周公, 姬旦)이 섭정을 하게 되었다. 그러자 주공의 섭정을 못마땅히 여긴 주공의 아우 管叔(姬鮮), 蔡叔(姬度)이 유언을 퍼뜨리며 무경(武庚, 紂의 아들 祿父)과 회이淮夷 등이 결탁하여 반란을 일으키게 된다. 그러자 주공은 이들을 처벌하고자 동정東征에 나서게 된다. 군사를 출동시키기 전 주공은 각 제후들의 방군邦君과 그들의 각급 관원들을 소집하여 성왕을 대신하여 여러 차례 동정의 이유와 필요성을 설명하

火燒溝遺址 ⟨人形小陶甁⟩ 1988 甘肅 玉門關 小道溝 출토

면서, 그들로 하여금 하늘의 뜻을 따라 한마음 한뜻으로 반란의 평정에 동참할 것을 권고하게 된다. 이를 기록한 것이 이 ⟨대고⟩이며, 동정은 주나라 초기 가장 큰 사건으로, ⟨대고⟩의 기록은 사료로서 큰 가치를 지니고 있다. 한편 본 편의 문체는 고오古奧하기가 마치 서주 금문金文과 유사하여 학계에서는 주초周初의 작품임을 인정하고 있다.

＊蔡沈《書傳》〈大誥〉注에 "武王克殷, 以殷餘民封受子武庚, 命三叔監殷. 武王崩,
成王立, 周公相之. 三叔流言'公將不利於孺子'. 周公避位居東. 後成王悟, 迎周公歸.
三叔懼, 遂與武庚叛. 成王命周公東征以討之, 大誥天下. 書言武庚而不言管叔者, 爲
親者諱也. 篇首有'大誥'二字, 編書者因以名篇. 今文·古文皆有"라 하였다.

〈서〉: 武王이 붕어하자 삼감三監 및 회이淮夷가 반란을 일으켰다. 周公이 成王을 도와 앞으로 은 땅에 세웠던 나라들을 소멸시키고자 〈대고〉를 지었다.

<序>: 武王崩, 三監及淮夷叛, 周公相成王, 將黜殷, 作<大誥>.

【三監】管叔과 蔡叔, 그리고 紂의 아들 武庚(祿父)를 가리킴. 《漢書》 地理志에 의하면 周 武王이 殷을 멸한 후 그 故土를 셋으로 나누어 제후국을 세웠으며, 이것이 《詩》 國風의 邶, 鄘, 衛 세 나라임. 邶는 紂의 아들 무경을, 鄘은 관숙을, 衛는 채숙을 봉하여 다스리게 하면서 이들 셋으로 하여금 은나라 유민을 공동으로 감독하고 관리하도록 하여 이를 '三監'이라 함. 그러나 일설에는 管叔, 蔡叔, 康叔을 들기도 하며, 혹은 管叔, 蔡叔, 霍叔을 봉하여 武庚을 감독하도록 한 것이라고도 함.
【淮夷】지금의 淮水 근처 東夷族의 한 갈래.
【將黜殷】'黜'은 '소멸시키다'의 뜻. '殷'은 殷나라 故土에 세웠던 三監의 나라들.

141(27-1)
짐복병길朕卜幷吉

왕成王께서 이렇게 명하셨노라.

"아! 그대들 많은 나라 및 그대들 어사御事에게 크게 고하노라. 안타깝도다! 하늘이 우리 국가에 내리고 있는 피해가 조금도 틈을 주지 않는구나. 나는 어리고 젊은 나이로 끝이 없고 크나큰 왕업을 이어받았다. 그럼에도 명철한 사람을 만나지 못하였고, 백성을 편안한 길로 이끌지 못하였으니, 하물며 능히 천명天命을 알아낼 능력이나 도량이 있겠는가? 아! 나는 어린 나이로 마치 깊은 물을 건너는 것과 같아 단지 앞으로 나아가 건너갈 방법만을 생각할 뿐이다. 큰 거북의 점이 선왕先王의 명령을 받도록 도와주고 있으니 이는 개국의 공로를 잊지 않기 때문이다. 나는 감히 하늘이 내린 재앙을 덮어둘 수 없어 문왕文王이 나에게 전해준 큰 보물 거북의 뜻을 따라 천명에 대해 점을 쳐 보았다. 그리하여 거북에게 다가갔더니 '큰 어려움이 서쪽 우리 주나라에 있을 것이다. 서쪽 우리 주나라 사람들 또한 조용하지 못하여 이때에 준동하게 될 것이다. 은殷나라 무경이 그 나머지 무리들을 조직하게 될 것이다. 무경의 무리들은 하늘이 이 나라에 재앙을 내려 백성들이 평강하지 못함을 알고 그들은 「나는 은나라를 회복하리라!」라 하면서, 도리어 우리 주나라를 치고자 도모하며 지금 준동하여 펄펄 날아오르듯 하고 있다. 이 며칠 사이에 백성 중에 열 명의 현자들이 나를 도우면서 나로 하여금 앞으로 나서서 무왕武王이 세웠던 공로를 시도하라 하고 있다. 나는 장차 큰일을 벌일 것이니 길하리라' 하였다. 나의 점은 이처럼 모두 길하다고 나왔노라."

王若曰:「猷! 大誥爾多邦越爾御事. 弗弔! 天降割于我家, 不少
延. 洪惟我幼沖人, 嗣無疆大歷服. 弗造哲, 迪民康, 矧曰其有能
格知天命? 已! 予惟小子, 若涉淵水, 予惟往求朕攸濟. 敷賁敷前
人受命, 茲不忘大功. 予不敢閉于天降威, 用寧王遺我大寶龜, 紹天
命. 卽命, 曰『有大艱于西土. 西土人亦不靜, 越茲蠢. 殷小腆誕敢
紀其敍. 天降威, 知我國有疵, 民不康, 曰:'予復!' 反鄙我周邦, 今
蠢今翼. 日, 民獻有十夫予翼, 以于敉寧·武圖功. 我有大事, 休.』朕
卜幷吉.」

【王若曰】'王'은 成王(姬誦)을 가리킴. 周公은 攝政 중이었으므로 자신의 이름으로
命을 내릴 수 없어 周公이 成王의 말을 대신하여 선포한 것임. '若曰'은 '이와 같이
말하였다'의 뜻. 淸 簡朝亮의 《尙書集注述疏》에 "若曰者, 史約敍其辭也"라 함.

【猷大誥爾多邦越爾御事】'猷'는 感歎詞, 혹 發語辭. 〈蔡傳〉에 "猷, 發語辭也"라 함.
'多邦'은 많은 제후들의 邦君. '越'은 與와 같음. '御事'는 제후 나라 일을 맡아 보는
관원들.

【弗弔】'弔'는 '吊'로도 표기하며 善의 뜻. 王國維 《觀堂集林》(1) 「與友人論詩書中成語
書」 참조. '不弔'는 不善, 즉 '안타깝다'의 뜻.

【天降割于我家】'割'은 《廣雅》에 "害也"라 하였고, 《經傳釋文》에는 "割, 馬本作害"
라 함.

【不少延】조금도 틈을 주지 않음. 조금도 시간을 연기해주지 않음. '少'는 '조금'의 뜻.
'延'은 間斷, 間隔의 뜻. 《爾雅》 釋詁에 "延, 間也"라 함.

【洪惟我幼沖人】'洪惟'는 모두 구절 앞에 붙이는 語氣助詞. 뜻은 없음. '幼沖人'은 나
이 젊은 사람. 成王 자신을 가리킴.

【嗣無疆大歷服】'無疆'은 '끝이 없다'의 뜻. '歷'은 歷數. 《小爾雅》에 "久也"라 함. '服'은
事. 여기서의 '大歷服'은 王業을 뜻함.

【弗造哲】'造'는 遭와 같으며 '만나다'의 뜻. '哲'은 哲人, 明哲한 사람.

【迪民康】'迪'은 '引導하다'의 뜻.

【矧曰其有能格知天命】'矧'은 況과 같음. '하물며'의 뜻. '格'은 度量을 뜻함.

【已】감탄사.

【予惟往求朕攸濟】'攸'는 所와 같음. '濟'는 渡와 같음. 건너는 방법을 의미함.

【敷賁敷前人受命】'敷'는 大의 뜻.《詩》常武의〈釋文〉에《韓詩外傳》을 인용하여 "敷, 大也"라 함. '賁'은《爾雅》釋魚에 "龜三足, 賁"이라 함. 따라서 '敷賁'은 大龜와 같음. '敷前人'의 '敷'는 輔와 같음. 따라서 '前人을 輔弼하다'의 뜻이 됨.

【妓不忘大功】'大功'은 '前人을 輔弼하여 나라를 세운 功績'을 뜻함.

【予不敢閉于天降威】'閉'는 閉藏. '天降威'는 하늘이 내린 재난의 위엄을 뜻함.

【用寧王遺我大寶龜】'寧王'은 나라를 寧康하게 한 왕. 즉 구체적으로 文王(姬昌)을 가리킴.

【紹天明】'紹'는《說文》에 "卜問也"라 하여 '점을 쳐서 물어보다'의 뜻. '天明'은 天命과 같음. 楊樹達은 "明是命之假借字"라 함.

【卽命】大龜에게 가서 기도하며 고함.

【有大艱于西土】'西土'는 周나라 도읍 鎬京 일대. 주공을 의심하여 민심이 동요하고 있으며, 이로 인해 왕실이 안정을 잃고 있음을 '大艱'으로 표현한 것.

【越玆蠢】'越'은 在의 뜻. '玆'는 '이 때에'의 뜻. '蠢'은 動과 같음.

【殷小腆誕敢紀其叙】'腆'은 主의 뜻. 따라서 '小腆'은 小主이며 여기서는 殷나라 紂王의 아들 武庚(祿父)을 가리킴. '紀其叙'의 '紀'는 '組織하다'의 뜻이며, '叙'는 殘餘의 의미. 따라서 '그들의 잔여 세력을 조직화하다'의 뜻임.

【天降威】하늘이 내린 재앙. 즉 武王의 崩御를 가리킴.

【知我國有疵】'疵'는 흠, 病弊, 缺陷 등의 뜻으로 여기서는 成王이 어려 攝政을 하던 周公이 남으로부터 의심받게 된 상황을 말함.

【反鄙我周邦】'鄙'는 '圖謀하다'의 뜻. 王先謙은 "古文啚爲鄙, 與圖字形近, 其義當爲圖"라 함.

【今蠢今翼】'蠢'은 動과 같음. '翼'은 翌과 같으며 翌은 다시 翊과 같음. '날아 움직이다'의 뜻. 따라서 '今蠢今翼'은 '지금 이미 난을 일으켜 상황이 위급하다'의 뜻.

【日】'近日, 요즈음'의 뜻.

【民獻有十夫予翼】'獻'은 賢과 같음. 賢者. 똑똑한 사람. '予翼'은 '翼予'의 倒置形. '나를 보필하다'의 뜻. '翼'은 輔弼, 輔佐의 뜻.

【以于敉寧, 武圖功】'敉'는 黃式三《尚書啓蒙》에 "敉, 彌通, 終也"라 하여 완성을 뜻함. '圖功'은 도모하는 사업. 즉 나라를 통일시켜 혼란을 없애려는 의지.

【休】'아름답다'의 뜻. 따라서 좋은 결과를 의미함. 거북점이 그렇게 지시하고 있음.

142(27-2)
윤준환과允蠢鰥寡

"그러므로 나는 우리 방군邦君 및 윤씨尹氏, 그리고 서사庶土와 어사 御事에게 이렇게 고하노라. '나는 길한 점을 얻었으니, 나는 그대들 여러 나라와 함께 은殷나라를 도망하여 흩어져 다니는 신하들을 치러 가기를 도모하고 있다.' 그런데 너희들 여러 방군 및 서사와 어사들은 반대하지 않는 이가 없이 '어려움이 너무 큽니다. 백성들이 안정을 얻지 못하고 있는 이유는 그들이 왕궁과 방군의 집을 그대로 차지하고 있기 때문입니다. 저희들 소자들이 고려해 보건대 어떤 이들은 정벌할 수 없을 것으로 여기고 있는데, 임금께서는 어찌 점괘를 거부하지 않으시는가?'라고 하고 있다. 지금 이 어린 왕 나는 오래도록 이 재난을 생각해 보건대 '오호라! 진실로 홀아비 홀어미처럼 약한 이들조차 웅성대고 있으니, 안타깝도다! 나는 하늘이 시키는 일을 받았고, 하늘은 어려운 일을 나에게 거듭 던져주었으니 이 어린 나는 내 자신만을 걱정하고 있을 수가 없도다. 너희 방군 및 많은 사인土人들, 그리고 윤씨와 어사들은 마땅히 나를「안타까움에 걱정을 하지 마십시오, 그대 선조 문왕文王이 세운 왕업과 공적을 성취시키지 않을 수 없습니다!」라고 말해주어야 할 것이다. 아! 이 어린 나는 하느님의 명령을 폐기할 수 없노라. 하늘이 문왕을 훌륭하다 여기시어 우리 작은 주周나라를 일으켜 주신 것이며, 그 무렵 문왕께서는 점을 쳐서 그에 따라 이 하늘로부터 받은 이 사명을 편안히 여기며 해내신 것이다. 지금 하늘이 그러한 백성을 돕고 있으며, 하물며 점괘도 이와 같음에랴! 오호라! 천명은 두려운 것이니 나의 큰 왕업을 크게 더욱 크게 할 수 있도록 보필하도록 하라!"

「肆予告我友邦君越尹氏·庶士·御事, 曰:『予得吉卜, 予惟以爾庶邦, 于伐殷逋播臣.』爾庶邦君越庶士·御事罔不反曰:『艱大. 民不靜, 亦惟在王宮邦君室. 越予小子考, 翼不可征, 王害不違卜?』肆予沖人永思艱, 曰: 嗚呼! 允蠢鰥寡, 哀哉! 予造天役, 遺大投艱于朕身, 越予沖人, 不卬自恤. 義, 爾邦君越爾多士·尹氏·御事綏予曰:『無毖于恤, 不可不成乃寧考圖功!』已! 予惟小子, 不敢替上帝命. 天休于寧王, 興我小邦周, 寧王惟卜用, 克綏受玆命. 今天其相民, 矧亦惟卜用. 嗚呼! 天明畏, 弼我丕丕基!」

【肆予告我友邦君越尹氏·庶士·御事】 '肆'는 故와 같음. '越'은 與와 같음. '尹氏'는 史官. '庶士'는 많은 士人들. '御事'는 각기 맡은 일의 전담자. 또는 庶士를 武官으로, 御事를 文官으로 보기도 함.

【予惟以爾庶邦】 '惟'는 謀와 같음. '以'는 與와 같음.

【于伐殷逋播臣】 '于'는 往과 같음. '逋'는 '도망하다'의 뜻. '播'는 散, 播遷의 뜻. 여기서는 죄를 짓고 흩어져 도망 다니는 신하, 즉 武庚과 그 신하들을 가리킴.

【艱大】 어렵고도 큰 일, 즉 武庚을 쳐서 진압하는 일.

【亦惟在王宮邦君室】 '惟'는 有와 같음. '王宮'과 '邦君室'은 管叔과 蔡叔은 王室 사람이므로 王宮이라는 말로 표현한 것이며, 武庚은 諸侯의 邦君이므로 邦君室이라 한 것임.

【越予小子考】 '越'은 維와 같으며 구절 앞에 붙이는 語氣助詞로 뜻은 없음. '予小子'는 庶邦君 등을 겸칭하여 부른 것. '考'는 '考慮하다'의 뜻.

【翼不可征】 翼은 《尙書易解》에 "當讀爲意, 猶或也"라 하여 或의 뜻.

【王害不違卜】 '害'는 何와 같음. 疑問詞.

【肆予沖人永思艱曰】 '肆'는 《爾雅》 釋詁에 "肆, 今也"라 함.

【允蠢鰥寡】 '允'은 信과 같으며 '미덥다, 진실로' 등의 뜻. '蠢'은 '소동을 일으키다, 蠢動하다'의 뜻. '鰥寡'는 홀아비와 과부. 고난에 처하여 보호와 배려를 해 주어야 할 부류나 대상을 뜻함.

【予造天役】 '役'은 '사역을 시키다'의 뜻.

【遺大投艱于朕身】 '遺'는 《尙書易解》에 "當讀爲惟, 《詩》「其魚唯唯」, 《韓詩》作「遺遺」.

知遺與惟(唯)古代相通也"라 함. '投'는 '던지다, 위임하다, 부탁하다'의 뜻. '艱'은 해결하기 어려운 일.

【不卬自恤】'卬'은 我와 같음(雙聲互訓). '恤'은 '우려하다, 걱정하다'의 뜻. 성왕이 '자신의 안위만을 위해 걱정하지는 않는다'의 의미.

【御事綏予曰】'綏'는 '위로하다, 안위하다, 안심시키다'의 뜻함. "그대들은 나를 이렇게 안심시켜야 할 것이다"의 의미.

【無毖于恤】'無'는 勿과 같음. 否定命令語. '毖'는 '두려워하다, 신중히 하다, 두려워하며 삼가다'의 뜻.

【乃寧考圖功】'寧考'는 文考. 즉 文王(姬發)을 가리킴.

【不敢替上帝命】'替'는 '廢棄하다'의 뜻. 孔安國 傳에 "不感廢天命, 言卜吉當必征之"라 함.

【天休于寧王】'休'는 嘉惠, 즉 '훌륭하다, 아름답다' 등의 뜻.

【克綏受玆命】'克'은 能과 같음. 綏는 '편안히 여기다'의 뜻.

【矧】'況'과 같으며 '하물며, 어찌되었건' 등의 뜻.

【天明畏】'天明'은 天命과 같음.

【弼我丕丕基】'丕'는 大의 뜻. 앞의 丕는 '크게 일으키다'의 뜻이며 뒤의 '丕'는 基를 꾸미는 冠形語. '基'는 事業, 王業. '文王이 일으켜 기반을 닦아 놓은 王業'을 뜻함.

143(27-3)
약고작실若考作室

왕께서는 말씀하셨노라.

"그대들은 오래된 신하들이며 그대들은 능히 크게 멀리 살필 수 있으며, 그대들은 문왕文王이 얼마나 부지런히 하셨는지를 알고 있으리라! 하늘이 몰래 나에게 일러주어 공을 이루도록 한 바에 대해, 나로서는 문왕께서 도모한 일을 서둘러 마치지 않을 수 없다. 지금 나는 우방의 군주들을 이렇게 달래며 인도하고 있어, 하늘은 진실한 말씀으로 도우셔서, 나의 백성을 성공하도록 해 주실 것인데, 내 어찌 문왕이 도모하던 공적을 나서서 마치지 않을 수 있겠는가? 하늘 또한 우리 백성들로 하여금 힘든 수고로움을 요구하기를 마치 병으로 힘들어 하듯이 하고 있는데, 내 어찌 감히 지난날 문왕께서 백성들이 받았던 바의 병을 제거해 주셨던 훌륭한 일을 나서서 따라하지 않을 수 있겠는가?"

왕께서 말씀하노라.

"지난날 무왕께서 은나라를 벌할 때처럼 나도 나설 것이다. 내 힘들게 보내면서 했던 생각을 말하겠노라. 마치 아버지가 집을 지으면서 이미 계획을 확정하였는데 그 아들이 터를 닦기를 거부하고 있다면, 하물며 지붕을 덮는 일인들 하고 싶어 하겠는가? 그 아버지가 개간을 하고 있는데 그 아들이 씨를 뿌리기를 거부하고 있다면 하물며 수확인들 하고 싶어 하겠는가? 이러한 경우임에도 그 아버지는 혹 '나는 후손이 있으니 그래도 터를 버리지 않겠노라 하겠는가?'라고 말하고 싶을 것이다. 그러므로 내 어찌 감히 문왕께서 나로 하여금 완수하도록 하신 큰 사명이 나에게 있다고 하지 않을 수 있겠는가? 마치 형이 죽었는데 사람들이 무리를 이루어 그 아들을 공격하고 있다면, 백성의 어른 된 자가 말리면서 그 아들을 구원해주지 않을 수 있겠는가?"

王曰:「爾惟舊人, 爾丕克遠省, 爾知寧王若勤哉! 天閟毖我成功所, 予不敢不極卒寧王圖事. 肆予大化誘我友邦君, 天棐忱辭, 其考我民, 予曷其不于前寧人圖功攸終? 天亦惟用勤毖我民, 若有疾, 予曷敢不于前寧人攸受休畢?」

王曰:「若昔朕其逝, 朕言艱日思. 若考作室, 旣底法, 厥子乃弗肯堂, 矧肯構? 厥父菑, 厥子乃弗肯播, 矧肯穫? 厥考翼其肯曰:『予有後, 弗棄基?』肆予曷敢不越卬敉寧王大命?』若兄考, 乃有友, 伐厥子, 民養其勸弗救?」

【王曰】成王이 한 말을 周公이 邦君, 尹氏, 御事들에게 전달한 것임.

【爾惟舊人】'惟'는 是와 같음.《玉篇》에 "惟, 爲也"라 함. '舊人'은 老臣, 故臣. 전대부터 지위에 있었던 관리들.

【爾丕克遠省】'丕'는 大, 多의 뜻. '省'은 살펴서 기억하고 있음.

【爾知寧王若勤哉】'若'은《尙書正讀》에 "若, 如何也"라 함.

【天閟毖我成功所】'閟'는 秘와 같음. 몰래. '毖'는 '일러주다'의 뜻. '所'는 意의 뜻. 여기서는 하늘이 뜻한 바를 가리킴.

【極卒寧王圖事】'極'은 亟과 같음. '급히 서둘러'의 뜻.

【肆予大化誘我友邦君】'化誘'는 '敎導하고 달래다'의 뜻.

【天棐忱辭】'棐'는 '보조하다, 도와주다'의 뜻. '忱辭'는 진실한 말. 大寶龜에 드러난 吉兆를 가리킴.

【其考我民】'考'는 成과 같음.

【天亦惟用勤毖我民】'毖'는 '勞力을 기울이다, 노고롭다'의 뜻.

【予曷敢不于前寧人攸受休畢】'前寧'의 '前'은 옛 문왕 시대를 뜻하며, '寧'은 寧王, 곧 文王을 가리킴. '人攸受'의 '人'은 民과 같음. 殷末 백성들이 紂로부터 받고 있던 고통. '休'는 善의 뜻. '畢'은 역질 등을 완전히 제거함을 뜻함. "문왕께서 殷의 紂에게 고통을 당하던 백성의 고통을 덜어주었듯이 자신도 지금 三監의 난으로 인해 불안에 떨고 있는 백성의 고통을 제거해주겠다'의 뜻.

【若昔朕其逝】'若昔'은 昔日, 昔者와 같음. 옛날 周公이 武王을 따라 紂를 정벌할 때를 말함.《史記》魯世家에 의하면 武王의 東征 때 孟津에서도 주공이 보필하였고, 11년 牧野에 이르렀을 때 역시 주공이 무왕을 도와 마침내 紂를 멸한 것으로 되어 있음. '其'는 '장래 ~을 하고자 하다'의 뜻. '逝'는 往과 같음.

【朕言艱日思】'艱日思'는 '어렵고 힘들 때의 여러 가지 생각'을 말함.

【旣底法】'厎'는 '정하다, 안정시키다'의 뜻.

【矧肯構】여기서는 지붕을 얽어 집을 이루는 것.

【厥子乃弗肯堂】'堂'은 基의 뜻. '기초를 다지다'의 의미.

【厥父菑】'菑'는 새로 개간한 토지를 가리킴.

【厥子乃弗肯播】'播'는 播種.

【矧肯穫】'穫'은 收穫.

【厥考翼其肯曰】'考'는 돌아가신 아버지. 곧 文王. '翼'은 或의 뜻.

【肆予曷敢不越卬敉寧王大命】'越'은 在의 뜻. '越卬'은 '내 자신에게 있어서'의 의미. '敉'는 '완수하다, 잘 처리하여 완결을 짓다'의 뜻.

【若兄考】'考'는 終의 뜻. '생을 마치다, 죽다'의 의미.《楚辭》九嘆 注를 볼 것.

【乃有友伐厥子】'友'는 群과 같음.《尙書易解》에 "友, 猶群也"라 함.

【民養其勸弗救】'養'은 長과 같음. '民養'은 백성의 지도자, 즉 제후들과 각급 관원을 가리킴. '勸'은 무리를 이루어 아들을 공격하는 자를 그렇게 하지 말도록 말림.

144(27-4)
상방유철爽邦由哲

왕께서 말씀하셨노라.

"오호라! 힘쓸지어다. 그대 여러 방군邦君 및 그대 어사御事들이여. 나라를 밝게 함은 명철한 사람으로 말미암는 것이다. 역시 열 사람이 우리로 하여금 상제上帝의 명령 및 하늘이 우리를 진실하게 돕고 있음을 알도록 인도해 주고 있으니, 너희들은 쉽게 포기하여 나태해지지 말아야 할 것이다. 하물며 지금 하늘이 이미 우리 주周나라에게 명을 확정하여 내려주었음에랴? 저 큰 죄를 지은 사람들은 이웃을 끌어들여 서로 한 집안이 되어 치고 있으나 그대들은 그래도 천명이 절대로 바뀌지 않을 것임을 알고 있지 않은가? 내 긴 시간 생각해 보았더니, 하늘이 은殷나라를 망하게 한 것은 마치 농부를 버린 것과 같은데, 내 어찌 나의 농사 일을 마치지 않을 수 있겠는가? 하늘이 또한 옛 문왕을 훌륭하다 여기고 있는데 내 어찌 점괘의 뜻을 버릴 수 있겠는가? 감히 문왕께서 아름답게 여겼던 강토疆土를 다서 살펴보지 않을 수 있겠는가? 하물며 지금 점괘가 모두 길하다고 나왔음에랴? 그러므로 나는 크게 그대들을 이끌고 동쪽 정벌에 나설 것이다. 천명은 착오가 없으니, 점괘의 지시를 이와 같이 준수해야 할 것이로다!"

王曰:「嗚呼! 肆哉. 爾庶邦君越爾御事. 爽邦由哲, 亦惟十人迪知上帝命越天棐忱, 爾時罔敢易法, 矧今天降戾于周邦? 惟大艱人, 誕鄰胥伐于厥室, 爾亦不知天命不易? 予永念曰: 天惟喪殷, 若穡夫, 予曷敢不終朕畝? 天亦惟休于前寧人, 予曷其極卜? 敢弗于從率寧人有指疆土? 矧今卜幷吉? 肆朕誕以爾東征. 天命不僭, 卜陳

惟若茲!」

【肆哉】'肆'는 '힘쓰다. 진력하다'의 뜻. 《爾雅》釋詁에 "肆, 力也"라 함. '肄'와 같음.

【爽邦由哲】'爽'은 明의 뜻. '哲'은 明哲한 사람. 나라는 명철한 사람에 의해 밝아짐.

【亦惟十人迪知上帝命越天棐忱】'十人'은 앞에서 거론한 十夫를 가리킴. 즉 成王을 돕겠다고 나온 열 명의 賢者. '迪'은 '지도하다'의 뜻. '天棐忱'은 '하늘이 진정을 다해 도와줄 것임'을 뜻함.

【爾時罔敢易法】'易法'은 易廢의 의미. 쉽게 나태해져서 포기함을 뜻함.

【矧今天降戾于周邦】'戾'는 定의 뜻. 《漢書》에는 '定'으로 되어 있음. 여기서는 하느님의 定命을 가리킴.

【惟大艱人誕鄰胥伐于厥室】'大艱人'은 大罪人과 같으며 큰 어려움을 만든 사람, 즉 管叔과 蔡叔을 지칭함. '誕鄰'은 《尙書覈詁》에 "誕, 讀爲延, 謂延鄰敵相伐也"라 함. 〈無逸〉篇의 '旣誕'은 〈石經〉에는 '旣延'으로 되어 있음. '鄰'은 이웃인 武庚을 가리킴. '胥'는 相과 같음.

【穡夫】農夫.

【予曷敢不終朕畝】'終朕畝'는 나의 농사일을 끝마침.

【天亦惟休于前寧人】'惟'는 思와 같음. '休'는 '아름답다, 훌륭하다'의 의미.

【予曷其極卜】'極'은 '放棄하다'의 뜻. 《儀禮》大射禮 鄭玄 注에 "猶放也"라 함. '極卜'은 위의 '王害不違卜'의 '違卜'과 상대되는 의미임.

【敢弗于從率寧人有指疆土】'于'는 往의 뜻. '率'은 '다니면서 살피다'의 의미. '指'는 孔穎達 疏에 '旨'로 되어 있으며 《漢書》王莽傳에도 역시 '旨'로 되어 있음. '有旨'는 複音詞로 '아름답다'의 뜻임.

【矧今卜幷吉】"선조들께서도 나라 땅을 잘 다스리라 하셨고, 지금 점괘도 길한데 하물며 간사한 무리들을 치지 않을 수가 있겠는가?"의 뜻.

【肆朕誕以爾東征】'以'는 '인솔하여 이끌다'의 뜻.

【卜陳惟若玆】'陳'은 示와 같음. 《國語》齊語 韋昭 注에 "陳, 示也"라 함. '若'은 '순종하다'의 의미이며, '玆'는 語末助詞로 '哉'와 같음.

⟨28⟩ 미자지명微子之命(145-148)

미자微子는 이름이 계(啓, 開)이며 은 殷나라 주紂의 서형庶兄이다(《孟子》에는 紂의 叔父라 하였음). 《논어論語》미자편 微子篇 "微子去之, 箕子爲之奴, 比干諫 而死. 孔子曰：「殷有三仁焉.」"라 한 '삼인 三仁'의 하나이다. '명命'은 분봉할 때 임 금이 내리는 책명冊命이다. 이는 성왕成 王이 미자를 봉하면서 내린 명이다. 무 왕武王이 은을 멸한 다음 그 유민들로 하여금 제사를 이어갈 수 있도록 주의 아들 무경武庚, 祿父을 봉해주었으나 무 경이 삼감三監과 난을 일으키자 주공周 公이 동정東征하여 없애버리고, 대신 주 의 서형 미자를 찾아 봉해주어 은나라

百家村 43호墓 ⟨彩繪陶甁⟩ 1957 河北 邯鄲 출토

제사를 잇도록 하였으며 그 나라를 송宋이라 한 것이다. 이에 미자는 송나 라 시조가 되었으며 송나라는 서주西周와 춘추春秋시대를 거쳐 전국戰國 시대까지 이어지다가 B.C. 286년 제齊나라에게 망하고 말았다. 본《상서》의 ⟨微子篇⟩과 《사기史記》은본기殷本紀, 송미자세가宋微子世家 등에 따르면 미 자 계는 주왕이 주색에 빠져 황음무도한 짓을 하자 여러 차례 간언을 하였 으나 들어주지 않아, 주를 떠나 숨어버리고 말았다. 그 뒤 무왕이 은을 멸 하자 그는 스스로 주나라를 찾아와 주나라를 인정하였다. 이에 성왕은 주 공이 동정을 마치고 나서 곧바로 미자를 송나라에 세워 책봉하면서 미자 로 하여금 무경의 반란을 교훈으로 삼아 반드시 옛 법을 따를 것이며, 신

하와 백성을 관리하여 주나라 왕실을 보필할 것을 주문한 것이다. 본장은 〈금문상서〉에는 들어 있지 않으며 〈고문상서〉에만 실려 있다.

＊蔡沈《書傳》〈微子之命〉注에 "微, 國名; 子, 爵也. 成王旣殺武庚, 封微子於宋, 以奉湯祀. 史錄其誥命以爲此篇. 今文無, 古文有"라 하였다.

〈서〉: 성왕成王이 이윽고 은나라 운명을 끊고 무경武庚을 죽여 없앤 다음, 미자微子 계啓로 하여금 은나라 후대를 대신하도록 명하여 〈미자지명微子之命〉을 지었다.

〈序〉: 成王旣黜殷命, 殺武庚, 命微子啓代殷後, 作〈微子之命〉.

【成王】이름은 姬誦. 文王(姬昌)의 손자이며 武王(姬發)의 아들. 周公(姬旦)의 조카. 어린 나이에 왕위에 올라 주공이 섭정함.

【旣黜殷命】'旣'는 '이미, 이윽고'의 뜻. '黜'은 끊어버림. 멸절시킴. '殷命'은 殷의 운명. '殷'은 武王이 武庚에게 이어주었던 殷을 뜻함.

【武庚】紂의 아들로 殷나라 제사를 잇도록 武王이 세워준 인물. 이름은 祿父. 三監과 결탁하여 반란을 일으켰다가 周公의 東征에 의해 망함. 그 뒤를 微子 啓가 이어 宋의 시조가 됨.

【代殷後】미자 계에게 명하여 은나라 후대를 대체하도록 함.

145(28-1)
미자봉송微子封宋

성왕이 이와 같이 명하였다.

"아! 은殷나라 임금의 원자元子여. 옛일을 상고하건대 덕을 숭상하고 어진 이를 본받았도다. 옛 임금의 혈통을 계승하여 예와 문물을 행사하여 빈객이 되어 왕가를 예우로 대하니, 나라와 함께 모두가 아름답게 여기며 영세무궁하리라. 오호라! 그대 조상 성탕成湯께서는 능히 덕을 함께하며 성달聖達하고 광대하며 연심淵深하게 하셨으니, 황천皇天이 사랑하고 보우하여 그 천명을 크게 받으신 분이시다. 그리하여 백성을 너그럽게 다스리시고 사악하고 포학함을 제거하시어 그 무렵 그 공적을 가시加施하시어 그 덕이 후예에게 전해진 것이로다. 그대는 오직 그 도를 실천하고 닦아 그 아름다운 명성이 들려온 지 오래되었으며, 삼가고 노력하여 효를 실천하였으며 신과 백성에게 공경을 다하였도다. 내 그 덕을 가상히 여기며 그 독실함을 잊지 못하고 있다고 말해왔다. 상제께서 때때마다 너의 제사를 흠향하시어 아래의 백성들이 서로 공경하고 화협하고 있으니 그대를 상공上公으로 세워주노라. 이에 동쪽 송宋나라를 다스리도록 하라."

王若曰:「猷! 殷王元子. 惟稽古, 崇德象賢. 統承先王, 修其禮物, 作賓于王家, 與國咸休, 永世無窮. 嗚呼! 乃祖成湯, 克齊·聖·廣·淵, 皇天眷佑, 誕受厥命. 撫民以寬, 除其邪虐, 功加于時, 德垂後裔. 爾惟踐修厥猷, 舊有令聞, 恪愼克孝, 肅恭神人. 予嘉乃德, 曰篤不忘. 上帝時歆, 下民祗協, 庸建爾于上公, 尹茲東夏.」

【王】成王(姬誦).

【猷】감탄사.

【元子】長子, 맏이, 큰아들. 紂의 庶兄. 微子는 帝乙의 長子로 태어났으나 嫡長子가
아니어서, 뒤에 태어난 紂가 嫡子였으므로 紂가 王位를 잇게 된 것임. 그러나 내용
으로 보아 도리어 紂가 庶子였으며 微子가 嫡子였던 것으로 여겨짐.

【稽古】상고시대를 살펴봄.

【崇德象賢】'象'은 效와 같음. 賢人을 본받음.

【統承先王】'統'은 嫡系血統. 先王의 혈통을 이음.

【修其禮物】'修'는 '행사하다'의 뜻이며, '禮物'은 禮制와 文物을 뜻함.

【作賓于王家】'賓'은 客. 빈객으로 예우함. 〈蔡傳〉에 "以客禮遇之也"라 함.

【與國咸休】'休'는 美의 뜻.

【成湯】'成'은 郕으로도 표기하며 지명. 그러나 혹 諡號라고도 함. 有湯으로도 불림.
商(殷)나라 시조 湯王. 子姓. 이름은 履. 武湯, 成湯, 天乙로도 불림. '湯'은 원래 夏
나라 때의 諸侯. 亳을 근거로 발전하여 夏나라 末王 桀의 무도함을 제거하고 伊尹
을 등용하여 殷(商)을 세운 개국군주. 儒家에서 聖人으로 받듦. 《史記》殷本紀를
참조할 것. 《十八史略》(1)에는 "殷王成湯 : 子姓, 名履. 其先曰契, 帝嚳子也. 母簡狄,
有娀氏女, 見玄鳥墮卵吞之, 生契. 爲唐虞司徒, 封於商, 賜姓"이라 함.

【齊, 聖, 廣, 淵】孔安國 傳에는 "齊德, 聖達, 廣大, 深遠"이라 하였고, 〈蔡傳〉에는 "齊,
肅也. 齊則無不敬, 聖則無不通. 廣言其大, 淵言其深也"라 함.

【功加于時】'加'는 施加, '時'는 當時. 湯의 공적을 그 때에 맞게 시행함.

【德垂後裔】'垂'는 내려뜨려짐, 전해짐. 〈蔡傳〉에 "言其所傳者遠也"라 함.

【爾惟踐修厥猷】'爾'는 微子를 가리킴. '踐修'는 履行함, 修行함, 實踐함. '猷'는 道.

【舊有令聞】'令聞'은 훌륭한 명성. '令'은 美, 好와 같음.

【恪愼克孝】'恪'은 謹과 같은 뜻임. 따라서 '恪愼'은 謹愼과 같음.

【肅恭神人】'肅'은 恭과 같음. 신을 모시고 사람을 다스리는 일을 공경을 다함.

【嘉】嘉賞의 뜻.

【曰篤不忘】돈독히 여겨 잊지 않음.

【上帝時歆】'歆'은 '흠향하다, 享受하다'의 뜻.

【庸建爾于上公】'庸'은 用과 같음. '上公'은 周나라 제도로 三公八命의 하나. 봉지로
나설 때 一命을 더해줌을 上公이라 함. 《周禮》春官 典命에 "上公九命爲伯, 其國家
宮室, 車, 旗, 衣服, 禮儀, 皆以九爲節"이라 함.

【尹玆東夏】'尹'은 治와 같음. '東夏'는 微子 啓가 봉지로 받은 宋나라 亳이 夏華(周)
의 동쪽에 있어 그렇게 부른 것임. 〈蔡傳〉에 "宋亳在東, 故曰東夏"라 함.

146(28-2)
솔유전상率由典常

"공경스럽게 할지어다! 가서 그대의 가르침을 널리 펴고 그대의 직무와 사명을 수행하며 상법常法에 따라 인솔하여 우리 왕실의 울타리가 되도록 하라. 그리하여 그대 영명한 선조의 명예를 널리 떨치며 그 백성을 관리하여 길이 그 직위를 편안히 하면서 나 한 사람을 보필하도록 하라. 세세토록 그 공덕을 누리며 만방의 모범이 되어 우리 주 왕실을 위해 힘쓰기를 게을리하지 않도록 하라. 오호라! 가서 훌륭한 정치를 펴면서 나의 명령을 방기放棄함이 없도록 하라."

「欽哉! 往敷乃訓, 愼乃服命, 率由典常, 以蕃王室. 弘乃烈祖, 律乃有民, 永綏厥位, 毗予一人. 世世享德, 萬邦作式, 俾我有周無斁. 嗚呼! 往哉惟休, 無替朕命.」

【欽】'공경을 다하다'의 뜻.

【愼乃服命】'乃'는 爾와 같음. '服命'은 職務와 使命을 수행함.

【率由典常】'典常'은 常法.

【以蕃王室】'藩'과 같음. 울타리의 역할을 뜻함. '王室'은 周王室을 가리킴.

【弘乃烈祖】'弘'은 弘大하게 드날림. '烈'은 '英明하다, 赫赫하다'의 뜻. 《國語》晉語(9) "君有烈名, 臣無叛質"의 韋昭 注에 "烈, 明也"라 함.

【律乃有民】'律'은 관리하고 단속함. 법도로써 잘 다스림.

【毗予一人】'毗'는 '보좌하다'의 뜻. '予'는 成王 자신을 가리킴.

【萬邦作式】'式'은 '모범이 되다'의 뜻.

【俾我有周無斁】'俾'는 '복종하다'의 뜻. '斁'는 '역'으로 읽으며, '싫증을 내어 나태하게 굴다'의 의미.

【無替朕命】'無'는 毋와 같음. 禁止命令. '替'는 '廢棄하다, 放棄하다'의 뜻.

147
〈귀화歸禾〉

〈서〉: 당숙唐叔 우虞가 기이한 벼 이삭을 얻었는데 다른 고랑에 났으면서도 같은 이삭으로 합쳐진 것이었다. 이를 천자 성왕에게 바쳤다. 성왕은 당숙 우에게 명하여 이를 동쪽에 있는 주공에게 증송하도록 하였으며 이를 기록한 것이 〈귀화歸禾〉이다.

〈序〉: 唐叔得禾, 異畝同穎, 獻諸天子. 王命唐叔, 歸周公于東, 作〈歸禾〉.

【歸禾】唐叔虞가 기이한 벼 이삭을 발견하고 이를 成王에게 바치자 성왕이 다시 동쪽 東征 중에 있던 周公에게 증송하도록 한 내용을 적은 것으로, 序文만 전하며 正文은 실전됨.

【唐叔得禾】'唐叔'은 晉에 봉해진 唐叔虞. 成王의 아우. 원래 晉은 唐이라 하였음. 어릴 때 桐葉으로 놀이 삼아 봉했으나 周公이 천자는 희언을 하지 않는다는 말에 의해 정식으로 봉하게 된 고사를 가지고 있음. 柳宗元의 〈桐葉封弟辯〉을 참조할 것. '得禾'는 벼 두 포기가 한 이삭을 이룬 기이한 벼를 얻게 됨을 뜻함.

【異畝同穎】'畝'는 壟과 같음. 논밭의 고랑. '穎'은 이삭(穗). 鄭玄은 "禾各生一壟而合爲一穗"라 함.

【獻諸天子】'諸'는 '저'로 읽으며 之於의 合音字. '天子'는 成王을 가리킴.

【歸周公于東】'歸'는 饋와 같음. 증송함. 周公이 당시 東征 중에 있었으므로 이를 동쪽에 있는 주공에게 증송하도록 한 것임. 《史記》周本紀에 "晉唐叔得嘉穀, 獻之成王, 成王以歸周公於兵所"라 함.

148
〈가화嘉禾〉

〈서〉: 주공周公이 이윽고 하사한 벼를 얻게 되자, 천자 성왕의 명령을 널리 알리면서 〈가화嘉禾〉를 지었다.

<序>: 周公旣得命禾, 旅天子之命, 作<嘉禾>.

【嘉禾】 '嘉'는 '아름답다, 훌륭하다'의 뜻. 좋은 벼, 신기하고 기이한 異畝同穎의 벼를 가리킴. 이 또한 序文만 전할 뿐 正文은 실전되었음.

【命禾】 '命'은 '하사하다, 주다'의 뜻. 《小爾雅》에 "命, 予也"라 함.

【旅天子之命】 '旅'는 '선포하다, 널리 알리다'의 뜻. '命'은 成王이 嘉禾를 하사하면서 내린 誥命을 뜻함.

⟨29⟩ 강고康誥(149-156)

성왕成王이 삼감三監의 난을 평정한 다음 다시 삼촌 강숙(康叔, 姬封)을 위衛에 봉하여 은殷의 여민餘民을 다스리도록 하였다. 《사기史記》위세가衛世家에 "衛康叔名封, 周武王同母少帝也. 周公旦以成王命興師伐殷, 殺武庚祿父, 管叔, 放蔡叔. 以武庚殷餘民封康叔爲衛君, 居河淇間故商墟"라 하였다. 그러고 나서 주공周公은 왕의 명을 받아 강숙에게 위나라를 어떻게 다스려야 할 것인지를 고誥하여 주며 경계警戒한 것이 이 ⟨강고⟩이다. 내용은 숭덕신벌崇德愼罰과 경천애민敬天愛民이 주를 이루며 주周 왕실을 공고히 하기 위한 대책이 함께 들어 있다. 본 ⟨강고⟩편은 주나라 초기 정치제도와 사법제도 및 정치관을 연구하는데 매우 중요한 사료적 가치를 지니고 있는 것으로 높이 평가받고 있다. 한편 강숙을 시조로

⟨犀角形玉杯⟩ 1983 廣州 象崗山 西漢 南越王 趙眜墓 출토

한 위나라는 서주와 춘추 전국을 거쳐 계속 존속하였으며 B.C.209년 秦나라에게 망하였다.

*蔡沈 《書傳》⟨康誥⟩ 注에 "康叔, 文王之子·武王之弟. 武王誥命爲衛侯. 今文·古文皆有"라 하였다.

〈서〉: 성왕이 이윽고 관숙管叔과 채숙蔡叔의 난을 토벌한 다음 은나라 유민을 주어 강숙康叔을 봉하고 〈강고康誥〉, 〈주고酒誥〉, 〈재재梓材〉를 지었다.

<序>: 成王旣伐管叔·蔡叔, 以殷餘民封康叔, 作<康誥>·<酒誥>·<梓材>.

【管叔】姬鮮. 管 땅에 봉해짐. 鄭玄은 "周公兄, 武王弟, 封于管"이라 함. 文王의 셋째 아들. 蔡叔, 霍叔과 함께 武庚(祿父)를 감독하는 三監이 되었으나 周公이 어린 成王을 섭정하자 유언을 퍼뜨리며 도리어 武庚과 결탁하여 난을 일으켰다가 주공의 東征 때 살해됨.

【蔡叔】姬度. 蔡 땅에 봉해졌으며 역시 三監의 하나였으나 난을 일으켰다가 周公에 의해 추방됨.

【殷餘民】殷나라 遺民.

【康叔】姬封. 周 武王과 같은 어머니의 아우. 武王에게는 10명의 형제가 있었으며 周公은 넷째, 康叔은 아홉째였음. 成王의 삼촌이며 주공의 아우. 衛나라에 봉해져 시조가 됨. 《史記》衛康叔世家를 참조할 것.

【酒誥, 梓梓】모두 뒤에 실려 있음. 3편을 묶어 하나의 序文으로 처리한 것임.

149(29-1)
동도낙읍東都洛邑

　3월 달빛이 밝아지기 시작한 초순, 주공이 계획을 세워 동쪽 낙수洛
水 부근에 큰 읍을 건설하기 시작하여 사방의 백성들이 모두 즐거운 마
음으로 그곳에 모였다.

　오복五服의 먼 곳 군주들과 채采, 위衛 제후들의 모든 관리며, 은殷의
유민들도 서로 만나 주나라를 위해 일하게 되었다.

　주공은 이들 모두를 두루 위로하면서 이에 성왕을 대신하여 강숙康叔
에게 위나라 다스림에 대하여 크게 고誥하였다.

惟三月哉生魄, 周公初基, 作新大邑于東國洛, 四方民大和會.
侯甸男邦·采衛百工·播民和見, 士于周.
周公咸勤, 乃洪大誥治.

【惟三月】周公이 攝政한 지 4년째의 3월. 그러나 孔穎達의 〈尙書正義〉 注에는 7년
째 3월이라 하였음. 한편 이 첫 문단에 대해 역대로 의견이 분분하여 혹 〈洛誥〉
의 앞에 붙어 있던 것(蘇軾), 또는 〈梓材〉의 첫머리(金履祥), 〈多士〉의 첫머리(方
苞), 〈梓材〉의 脫簡(毛奇齡), 〈大誥〉의 말미 부분(吳汝綸)이어야 한다는 등 여러 설
이 있음.

【哉生魄】'哉'는 달빛이 밝아지기 시작하는 음력 매월 초순. 《爾雅》 釋詁에 "哉, 始
也"라 하였고, '魄'은 金文에 '霸'와 같으며, 《說文》에 "霸, 月始生霸然也. 承大月二日,
承小月三日"이라 하였음. 王國維는 매월 2,3일부터 5,6일 사이라 여겼음.

【初基作新大邑于東國洛】'基'는 企劃함, 謀策을 세움. 鄭玄은 "基, 謀也"라 함. '新大
邑'은 王城을 뜻하며 洛邑을 周의 동쪽 도읍으로 삼고자 함. '洛'은 원래 '雒'으로
표기하였음. 張華 《博物志》(6)에 "舊洛陽字作水邊各. 漢, 火行也, 忌水, 故去水而加

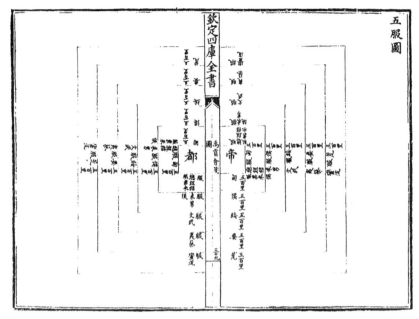

〈五服圖〉《禹貢會箋》

隹. 又魏於行次爲土, 水得土而流, 上得水而柔, 故復去隹加水, 變雒爲洛焉"이라 함. 지금의 河南 洛陽.

【四方民大和會】'和'는 和悅의 뜻. '會'는 모여듦.

【侯, 甸, 男, 采, 衛】五服을 가리킴. 〈禹貢〉을 참조할 것. 그러나 여기서는 조금 달라 侯服은 王城으로부터 1천 리이며 이어서 5백 리씩 먼 지역을 가리킴.

【百工】百官과 같음.

【播民和見】'播民'은 移民, 徙民과 같음. 여기서는 殷나라 백성을 가리킴. '見'은 모여서 만남. 그러나 《尙書釋義》에 "見, 猶效也, 致力也"라 함.

【士于周】'士'는 '복무하다, 일하다, 섬기다'의 뜻. 《說文》에 "士, 事也"라 함.

【洪大誥治】'洪'은 '대신하다'의 뜻. 鄭玄은 "洪, 代也. 言周公代成王誥"라 함. '治'는 治道.

150(29-2)
맹후강숙孟侯康叔

주공은 성왕이 이렇게 말하였음을 알렸다.

"맹후孟侯인 나의 아우 어린 봉封이여. 너의 위대하고 영명하신 부친 문왕文王께서는 능히 덕을 밝히시며 벌을 신중히 하셨느니라. 감히 홀아비나 과부를 업신여기지 아니하셨으며, 임용할 만한 자를 임용하셨고, 공경할 만한 자를 공경하였으며, 두려워할 것은 두려워하면서 백성을 아끼고 사랑하셨느니라. 이렇게 함으로써 중하中夏에 우리의 활동 구역 및 우리의 하나둘 우방을 개척하셨으며, 그들로써 서토西土를 다스렸느니라. 문왕께서 이처럼 크게 힘쓰셨음은 그 소문이 하늘의 상제上帝에게까지 이르러 상제께서 훌륭하다 여기시어, 하늘이 이에 문왕께 큰 사명을 주신 것이었다. 그 큰 은나라를 멸하고 하늘의 그 천명을 받으시어 은나라와 그들 유민과 함께 그러한 서업을 이어가게 된 것은, 너의 큰형 무왕武王이 노력한 덕분이었다. 이에 너 어린 아우 봉封을 동토東土에 봉하노라."

王若曰:「孟侯, 朕其弟, 小子封. 惟乃丕顯考文王, 克明德慎罰; 不敢侮鰥寡, 庸庸, 祗祗, 威威, 顯民, 用肇造我區夏, 越我一二邦 以修我西土. 惟時怙冒, 聞于上帝, 帝休, 天乃大命文王. 殪戎殷, 誕受厥命, 越厥邦厥民, 惟時敍, 乃寡兄勖, 肆汝小子封, 在茲東土.」

【王若曰】이는 周公이 成王을 대신하여 왕의 말이라 하면서 전한 것임. 아래도 같음.

【孟侯】周公의 아우 康叔(封)을 가리킴. 제후들의 우두머리라 하여 '孟侯'로 불렀음.

《漢書》地理志에 "周公封弟康叔, 號曰孟侯, 以夾輔周室"이라 함.

【朕其弟】'其'는 之와 같음.《經傳釋詞》에 "其, 猶之也"라 함.

【小子封】'封'은 康叔의 이름. 姬封. 武王의 아홉째 아들이며 成王의 삼촌. 周公의 아우.

【惟乃丕顯考文王】'乃'는 爾와 같음. '顯'은 '드러내어 밝히다'의 뜻. '考'는 돌아가신 아버지.

【明德愼罰】'崇德愼罰'과 같음. 德을 숭상하고 형벌에 대해 신중을 기함. 본편의 중요한 강령임.

【庸庸】'用用'과 같음. 가히 쓸 만한 사람을 임용함.

【祇祇】'祇'는 공경을 뜻함. 존경할 만한 사람을 존경함.

【威威】'威'는 畏와 같음. 두려워할 일은 두렵게 여김.

【顯民】《尙書易解》에 "顯民, 光顯其民, 謂尊寵之也"라 함.

【用肇造我區夏】'用'은 以, 是以, 因此의 뜻. '肇'는 始와 같음. '夏'는 中夏, 즉 지금의 山西 남부 및 陝西 동남과 河南 서부 일대. 周나라는 陝西 서부를 근거지로 하였으나 文王 때 동쪽으로 발전하여 中夏지역으로 진출하였음.

【越我一二邦以修我西土】'越'은 及과 같음. '修'는 '개척해 나가다, 확장해 나가다'의 뜻.

【惟時怙冒】'時'는 是와 같음. '怙'는 大의 뜻. '冒'는 勖의 原字.《說文》에 "勖, 勉也"라 함.

【帝休】'休'는 '기꺼워하다, 가상히 여기다, 훌륭함을 인정하다'의 의미.《廣雅》釋詁에 "休, 喜也"라 함.

【殄戎殷】'殄'(에)는 '멸망시키다'의 뜻. '戎殷'은 大殷과 같음.

【惟時敍】'時'는 承의 뜻. '敍'는 叙와 같으며 基業, 王業, 大業, 緖業의 뜻.《爾雅》釋詁에 "叙, 緖也"라 함.

【乃寡兄勖】'乃'는 爾와 같음. '寡兄'은 大兄. 周 武王을 가리킴.

【東土】西土(周나라 鎬京)에 상대하여 과거 은나라가 있던 동쪽 지역을 지칭함. 康叔이 봉지로 받은 河淇 일대는 고대 殷(商)나라 故地였음.

151(29-3)
천외비침 天畏棐忱

성왕께서 말씀하셨노라.

"오호라! 봉封이여, 너는 염두에 둘지니라! 지금 백성은 장차 네가 공경히 너의 문고文考를 공경하며 준수하여, 은나라 사람들의 좋은 의견을 잘 듣는가를 관찰할 것이다. 너는 은나라 땅에 가거든 그 은나라 옛 원로와 어른들이 민심을 헤아렸던 가르침을 깊이 생각해 보아야 한다. 그밖에 고대 선철先哲 왕들께서 하셨던 일을 찾아 듣고 이로써 백성을 평강하게 보호해야 한다. 하늘보다 크게 화순한 미덕으로 네 자신부터 지도하여 왕명을 완성하는 일에 그르침이 없도록 해야 한다!"

성왕께서 말씀하셨노라.

"오호라! 어린 봉이여. 네 자신 몸이 힘들고 고통스러울 만큼 공경을 다하도록 하라! 하늘의 위대함이란 진실한 자를 돕는 것이니, 백성의 정황에 크게 드러나는 것이며 소인小人은 보호받기가 어려운 것이니라. 그러니 가서 너의 마음을 다하여 일예逸豫에 즐기는 일이 없어야 그 백성을 잘 다스릴 수 있는 것이니라. 내 듣기로 '원망이란 큰 잘못이라 해서 품게 되는 것이 아니며, 그렇다고 작은 잘못이라 해서 갖게 되는 것도 아니다. 은혜를 베푸는가의 여부와 힘써 노력하는가의 여부에 달려 있는 것이다'라 하였다. 아! 너 어린 자여, 너의 직책은 우리 왕가의 관대함으로써 은나라 유민들을 받아 보호하는 것이며, 또한 왕가를 돕고 천명을 헤아려 그 백성들을 혁신하는 것이니라."

王曰:「嗚呼! 封. 汝念哉! 今民將在祗遹乃文考, 紹聞衣德言. 往敷求于殷先哲王, 用保乂民, 汝丕遠惟商耇成人, 宅心知訓. 別求聞由古先哲王, 用康保民. 弘于天, 若德裕乃身, 不廢在王命!」

王曰:「嗚呼! 小子封. 恫瘝乃身, 敬哉! 天畏棐忱; 民情大可見, 小人難保, 往盡乃心, 無康好逸豫, 乃其乂民. 我聞曰:『怨不在大, 亦不在小; 惠不惠, 懋不懋.』已! 汝惟小子, 乃服惟弘王, 應保殷民; 亦惟助王, 宅天命, 作新民.」

【今民將在祇遹乃文考】'在'는 '관찰하다'의 뜻. 《爾雅》釋詁에 "在, 察也"라 함. '遹(휼)'은 '준수하여 따르다'의 의미. 《爾雅》釋詁에 "遹, 循也"라 함. '文考'는 文王. '考'는 돌아가신 아버지를 뜻함.

【紹聞衣德言】'紹'는 劭와 같음. '있는 힘을 다하다'의 의미. '聞'은 '聽取하다'의 뜻. '衣'는 殷나라를 가리킴. 〈中庸〉"一戎衣而有天下"의 鄭玄 注에 "衣, 讀爲殷, 聲之誤也. 齊人言殷聲如衣"라 함.

【往敷求于殷先哲王用保乂民】'敷'는 普와 같음. '널리'의 뜻. '乂'는 養과 같음.

【汝丕遠惟商耇成人宅心知訓】'惟'는 思와 같음. '思惟하다'의 뜻. '耇'는 老와 같음. 耇成人은 老成人과 같으며 '덕이 높고 인격이 고매하며 경험이 많은 어른'을 뜻함. '宅'은 췌탁(揣度)하다, 미루어 짐작하다'의 뜻. '訓'은 敎訓.

【別求聞由古先哲王用康保民】'別'은 '별도로, 그 밖에'의 뜻. '由'는 對와 같음. '康'은 安과 같음. '古先哲王'은 위의 '殷先哲王'과 대를 이루고 있음. 따라서 그보다 앞선 虞夏시대의 哲王을 가리킴.

【弘于天】'弘'은 宏, 大의 뜻. '하늘보다 크게'의 뜻. '于'는 비교격.

【若德裕乃身】'若'은 '따르다, 순리대로'의 뜻. '裕'는 指導와 같음.

【不廢在王命】'廢'는 止와 같음. '在'는 '마치다, 완성하다, 종결짓다'의 의미. 《爾雅》釋詁에 "在, 終也"라 함.

【恫瘝】'통관'으로 읽으며 질환으로 인한 고통을 뜻함. 자신이 그러한 고통을 겪는 것처럼 여겨 은나라 유민을 다스릴 것을 주문한 것.

【天畏棐忱】'畏'는 威와 같음. 하늘의 威德. 《廣雅》釋言에 "威, 德也"라 함. '棐'는 '도와주다'의 뜻. '忱'은 진실함.

【康好逸豫】'逸豫'는 '안일하게 즐기다'의 雙聲連綿語.

【惠不惠】'惠'는 順從의 뜻. 따르지 않는 자를 따르게 함.

【懋不懋】'懋'는 務와 같음. 힘써 노력함.

【乃服惟弘王, 應保殷民】'服'은 '직책을 수행하다'의 뜻. '弘'은 宏, 大와 같음.《尙書易解》에 "此作動詞, 謂寬大之也"라 함.

【宅】'安定'의 뜻.

【作新民】殷나라 遺民을 혁신시켜 그들로 하여금 '棄舊圖新'하도록 유도함.

152(29-4)
약보적자 若保赤子

성왕께서 이렇게 이르셨노라.

"오호라! 봉封이여. 너는 형벌을 공경히 하여 명확하게 할지니라. 사람이 작은 죄를 지었을 때 아무런 생각이 없이 저지른 과실이 아니거나, 또는 종신토록 불법인 줄 알면서 스스로 저지른 경우라면, 이러한 것은 비록 그 죄가 작더라도 죽이지 아니할 수가 없느니라. 큰 죄를 짓기는 하였으나 끝까지 버티어 그로 말미암아 재앙을 일으키는 경우가 아니거나, 마침 이때 그가 이미 그 죄를 모두 자백한다면 이는 가히 죽일 수 없느니라."

왕께서 이렇게 말하였노라.

"오호라! 봉이여. 능히 이러한 원칙을 따르며, 크게 윗사람의 뜻을 밝혀 그들이 마음으로 복종하게 하면 백성들은 서로 권고하면서 화합에 힘쓰게 될 것이니라. 마치 네 자신이 병으로 고통받는 것처럼 여기면 백성들은 자신들의 죄를 모두 버리게 될 것이며, 어린 아이 돌보듯이 하면 백성들은 그 다스림을 편안히 여기게 될 것이니라. 너 봉이 사람에게 형벌을 내리고 사람에게 사형을 내리는 일을 하지 않으면, 혹 누구도 감히 사람에게 형벌을 내리거나 사형을 내리는 일을 하지 않을 것이다. 너 봉이 다시 죄인의 코를 베고 귀를 자르는 일을 하지 않는다면, 혹 누구도 감히 남에게 코를 베고 귀를 자르는 일을 하지 않게 될 것이니라."

왕께서 이렇게 말하였노라.

"형벌을 내리는 이와 같은 일은, 너는 이러한 법칙을 옥관에게 널리 알려, 이로서 은나라 백성들에게 내리는 형벌이 조리가 있도록 하라."

또 이렇게 이르셨노라.

"범인을 깊은 곳에 감금하고 나서도 5, 6일에서 열흘의 시간을 두고 깊이 생각한 다음에야 그 간힌 죄수를 판결하도록 하라."

왕께서 이렇게 말하였노라.

"너는 이와 같은 법칙으로써 형벌을 시행할 것임을 널리 알리도록 하라. 그리하여 은나라의 상법을 사용하되 정당한 형벌과 정당한 사형을 실시할 것이며, 너 봉의 뜻에 따르는 일이 없도록 하라. 만약 모두를 너의 뜻에 따라 판결하여 과정을 모두 잘 거쳤다고 남이 말할지라도 너는 마땅히 아직 그 일이 순리대로 되지 않았다고 말해야 할 것이다. 아! 너 어린 사람이여. 너는 그래도 혹 너 봉의 마음과 같이 하는 일이 없도록 하라. 나의 마음과 나의 덕을 너는 알 것이다."

王曰:「嗚呼! 封. 敬明乃罰. 人有小罪, 非眚, 乃惟終自作不典; 式爾, 有厥罪小, 乃不可不殺. 乃有大罪, 非終, 乃惟眚災; 適爾, 旣道極厥辜, 時乃不可殺.」

王曰:「嗚呼! 封. 有敍時, 乃大明服, 惟民其勅懋和. 若有疾, 惟民其畢棄咎; 若保赤子, 惟民其康乂. 非汝封刑人殺人, 無或刑人殺人. 非汝封又曰劓刵人, 無或劓刵人.」

王曰:「外事, 汝陳時臬司師, 茲殷罰有倫.」

又曰:「要囚, 服念五六日, 至于旬時, 丕蔽要囚.」

王曰:「汝陳時臬事罰. 蔽殷彝, 用其義刑義殺, 勿庸以次汝封. 乃汝盡遜曰時敍, 惟曰未有遜事. 已! 汝惟小子, 未其有若汝封之心. 朕心朕德, 惟乃知.」

【敬明乃罰】'明'은 '嚴明하게, 嚴格하게, 公明하게' 등의 뜻.

【非眚】'眚'(생)은 過失, 죄.

【乃惟終自作不典】'終'은 常과 같음. '典'은 法.

【式爾】'式'은 구절 앞의 語氣助詞. '爾'는 如此와 같음.

【有厥罪小】‘有’는 雖와 같음. 《爾雅》釋訓에 “有, 雖也”라 함.

【非終, 乃惟眚災】‘眚災’는 과실로 인해 조성되는 재앙이나 재해. ‘災’는 灾로도 표기함. 끝까지 잘못이 없노라 버티어 결국 그로 말미암아 다음 재앙이 조성되는 경우가 아닌 것은 큰 죄라 해도 용서해야 함을 뜻함.

【適爾】‘偶然히, 마침’ 등의 뜻.

【道極厥辜】‘道’는 ‘말하다, 자백하다, 잘못을 인정하고 모두 털어놓다’의 뜻. ‘極’은 盡과 같음. ‘厥’은 其와 같음. ‘辜’는 罪.

【有叙時】‘叙’는 ‘敍’로도 표기하며 ‘순종하다’의 뜻. ‘時’는 是와 같음.

【乃大明服】‘服’은 ‘진정으로 복종하다, 감복하다’ 등의 뜻.

【惟民其勑懋和】‘勑’은 敕과 같으며 告誡의 뜻. 《說文》에 “敕, 誡也”라 함. ‘和’는 順의 뜻.

【惟民其畢棄咎】‘咎’는 허물, 죄악.

【若保赤子】갓난아이 보살피듯 함.

【劓刵】‘의이’로 읽으며 코를 베고 귀를 자르는 형벌.

【外事】송사를 다스리는 일. 법정은 조정 밖에 있었음. 江聲의 《尙書集注音疏》에 “外事, 聽獄之事也. 聽獄在外朝, 故云外事”라 함.

【汝陳時臬司師】‘陳’은 ‘선포하다, 널리 알리다’의 뜻. ‘臬’(얼)은 법률. ‘司’는 ‘다스리다, 관장하다, 처리하다’의 뜻. ‘師’는 士師, 즉 獄官, 獄吏, 判官.

【玆殷罰有倫】‘倫’은 條理, 理致. ‘有倫’은 착오가 없도록 함을 말함.

【要囚】범인이나 죄수를 심문하여 가두는 것. ‘要’는 幽와 같음. 따라서 ‘要囚’는 幽囚와 같은 뜻임.

【服念五六日至于旬時】‘服’은 ‘여러 가지로 따져 생각하다’의 뜻. 《詩》周南 關雎 “寤寐思服”의 〈毛傳〉에 “服, 思之也”라 함.

【丕蔽要囚】‘丕’는 乃와 같음. 《經傳釋詞》에 “丕, 猶乃也”라 함. ‘蔽’는 ‘判決하다 判斷하다’의 뜻.

【陳時臬事罰】‘事罰’은 ‘형벌을 시행하다, 적용하다’의 뜻.

【蔽殷彛】‘彛’는 法과 같음. ‘殷나라 때의 법을 사용하여 판결하다’의 뜻. ‘蔽’는 ‘판결하다’의 뜻.

【義刑義殺】‘義’는 宜와 같음. 옳은 형벌과 옳은 사형을 적용함. ‘義’는 ‘정당하다’의 뜻.

【勿庸以次汝封】‘勿庸’은 勿用과 같음. ‘次’는 《荀子》宥坐篇에 인용된 구절에는 ‘卽’

으로 되어 있음. '卽'은 就, 從의 뜻. '勿庸以次汝封'은 '너 봉이 하고 싶은 대로 너의 사사로운 뜻이 따르지 않도록 하라'의 뜻. '封'은 康叔의 이름. 姬封.

【乃汝盡遜曰時敍】'乃'는 假定法 '若'과 같음. '遜'은 順과 같음. '순종하다'의 뜻. '曰'은 남들이 그렇다고 말함. '時敍'는 재판 과정을 모두 빈틈없이 때에 맞추어 순서대로 함의 뜻.

【惟曰未有遜事】'惟'는 '應當, 마땅히'의 뜻. 《呂氏春秋》知分 高誘 注에 "惟, 宜也"라 함. '曰'은 康叔 자신이 이렇게 말해야 됨을 뜻함. '遜事'는 일이 순서대로 원만하게 처리됨의 뜻.

【未其有若汝封之心】'其'는 구절 중간의 語氣助詞. '有'는 或의 뜻. '若'은 '순종하다'의 의미.

153(29-5)
민불외사瞑不畏死

"무릇 백성들이 이로 인해 죄를 짓되, 훔치며 도둑질하거나 안팎에서 난을 일으키거나, 멀리 있는 사람을 재물 때문에 죽이는 등, 마구 못된 짓을 하면서 죽음을 겁내지 않는다면 이러한 죄인에 대해 원한을 갖지 않을 자가 없을 것이다."

성왕께서는 이렇게 말씀하셨노라.

"봉封이여! 큰 죄악은 크게 원한을 사거늘, 하물며 불효不孝와 불우不友임에랴! 아들 된 자로서 아버지의 일을 공경히 처리하지 못하여 아버지의 마음을 크게 아프게 하거나, 아버지 된 자로서 능히 그 아들을 사랑하지 아니하고 도리어 그 아들을 미워한다거나, 아우 된 자로서 하늘이 밝힌 천륜을 생각하지 않고 능히 그 형을 공경하지 않거나, 형이 되어 역시 어린 아우의 슬픔을 생각해 주지 않는다면 이는 크게 아우에게 우애를 베풀지 않는 것이다. 이러한 상태에 이르게 되었는데도 우리 집정자가 그들에게 죄를 주지 않는다면 하늘이 우리 백성들이 지켜야 할 상법에 큰 혼란을 가져다주게 될 것이다. 이에 내 말하건대 너는 마땅히 서둘러 문왕文王께서 제정한 징벌을 사용하여 이러한 자에게는 형벌을 내리되 용서해 주지 말도록 하라. 나라의 큰 법을 준수하지 않으면서 하물며 밖의 서자庶子, 훈인訓人과 정인正人 및 소신小臣, 제절諸節에게 있어서랴! 그들에게 널리 선포하여 백성들에게 통고하되, 나라의 법령을 집행하지 않아 그 임금을 병들게 하는 자에게는 어떠한 고려도 하지 않고 크게 바로잡을 것이며, 이러한 자들은 악을 유도하는 것으로써 나는 아주 원한스럽게 여긴다고 말하라. 아! 너는 속히 이러한 옳은 법에 의거하여 이들을 잡아 처단하라. 또한 제후의 우두머리로서 능히 그

가족 및 그 거느린 소신小臣과 외정外正을 제대로 다스리지 못하는 자는 자신의 위엄을 가지고 백성을 학대하는 것이니, 이는 완전히 왕의 명령을 위배하는 것으로, 이러한 자들은 덕이 아니라 의義로써 다스려야 할 자들이다."

「凡民自得罪: 寇攘姦宄, 殺越人于貨, 暋不畏死, 罔弗憝.」

王曰: 「封! 元惡大憝, 矧惟不孝不友! 子弗祇服厥父事, 大傷厥考心; 于父不能字厥子, 乃疾厥子; 于弟弗念天顯, 乃弗克恭厥兄; 兄亦不念鞠子哀, 大不友于弟. 惟吊茲, 不于我政人得罪, 天惟與我民彝大泯亂. 曰: 乃其速由文王作罰, 刑茲無赦. 不率大夏, 矧惟外庶子·訓人, 惟厥正人越小臣·諸節! 乃別播敷造民, 大譽弗念弗庸, 瘝厥君; 時乃引惡, 惟朕憝. 已! 汝乃其速由茲義率殺. 亦惟君惟長, 不能厥家人越厥小臣·外正; 惟威惟虐, 大放王命; 乃非德用乂.」

【凡民自得罪 – 罔弗憝】이 21자는 중간에 周公이 康叔에게 한 말임.

【自得罪】이로 말미암아 죄를 지게 됨. '自'는 由와 같음.

【寇攘姦宄】'姦'은 내부의 간악한 사안, '宄'는 외부에서 반란이나 난동을 일으키는 것.

【殺越人于貨】'越'은 '멀다'의 뜻. 《廣雅》 釋詁에 "越, 遠也"라 함. '于'는 取의 뜻. 《尚書故》에 "于, 取也"라 함.

【暋不畏死】'暋(민)'은 强의 뜻. 억지를 써서 마구 행동함.

【罔弗憝】'憝'(대)는 怨恨의 의미.

【元惡大憝】'元'은 大의 뜻. '大憝'는 남으로부터 큰 원한을 사고 있는 자를 가리킴.

【矧惟不孝不友】'矧'은 亦의 뜻. 《經傳釋詞》에 "矧, 猶亦也"라 함. '孝友'는 《爾雅》 釋訓에 "善父母爲孝, 善兄弟爲友"라 함.

【子弗祇服厥父事】'祇'는 孝敬의 뜻. '服'은 '다스리다'의 의미.

【于父不能字厥子】'友'는 爲와 같음. '子'는 愛와 같음.

【天顯】하늘이 밝히는 도리. 天倫.

【兄亦不念鞠子哀】‘鞠子’는 幼子. 여기서는 어린 아우를 뜻함.《爾雅》釋言에 “鞠, 稚也”라 함. ‘哀’는 고통이나 슬픔.

【惟吊玆】‘吊’는 至와 같음.《爾雅》釋詁에 “吊, 至也”라 함. ‘玆’는 此, 斯, 是와 같음. 위에서 말한 不孝, 不慈, 不恭, 不友의 상황을 가리킴.

【不于我政人得罪】‘于’는 由와 같음. 孔安國 疏에 “于, 猶由也”라 함. ‘政人’은 행정을 맡은 사람.

【天惟與我民彝大泯亂】‘泯’은 混亂의 뜻.

【乃其速由文王作罰】‘由’는 用의 뜻.

【刑玆無赦】‘玆’는 此와 같음. 위에서 말한 不孝不友한 사람을 가리킴.

【不率大戛】‘率’은 遵守하며 따름. ‘戛’(알)은 常法.〈蔡傳〉에 “戛, 法也”라 함.

【矧惟外庶子訓人惟厥正人越小臣諸節】‘庶子’와 ‘訓人’은 모두 관직 이름. 교육을 관장함. ‘小臣’은 內侍의 관원.《尙書集注音疏》에 “小臣, 掌君之小命者”라 함. ‘諸節’ 역시 관직 이름. 符節을 관장함.〈泰誓〉의 馬融 注에 “諸節, 諸受符節有司也”라 함.

【乃別播敷造民】‘播敷’는 널리 퍼뜨려 펴 나감. ‘造’는 ‘통고하다’의 뜻.《列子》楊朱篇 釋文에 “造本作告”라 함.

【大譽不念弗庸】‘譽’는 ‘바로잡다’의 뜻. ‘庸’은 用과 같음. ‘시행하다, 행정 처리하다’의 의미. 국가의 법령과 의도를 제대로 시행하지 않는 관리를 가리킴.

【瘝厥君】‘瘝’는 ‘병들게 하다, 마음 아프게 하다’ 등의 뜻.

【汝乃其速由玆義率殺】‘率’은 捕의 뜻. ‘率殺’은 ‘잡아서 살해함’.《說文》에 “率, 捕鳥畢也”라 함.

【惟君惟長】‘君’과 ‘長’은 제후를 가리킴.

【外正】전체 내외 관원을 가리킴. 여기서는 外庶人과 正人.

【大放王命】‘放’은 ‘위배하다’의 의미.

【非德用義】德으로써 포용할 대상이 아니라 義, 즉 징벌로 다스려야 할 대상임을 뜻함.

154(29-6)
아유유급我惟有及

"너 또한 능히 법을 공경히 실행하지 아니함이 없도록 하라. 그곳으로 가거든 이로써 문왕文王께서 공경한 것과 꺼린 것이 무엇인지를 그 백성들에게 가르치고 인도하도록 하라. 그리고 가서 '나는 오직 문왕의 그러한 것을 계승하고자 한다'라고 가르치고 인도하도록 하라. 그렇게 하면 나 한 사람은 이로써 즐거울 것이니라."

「汝亦罔不克敬典. 乃由裕民, 惟文王之敬忌; 乃裕民曰:『我惟有及.』則予一人以懌.」

【汝亦罔不克敬典 − 則予一人以懌】이 역시 周公이 자신의 뜻을 康叔에게 일러준 것임.

【敬典】법을 공경함. '典'은 法과 같음.

【乃由裕民】'乃'는 往의 뜻. '由'는 猷와 같음. '由裕'는 連綿語로 '敎導하다'의 뜻.《方言》에 "裕, 猷, 道也. 東齊曰裕, 或曰猶"라 함.

【敬忌】敬德忌惡의 줄인 말.

【我惟有及】'及'은 及之를 줄인 것.

【予一人以懌】'予'는 周公 자신을 가리킴. '懌'은 '기꺼워하다'의 의미.

155(29-7)
비즉민덕 조즉민덕(組則敏德)

왕께서 이렇게 이르셨노라.

"봉封이여! 백성들은 교화를 받으면 선량하고 편안하게 되는 것이니 나는 때때로 은殷나라의 옛 명철했던 왕들의 덕을 생각하여 그들 백성들을 평강하게 다스리되 그 옛날과 짝을 이루고자 한다. 하물며 지금 그 백성들에게 가르침이 없다면 선량하게 되지 않을 것이며, 가르치지 않으면 그 나라에서는 훌륭한 정치가 시행될 수 없음에랴!"

왕께서는 이렇게 말하였노라.

"봉封이여! 나는 백성을 살펴보지 않을 수가 없어, 나는 이미 너에게 어떻게 징벌을 시행할 것인지를 말하였다. 지금 백성들은 조용하지 않으며 그 마음도 아직 안정이 되지 못하여 여러 차례 교화를 시행하였으나 아직 동화되지 못하고 있어서, 하늘이 앞으로 우리들에게 책임을 추궁하게 되더라도 나는 원망을 하지 않을 것이다. 그 죄는 큰 잘못에 있는 것이 아니며 역시 많은 것에 있는 것도 아니니, 하물며 은나라의 실정이 여전히 하늘에 환하게 들려지고 있음에랴!"

왕께서는 이렇게 말하였노라.

"오호라! 봉이여. 공경을 다할지니라! 원망을 품지 말 것이며, 그릇된 모책을 쓰거나, 그릇된 행정을 펴서 이러한 진실을 가리는 일이 없도록 하라. 이에 힘써 덕을 베풀어 그들 마음을 편안하도록 할 것이며, 그 덕을 돌아보아, 요역을 관대히 하여, 이로써 그들이 풍족하게 하라. 이렇게 하면 백성은 안정될 것이며 너에게 허물을 뒤집어씌우지 않게 될 것이다."

王曰:「封! 爽惟民, 迪吉康, 我時其惟殷先哲王德, 用康乂民作求. 矧今民罔迪, 不適; 不迪, 則罔政在厥邦!」

王曰:「封! 予惟不可不監, 告汝德之說于罰之行. 今惟民不靜, 未戾厥心, 迪屢未同, 爽惟天其罰殛我, 我其不怨. 惟厥罪無在大, 亦無在多, 矧曰其尚顯聞于天!」

王曰:「鳴呼! 封. 敬哉! 無作怨, 勿用非謀非彝蔽時忱. 丕則敏德. 用康乃心, 顧乃德, 遠乃猷, 裕乃以; 民寧, 不汝瑕殄.」

【爽惟民迪吉康】'爽惟'는 구절 앞의 語氣助詞. 뜻은 없음. 《經傳釋詞》에 "凡《書》言 爽惟, 丕惟, 洪惟, 誕惟, 迪惟, 率惟, 皆詞也"라 함. '迪'은 '敎導하다'의 뜻. '吉'은 善의 뜻.

【我時其惟殷先哲王德】'時'는 '때때로'의 뜻. '其'는 장차, '惟'는 思惟, 思念의 뜻.

【用康乂民作求】'求'는 逑와 같음. 配匹, 짝을 뜻함. 《詩》周南 關雎 "窈窕淑女, 君子 好逑"의 〈毛傳〉에 "逑, 匹也"라 함.

【不適】'適'은 《廣雅》에 "善也"라 함.

【罔政在厥邦】'罔'은 無와 같음. '罔政'은 덕정을 베풀지 않음. 孔安國 傳에 "則無善政 在其國"이라 함.

【告汝德之說于罰之行】'于'는 越, 與와 같음. 《經傳釋詞》에 "于; 猶越也, 與也"라 함. '行'은 道理를 뜻함.

【未戾厥心】'戾'는 '안정되다'의 뜻.

【迪屢未同】'屢'는 누차, '同'은 和와 같음.

【爽惟天其罰殛我】'殛'은 분명히 책임을 물음.

【無在大, 亦無在多】'크거나 많아야만 죄가 되는 것이 아니라는 것'은 비록 작은 허 물이라도 다 죄가 됨을 뜻함.

【矧曰其尚顯聞于天】'曰'은 聿과 같으며 구절 중의 語氣助詞. 뜻은 없음.

【無作怨】'作'은 '만들다, 짓다'의 뜻.

【勿用非謀非彝蔽時忱】'蔽'는 '가리다, 막다'의 뜻. '忱'은 誠과 같음.

【丕則敏德】'丕則'은 '於是'와 같음. '敏'은 '노력하다, 힘쓰다'의 뜻. 《禮記》中庸 "人道 敏政, 地道敏樹"의 鄭玄 注에 "敏, 猶勉也"라 함.

【顧乃德, 遠乃猷】'猷'는 猺와 같음. 猺役. 《詩》小雅 巧言의 "秩秩大猷"를 《漢書》叙

傳의 注에 인용하면서 "秩秩大猷"라 함. '遠乃猷'의 '遠'은 寬의 뜻. 즉 '잦은 요역으로 백성을 고생시키는 일이 없도록 관대히 함'을 뜻함.

【裕乃以】'以'는 用과 같음. 그 일용의 의식이 풍족함을 뜻함.

【不汝瑕殄】'瑕'는 허물, '殄'은 病弊.

156(29-8)
용강예민 用康乂民

왕께서 말하였노라.

"오호라! 힘쓰도록 하라. 너 어린 봉이여. 천명이란 늘 일정한 것이 아니니 너는 염두에 두도록 하라! 나의 권고를 없애지 말고 힘써 너의 사명을 수행하되, 공경스럽게 너에게 일러주는 의견을 들을 것이며, 평강의 방법을 써서 백성을 다스리도록 하라."

왕께서 이와 같이 말하였노라.

"가거라! 봉아. 공경을 방기放棄하지 말고 언제나 나의 권고를 지켜야, 너는 은나라 유민들과 더불어 대대로 복을 누리게 될 것이니라!"

王曰:「嗚呼! 肆, 汝小子封. 惟命不于常, 汝念哉! 無我殄享, 明乃服命, 高乃聽, 用康乂民.」

王若曰:「往哉! 封. 勿替敬, 典聽朕告, 汝乃以殷民世享!」

【肆汝小子封】'肆'는 '노력하다'의 뜻.

【命不于常】'命'은 鄭玄은 "命, 天命也. 天命不于常, 言不專于一家也"라 함.

【無我殄享】'殄'은 '없애다, 무시하다' 등의 뜻. '享'은 '권고하다'의 의미.

【明乃服命】'明'은 勉과 같음. '乃'는 人稱代名詞 爾(你)와 같음. '服'은 '복무하다, 수행하다'의 의미.

【勿替敬】'替'는 '버리다, 放棄하다, 重視하지 않다' 등의 뜻.

【高乃聽】'高'는 '공경하다'의 뜻.《廣雅》釋詁에 "高, 敬也"라 함.

【典聽朕告】'典'은 常과 같음.

【汝乃以殷民世享】'以'는 與와 같음. '世享'은 대대로 享有함. 衛나라의 백성은 모두가 殷나라 遺民이며 康叔이 이를 봉지로 받아 그들과 함께 대대로 복을 누리게 될 것임을 뜻함.

⟨30⟩ 주고酒誥(157-159)

⟨酒誥⟩는 周公이 成王을 대신하여 康叔을 衛나라에 봉하면서 술에 대해 경계할 것을 訓示한 고계문誥戒文이다.

殷나라 말기에는 사치를 부리며 술에 취해 덕을 어지럽히는 풍속이 성행하였다. 특히 그즈음 군주였던 紂는

⟨散氏盤⟩(西周)

酒池肉林에서 온갖 기행을 자행하여 덕이나 교화는 방치된 상태였다. 강숙이 봉지로 받아 다스릴 위나라는 바로 그 은나라 유민들이 모여 있던 곳이며 은의 故地이다. 주공은 그들의 악습을 제거하고 이들을 도덕과 교화로 일신시키기 위해서는 먼저 술에 대한 문제부터 해결해야 가능하다고 여겨, 그 때문에 강숙을 봉하면서 이 문제를 심각하게 거론한 것이다.

역사 교훈을 바탕으로 엄격한 법령 조례를 내세우고 있어 사료적 가치가 매우 높은 것으로 평가받고 있다. 《尙書》注에는 "康叔監殷民. 殷民化紂嗜酒, 故以戒⟨酒誥⟩"라 하였다.

한편 《韓非子》說林上에는 이 ⟨주고⟩의 구절을 인용하면서 ⟨康誥⟩라 하였고, 본 《상서》의 서문에도 ⟨강고⟩, ⟨주고⟩, ⟨梓材⟩ 3편을 하나로 묶어 서문에 다루고 있어, 이 때문에 애초에는 모두가 ⟨강고⟩에 포함된 내용이었으나 서한 때 伏生이 이를 3편으로 나눈 것으로 여기고 있다.

＊蔡沈《書傳》⟨酒誥⟩注에 "商紂酗酒, 天下化之. 妹土, 商之都邑, 其染惡尤甚. 武王以其地封康叔, 故作書誥敎之云. 今文·古文皆有"라 하였다.

157(30-1)
효양부모 孝養父母

왕께서 이와 같이 말하였노라.

"큰 명령을 말妹나라에 선포하라. 당초에 공경스러운 아버지 문왕文王께서 서토西土에 나라를 개국하셨다. 그분께서는 여러 제후국의 서사庶士 및 소정少正, 어사御事들에게 칙명을 일러주시되 아침저녁으로 '제사를 지낼 때만 술을 사용하라' 하셨느니라. 하늘이 복을 내려주시어 우리 백성들을 부지런히 하도록 하셨으니, 오직 큰 제사에만 술을 사용하셨느니라. 하늘이 벌을 내리시어 우리 백성들이 평상시임에도 크게 혼란하여 덕을 잃음도 술이 구실이 되지 않음이 없으며, 나라가 망하게 되는 크고 작은 이유 또한 술로 인해 짓게 되는 죄 때문이 아님이 없다. 문왕께서 나라의 조정에서 일을 맡은 유정有正, 유사有事의 후손들에게 아무 때나 술을 마시지 말도록 권고하셨으며, 아울러 문왕의 자손으로 제후로 있는 나라들에 대해서도 제사 때에만 술을 사용하여 덕으로 자신을 지켜내되 술 취하는 일이 없도록 이르셨느니라.

아울러 문왕께서는 우리들 신하와 백성들에게 우리의 자손들은 토물土物을 아껴, 그들로 하여금 선량한 마음가짐을 가질 수 있도록 가르치라 하셨느니라. 우리들은 반드시 조상들의 유훈遺訓을 바르게 듣고 이해하여 크고 작은 덕을 발양하여야 하느니라. 은殷나라 유민들은 말토妹土에서 한결같이 살아가면서 그대들의 팔다리를 다하여 순정한 마음으로 서직黍稷을 파종하고 부지런히 뛰고 내닫으며 조상과 어른들을 받들어 모셔야 하느니라. 소를 끌고 수레를 몰아 온 힘을 다해 멀리까지 가서 물건을 사고팔아 그 부모에게 효성을 다해 봉양하면 그 부모들도 즐거워할 것이니, 음식을 정결하고 풍성하게 마련하여 그때는 술을 대접

해 드릴 수 있느니라.

　서사와 유정 및 서백庶伯과 군자君子들이여, 그대들은 나의 가르침을 잘 들어주기를 희망하노라! 그대들은 능히 늙은이와 임금에게 술과 음식을 대접하고 난 다음에야 그대들이 술과 음식을 취하고 배부르게 먹을 수 있느니라. 내 그대들에게 이르건대 능히 길이 자신을 관찰하고 살펴 그 언행이 모두 중정한 덕에 부합되도록 해야 그대들 가운데 그래도 능히 임금의 큰 제사를 돕는 신하가 될 수 있을 것이다. 그대들이 만약 자신에게 술 마시기를 억제하여 제한한다면 이러한 행동이 이에 오래도록 왕가王家의 행정을 담당하는 관원으로서 성취를 얻게 될 것이다. 이렇게 하면 하늘도 역시 훌륭한 덕으로 찬미할 것이며, 왕가에서도 영원토록 그대들을 잊지 않을 것이니라."

　王若曰:「明大命于妹邦. 乃穆考文王, 肇國在西土. 厥誥毖庶邦庶士越少正御事, 朝夕曰:『祀茲酒.』惟天降命, 肇我民, 惟元祀. 天降威, 我民用大亂喪德, 亦罔非酒惟行;越小大邦用喪, 亦罔非酒惟辜. 文王誥教小子有正有事: 無彝酒;越庶國: 飲惟祀, 德將無醉. 惟曰我民迪小子, 惟土物愛, 厥心臧. 聰聽祖考之彝訓, 越小大德. 小子惟一妹土, 嗣爾股肱, 純其藝黍稷, 奔走事厥考厥長. 肇牽車牛, 遠服賈用, 孝養厥父母;厥父母慶, 自洗腆, 致用酒. 庶士, 有正, 越庶伯君子! 其爾典聽朕教. 爾大克羞耇惟君, 爾乃飲食醉飽. 丕惟曰爾克永觀省, 作稽中德, 爾尚克羞饋祀. 爾乃自介用逸, 茲乃允惟王正事之臣. 茲亦惟天若元德, 永不忘在王家.」

【王若曰】'王'은 成王(姬誦)을 가리키며 周公이 攝政하고 있었으므로 자신의 의견을 직접 말하지 않고 왕의 말이라 하여 아우 康叔에게 훈시한 것임. 아래도 같음. 孔穎達 疏에 "周公以成王命誥康叔, 順其事而言之. 欲令明施大敎命於妹國"이라 함.
【明大命于妹邦】'明'은 '선포하다'의 뜻. '妹'는 지명. 殷紂의 도읍이었던 朝歌의 북쪽.

孔穎達 疏에 "妹. 地名, 紂所都朝歌以北是"라 함. '沫'로도 표기함.《詩》鄘風 桑中 "爰采唐矣, 沫之鄉矣"의〈毛傳〉에 沫, 衛邑"이라 하였으며, 여기서의 '沫鄉'이 바로 妹邦이며 지금의 河南省 淇縣 근처. 康叔이 봉지로 받은 衛나라.

【乃穆考文王】'乃'는 時間副詞. '당초에'의 뜻. '穆'은 恭敬의 뜻.〈蔡傳〉에 "穆, 敬也.《詩》曰:「穆穆文王」, 是也"라 함. 그러나 宗廟에 神位를 모시는 昭穆으로서의 穆으로 보기도 함. 孔安國 傳에 "父昭子穆, 文王第稱穆"이라 함. '穆考'는 '존경하는 선왕'이라는 뜻. '文王'은 姬昌, 西伯昌, 武王의 아버지이며 成王의 조부.

【肇國西土】'肇'는 '창건하다, 열다'의 뜻.《說文》에 "肇, 始開也"라 함. '西土'는 周나라가 서쪽에서 발전하였음을 뜻함. 周나라는 시조 后稷이 邰에 봉해진 이래 公劉가 豳(邠)으로, 太王(古公亶父)이 岐山으로 옮겼고, 다시 文王이 기산에서 豐으로 옮겨왔음. 豐은 지금의 陝西 咸寧縣.

【厥誥毖庶邦庶士越少正御事】'厥'은 其와 같음. 文王을 가리킴. '毖'는《尚書今古文注疏》에 "毖, 同必"이라 하였고,《廣雅》釋詁에는 "必, 敕也"라 하였음. '庶邦'은 여러 제후국. '庶士'는 여러 卿士, 士大夫들. '越'은 及, 與와 같음. '少正'은 副官, 副長官.〈蔡傳〉에 "少正, 官之副貳"라 함. '御事'는 한 가지 일을 전담한 일반 관원.

【祀玆酒】'玆'는 則과 같음. 따라서 '祀則酒'와 같으며 '제사에만 술을 사용하다'의 의미.《尚書正讀》에 "玆, 則也, 聲之轉. 祀玆酒, 猶云祀則酒, 卽下文誥敎小子飮惟祀也"라 함.

【惟天降命】'惟'는 어기조사. '命'은 福命, 아래의 '威'와 상대하여 쓴 말.

【肇我民】'肇'는 敏과 같으며 敏은 勉과 같음. '勸勉하다'의 뜻.《爾雅》釋言에 "肇, 敏也"라 함.

【惟元祀】'惟'는 只와 같음. '元'은 大의 뜻. '다만 큰 제사에만 술을 써야 한다'의 뜻.

【天降威】'威'는 위의 命(福命)에 상대하여 쓴 말로 罰, 災殃을 뜻함.

【我民用大亂喪德】'用'은 庸과 같음. 평상시. '아무 일이 없는 때임에도'의 뜻.

【亦罔非酒惟行】"술은 구실이 되지 않음이 없다"의 뜻. '惟'는 爲와 같음. '行'은 言과 같으며 뜻은 '구실, 이유, 까닭, 원인'의 뜻.《爾雅》釋詁에 "行, 言也"라 함.

【酒惟辜】술로 인해 짓게 되는 죄. '辜'는 罪와 같음.

【文王誥敎小子有正有事】'小子'는 文王의 자손들을 가리킴. '正'은 政과 같음. '有正'은 大臣. '有事'는 小臣. '有正有事'는 중앙 조정에서 대소 직무를 맡은 문왕의 자손들을 뜻함.

【無彝酒】'無'는 毋, 勿과 같음. 否定命令. '彝'는 '經常, 항상, 늘' 등의 뜻.

【越庶國】'越'은 及, 與와 같음. '庶國'은 文王의 자손으로서 제후가 된 여러 나라. 同姓諸侯.

【德將無醉】'將'은 '돕다, 扶助하다'의 뜻. '德將'은 '덕으로 자조를 삼다'의 뜻.

【我民迪小子, 惟土物愛】여기서의 '小子'는 백성과 신하들의 후손. 殷나라 백성들을 가리킴. '土物'은 그 지역에서 나는 농작물. '愛'는 '아끼다'의 뜻.

【厥心臧】'臧'은 善의 뜻.

【聰聽祖考之遺訓】'聰'은 '분명하게 듣고 알아차리다'의 뜻.

【越小大德】'越'은 '발양하다, 들어 顯彰하다'의 뜻.《爾雅》釋詁에 "越, 揚也"라 함.

【小子惟一妹土】'小子'는 衛나라 백성들, 즉 殷의 遺民들을 가리킴.

【股肱】넓적다리와 팔.

【純其藝黍稷】'純'은 '專一, 專心'의 뜻.《國語》晉語 賈逵 注에 "純, 專也"라 함. '藝'는 '작물을 심고 가꾸다'의 뜻.

【奔走事厥考厥長】'奔走'는 부지런히 뛰고 닫고 하는 모습.《尚書釋義》에 "意謂勤勉也"라 함. '事'는 '모시다, 받들다, 侍奉하다'의 뜻.

【肇牽車牛】'肇'는 敏과 같으며 勤勉의 뜻.

【遠服賈用】'服'은 '服務하다, 從事하다'의 뜻. '賈'(고)는 坐商. 여기서는 '상업에 종사하다, 무역을 하다'의 뜻.

【厥父母慶】'慶'은 '즐거워하다, 기뻐하다' 등의 뜻.

【自洗腆, 致用酒】'腆'은《說文》에 "設膳腆, 腆多也"라 함. '洗腆'은 깨끗하고 풍성하게 음식을 마련하는 것. 〈蔡傳〉에 "洗以致其潔, 腆以致其厚"라 함.

【庶士有正越庶伯君子】'越'은 及, 與와 같음. '伯'은 邦伯. '君子'는 직위를 가진 관원. 庶士, 有正, 庶伯, 君子는 모두 衛나라 群臣들을 가리킴.

【其爾典聽朕教】'其'는 期와 같으며 '기대하다, 희망하다 바라다'의 뜻. '典聽'은 법처럼 여겨 잘 傾聽함.

【爾大克羞耇惟君】'羞'는 饈와 같으며 '음식을 드리다'의 뜻. '耇'는 '어른, 기미가 낀 나이'를 뜻함. '惟'는 與와 같음.

【丕惟曰爾克永觀省】'丕'는 語氣助詞, 뜻은 없음. '惟'는 '思惟하다'의 뜻. '省'은 '살피다, 점검하다'의 뜻.

【作稽中德】'作'은 '거동하다'의 뜻으로 言行을 가리킴. '稽'는《周禮》小宰 鄭衆 注에 "合也"라 하여 '符合하다, 一致하다'의 뜻. '中德'은 中正의 훌륭한 덕.

【羞饋祀】'饋'는 임금이 제사를 지낼 때 신하를 선택하여 제사를 돕도록 하는 것.

鄭玄은 "助祭于君"이라 함.

【爾乃自介用逸】'乃'는 '만약'의 뜻. '介'는 界와 같음. 限界의 뜻.《後漢書》馬融傳 注
에 "界, 猶限也"라 함. '用'은 行, 음주를 뜻함.

【妓乃允惟王正事之臣】'允'은 '長期'의 뜻. 楊遇夫의《尙書說》에 "允, 當讀爲駿, 長也"
라 함. '惟'는 是와 같음. '正事'는 長官과 일반 관원.

【天若元德】'若'은 '찬미하다'의 뜻. '元'은 善의 뜻.

【永不忘在王家】王充耘은 "永不忘在王家, 所謂有成績以紀于太常之類"라 함.

158(30-2)
부전어주不腆於酒

왕께서 말씀하셨노라.

"봉封이여! 우리 서방을 돕던 방군邦君과 어사御事들은 모두가 능히 문왕文王의 교훈을 잘 준수하여 술을 많이 마시지 않아, 그 때문에 우리가 오늘에 이를 수 있었으며 능히 은殷나라를 이은 대명을 받을 수 있었던 것이다."

왕께서는 이렇게 말씀하셨느니라.

"봉이여! 내 듣기로 '옛날 은나라 명철한 선왕들은 위로는 천명을 두려워하고 아래로는 백성을 두려워하여 덕정을 베풀며 공경을 지켜냈다. 그리하여 성탕成湯으로부터 제을帝乙에 이르도록 왕업을 이룬 왕들과 재상의 임무를 다한 이들은 모두가 나라를 다스릴 일을 깊이 생각하여, 그 보필이 대단히 공경스러웠고 감히 자신의 편안함과 즐거움을 앞세우지 않았으니 어느 겨를에 모여서 술을 즐길 수 있었겠는가? 그리고 외복外服은 물론, 조정의 백료百僚, 서윤庶尹, 부관副官과 일하는 자, 종실의 귀족 및 퇴직하여 향리에 살고 있는 이들조차 그 누구도 감히 술에 빠진 자가 없었다. 감히 그렇게 하지 아니 했을뿐더러 또한 한가함을 즐기지도 않았고, 오직 왕업을 이루어 덕을 널리 현양하는 일을 도왔으며 높은 관직에 있는 이들은 법을 중시하는 일에 온 힘을 다하였다' 하더라. 또 내가 듣기로 '근세에 이르러 그 뒤를 이은 임금 주紂는 술에 절어 살면서 자신의 목숨은 신에게 달려 있다고 여겨, 백성이 소중히 여기는 일은 밝히 알려고 들지도 않은 채, 백성의 원한을 사는 일만 하면서 생각을 바꾸지도 않았다. 그가 그 방종함을 더욱 크게 하면서 법도에 어긋난 일을 넘치도록 저질러, 술잔치로 위의威儀를 상실하자, 백성들은 마음에 상처를 받지 아니한 자가 없었다. 주는 단지 풍성한 술잔치만을 생각할 뿐 자신의 일탈을 그칠 생각은 하지 않았다. 그의 마음 씀씀이는 잔혹하고 포악하여 죽음도 두려워하지 않게 되었다. 그는 상나라 도읍에서 악한 짓을 저질러 상나라의 멸망에 대해서는 어떤 걱정도 하지 않았다. 이리하여 그 어떤 덕을 갖추고 향기롭게 차린 제사라 해도 그것이 하늘에 들려지지 않았고, 도리어 백성들의 원망과 여러 신하들이 스스로 술에 절은 비린내만이 하늘에 들리게 되었다. 그 때문에 하늘은 은나라에게 멸망의 재앙을 내렸고, 그 백성에 대한 사랑도 버리게 되었으니, 이는 그들이 술에서 헤어 나오지 못하였기 때문이었다. 하늘이 그들을 학대한 것이 아니라 백성들이 스스로 재앙을 불러온 것이었'라고 하더라."

　王曰:「封! 我西土棐徂, 邦君御事小子, 尙克用文王教, 不腆於酒. 故我至于今, 克受殷之命.」
　王曰:「封! 我聞惟曰:『在昔殷先哲王, 迪畏天顯小民, 經德秉哲. 自成湯咸至于帝乙, 成王畏相惟御事, 厥棐有恭, 不敢自暇自逸, 矧曰其敢崇飮? 越在外服, 侯甸男衛邦伯, 越在內服, 百僚庶尹惟亞惟服宗工, 越百姓里居, 罔敢湎于酒. 不惟不敢, 亦不暇, 惟助成王德顯越, 尹人祗辟.』我聞亦惟曰:『在今後嗣王, 酣, 身厥命, 罔顯于民祗, 保越怨不易. 誕惟厥縱, 淫泆于非彝, 用燕喪威儀, 民罔不盡傷心. 惟荒腆于酒, 不惟自息乃逸. 厥心疾很, 不克畏死. 辜在商邑, 越殷國滅, 無罹. 弗惟德馨香祀, 登聞于天, 誕惟民怨, 庶羣自酒, 腥聞在上. 故天降喪于殷, 罔愛于殷, 惟逸. 天非虐, 惟民自速辜.』」

【封】姬封. 康叔의 이름.
【西土棐徂】'棐'는 助, 輔와 같음. '徂'는 往과 같음. '지난날'의 뜻.

【不腆於酒】'腆'은 豐厚함. '腆于酒'는 술에 빠짐. 폭음함, 지나치게 술을 마심.

【受殷之命】은나라 뒤를 이어 천하를 차지한 큰 사명. 그러나 '殷'을 大, 豐으로 보아 '하늘로부터 내린 큰 사명을 받다'로 풀이하기도 함.

【我聞惟曰】'惟'는 有와 같음.

【迪畏天顯小民】'迪'은 語氣助詞. '天顯'은 天明, 즉 天命과 같음.

【經德秉哲】'經'은 常과 같음. '秉'은 持와 같음. '哲'은 悊과 같음. 《說文》에 "悊, 敬也"라 함.

【自成湯咸至于帝乙】'成湯'은 탕. '成'은 郕으로도 표기하며 지명, 그러나 혹 諡號라고도 함. 有湯으로도 불림. 商(殷)나라 시조 湯王. 子姓. 이름은 履. 武湯, 成湯, 天乙로도 불림. '湯'은 원래 夏나라 때의 諸侯. 亳을 근거로 발전하여 夏나라 末王 桀의 무도함을 제거하고 伊尹을 등용하여 殷(商)을 세운 개국군주. 儒家에서 聖人으로 받듦. 《史記》 殷本紀를 참조할 것. 《十八史略》(1)에는 "殷王成湯: 子姓, 名履. 其先曰契, 帝嚳子也. 母簡狄, 有娀氏女, 見玄鳥墮卵吞之, 生契. 爲唐虞司徒, 封於商, 賜姓"이라 함. '咸'은 覃과 같으며 '延續'의 뜻. '帝乙'은 殷나라 말기 왕으로 紂의 부친.

【成王畏相惟御事】'成王'은 王業을 이룸. '畏相'은 재상들을 공경함.

【厥棐有恭】'棐'는 輔의 뜻. 공손한 태도로 보필함.

【自暇自逸】한가하고 편히 지냄.

【矧曰其敢崇飲】'崇飲'은 모여서 술을 마심. '崇'은 聚會의 뜻.

【越在外服】外服은 제후. 侯服, 甸服, 男服, 衛服 등을 가리킴.

【百僚庶尹惟亞惟服宗工越百姓里居】'百僚'는 百官과 같음. '尹'은 正, '亞'는 次의 뜻. '服'은 事의 뜻. '宗工'은 宗室의 관원들. '百姓里居'는 백관 중에 은퇴하여 마을에 살고 있는 이들.

【惟助成王德顯越】「顯越'은 《尙書易解》에 "顯越, 當連讀, 〈釋言〉: 「越, 揚也」, 顯越, 卽顯揚"이라 함.

【尹人祗辟】'尹人'은 높은 직위에 있는 관리. '祗'는 '공경하다, 중시하다'의 뜻. '辟'은 法. 〈蔡傳〉에 "惟欲上助成君德, 而使之昭著; 下以助尹人祗辟, 而使之益不怠耳"라 함.

【在今後嗣王】'在今'은 그 뒤 紂에 이른 시기를 뜻함. '後嗣王'은 뒤를 이은 임금, 곧 紂를 가리킴.

【酣, 身厥命】酣'은 술로 즐김. 《說文》에 "酣, 酒樂也"라 함. '身'은 '㑗과 같음. 《說文》에 "㑗, 神也"라 함. 따라서 '身厥命'은 '㑗(神)其命'과 같으며, '그 목숨이 신에게 있다

商〈帝乙〉

고 여기다'의 뜻. '有命在天'과 같음. 《尙書說》에 "紂爲長夜之飮, 是甘酒也. 紂言:「我生不有命在天?」是信厥命也"라 함.

【罔顯于民祇】'顯'은 '밝히다'의 뜻. '民祇'는 백성들이 소중히 여기는 일.

【保越怨不易】'保'는 安, '越'은 于와 같음. '保越怨'는 원망 받을 일만을 계속하는 것. '不易'은 행동을 고치지 않음.

【誕惟厥縱】'誕'은 大의 뜻. '惟'는 《玉篇》에 "惟, 爲也"라 함. '縱'은 《爾雅》 釋詁에 "亂也"라 함.

【淫泆于非彝】'淫泆'은 '淫佚'과 같으며 지나친 행동이나 逸樂에 빠진 모습을 뜻하는 雙聲連綿語. '非彝'는 법도에 어긋난 일. '彝'는 法. 常理, 倫常의 뜻.

【用燕喪威儀】'燕'은 宴과 같음. 宴飮을 즐김. 《尙書集注音疏》에 "紂爲酒池肉林, 使男女裸而相逐其間, 故言大放縱淫泆于非法, 以燕飮喪其威儀"라 함.

【民罔不盡傷心】'盡'(혁)은 《說文》에 "盡, 傷痛也"라 함.

【不惟自息乃逸】'乃'는 其와 같음. 《經傳釋詞》에 "乃, 猶其也"라 함. '逸'은 過失, 逸脫. 《爾雅》 釋言에 "逸, 過也"라 함.

【厥心疾很】'很'은 狠과 같음. 악독하고 잔인함.

【不克畏死】'克'은 《尙書覈詁》에 "克, 猶肯也"라 함.

【辜在商邑】'辜'는 罪. 여기서는 '악한 짓을 하다'의 뜻. '商邑'은 紂가 있던 商나라 도읍 朝歌.

【無罹】'罹'는 憂와 같음. 〈蔡傳〉에 "雖滅國而不憂也"라 함.

【弗惟德馨香祀】'弗'은 不과 같으며 이는 뒤의 '登聞于天'을 부정하는 助動詞임. '惟' 는 有와 같음. '馨香'은 향기. 훌륭한 제사를 가리킴.

【登聞于天】위로 하늘에 올라가 上帝에게 들려줌.

【誕惟民怨】'誕'은 어구의 語氣助詞.

【庶群自酒】'庶群'은 紂王 주위의 群臣. '自酒'는 스스로 술에 빠져 헤어나지 못함.

【故天降喪于殷】'喪'은 亡과 같음. 殷나라 紂를 망하게 함.

【罔愛于殷】殷나라를 사랑하지 않음. 사랑이 없어짐.

【惟民自速辜】'速'은 '불러들이다, 초치하다, 초래하다'의 뜻.

159(30-3)
당어민감當於民監

　　왕께서 이르셨노라.

　　"봉이여! 나는 이처럼 많은 권고를 할 생각은 아니었다. 옛 사람이 이르되 '사람은 물을 거울로 삼아 자신을 비춰볼 것이 아니라 마땅히 백성을 거울로 삼아 비춰보아야 한다'라고 하였다. 지금 은殷나라가 그 천명을 추락시켜 망하였는데 내 어찌 이를 크게 거울삼아 살펴보지 아니할 수 있겠는가! 내 말하건대 너는 삼가 은나라 현신과 후侯, 전甸. 남男, 위衛의 제후들에게 일러주어야 하거늘, 하물며 태사太史와 그 동료, 내사內史와 그 동료 및 현신과 존경받는 온갖 관료들임에랴! 하물며 너를 섬기는 이들과 복휴服休, 복채服采들임에랴! 하물며 너와 함께하는 삼경三卿, 즉 난을 토벌하는 기보圻父, 백성의 농사를 순리대로 보호하는 농보農父, 백성을 정착시키는 법을 다루는 굉보宏父임에랴! 그들에게 '너희는 술에 대해 힘써 억제하라'라고 일러주거라. 어떤 이가 '무리지어 술을 마시고 있다'고 보고하거든 너는 그들을 방치하지 말고 모두 잡아들여 주周나라 서울로 귀환시켜라. 나는 장차 그들을 죽여 없앨 것이다. 또한 옛 은나라 여러 신하들과 관료로서 술에 빠져 있는 자가 있다면 그들은 죽이지 말고 먼저 잘 가르쳐라. 이처럼 분명하게 권면하였음에도 끝내 나의 가르침을 듣지 않는 자라면 나 한 사람도 그러한 자는 불쌍히 여기지 않을 것이며 사면해주지도 않은 채 모여서 술을 마셨던 자들과 똑같이 죽여 없앨 것이다."

　　왕께서 이르셨노라.

　　"봉이여! 너는 언제나 나의 경계를 경청하여, 백성을 다스리는 관리들로 하여금 술에 빠지는 일이 없도록 하라!"

王曰:「封! 予不惟若兹多誥. 古人有言曰:『人無於水監, 當於民監.』今惟殷墜厥命, 我其可不大監, 撫于時!」予惟曰: 汝劼毖殷獻臣, 侯甸男衛, 矧太史友·內史友·越獻臣百宗工! 矧惟爾事·服休服采! 矧惟若疇, 圻父薄違·農父若保·宏父定辟!『矧汝剛制于酒.』厥或誥曰『羣飲』, 汝勿佚, 盡執拘, 以歸于周, 予其殺. 又惟殷之迪諸臣惟工, 乃湎于酒, 勿庸殺之, 姑惟教之. 有斯明享, 乃不用我教辭, 惟我一人弗恤弗蠲, 乃事時同于殺.」

王曰:「封! 汝典聽朕毖, 勿辯乃司民湎于酒!」

【予弗惟若兹多誥】 '惟'는 想과 같음. '若兹'는 如此와 같음.

【人無于水監, 當于民監】 '監'은 鑑과 같음. '거울로 삼아 비춰보다'의 뜻.

【我其可大不監撫于時】 '其'는 豈와 같음. '撫'는 《文選》神女賦序의 注에 "覽也"라 함. 따라서 '監撫'는 '살피다'의 뜻. '時'는 是, 斯, 此, 兹와 같음.

【予惟曰汝劼毖殷獻臣】 '曰'은 謂와 같음. '劼'(할)은 '근신하다, 삼가다, 신중히 하다'의 뜻. '毖'는 《廣韻》에 "告也"라 함. '獻'은 賢과 같음. 《尚書易解》에 "終「殷獻臣」至「宏父定辟」, 共四十四字, 均爲「劼毖」之賓語"라 함.

【侯甸男衛】 侯服, 甸服, 男服, 衛服. 모두 도읍으로부터 5백 리씩의 거리를 두고 세운 제후. 여기서는 조정 밖의 모든 제후들을 말함.

【矧太史友】 '矧'은 《經傳釋詞》에 "又也"라 함. 아래 두 곳도 같음. '太史'는 아래의 內史와 함께 모두 史官이며 "太史記事, 內史記言"의 임무를 맡음. '友'는 동료.

【內史友, 越獻臣百宗工】 '越'은 與와 같음. '宗'은 '존경하다'의 의미. '工'은 관료.

【矧惟爾事】 '또한 너를 섬기는'의 뜻.

【服休服采】 '服休'는 임금의 휴식과 잔치, 놀이 등을 관장하는 관리. '服采'는 朝會나 제사의식을 맡은 관리.

【矧惟若疇】 '若'은 爾, 而, 你와 같음. '疇'는 複數型을 나타내며 壽와 같음. 구체적으로는 아래의 圻父, 農父, 宏父 三卿을 가리킴. 《詩》魯頌 閟官 "三壽作朋"의 〈鄭箋〉에 "三壽, 三卿也"라 함.

【圻父薄違】 '圻父'는 司馬. 국경의 방비를 맡아 軍事를 관장하는 卿. '薄'은 迫과 같음. 迫逐, 討伐의 뜻. '違'는 '어기다'의 뜻으로 난을 일으킨 상황을 말함.

【農父若保】'農父'는 농사일을 관장하는 卿. '若'은 順의 뜻. '保'는 '보호하여 양육하다'의 뜻.

【宏父定辟】'宏父'는 司空. 토목공사와 백성들이 거주하는 지역을 관장하는 卿. '辟'는 法.

【矧汝剛制于酒】'矧'은 語頭의 語氣助詞. '剛'은 强과 같음. '制'는 斷絕시킴. 飲酒를 제지함을 뜻함.

【厥或誥曰】'或'은 有와 같음. '誥'는 告와 같음. '보고하다'의 뜻.

【汝勿佚】'佚'은 '풀어주다, 석방하다, 그대로 방치하다'의 뜻.

【盡執拘, 以歸于周】'執拘'는 '체포하다, 잡아들이다'의 뜻. '周'는 周나라 도읍 鎬京. 조정에서 파견한 관료는 모두 서울로 압송하여 처벌할 것임을 말한 것.

【予其殺】'其'는 '將次'의 뜻.《周禮》地官에 "司暴掌憲市之禁令, 禁其屬游飮食于市者. 若不可禁, 則搏而戮之"라 하여 음주방탕한 자를 엄하게 다스렸음.

【又惟殷之迪諸臣惟工】'迪'은《經傳釋詞》에 "句中語助也"라 함. '惟'는 與와 같음. '工'은 官, 관리.

【勿庸殺之】'庸'은 用과 같음.

【姑惟教之】'姑'는 '잠시, 임시'의 뜻.

【有斯明享】'享'은 '勸勉하다'의 뜻.

【乃不用我教辭】'乃'는 竟의 뜻. '教辭'는 가르치는 말.

【惟我一人弗恤弗蠲】'我一人'은 予一人과 같으며 군주가 자신을 칭하는 말. '恤'은 憂, 憐, 矜과 같음. 가련하게 여김. '蠲'(견)은 '죄를 없애주다, 사면하다, 용서해주다'의 뜻.

【乃事時同于殺】'事'는 治와 같음. '時'는 是, 此, 玆, 斯와 같음. 여기서는 이러한 사람의 뜻. '同于殺'은 무리를 지어 술을 마신 자와 같은 죄로 처벌함.

【汝典聽朕毖】'典'은 經과 같음. '항상, 언제나'의 뜻. '毖'는 경계하도록 고한 내용.

【勿辯乃司民湎于酒】'辯'은 使役形 使, 俾와 같음. 王念孫은 "辯之言俾也. 俾亦使也"라 함. '司'는 治와 같음. '司民'은 백성을 다스리는 관리를 가리킴.

〈31〉 자재梓材(160-161)

　〈자재梓材〉는 〈강고康誥〉, 〈주고酒誥〉와 더불어 역시 周公이 康叔姬封에게 고한 訓示이다. '梓'는 자인梓人, 즉 목장木匠으로서 목재를 선별하여 취하는 장인匠人을 뜻한다. 따라서 '若作梓材', 즉 마치 자인이 좋은 목재를 취하듯이 정치를 해 나갈 것을 권고한 것이다. 주공은 강숙에게 은殷나라 故地였던 위衞를 다스림에 있어서의 구체적인 정책과 그러한 정책을 제정해야 할 이유를 설명하고, 아울러 明德, 和睦을 강령으로 시행하여 先王의 사업에 힘쓸 것을 일러주고 있다.

　한편 이 〈梓材篇〉은 《尙書》 중에 역대로 논란이 가장 심했던 편 중의 하나이다. 즉 앞뒤의 내용이 일관되지 않은 채, 뒷부분의 경우 신하가 왕에게 간하는 내용이 주를 이루고 있어 원래 2편의 다른 내용이 하나

〈鹿角立鶴〉 湖北博物館 소장

로 합쳐져 착간을 이룬 것이라는 주장이 있어왔다. 그러나 도리어 《尙書易解》에는 "首尾連貫, 條理井然"이라 하여 전혀 문제가 없다는 주장도 강하여, 논란은 아직 결말을 보지 못하고 있다.

　孔安國 傳에는 "告康叔以爲政之道, 亦如梓人治材"라 하였고, 注에는 "梓音子, 本亦作杍. 馬云 : 古作梓字, 治木器曰梓, 治土器曰陶, 治金器曰冶"라 하였다. 〈금문상서〉와 〈고문상서〉에 모두 실려 있다.

＊蔡沈 《書傳》 〈梓材〉 注에 "亦武王誥康叔之書. 諭以治國之理, 欲其通上下之情, 寬刑辟之用. 而篇中有'梓材'二字, 比稽田作室爲雅, 故以爲簡編之別, 非有他義也. 今文·古文皆有"라 하였다.

160(31-1)
인양인념引養引恬

왕成王께서 말하였노라.

"봉封이여! 그 서민들 및 그 신하로부터 경대부에 이르기까지, 그리고 그의 신하와 제후 왕으로부터 방군邦君에 이르기까지, 너는 은나라 때의 상법을 잘 따르도록 하라. 그리고 이르노니 나의 사사師師와 사도司徒, 사마司馬, 사공司空, 윤尹 등 여러 관리들에게 이렇게 말하라. '나는 마구 사람을 죽이는 일이 없을 것이다'라고 말이다. 또한 그 군주된 자가 먼저 나서서 공경하고 위로하도록 하여, 힘써 공경하고 위로하는 일을 시행하라. 지난날에 간귀姦宄한 자와 사람을 죽인 자, 포로가 된 자는 너그럽게 용서할 것이며, 지난날 임금의 일을 누설한 자, 남을 해친 자도 너그럽게 용서하라. 왕이 처음 나라를 세움에 그 백성들을 교화하되 '서로 해치지 말 것이며 서로 학대하지 말 것이니, 과부에게도 불쌍히 여김이 이르도록 하며, 나약한 임부姙婦에 이르기까지 함께 나서서 관용으로 교화해야 한다'라고 말하라. 왕이 방군 및 어사御事들을 교육함에 그 명령이 어떠하였는가? '이끌어 봉양하고 이끌어 편안히 하는 것'이니라. 자고로 왕이 된 자라면 이와 같이 하는 것이니, 군림하여 다스리되 치우치는 바가 없도록 하라!"

王曰:「封! 以厥庶民曁厥臣達大家, 以厥臣達王, 惟邦君, 汝若恒. 越曰:我有師師·司徒·司馬·司空·尹旅曰:『予罔厲殺人.』亦厥君先敬勞, 肆徂厥敬老. 肆往, 姦宄·殺人·歷人, 宥;肆亦見厥君事·戕敗人, 宥. 王啓監, 厥亂爲民, 曰:『無胥戕, 無胥虐, 至于敬寡, 至于屬婦, 合由以容.』王其效邦君越御事, 厥命曷以?『引養引恬.』自古王若兹, 監罔攸辟!」

【王曰】王은 成王(姬誦)을 가리키며 周公이 成王의 말을 대신하여 衛나라를 봉지로 받아 부임하게 될 아우 康叔에게 일러준 것임.

【以厥庶民暨厥臣達大家】'以'는 由, 自, 從과 같음. '暨'는 及과 같음. '達'은 至와 같음. '大家'는 卿大夫를 가리킴.

【以厥臣達王, 惟邦君】'王'은 諸侯를 가리킴. 王國維는 "古時天澤之分未嚴, 諸侯在其國自有稱王之法"이라 함. '邦君'은 제후국의 군주.

【汝若恒】'若'은 '순종하다'의 뜻. '恒'은 常, 常法과 같음. '若恒'은 殷나라 때 先王哲人이 制定한 典章을 따름. 周公은 이를 바탕으로 殷의 遺民을 다스리는 것을 책략으로 삼았음. 그 때문에 앞서 〈康誥〉에서 康叔에게 "往敷求于殷先哲王用保乂民, 汝丕遠惟商耉成人宅心之訓"이라 한 것임.

【越曰我有師師, 司徒, 司馬, 司空, 尹旅曰】'越'은 구절 앞의 語氣助詞. '曰'은 謂와 같음. '師師'는 여러 관리들. 《尙書今古文注疏》에 "上師,〈釋詁〉云: 衆也; 下師, 鄭注《周禮》云: 猶長也"라 함. '司徒'는 백성들을 교화하는 일을 맡은 관직. '司馬'는 軍事를 관장하는 관직. '司空'은 營建과 토목공사 및 토지를 관장하는 관직. 司徒, 司馬, 司空을 三公이라 함. '尹'은 正官長. '旅'는 여러 관리들을 뜻함.

【予罔厲殺人】'厲'는 죄 없는 사람을 마구 죽이는 짓.

【亦厥君先敬勞】'敬勞'는 공경하고 위로함. 그들의 노고를 치하함.

【肆徂厥敬勞】'肆'는 力勉과 같음. '힘써 노력하다'의 뜻.《爾雅》釋詁에 "肆, 力也"라 함. '徂'는 시행함.《詩》大雅 桑柔의 〈箋〉에 "徂, 行也"라 함.

【肆往】'肆'는 故와 같음.《爾雅》釋詁에 "肆, 故也"라 함. '肆王'은 '지난 일'의 뜻.

【歷人】'歷'은 捕虜, 俘虜를 가리킴.《周書》世俘篇에는 '曆'으로 되어 있으며 '歷'과 '曆'은 고대에 통용하였음.

【宥】寬大하게 용서해줌. 널리 이해해줌. 赦免함.

【肆亦見厥君事】'見'은 '드러나다'의 뜻.《廣雅》에 "見, 露也"라 함.

【戕敗人】'戕'은 남을 殘害하거나 상하게 함.

【王啓監】'王'은 郡王을 가리킴. 즉 제후국을 열어 王(諸侯王)이 된 자를 가리킴. 여기서는 구체적으로 康叔을 두고 한 말임. '啓'는 처음 나라를 세움.《廣雅》에 "啓, 開也"라 함. '監'은 보살피는 사람, 즉 諸侯를 가리킴.《尙書易解》에 "公侯伯子男各監一國, 所以諸侯稱爲監"이라 함.

【厥亂爲民】 '亂'은 혹 '率'로도 쓰며, '率'은 '대체로'의 뜻. '厥亂爲民'은 《論衡》 效力篇에 '厥率化民'으로 인용되어 있으며 '化'는 教化의 뜻.

【無胥戕】 서로 해치지 않음. '胥'는 相과 같음.

【至于敬寡】 '敬'은 矜과 같음. '哀矜(불쌍히 여기다)'의 뜻. 《尚書大傳》에는 '哀矜'으로 되어 있으며, 《漢書》 于定國傳에는 '哀鰥'으로 되어 있음.

【至于屬婦】 '屬婦'는 姙婦, 孕婦. '屬'은 혹 嬽로 되어 있으며 '임신하다'의 뜻. 《說文》에 "嬽, 婦人姙娠也. 《周書》曰: 至于嬽婦"라 함.

【合由以容】 '合'은 '공동으로, 함께' 등의 뜻. '由'는 '教導하다'의 의미. 《方言》에 "由, 道(導)也"라 함. '以'는 與의 뜻. '容'은 '관용을 베풀다'의 뜻. '合由以容'은 '공동으로 教導와 관용을 베풀다'의 뜻.

【王其效邦君越御事】 '效'는 教와 같음. 《尚書正讀》에 "效, 當爲教"라 함.

【厥命曷以】 '曷'은 何以와 같음.

【引養引恬】 '引'은 率의 뜻. '恬'은 편안한 생각을 가짐.

【監罔攸辟】 '攸'는 所와 같음. '辟'은 僻과 같음. 偏僻됨. 치우침.

161(31-2)

박착단확樸斲丹雘

"생각건대 나라를 다스리는 일은 농사를 짓는 것과 같다고 말할 수 있으니, 이미 부지런히 밭을 새로 일구어 씨를 뿌리고 나서는 토지를 정리하고 그 경계와 밭고랑을 만들어야 할 것이다. 또한 마치 집을 짓는 일과 같다고 할 수 있으니, 이미 부지런히 높고 낮은 담을 쌓고 나서는 흙을 바르고 지붕을 잇는 일을 마쳐야 할 것이다. 또 마치 자인梓人이 좋은 목재를 구하는 것과 같으니, 이미 부지런히 나무를 베어 다듬고 나서는 붉은 칠을 하는 일을 완성해야 할 것이다."

지금 왕가에서는 이렇게 생각하고 있다.

"선왕先王께서 이미 밝은 덕을 시행하시고 나서 겹(夾, 郟)에 오시자 공물을 바치고 노역을 하러 형제국들이 찾아왔다. 또한 이윽고 명덕을 시행하시자 제후의 군주들이 이를 기회로 늘 그곳에 모여들어 조회를 열게 되었으며 여러 나라들이 공물을 헌납하였던 것이다. 황천皇天께서는 이윽고 중원의 백성 및 그 토지를 모두 선왕께 부탁하시어 지금은 덕정을 시행하여 화목함을 가지고 차례로 아직 복종하지 않은 은나라 유민들을 교화하고 있으며, 이로써 선왕께서 받은 사명을 마무리하고 있다. 아! 이와 같이 백성을 다스린다면 앞으로 만년에 이르고자 함에 왕과 더불어 자자손손 영원히 백성을 보위하게 될 것이라 말하리라."

「惟曰: 若稽田, 旣勤敷菑, 惟其陳脩, 爲厥疆畎. 若作室家, 旣勤垣墉, 惟其塗墍茨. 若作梓材, 旣勤樸斲, 惟其斁丹雘.」

今王惟曰:「先王旣勤用明德, 懷爲夾, 庶邦享作, 兄弟方來. 亦旣用明德, 后式典集, 庶邦丕享. 皇天旣付中國民越厥疆土于先王,肆王惟德用, 和懌先後迷民, 用懌先王受命. 已! 若茲監, 惟曰欲至 于萬年惟王, 子子孫孫永保民.」

【惟曰】'惟'는 思와 같음.

【若稽田】'稽'는《周禮》質人 鄭玄 注에 "稽, 治也"라 하여 '다스리다'의 뜻.

【旣勤敷菑】'敷'는 布와 같음. 여기서는 播(播種)의 뜻. '菑'는 새로 개간하여 일군 농지를 뜻함.

【惟其陳修】'陳修'는《經義述聞》에 "皆治也"라 함.

【爲厥疆畎】'疆'은 경계. '畎'은 논밭 사이의 도랑.

【旣勤垣墉】'垣'은 낮은 담장. '墉'은 높은 담장.

【惟其塗墍茨】'塗'는《尙書正義》와《群經音辨》에 모두 '斁'로 되어 있음. '斁'는《說文》에 "斁, 一曰終也"라 하여 '일을 마치다, 일을 끝내다'의 뜻. 아래도 같음. '墍'는 '진흙을 바르다'의 뜻. '茨'는 이엉으로 사용하는 띠. 여기서는 '지붕을 잇다'의 뜻.

【若作梓材】梓人이 가장 좋은 목재를 선택하여 작업에 임함.

【旣勤樸斲】'樸'은《說文》에 "木素也"라 함. 여기서는 '나무를 잘라 껍질을 벗기다'의 뜻. '斲'은 斫, 斫과 같으며 깎고 다듬는 작업.

【丹艧】붉은색의 顔料. 여기서는 動詞로 쓰였음.

【今王惟曰】'王'은 王家. 周秉鈞의〈尙書梓材篇釋疑〉에 "這個'王'字, 是指王家, 不是周公自謂. 不說王家而說王, 這是以小名代大名之例, 詳見兪氏〈古書疑義擧例〉. '今王惟曰', 卽'現在我們王家考慮說'的意思"라 함.

【先王】주 왕조를 일으킨 文王, 武王을 가리킴.

【旣勤用明德】'用'은 '시행하다, 실시하다'의 뜻.《方言》에 "用, 行也"라 함.

【懷爲夾】'懷'는 來의 뜻. '夾'은 郟과 같음. 洛邑을 일컬음.《尙書易解》에 "《國語》周語 注: '郟, 洛邑.' '懷爲夾'者, 來營洛邑也.〈周本紀〉: '成王在豐, 使召公復營洛邑, 如武王之意. 成王時爲復營, 則武王時已營之, 可知也"라 함.

【庶邦享作】'享'은 獻과 같음. '作'은 勞役함. 貢物을 바치고 勞役을 함.《尙書駢枝》에 "作謂興作, 任勞役之事"라 함.

【兄弟方來】'方'은 邦과 같음. 나라.《周易》의 '不寧方',《詩》의 '不庭方'의 方과 같음. '兄弟方'은 兄弟國과 같음.

【后式典集】'后'는 諸侯의 군주. '式'은 用과 같음. '典'은 常, '集'은 聚集, 朝會의 뜻.

【庶邦丕享】'丕'는 乃와 같음.《詞詮》에 "丕, 乃也"라 함.

【肆王惟明德】'肆'는《爾雅》釋詁에 "肆, 今也"라 함. '王'은 成王을 가리킴.

【和懌先後迷民】'和懌'은 和悅, 和睦의 뜻. '先後'는 '敎導하다'의 뜻.《詩》大雅 緜의 "予曰有先後"〈毛傳〉에 "相道前後曰先後"라 함. '迷民'은 殷商 故地에 아직도 진정으로 周나라에 복종하지 않는 遺民이 있음을 말함.

【用懌先王受命】'懌'은 '마치다, 완성하다, 마무리하다' 등의 뜻.《尙書易解》에 "用懌之懌, 當讀爲斁, 終也.〈釋文〉: '懌字又作斁', 是也"라 함.

【若妶監】'監'은 '군림하여 백성을 다스리다'의 뜻.《說文》에 "監, 臨下也"라 함.

【惟曰欲至于萬年】'惟'는 乃와 같음. '欲'은 將次의 뜻.

【惟王子子孫孫永保民】'惟'는 與와 같음.

⟨32⟩ 소고召誥(162-166)

⟨毛公鼎⟩ 淸 道光 연간 陝西 岐山縣 周原에서 출토. 臺北故宮博物館 소장

⟨소고召誥⟩는 召公姬奭이 成王姬誦에게 고한 내용이다. 《史記》周本紀에 따르면 周公이 7년 동안 섭정을 하고 成王이 어느 정도 자라자 주공은 정권을 성왕에게 넘겨주었다. 이에 성왕은 다시 東都 洛邑지금의 河南 洛陽을 중건하고자 소공을 보내어 그 공사를 맡도록 하였다. 소공이 낙읍 건설에 열중하고 있을 때 주공이 그곳에 가서 공사를 살펴보고 천신지지에게 제사를 올리게 되었으며, 곧이어 성왕 또한 낙읍에 이르자 소공은 각국의 제후들을 이끌고 주공과 성왕을 朝見하면서 소공이 성왕에게 그 무렵의 정세를 질문함과 아울러 夏나라와 殷나라의 멸망에 대한 교훈을 일러주게 된다. 그리고 성왕에게 덕정을 베풀 것과 백성을 사랑하고 文王과 武王의 대업을 일으킬 것을 주문하였다. 본편은 이 내용을 기록한 것이다. ⟨금문상서⟩와 ⟨고문상서⟩에 모두 실려 있다.

＊蔡沈 《書傳》 ⟨召誥⟩ 注에 "《左傳》曰:「武王克商, 遷九鼎于洛邑.」《史記》載武王言:「我南望三途, 北望嶽鄙, 顧詹有河, 粵詹洛伊, 毋遠天室, 營周居于洛邑而後去.」 則宅洛者, 武王之志, 周公·成王成之, 召公實先經理之洛邑. 旣成, 成王始政, 召公因周公之歸, 作書致告達之於王. 其書拳拳於歷年之久, 近反覆乎夏商之廢興, 究其歸, 則以誠小民爲祈天命之本, 以疾敬德爲誠小民之本. 一篇之中, 屢致意焉. 古之大臣其爲國家, 長遠慮, 蓋如此. 以召公之書, 因以召誥名篇. 今文·古文皆有"라 하였다.

〈서〉: 성왕成王이 풍豐에 있으면서 낙읍洛邑을 동도로 삼고자 소공召公으로 하여금 먼저 가서 살펴보도록 하였으며, 이를 기록한 것이 〈소고召誥〉이다.

<序>: 成王在豐欲宅洛邑, 使召公先相宅, 作<召誥>.

【成王】姬誦. 武王의 아들이며 周公(姬旦)과 召公(姬奭)의 조카. 어린 나이에 왕위에 올라 周公이 7년 동안 섭정하다가 이때에 정권을 되돌려 주었음.

【豐】周 文王 때의 도읍이며 지금의 陝西 盧縣(옛 鄠縣). 武王 때 殷을 멸한 뒤 鎬京으로 천도하였으나 文王의 사당은 그대로 豐에 있었음.

【宅洛邑】'宅'은 주거지로 삼음. 여기서는 東都로 삼다의 의미. '洛邑'은 지금의 河南 洛陽.

【召公】姬奭. 文王의 아들이며 武王과 周公의 아우. 成王의 숙부. 처음에 召公에 봉해졌으나 뒤에 薊(지금의 北京)에 봉해져 燕나라 시조가 됨.《史記》燕召公世家 참조.

【相宅】'相'은 '살펴보다, 勘察하다'의 뜻. '宅'은 종묘, 궁실, 시장, 주거지 등을 세울 도시계획을 마련함을 뜻함.

162(32-1)
주공지락周公至洛

2월 기망旣望으로부터 엿새를 지나 을미乙未날에 이르러 성왕成王이 아침에 걸어서 호경鎬京으로부터 풍豐에 이르렀다.

태보(太保, 召公)가 주공周公보다 앞서 도읍을 세울 곳을 살펴보았다.

그리고 그 다음 3월 초 병오丙午에 달이 새로 빛을 내기 시작하여, 그로부터 사흘 지난 무신戊申날 태보가 아침에 낙읍洛邑에 이르러 세우게 될 도읍의 일에 대해 점을 쳤다.

그 점은 길한 것이어서 경영經營을 시작하였다.

사흘이 지난 경술庚戌날에 태보가 많은 은殷나라 유민들을 이끌고 낙수洛水와 하수河水가 합류하는 지점에 이르러 터를 닦았다.

그로부터 닷새가 지난 갑인甲寅날에 각 건물의 위치를 확정하였다.

그 다음날 을묘乙卯날에 이르자 주공이 낙읍에 이르러 새로운 도읍의 규모 전체를 두루 살펴보았다.

다시 사흘이 지난 정사丁巳날에 교외에서 희생으로 하늘에 제사를 올렸는데 소 두 마리를 사용하였다.

다시 이튿날 무오戊午날에 새로운 도읍에서 소 한 마리, 양 한 마리, 돼지 한 마리로써 토지신에게 제사를 올렸다.

다시 이레가 지난 갑자甲子날에 주공이 이른 아침 문서로써 널리 알려, 여러 은나라 유민들과 후복侯服, 전복甸服, 남복男服 등 각 제후들의 방백邦伯들에게 명령을 내렸다.

이윽고 여러 은나라 유민들에게 명령을 내리자 은나라 유민들이 크게 몰려와 공사를 시작하였다.

태보는 각국 제후들이 가져온 옥백玉帛 등 예물을 꺼내어 이를 다시 주공에게 바치면서 이렇게 말하였다.

"손을 모아 절하며 머리를 조아려 우리 임금께 바칩니다. 주공의 의견을 순종하여 은나라 유민들과, 은나라 때에 임용되었던 옛 신하들을 훈계해 두었습니다."

惟二月旣望, 越六日乙未, 王朝步自周, 則至于豐.

惟太保先周公相宅.

越若來三月, 惟丙午朏, 越三日戊申, 太保朝至于洛, 卜宅.

厥旣得卜, 則經營.

越三日庚戌, 太保乃以庶殷, 攻位于洛汭.

越五日甲寅, 位成.

若翼日乙卯, 周公朝至于洛, 則達觀于新邑營.

越三日丁巳, 用牲于郊, 牛二.

越翼日戊午, 乃社于新邑, 牛一·羊一·豕一.

越七日甲子, 周公乃朝用書, 命庶殷侯甸男邦伯.

厥旣命殷庶, 庶殷丕作.

太保乃以庶邦冢君, 出取弊, 乃復入錫周公, 曰:「拜手稽首旅王, 若公誥告庶殷越自乃御事.」

【二月旣望】 '二月'은 成王 7년 2월이라 함. '旣望'은 음력 16일.《尙書正義》에《三統曆》과《周曆》을 근거로 추산하여 이 해는 2월이 小月이었으며 乙亥날이 朔이었고 己丑이 望이었으며 庚寅이 旣望이었다 함.

【越六日乙未】 '越'은 及과 같음.《經傳釋詞》에 "越, 猶及也"라 함. '6일 지나 乙未날에 이르러'의 뜻. 따라서 2월 21일이 됨.

【王朝步自周】 '王'은 周 成王(姬誦). '朝'는 이른 아침. '周'는 周 武王 때 西周의 국도 鎬京을 가리킴. 지금의 陝西 西安 서남쪽이며 豐으로부터 25리 지점.

【則至于豐】 文王의 祠堂이 豐에 있어 成王이 新都 洛邑을 건설하기 위해 먼저 文王의 사당에 가서 제사를 지내며 사실을 고하고자 한 것. 孔穎達 疏에 "告廟當先祖

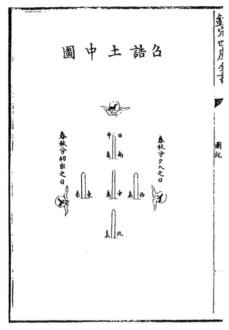

〈召誥土中圖〉《書經大全》

後考, 此必于豐告文王, 于鎬告武王
也"라 함.

【太保先周公相宅】'太保'는 관직명.
成王 때 召公(姬奭)이 太保였음. '相
宅'은 도읍 자리를 살펴 조사함.

【越若來三月】'越若'은 發語辭. '來'는
'將來, 앞으로' 등의 뜻. 여기서는 '그
다음에 온 3월'의 뜻.

【惟丙午朏】'朏'(비)는 새달이 시작되
어 초승달이 뜨는 날로 흔히 초사
흘을 일컫는 말.

【戊申】5일.

【太保朝至于洛】이른 아침 洛邑에
도착함.《尚書正讀》에 "太保二月乙未
受命于豐, 三月戊申朝至于洛, 共行
十四日. 吉行日五十里, 豐至洛七百里
也"라 함.

【卜宅】도읍지에 대하여 吉凶을 점침.《周官》太卜에 "國大遷則貞龜"라 함.

【厥其得卜】吉하다는 점괘를 얻음.

【經營】터를 잡아 측량을 하고 표지를 세워 건물의 방향과 위치를 정함. 작업을 시
작함.《義府》(上)에 "徑直爲經, 周回爲營, 謂相步其基址也"라 함.

【越三日庚戌】'庚戌'은 3월 7일.

【太保乃以庶殷攻位于洛汭】'以'는 통솔함, 인솔함. '庶殷'은 殷나라 유민들. '攻'은 治
와 같음. '位'는 城郭, 宗廟, 宮室의 방위. '攻位'는 그 방위를 측량함을 뜻함. '洛汭'는
洛水가 河水로 유입되는 지점. '汭'는 물이 큰 물로 흡수하는 지점을 일컫는 말.

【越五日甲寅】"甲寅'은 3월 11일.

【位成】〈蔡傳〉에 "位成者, 左祖右社前朝後市之位成也"라 함.

【若翼日乙卯】'若'은 及과 같음.《經傳釋詞》에 "若, 及也"라 함. '翼'은 翌과 같음. 翌日,
名日. 다음날. '乙卯'는 3월 12일.

【則達觀于新邑營】'達觀'은 段玉裁의《古文尚書撰異》에 "如今俗語云通看一遍. 達,
通也"라 함. '營'은 이미 측량 등을 마친 구역.

【越三日丁巳】'丁巳'는 3월 14일.

【用牲于郊】'郊'는 남쪽 교외. 周나라 때 祭天 郊祭는 도읍의 남쪽 교외에서 행하였음.

【牛二】제사의 犧牲으로 소 2마리를 사용함.

【越翼日戊午】'戊午'는 3월 15일.

【乃社于新邑】'社'는 토지신에게 지내는 제사.

【越七日甲子】'甲子'는 3월 21일.

【周公乃朝用書命庶殷侯甸男邦伯】'書'는 문서로서 통고하여 저마다 임무를 알림.《左傳》昭公 32년에 "士彌牟營成周, 計丈數, 揣高卑, 度厚薄, 仞溝洫, 物土方, 計遠邇, 量事期, 計徒庸, 慮材用, 書餱粮, 以令役于諸侯"라 함.

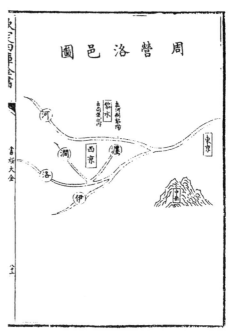

〈周營洛邑圖〉《書經大全》

【庶殷丕作】많은 수의 殷나라 유민들이 크게 작업을 시작함. '丕'는 大의 뜻.

【太保乃以庶邦冢君出取幣】'以'는 與와 같음. '冢君'은 長官. 總責任者. 總責. '幣'는 幣帛, 禮物. 玉帛 등을 사용하여 먼저 이를 예물로 하여 성의와 경건함을 표시함.

【乃復入錫周公】'錫'은 賜와 같음. 고대에는 아랫사람이 윗사람에게 바치는 것도 '賜'라 하였음.

【曰】召公의 말을 인용한 것.

【拜手稽首旅王】'旅'는 '陳述하다'의 뜻.《爾雅》釋詁에 "旅, 陳也"라 함. '旅王'은 '成王에게 진술하다'의 뜻. 成王이 豐에서 文王의 사당에 고한 다음 다시 洛邑으로 오자 성왕에게 내용을 설명한 것임. 〈洛誥〉에 "公其定宅, 伻來, 來視予卜, 休, 恒吉"이라 하였고,《尙書今古文注疏》에는 "相宅時王留西都未來, 當于使來告卜之後來洛也"라 함.

【若公誥告庶殷越自乃御事】'若'은 '준수하여 따르다'의 뜻.《尙書易解》에 "「若公」十一字爲一句, 謂順從周公誥告庶殷與用其御事之臣, 下文「旦曰」以下, 卽其事也"라 함. '自'는 用과 같음. '乃'는 其와 같음.

163(32-2)
무강유휴 無疆惟休

"오호라! 황천상제皇天上帝께서 그 장자長子를 바꾸시어 대국 은殷나라의 운명을 마감하셨나이다. 왕께서 그러한 천명을 받으시었으니 그 길상吉祥을 끝이 없이 이어가듯이 그 근심 또한 끝이 없나이다. 오호라! 그러니 어찌 공경스럽게 하지 않을 수 있겠습니까? 하늘이 일찍이 대국 은나라의 운명을 마감하심에, 지난날 은나라의 명철하셨던 선왕들은 모두 하늘에 계시며, 그들 뒤의 왕들과 백성들은 이에 그 천명에 복종하게 된 것입니다. 주紂의 마지막에 이르렀을 때 지혜로운 자는 숨고 백성을 괴롭히는 자들만 자리를 차지하고 있었습니다. 사나이들은 자신의 아내와 아들을 업고, 안고, 끌고, 잡은 채 하늘에 안타깝게 호소하며, 그가 망할 것을 저주하며 구덩이에서 꺼내줄 것을 염원하였던 것입니다. 오호라! 하늘 또한 사방 백성들을 불쌍히 여기시어 백성을 사랑해야 할 하늘의 사명을 바꾸신 것이니, 왕께서는 서둘러 덕 있는 사람을 공경해야 합니다! 옛 유하有夏 때의 백성들을 살펴보건대 하늘이 그들로 하여금 순종하도록 하여 자애롭게 보호하시며 그들로 하여금 하늘의 뜻을 생각하기를 노력하도록 하였건만, 지금 이미 그들도 천명을 잃고 말았습니다. 지금 은나라를 살펴보아도 상제께서 역시 그들로 하여금 순종하도록 하여 자애롭게 보호하시며 그들로 하여금 하늘의 뜻을 생각하기를 노력하도록 하였건만, 그들 또한 이제는 이미 그 사명을 잃고 말았습니다. 지금 그대 어린 나이의 계승자께서는 남겨진 노련한 원로들을 버리지 마셔야 합니다. 우리 옛 덕을 갖춘 선왕들을 알아보기를 원하는 일은 물론, 하물며 능히 하늘의 뜻을 알아 모책을 세우기를 바라는 경우이니 더욱 그렇지 않겠습니까?"

「嗚呼! 皇天上帝改厥元子, 茲大國殷之命. 惟王受命, 無疆惟休,
亦無疆惟恤. 嗚呼! 曷其奈何弗敬? 天旣遐終大邦殷之命, 茲殷多
先哲王在天, 越厥後王後民, 茲服厥命. 厥終, 智藏瘝在. 夫知保
抱攜持厥婦子, 以哀籲天, 徂厥亡, 出執. 嗚呼! 天亦哀于四方民,
其眷命用懋, 王其疾敬德! 相古先民有夏, 天迪從子保; 面稽天若,
今時旣墜厥命. 今相有殷, 天迪格保, 面稽天若, 今時旣墜厥命. 今
沖子嗣, 則無遺壽耉. 曰其稽我古人之德, 矧曰其有能稽謀自天?」

【皇天上帝改厥元子】'改'는 改革의 뜻. '元子'는 首子, 즉 天子. 鄭玄은 "言首子者, 凡人
　　皆天之子, 天子爲之首耳"라 함.

【茲大國殷之命】'茲'는 已와 같음. '마치다, 그치다'의 뜻.《尙書易解》에 "茲, 當讀爲
　　已, 止也. 〈皐陶謨〉: '爾可遠在茲',《史記》夏本紀'茲'作'已', 是茲·已通用之證. 下文:
　　天旣遐終大邦殷之命, 茲大國殷之命, 猶終大邦殷之命也"라 함.

【惟王受命】'命'은 使命. 成王이 받은 나라 다스림의 큰 사명.

【無疆惟休】'休'는 吉兆, 吉祥. 경사스럽고 복된 것.

【無疆惟恤】'恤'은 '근심하다, 걱정하다, 우려하다'의 뜻.

【曷其奈何弗敬】'曷其'와 '奈何'는 모두 같은 뜻으로 강조하는 의미가 있음.

【天旣遐終大邦殷之命】'遐'는 遠과 같음.

【茲殷多先哲王在天】'多先哲王'은 商나라 成湯으로부터 武丁 등 英明한 군주들을
　　가리킴.

【越厥後王後民】'越'은 구절 앞의 語氣助詞. '厥'은 其와 같음.

【茲服厥命】'服'은 受와 같음.

【厥終】그 마지막, 즉 紂임금 때를 가리킴.《尙書易解》에 "謂後王之終, 卽紂之末年"
　　이라 함.

【智藏瘝在】지혜 있는 사람들은 숨으며, 악한 이들이 자리를 차지하고 있음. '瘝(관)'
　　은 '병들다'의 의미이며 여기서는 악인을 지칭함. 紂임금 때의 상황을 설명한 것.

【夫知保抱攜持厥婦子】'夫'는 남자. '知'는 '염원하다', '保'는 '등에 업다'의 뜻.《尙書釋
　　義》에 金文 자형을 근거로 "象人負子而有褓護之之狀; 卽褓字, 亦當有負義"라 함.
　　'攜持'는 손을 잡아 이끎. '婦子'는 妻子.

【以哀籲天】'籲(유)'는 '呼訴하다'의 뜻.

【徂厥亡】'徂'는 詛와 같음. 詛呪함.

【出執】'執'은 塾(점)과 같음. 曾運乾은 "讀爲塾.《說文》: '塾, 下也.'《書》益稷: 下民昏
塾, 鄭玄注: 陷也"라 함. 여기서는 '곤경에 빠지다'의 의미.

【天亦哀于四方民】'哀'는 '불쌍히 여기다'의 뜻.

【其眷命用懋】'眷'은 '관심을 가지고 보살피다'의 뜻. '懋'는 '바꾸다'의 의미.

【王其疾敬德】'疾'은 速과 같음.《爾雅》釋詁에 "疾, 速也"라 함.

【相古先民有夏】'相'은 '살피다, 관찰하다'의 뜻.

【天迪從子保】'迪'은 '敎導하다, 가르쳐 인도하다'의 뜻. '從'은 '순종하다'의 의미. '子
保'는 慈保와 같음.《經義述聞》에 "子, 當讀爲慈. 古字子與慈通"이라 함.

【面稽天若】'面'은 勔과 같음. 勉의 뜻. '稽天'은 하늘의 사명을 생각함.

【今時旣墜厥命】'墜'는 추락함. 상실함.

【天迪格保】'格保'는 嘉保와 같으며 賢人을 뜻함.《雙劍誃尙書新證》에 "格假古通,
〈中庸〉釋文: 假, 嘉也"라 함.

【今沖子嗣】'沖子'는 나이 어린 사람. 成王을 가리킴.

【無遺壽耉】'遺'는 '남아 있다, 여유가 있다'의 뜻.《爾雅》釋詁에 "遺, 餘也"라 함. '壽
耉'는 나이가 많고 경험이 풍부한 사람, 조정의 원로들. 그러나 '遺'를 '遺棄하다'의
뜻으로 보아 "노련한 원로들을 버리지 말라"의 의미로 풀이하여야 전체 뜻이 순
통함.

【曰其稽我古人之德】'曰'은 語氣助詞. '其'는 庶幾와 같음.

【矧曰其有能稽謀自天】'矧'은 況과 같음.

164(32-3)
유일기매惟日其邁

"오호라! 왕께서는 비록 어리나 원자元子이십니다! 능히 백성들과 크게 화합을 이루셔야 합니다. 지금 상서로운 일은, 왕께서 감히 낙읍 건설을 뒤로 하지 아니한 것은 바로 은나라 유민이 다스리기 어렵다는 사실을 두렵게 여기신 것이며, 왕께서 직접 오셔서 하느님께 점을 쳐서 물어본 것은 낙읍을 중앙의 지점을 삼아 직접 나서서 다스리겠다는 뜻입니다. 주공 단이 저에게 '낙읍을 건설함에는 이곳에 후직后稷을 황천에 배향하고 천신과 지기에게 제사를 공경스럽게 받들어야 하며, 이곳을 나라 다스림의 중심지로 하여야 하며, 이는 왕께서 이미 백성 다스릴 곳으로 명령을 내리신 것'이라 하였습니다. 지금 상서로운 일은, 왕께서 먼저 은나라 옛 신하들을 복역토록 하시며 아울러 그들로 하여금 친히 우리 주나라 신하들을 섬기도록 하시어, 그들이 감정을 조절하여 날로 매진하고 있다는 것입니다."

「嗚呼! 有王雖小, 元子哉! 其丕能諴于小民. 今休: 王不敢後, 用顧畏于民嵒; 王來紹上帝, 自服于土中. 旦曰:『其作大邑, 其自時配皇天, 毖祀于上下, 其自時中乂; 王厥有成命治民.』今休: 王先服殷御事, 比介于我有周御事, 節性惟日其邁.」

【有王雖小, 元子哉】〈蔡傳〉에 "謂其年雖小, 其任則大也"라 함.
【其丕能諴于小民】'丕'는 大의 뜻. '諴'(함)은 《說文》에 "諴, 和也"라 함.
【今休】'休'는 '훌륭하다, 아름답다'의 뜻.
【王不敢後】'後'는 '천천히 하다, 느리다, 지체하다' 등의 뜻. 《說文》에 "後, 遲也"라 함.

【用顧畏于民嵒】 '用'은 以와 같음. '嵒'(암)은 '험하다, 힘들다'의 뜻. '民嵒'은 民險, 즉 '은나라 遺民은 다스리기 어렵다'의 의미.

【王來紹上帝】 '紹'는 '점을 쳐서 물어보다'의 뜻.

【自服于土中】 '服'은 '다스리다'의 뜻. '土中'은 洛邑을 가리킴. 洛邑은 九州의 중심이므로 이렇게 표현한 것.《白虎通》京師篇에 "《尙書》王子必卽土中, 何? 所以均敎道, 平往來, 使善易以聞, 惡易以聞, 明當懼愼"이라 함.

【旦曰】 '旦'은 姬旦. 周公의 이름.《禮記》曲禮에 "君前臣名"이라 하여 召公이 周公의 말을 인용하면서 周公의 이름을 부른 것.

【其自時配皇天】 '自時'는 從此, 自是, 自此와 같음. '配'는 配享. '配皇天'은 하늘에 제사를 올릴 때 始祖도 함께 배향함을 뜻함.《孝經》에 "昔在周公, 郊祀后稷以配天, 宗祀文王于明堂以配上帝"라 함.

【毖祀于上下】 '毖'는 '근신하다, 삼가다'의 뜻. '上下'는 天神과 地祇.

【其自時中乂】 '時中'은 '여기의 중심', 즉 洛邑을 가리킴. '乂'는 治와 같음.

【王厥有成命治民】 '厥'은 語氣助詞. 成命은 定命과 같음.

【先王服殷御事】 '先'은 '重視하다'의 뜻.《呂氏春秋》先己篇 注에 "先, 猶尙也"라 함. '服'은《說文》에 "用也"라 함.

【比介于我有周御事】 '比'는 '가까이 하다'의 뜻.《周禮》夏官 形方氏 "使小國事大國, 大國比小國"의 鄭玄 注에 "比, 猶親也"라 함. '介'는 阮元의《尙書注疏校勘記》(15)에 "古本介作尒, 今文尙書當作邇; 後誤爲介, 則因尒字而譌也"라 함.

【節性惟日其邁】 '節'은《呂氏春秋》重己篇 "節乎性也"의 注에 "節, 猶和也"라 함. '惟'는《經傳釋詞》에 "惟, 猶乃也"라 함. '邁'는 進의 뜻. 은나라 백성들이 원한을 버리고 감정을 조절하여 주나라에게 복종하고 있음을 말함.

165(32-4)
상하근휼 上下勤恤

"왕께서는 하는 바를 공경히 하시며, 특히 덕행을 공경히 수행하지 않으면 안 될 것입니다. 우리는 하夏나라의 일을 거울로 삼지 않으면 안 되며, 또한 은殷나라의 일을 거울로 삼지 않으면 안 될 것입니다. 나는 감히 하나라가 천명을 이어받았지만 그것이 얼마나 오래 지속되었는지 안다고 말할 수 없으며, 나는 감히 하나라가 어찌하여 길게 이어가지 못했는지도 안다고 말할 수 없습니다. 다만 그들이 그 덕을 공경스럽게 수행하지 못하였을 경우 일찍 그 사명을 잃고 만다는 것을 알 뿐입니다. 나는 감히 은나라가 천명을 받았지만 그것이 얼마나 오래 지속되었는지 안다고 말할 수 없으며, 나는 감히 그들이 어찌하여 길게 이어가지 못했는지도 안다고 말할 수 없습니다. 다만 그 덕을 공경스럽게 수행하지 못하였을 경우 일찍 그 사명을 잃고 만다는 것만 알 뿐입니다. 이제 왕께서는 뒤를 이어 그 천명을 받으셨으니, 우리는 앞서 이 두 나라의 운명을 거울로 삼되 그들의 공적은 이어받아야 할 것입니다. 왕께서는 비로소 업무를 시작하셨습니다. 오호라! 마치 어린 아이를 사랑하여 양육할 때처럼 처음 태어나면서부터 직접 그에게 명철한 가르침을 베풀어야 하지 않음이 없는 것입니다. 지금 하늘이 그처럼 명철함을 주셨고, 그처럼 길함을 명하셨고, 그처럼 긴 시간을 주셨습니다. 그 때문에 지금 하늘이 우리의 처음 나라 다스림을 아시고 이렇게 새로운 도읍을 건설하도록 하신 것입니다. 그러니 왕께서는 서둘러 덕행을 공경스럽게 베풀어야 할 것입니다! 왕께서는 마땅히 아름다운 덕을 사용하시어 하늘을 향해 장구한 사명을 빌어야 할 것입니다. 원컨대 왕께서는 백성들로 하여금 법에 어긋난 행동을 하도록 하거나, 또는 감히 살륙의 방법으로 백성을 다스리는 일을 하지 않으셔야 비로소 공덕을 이루게 됩니다. 원컨대 왕께서는 덕을 으뜸으로 하여 그 지위를 가지시어, 백성들로 하여금 이를 법으로 여겨 천하에 그것이 시행되어 왕의 덕이 현창되도록 하시기 바랍니다. 군신 상하가 부지런히 힘써 나가면 아마 '나는 하늘의 명을 받아 하나라의 장구함을 넘어 은나라가 누린 기간에 그치는 정도가 아니다'라고 말할 수 있을 것입니다. 그리하여 왕께서는 백성들과 더불어 함께 하늘의 운명을 영구히 받으셨으면 합니다."

「王敬作所, 不可不敬德. 我不可不監于有夏, 亦不可不監于有殷. 我不敢知曰: 有夏服天命, 惟有歷年; 我不敢知曰: 不其延. 惟不敬厥德, 乃早墜厥命. 我不敢知曰: 有殷受天命, 惟有歷年; 我不敢知曰: 不其延. 惟不敬厥德, 乃早墜厥命. 今王嗣受厥命, 我亦惟茲二國命, 嗣若功. 王乃初服. 嗚呼! 若生子, 罔不在厥初生, 自貽哲命. 今天其命哲, 命吉凶, 命歷年; 知今我初服, 宅新邑. 肆惟王其疾敬德! 王其德之用, 祈天永命. 其惟王勿以小民淫用非彝, 亦敢殄戮用乂民, 若有功. 其惟王位在德元, 小民乃惟刑, 用于天下, 越王顯. 上下勤恤, 其曰『我受天命, 丕若有夏歷年, 式勿替有殷歷年』. 欲王以小民受天永命.」

【王敬作】'敬'은 敬虔히 여김. 진실하게 처리함. '作'은 하는 일.
【所不可不敬德】'所'는 且의 의미.
【我不可不監于有夏】'監'은 鑑과 같음. '有夏' 有는 나라나 族名 앞에 붙이는 接頭語.
【我不敢知曰】'敢'은 겸손과 경의를 함께 표하는 말.
【惟有歷年】'歷年'은 여러 해가 지남.《小爾雅》廣詁에 "歷, 久也"라 함.
【不其延】'其'는 語氣詞. '延'은 '연속되다, 장구하다'의 뜻. 따라서 '不其延'은 짧은 福祚를 뜻함.
【惟不敬厥德】'惟'는 只와 같음.
【今王嗣受厥命】'嗣受'는 이어받음.

【我亦惟玆二國命】'玆二國命'은 '玆二國命是監'의 줄인 말.

【嗣若功】'若'은 其의 뜻. 그들. 王念孫의 《經傳釋詞》에 "若, 猶其也"라 함.

【王乃初服】'服'은 일을 맡음. '初服'은 처음으로 政務를 맡아 처리하기 시작함.

【若生子】'生'은 養과 같으며, 여기서는 敎養을 뜻함.

【自貽哲命】'貽'는 '영향을 끼치다, 전해지다'의 뜻. '哲'은 明과 같음.

【今天其命哲】'命'은 '주다'의 뜻. 《小爾雅》廣言에 "命, 予也"라 함.

【命吉凶】'吉凶'은 吉祥, 吉兆를 뜻함.

【知今我初服】'知'는 들어서 알게 됨을 말함.

【宅新邑】'宅'은 動詞로 '거주하다'의 의미.

【肆惟王其疾敬德】'嗣'는 今의 뜻. '疾'은 '빠르다'의 의미.

【王其德之用】'其'는 희망을 나타내는 庶幾와 같음.

【祈天永命】'祈'는 求와 같음. '永命'은 영원한 국운.

【其惟王勿以小民淫用非彛】'其'는 庶幾와 같음. '以'는 使와 같음. '淫'은 '과도하다'의 의미. '彛'는 법.

【亦敢殄戮用乂民】'亦敢'은 《尙書正讀》에 "猶言亦勿敢, 蒙上文勿字而省也"라 함. '殄'은 滅의 뜻. '用'은 以, '乂'는 治의 뜻.

【若有功】'若'은 乃와 같음.

【其惟王位在德元】'位'는 《尙書易解》에 "位·立, 古通用"이라 하여 立과 같음. '在'는 存問의 뜻. 《左傳》襄公 26년 杜預 注에 "在, 存問知"라 함. '元'은 首와 같음.

【小民乃惟刑用于天下】'刑'은 型과 같음. '틀처럼 본받다, 법으로 여기다'의 뜻. '用'은 《說文》에 "可施行也"라 함.

【越王顯】'越'은 '드날리다, 發揚하다'의 뜻. 《爾雅》釋言에 "越, 揚也"라 함.

【上下勤恤】'上下'는 임금과 신하들. '恤'은 '근심하다, 우려하다, 걱정하다'의 뜻.

【其曰我受天命】'其'는 '아마'의 뜻. '曰'은 '말하다'의 뜻.

【丕若有夏歷年】'丕'는 구절 앞의 語氣詞, 發語詞.

【式勿替有殷歷年】'式'은 發語詞. 語氣詞. '勿'은 非와 같음. '替'는 止의 뜻. '그 정도에 그치다'의 의미.

【欲王以小民受天永命】'以'는 與와 같음.

166(32-5)
기천영명 祈天永命

그리고 손을 모아 절하며 머리를 조아리고 이렇게 말하였다.

"나 소신小臣은 감히 왕의 원수였던 은나라 유민들과 많은 관원들 및 우리 주나라 백성들로써 모두 편안히 왕의 위엄 있는 명령과 명석한 덕을 받들도록 하였습니다. 왕께서 끝내 명령을 결정하셨으니 왕의 공덕 역시 선왕들처럼 드러난 것입니다. 나는 감히 부지런히 하지는 못하였으나 다만 공경스럽게 옥백을 바치오니, 이렇게 바치는 공물로써 왕께서는 하늘의 영원한 사명을 기원하시기 바랍니다."

　拜手稽首, 曰:「予小臣, 敢以王之讎民百君子越友民, 保受王威命明德. 王末有成命, 王亦顯. 我非敢勤, 惟恭奉幣, 用供王能祈天永命.」

【予小臣, 敢以王之讎民百君子越友民】'予小臣'은 召公 자신을 가리킴. 鄭玄은 "曰我小臣以下, 言召公拜訖而復言也"라 함. '讎民'은 원수 사이였던 殷나라 유민. 〈梓材〉에는 '迷民', 〈多方〉序에는 '頑民'이 라 하였음. '百'은 衆의 뜻이며, '君子'는 벼슬하고 있는 大夫 이상의 관리들을 뜻함. 여기서는 殷나라 여러 관원을 말함. '友民'은 讎民과 상대되는 뜻으로 周 王室에 순종하고 있는 백성들을 가리킴.
【保受】편안한 마음으로 받아들임.
【王末有成命】'末'은 終과 같으며 '成'은 定과 같음. 成王이 洛邑 건설을 決定함.
【王亦顯】'成王 또한 文王, 武王, 周公처럼 그 공덕이 뚜렷이 드러나다'의 뜻.
【我非敢勤】'勤'은 '부지런히 명령을 수행하다'의 뜻. 혹 '위로하다, 위로받다'의 뜻으로 보기도 함.
【惟恭奉幣】'幣'는 玉帛의 예물. 太保와 庶邦 冢君들이 玉帛의 예물을 가지고 나왔

음을 말함.

【用供王能祈天永命】‘供’은 貢, 奉, 進과 같음. ‘能’은 善과 같음. 《尙書易解》에 "善祈者, 謂王當用德以祈之也"라 함.

〈33〉 낙고洛誥(167-173)

<牛耕> 畵像石(부분) 1952 江蘇 睢寧縣 東漢墓 출토

동도東都 낙읍洛邑을 건설한 다음 주공周公이 성왕成王에게 권하여 낙읍에서 정사를 주재하도록 하자, 성왕은 그 무렵의 형세와 주공의 힘을 빌려 낙읍을 다스리며 은나라 유민들을 안정시켰다. 그러나 얼마 뒤 군신들이 여러 차례 토론을 거쳐 최후로는 주공이 계속하여 낙읍을 맡아 다스리도록 결정하고, 성왕은 이러한 결정을 천하에 알렸으며 이를 기록한 것이 〈낙고〉이다.

그러나 〈낙고〉는 대부분 사관이 주공과 성왕의 대화를 기록한 것으로, 그 장소와 시간이 복잡하며 내용 또한 광범위하여, 혹 호경鎬京에서 낙읍 통치에 대한 토론도 있으며, 또는 성왕이 낙읍에 이르러 동도로 결정한 명령도 있고, 제사와 기도 등의 문장도 삽입되어 있어 그 한계를 구분하기에 난해한 곳이 대부분이다. 이에 역대 학자들은 "궐문착간闕文錯簡"이라 주장하는 등 여러 의견을 내놓기도 하였으며, 특히 송대宋代 金履祥은 "〈洛誥〉所記, 若無倫次"라 하여 기록의 순차를 알 수 없는 듯하다고 여겼다.

＊蔡沈《書傳》〈洛誥〉注에 "洛邑旣定, 周公遣使告卜. 史氏錄之以爲〈洛誥〉. 又幷記其君臣答問及成王命周公留治洛之事. 今文·古文皆有"라 하였다.

〈서〉: 소공召公이 이윽고 새로운 도읍을 세울 자리를 살펴 정하자, 주공周公이 그곳으로 가서 성주成周의 공사를 하고 나서, 성왕成王을 오도록 하여 길흉을 보고하였으며 이를 기록한 것이 〈낙고〉이다.

〈序〉: 召公旣相宅, 周公往營成周, 使來告卜, 作〈洛誥〉.

【相宅】집 자리를 살펴 정함. '勘察하다'의 뜻. 여기서는 宗廟, 宮室, 朝市 등의 위치가 될 터를 살핌을 뜻함.
【營】營建, 建設, 土木工事.
【成周】周公이 成王의 명을 빌려 召公으로 하여금 건설하도록 한 東都 洛邑을 일컫는 말.
【使來】成王으로 하여금 직접 오도록 함.
【告卜】相宅, 卜居의 내용을 成王에게 보고함.

167(33-1)
경천지휴敬天之休

　주공周公이 손을 모아 절을 하고 머리를 조아리며 말하였다.

　"나 주공은 그대 성왕에게 명확한 법을 아룁니다. 왕께서 겸손하시어 마치 하늘이 모책해 주신 낙읍洛邑에 거하도록 한 정명定命에 감히 참여하지 못할 듯하기에, 내가 태보太保의 뒤를 이어 동토東土를 시찰하고, 그곳은 백성을 진작시켜 빛나는 터전이 될 것으로 생각하였습니다. 나는 을묘乙卯날 아침 일찍 낙읍에 이르렀습니다. 나는 먼저 점을 쳐서 하수河水 북쪽 여수黎水 지역에 새로운 도읍을 건설하기로 하고, 다시 나는 이에 간수澗水 동쪽, 전수瀍水 서쪽 지역에 대해 점을 쳐 보았더니, 오직 낙수洛水가 길지라고 나왔습니다. 나는 다시 전수 동쪽에 대해 점을 쳐 보았더니 역시 낙수가 길지라고 나왔습니다. 이에 왕을 청하여 오도록 하여 모책을 상의하고 점괘의 내용을 바치는 것입니다."

　성왕은 손을 모아 절을 하고 머리를 조아리며 이렇게 말하였다.

　"공께서 하늘이 내려주신 복을 감히 공경히 하지 않을 수 없었기에 이곳에 오셔서 터를 살펴보신 것이며, 이를 호경鎬京과 짝을 이룰 만큼 지으려는 것이겠지요. 아! 공께서 이미 터를 정해 놓으시고 나를 오도록 하여 내가 오자, 나에게 점의 내용을 보여주셨는데 나는 점의 내용이 모두 길하다는 것을 기꺼워하오. 우리 두 사람이 이 길조를 함께 이어가게 되었군요. 공께서 나를 만년, 억년 동안 하늘이 내리신 길함으로써 이끌어주시기 원합니다. 손을 모아 절을 하며 머리를 조아려 그대의 가르침을 받들겠습니다."

　周公拜手稽首曰:「朕復子明辟. 王如弗敢及天基命定命, 予乃

胤保, 大相東土, 其基作民明辟. 予惟乙卯, 朝至于洛師. 我卜河朔
黎水, 我乃卜澗水東·瀍水西, 惟洛食; 我又卜瀍水東, 亦惟洛食.
伻來, 以圖及獻卜.」

王拜手稽首曰:「公不敢不敬天之休, 來相宅, 其作周匹, 休! 公
旣定宅, 伻來, 來視予卜, 休, 恒吉. 我二人共貞. 公其以予萬億年,
敬天之休. 拜手稽首誨言.」

【朕復子明辟】'朕'은 我. 周公 자신을 가리킴. '復'은 復命함. 아룀. '子'는 그대. 여기서
　는 조카인 成王을 가리킴. '明辟'은 분명한 법. '辟'은 法과 같음. 洛邑을 건설하도록
　한 결정을 말함.

【王如弗敢及天基命定命】'王如弗敢'은 '왕께서는 감히 그렇게 할 수 없는 듯하다'의
　뜻. '及'은 '참여하다'의 뜻. '基'는《爾雅》釋詁에 "謀也"라 함. '命定命'은 앞의 '命'은
　動詞, 뒤의 '命'은 名詞. '定命'은《逸周書》作雒篇에 의하면 周公이 雒(洛)으로 옮긴
　것은 주나라 국운을 연장하기 위한 것이었으며 이 때문에 '定名'이란 말을 사용한
　것이라 함. 그러나〈度洛篇〉에는 武王이 洛을 두고 天之明明이 있는 것이라 하여
　周公이 '定名'이라 불렀다고도 함. 따라서 이는 '天命을 안정시킨 곳' 즉 곧 武王을
　보좌하고 이어 成王을 보좌함을 뜻함.

【胤保大相東土】'胤'은 繼의 뜻. '東土'는 洛邑을 가리킴. 周나라 도읍 鎬京의 동쪽에
　위치하고 있었음. '保'는 太保, 즉 召公을 가리킴. '相'은 '시찰하다, 살펴보다'의 뜻.

【其基作民明辟】'其'는《經傳釋詞》에 "其, 乃也"라 함. '基'는 여러 가지로 생각을 하
　여 결정을 함. '作'은 振作시킴. 鼓舞시킴.

【乙卯】〈召誥〉에 의하면 成王 7年 3月 12日에 해당함.

【洛師】洛邑. '師'는 京師의 師와 같은 표현법임.

【我卜河朔黎水】'河朔'는 黃河의 북쪽. '黎水'는 淸《續文獻通考》에 "衛河淇水合流至
　黎陽故城爲黎水. 亦曰澄水"라 하여 지금의 河南 濬縣 동북쪽에 있음. 殷나라 때의
　朝歌와 가까이 있음.

【澗水】지금의 河南 澠池縣에서 발원하여 동북쪽 白石山 아래를 거쳐 洛陽 서쪽에
　이르러 洛水와 합수하는 물.

【瀍水】지금의 河南 孟縣에서 발원하여 偃師에서 洛水와 合水하는 물.

【惟洛食】'惟'는 僅의 뜻. '食'은 거북점의 卜兆. 孔安國 傳에 "卜必先墨畫龜, 然後灼

之, 兆順食墨"이라 함. 여기서는 吉兆를 뜻함.《尚書正義》에 "食者, 兆; 不食者, 不兆"라 함.

【伻來以圖及獻卜】'伻'(팽)은 使와 같음. 成王으로 하여금 洛邑으로 오도록 한 것. '圖'는 謀와 같음. 洛邑의 營建 사업을 말함. '獻卜'은 卜兆를 바침.

【敬天之休】'休'는 善, 福, 美, 喜와 같음.《廣雅》釋詁에 "休, 喜也"라 함. 하늘이 내린 福을 공경히 받듦.

【其作周匹】'周'는 鎬京을 가리킴. '匹'은 配와 같으며 짝이 되도록 함. 注에 "天之美 來相宅, 其作周以配天之美"라 함.

【伻來, 來】뒤의 '來'는 成王이 "내가 이미 왔다"라고 한 말.

【視予卜】'視'는 示와 같음. '나에게 그 복을 보여달라'의 뜻.

【休恒吉】'점을 쳐 보았더니 점괘가 두루 좋고 길하다'의 뜻.《尚書故》에 "恒, 遍也"라 함.

【我二人共貞】'貞'은 馬融은 "當也"라 함. '共貞'은 '공동으로 길조를 받아들이다'의 뜻.

【公其以予萬億年敬天之休】'其'는 庶幾의 뜻. '바라다, 희망하다'의 의미. '以'는《詞詮》에 "表領率之義"라 함.

【誨言】가르쳐 교훈이 되는 말.

168(33-2)

수명독필受命篤弼

주공周公이 말하였다.

"왕께서는 처음에는 은殷나라 예에 맞추어 제후를 접견하고 낙읍洛邑에서 제사를 거행하면서 모든 질서가 흐트러짐이 없었습니다. 나는 백관들을 인솔하여 왕을 호경鎬京으로부터 오도록 한 다음 저는 '앞으로 제사를 지낼 일이 있으리'라고 생각하였습니다. 이제 왕께서는 명령을 내리시어 '공적을 기록하고 종인宗人은 공신들을 인솔하여 큰 제사를 거행하라'고 하셨습니다. 그리고 왕은 다시 명하시기를 '그대는 선왕의 명을 받들어 나의 나라 다스림을 감독하고 보필하여, 공을 기록한 책을 모두 조사한 다음 그대는 스스로 온 마음을 다해 이 일을 교도敎導하라'라고 하셨습니다. 그대 어린 왕께서는 떨치고 일어나소서. 그대 어린 왕께서는 떨치고 일어나시어 낙읍으로 가소서! 마치 겨우 타오르는 불꽃 같아서는 안 됩니다. 그 타올라 시작된 불꽃이 꺼지게 해서는 안 될 것입니다. 그대는 나처럼 상법常法을 서둘러 잘 준수하여 호경의 관원들을 인솔하여 새롭게 세운 낙읍으로 가소서. 그들로 하여금 저마다 자신의 직무에 진력하도록 하며, 힘써 공훈을 세워 큰일을 중시하고 대업을 완성하도록 하시면 그대는 길이 훌륭한 찬사의 말을 듣게 될 것입니다."

周公曰:「王, 肇稱殷禮, 祀于新邑, 咸秩無文. 予齊百工, 伻從王于周, 予惟曰:『庶有事.』今王卽命曰:『記功, 宗以功作元祀.』惟命曰:『汝受命篤弼, 丕視功載, 乃汝其悉自敎工.』孺子其朋, 孺子其朋, 其往! 無若火始燄燄; 厥攸灼敍, 弗其絶. 厥若彝及撫事如予, 惟以在周工往新邑. 伻嚮卽有僚, 明作有功, 惇大成裕, 汝永有辭.」

【肇稱殷禮】'肇'는 始, 初와 같음. '稱'은 '擧行하다'의 뜻. '殷'은 衆의 뜻. '殷禮'는 많은 제후들을 만나 會見하는 典禮. 陳櫟은 "自此下至'無遠用戾', 乃洛邑旣成, 公自洛還鎬, 告王以宅洛所當行之事, 而請王以行, 及自陳欲退老之辭也"라 함.

【咸秩無文】'咸'은 모두. '秩'은 차례. '文'은 紊과 같음. 《經義述聞》에 "〈盤庚〉曰: '若網在綱, 有條而不紊.' 〈釋文〉: 紊, 徐音文, 是紊與文古同音, 故借文爲紊. '咸秩無文'者, 謂自上帝以至群神, 循其尊卑大小之次而祀之, 無有斁亂也"라 함.

【予齊百工】'齊'는 '통솔하다, 거느리다'의 뜻. 《爾雅》釋詁에 "齊, 將也"라 함. '百工'은 百官의 다른 말.

【伻從王于周】'伻'(팽)은 使와 같으며 '周'는 鎬京을 가리킴.

【予惟曰】'惟'는 思와 같음. '생각하다'의 뜻.

【庶有事】'庶'는 '대개, 대체로, 대략, 아마' 등의 뜻. '事'는 제사를 지내는 일을 가리킴.

【今王卽命曰】'卽命'은 '바로 이 명령'을 뜻함.

【記功, 宗以功作元祀】'宗'은 관직 이름으로 宗人, 즉 예악을 담당하는 관원. 《國語》魯語 注에 "宗人, 主禮樂者也"라 함. '以'는 인솔함. '作'은 거행함. '元祀'는 큰 제사, 즉 하늘에 제사를 올리고 그 해를 元年으로 삼는 의식. 成王은 이 해를 다시 元年으로 삼음.

【惟命曰】'惟'는 有와 같음. 《尙書易解》에 "惟, 有也. 見〈東京賦〉薛注"라 함.

【汝受命篤弼】'受命'은 《尙書故》에 "受命, 受武王顧命也"라 함. '篤'은 督과 같음. 감독하여 인도함. '弼'은 助와 같음.

【丕視功載】'丕'는 구절 앞의 語氣辭. '視'는 閱과 같음. '功載'는 功을 記載한 책.

【乃汝其悉自敎工】'乃'는 於是와 같음. '悉'은 '모든 정성을 다하다'의 뜻. '敎工'은 일을 지도함.

【孺子其朋】'孺子'는 어린아이. 여기서는 成王을 가리킴. '朋'은 鳳의 古字로 '떨쳐 일어나다, 振奮하다'의 의미.

【其往】'往'은 新邑으로 간 것임. 章太炎은 "正當言孺子其朋往, 以告誡丁寧, 故分爲三逗, 正如口吃語矣"라 함.

【燄燄】焰焰과 같으며 불이 약하게 타오르는 형상.

【厥攸灼叙】'厥'은 其, 那와 같음. '攸'는 所와 같음. '灼'은 燒와 같음. '叙'는 緒와 같음. 《尙書易解》에 "無若句, 欲其氣之壯. 厥攸句, 欲其緒之長"이라 함.

【厥若彛及撫事如予】'及'은 汲과 같음. 서둘러 노력함을 뜻함. '撫'는 持와 같음. 國事를 主管함.

【惟以在周工往新邑】 '周工'은 鎬京에 있는 관리들을 가리킴.

【伻嚮卽有僚】《尙書易解》에 "使其趨就官職"이라 하여 '그들로 하여금 각기 자신의 직무에 진력하도록 하다'의 뜻. '伻'(팽)은 使와 같음. '嚮'은 《荀子》仲尼篇 注에 "嚮, 趨也"라 함. '有'는 語頭辭. '僚'는 官員.

【明作有功】 '明'은 勉과 같음. 雙聲互訓.

【惇大成裕】 '惇'은 敦과 같으며 厚의 뜻. 여기서는 '重視하다'의 의미. '裕'는 大의 뜻. '惇大成裕'에 대해 《尙書易解》에는 "惇其大而成其裕也, 指擧行殷祀元祀等大事"라 함.

【汝永有辭】 '辭'는 찬양의 언사를 뜻함.

169(33-3)
의불급물儀不及物

주공이 말하였다.

"아! 그대 어린 왕이여, 선왕께서 생각하셨던 일을 마무리할 생각을 하십시오. 그대는 마땅히 여러 제후들의 향례享禮를 공경히 살피셔야 하며, 또한 그들 중에 향례를 해 오지 않는 이를 식별하셔야 합니다. 향례는 여러 의식이 있으니 의식이 예물만큼 따르지 못하면 이는 향례를 오지 않는 것이라 말할 수 있습니다. 왜냐하면 제후들이 향례에 성심을 다하지 않으면 백성들은 향례를 해 오지 않음을 말할 것이며, 이렇게 되면 정사政事에 착오와 거만함이 있게 됩니다. 나는 어리신 왕께서 정무를 분담하였으면 하고 생각하고 있으니 이는 내가 그 많은 정사를 들을 겨를이 없기 때문입니다. 나는 그대에게 백성을 이끄는 바른 법칙을 일러드리오니 그대가 만약 이 일을 처리하기에 노력을 기울이지 않는다면, 그대의 선정善政은 멀리 퍼져나가지 못할 것입니다! 모두를 내가 그대의 장관과 부형을 배치하고 선발하는 것과 같이 하시면 그들은 감히 그대의 명령을 폐기하지 못할 것입니다. 그대는 새로 건설한 낙읍으로 가시어 공경을 다하소서! 지금 우리들 공경 백관을 떨쳐 일어나 힘쓰도록 하소서! 가시어 우리 백성을 잘 교도하시어, 멀리 있는 이들까지 모두 우리에게 이르러 오도록 하십시오."

公曰:「已! 汝惟沖子, 惟終. 汝其敬識百辟享, 亦識其有不享. 享多儀, 儀不及物, 惟曰不享. 惟不役志于享, 凡民惟曰不享, 惟事其爽侮. 乃惟孺子頒, 朕不暇聽. 朕敎汝于棐民彝, 汝乃是不蘉, 乃時惟不永哉! 篤敍乃正父, 罔不若予, 不敢廢乃命. 汝往敬哉! 茲予其

明農哉! 彼裕我民, 無遠用戾.」

【已】感歎詞, 唉와 같음.

【汝惟沖子】'惟'는《玉篇》에 "爲也"라 함. '沖子'는 孺子와 같은 뜻으로 成王을 가리킴.

【惟終】'惟'는 思의 뜻. 先王이 마치지 못한 사업을 마칠 것을 생각함.

【汝其敬識百辟享】'識'은 살펴서 識別함. '辟'은 君, 제후, 임금. '百辟'은 여러 제후들을 가리킴. '享'은 享禮, 즉 諸侯들이 天子를 朝見할 때의 예절.

【享多儀】'多'는 '중시하다'의 뜻. '儀'는 儀禮와 같은 뜻.

【儀不及物】《尚書易解》에 "謂物有餘而禮不足"이라 함.

【惟曰不享】'惟'는 語氣助詞. '曰'은 謂와 같음.

【惟不役志于享】'役志'는 온 정성을 다함의 뜻.

【惟事其爽侮】'事'는 政事. '爽'은 錯誤나 過失. '侮'는 경홀히 대함.《尚書正義》에 "百辟不役志于享, 則亦不亦志于王朝所頒布之政令, 故曰惟事其爽侮也. 時周公欲成王親受朝享, 以瞻諸侯向背, 故使之不觀其物而觀其儀如此"라 함.

【孺子頒, 朕不暇聽】'頒'(반)은 分과 같음.《禮記》祭義 鄭玄 注에 "頒之言分也"라 함. '聽'은 政治를 들음.《尚書今古文注疏》에 "聽政之事繁多, 孺子分其任, 我有所不遑也"라 함.

【朕教汝于棐民彝】'于'는《詞詮》에 "以也"라 함. '棐'는 '보조하다, 돕다, 보필하다'의 뜻.

【汝乃是不蘉】'乃'는 若과 같음.《經傳釋詞》에 "乃, 猶若也"라 함. '蘉'(망)은 '힘쓰다, 노력을 기울이다'의 뜻. '勉'과 같음. 雙聲互訓.

【乃時惟不永哉】'時'는 善과 같음. 善政을 뜻함. '永'은 遠과 같으며 '멀리 넓혀나가다'의 뜻.

【篤叙乃正父罔不若予】'篤'은 督과 같음. 同音轉注. 督察의 뜻. '叙'는 관원의 昇進과 銓補, 配置 등을 말함. '正'은 長을 의미하며 '父'는 同姓의 長官, 즉 父兄을 가리킴.

【不敢廢乃命】'廢'는 '廢棄하다'의 의미. '乃'는 爾, 你와 같음. '乃命'은 '너의 명령'.

【茲予其明農哉】'茲'는 此, 現在의 뜻. 明農은 모두 '힘쓰다'의 의미.

【彼裕我民】'彼'는 往의 뜻.《說文》에 "彼, 往有所加也"라 함. '裕'는 '敎導하다'의 뜻.

【無遠用戾】'無'는 語氣助詞. '用'은 因과 같음. '戾'는 至와 같음.《爾雅》釋詁에 "戾, 至也"라 함.

함질무문咸秩無文

성왕이 이렇게 말하였다.

"주공이여! 힘써 이 어린 나를 보호하소서. 공께서는 위대한 공덕을 발양하시어 나로 하여금 문왕文王과 무왕武王의 업적을 이어 하늘의 가르침을 받들어 보답할 수 있도록 해 주시고, 사방 백성들로 하여금 화열和悅하여 낙읍洛邑에 거주하도록 해 주시며, 그곳에서 대례大禮를 중요한 것으로 여겨 거행하며, 성대한 제사를 질서 있게 치러, 모두가 조리가 있어 뒤얽히지 않도록 해 주십시오. 공은 공덕을 천지에 비추며 부지런히 곳곳에 이를 펴시어, 훌륭한 정사政事를 두루 시행하시며, 비록 횡역을 만나도 흔들리지 않으셔야 합니다. 문무백관은 그대의 교화를 실행하기에 노력하고 있으니, 이 어린 나는 다만 밤낮으로 제사를 올릴 일만 신중히 하면 될 것입니다."

그리고 왕이 말하였다.

"공께서는 이끌어 주시는 일에 뛰어나시니, 나는 진실로 이에 순종하지 않음이 없도록 하겠습니다."

王若曰:「公! 明保予沖子. 公稱丕顯德, 以予小子揚文武烈, 奉答天命, 和恒四方民, 居師; 惇宗將禮, 稱秩元祀, 咸秩無文. 惟公德明光于上下, 勤施于四方, 旁作穆穆. 迓衡不迷. 文武勤教, 予沖子夙夜毖祀.」

王曰:「公功棐迪, 篤罔不若時.」

【公】《尙書易解》에 "此下成王面答周公之辭. 公, 句絶, 呼而告之也"라 함.

【明保予沖子】'予沖子'는 成王이 자신을 겸손하게 지칭한 것.

【公稱丕顯德】'稱'은 '發揚하다'의 의미.

【以予小子揚文武烈】'以'는 使와 같음. '揚'은 '계속하다'의 뜻. '文武'는 文王(姬昌)과
　武王(姬發). '烈'은 事業, 功業.

【和恒四方民】'和恒'은 雙聲連綿語로 和悅과 같은 뜻임.

【居師】居하고 있는 서울. 洛邑을 가리킴. '師'는 京師의 의미.

【惇宗將禮】'宗'은 尊과 같음. '將'은 大와 같음.《尚書易解》에 "重視大禮也"라 함.

【稱秩元祀】'稱'은 질서를 갖춤. '元'은 大의 뜻. '元祀'는 大祀를 의미함.

【咸秩無文】'文'은 紊과 같음. 질서가 문란함.《尚書易解》에 "自'以予'至'無文', 皆復述
　周公之意"라 함.

【惟公德明光于上下】'上下'는 天上과 人世.

【旁作穆穆】'旁'은 普와 같음. 雙聲互訓. '穆穆'은 아름다운 모습.

【迓衡不迷】'迓'는 御로도 표기하며 章太炎은 "御從午聲, 午者逆也. 衡與橫同. 御衡
　不迷, 言遭橫逆而心不亂"이라 함. '迷'는 迷亂의 뜻.

【文武勤敎】'文武'는 文武百官을 가리킴.

【予沖子夙夜毖祀】'毖'는 謹愼의 뜻. 愼重히 처리함.

【公功棐迪】'功'은 攻과 같으며 '뛰어나다, 잘하다'의 뜻. '棐迪'은 '輔導'의 의미.

【篤罔不若時】'篤'은 信과 같으며 '若'은 順과 같음. '時'는 承과 같음.

171(33-5)
숙장지환肅將祗歡

　성왕이 말하였다.

　"공이시여! 어린 이 소자小子는 물러나 호경鎬京으로 되돌아가고자 하오니, 그대는 계속해서 이 낙읍을 다스려주시기를 명하나이다. 사방이 교도敎導와 다스림을 받고도 아직 안정되지 못하였으며 종례宗禮도 아직 완성을 보지 못하고 있습니다. 공께서는 교도에 뛰어나시니 계속해서 우리 각급 관원들을 감독하시어 문왕과 무왕께서 물려받았던 은殷나라 유민들을 안정시켜 나의 사보四輔가 되소서."

　왕이 말하였다.

　"공께서는 이곳에 남아 있으소서. 나는 호경으로 가고자 하나이다. 공께서는 신속히 은나라 유민들을 화해로써 이끄는 일을 수행하시며, 공께서는 이를 곤고困苦한 일이라 여기지 마옵소서! 나는 다만 정사政事를 배우는 일을 게을리 하지 않을 것이니, 공께서 모범을 보이시기를 그치지 않으시면 사방 사람들이 장차 세세토록 우리에게 조향朝享을 해 올 것입니다."

　王曰:「公! 予小子其退, 卽辟于周, 命公後. 四方迪亂未定, 于宗禮亦未克敉. 公功迪將, 其後監我士師工, 誕保文武受民, 亂爲四輔.」

　王曰:「公定, 予往已. 公功肅將祗歡, 公無困哉! 我惟無斁其康事, 公勿替刑, 四方其世享.」

【予小子其退】'退'는 洛邑에서 물러남을 뜻함. 陳櫟은 "成王自謂其退, 卽位于周, 味'退'

之一字, 則王時進洛邑可知. 據身在洛邑言, 故以還歸宗周爲退, 退固王之謙詞, 亦往返語勢之當然耳"라 함.

【卽辟于周】'辟'은 임금 자리를 뜻함. 임금이 본래의 자리로 되돌아가는 것.

【命公後】《尙書易解》에 "猶言後續, 繼續, 謂繼續治洛也"라 함.

【四方迪亂未定】'迪'은 '敎導하다, 訓導하다'의 뜻.

【于宗禮亦未克敉】'宗禮'는 宗人이 執典하는 禮. '敉'는 弭와 같으며 '완성하다, 종료하다, 마치다'의 뜻.

【公功迪將】'將'은 '扶持하다'의 의미.

【其後監我士師工】'士', '師', '工'은 각급 관리를 뜻함.

【誕保文武受民】'誕'은 語頭의 語氣助詞. '受民'은 하늘로부터 통치를 위임 받은 대상으로서의 백성을 뜻함.

【亂爲四輔】'四輔'는 천자를 도와 사방을 잘 보살피도록 임무를 맡은 대신.《尙書大傳》에 천자의 전면에서 돕는 자를 疑, 후면은 丞, 왼쪽은 輔, 오른쪽은 弼이라 하여 이를 '四鄰', 혹은 '四輔'라 한다 하였음.《後漢書》桓郁傳에 "昔成王幼少, 越在襁褓, 周公在前, 史佚在後, 太公在左, 召公在右, 中立聽朝, 四聖維之, 是以慮無遺計, 擧無過事"라 함.

【公定】'定'은 止와 같음. 머무름.

【予往已】'往'은 鎬京으로 감을 뜻함. '已'는 句末의 語氣助詞.

【公功肅將祗歡】'肅'은 速과 같음. 迅速함. '將'은 行과 같음. '歡'은 和와 같음.

【公無困哉】'困'은 困苦함. '哉'는 句末의 語氣助詞.

【我惟無斁其康事】'斁'은 '역'으로 읽으며 권태롭게 느껴 懶怠해짐을 뜻함. 게을러짐. 懈怠와 같음. '康事'는 章太炎은 "康, 讀爲庚.《說文》: 庚, 更事也, 更事卽更習吏事. 不言苟政, 言更事者, 謙也. 次言公勿替刑, 仍欲公爲儀刑, 則自處于學習之地"라 함.

【公勿替刑】'替'는 止, 停止의 뜻. '刑'은 型과 같음. 示範, 模範의 뜻.

【四方其世享】'享'은 朝享. 즉 朝貢을 바쳐오며 우리를 종주국으로 모심.

172(33-6)
만방함휴 萬邦咸休

　주공周公이 손을 모아 배례를 하고 머리를 조아리며 말하였다.

　"왕께서 나로 하여금 낙읍으로 와서 그대 선조 문왕文王께서 받은 바의 은殷나라 유민들을 보호하는 일과 그대의 아버지 광열光烈한 무왕武王의 위대함을 선양하도록 명하시기에 저는 이를 봉행하고 있습니다. 왕께서 낙읍으로 오셔서 시찰하시면서 은나라 현량한 신하와 백성들을 후하게 대우할 것을 생각하시어 곳곳을 다스릴 새로운 법을 제정하시고, 주나라 법이 이를 선도해 나갈 수 있도록 만드시기 바랍니다. 나는 '이곳 중앙으로부터 다스려 나가면 만방이 모두 즐거워할 것이며 왕 또한 공적을 이룰 것입니다. 나 희단姬旦은 여러 경, 대부와 일을 맡을 관원들을 인솔하여 선왕의 업적을 독려하며, 많은 무리를 모아 낙읍 건설의 선도로 삼았습니다'라고 말씀을 드렸습니다. 이처럼 내가 그대에게 보고하였던 법칙을 실현하였으니, 이는 곧 광대光大한 선조 문왕의 미덕을 발양한 것입니다. 그러자 왕께서는 사신을 파견하여 이 낙읍으로 보내어 은나라 사람들을 위로하셨고, 또한 두 유卣의 거창주秬鬯酒를 보내시면서 저의 안부를 물으시고, '정결하게 인제禋祭를 거행하여 손을 모으고 머리를 조아려 문왕과 무왕에게 훌륭한 제사를 올리라'고 말씀하셨습니다. 나는 감히 하룻밤도 묵히지 아니한 채 문왕과 무왕에게 제사를 올렸습니다. 그러면서 '원컨대 나로 하여금 순조롭게 이를 수행하여 죄질을 만나는 일이 없도록 해 주시며, 만년이 가도록 그 덕을 실컷 누리게 하시며, 은나라 일에 능히 장구한 성공을 바랍니다'라고 기도하였고, 또 '원컨대 성왕께서는 은나라 유민들로 하여금 만년이 가도록 순종하여 장구히 우리 백성이 왕의 은덕을 품고 사는 모습을 볼 수 있도록 해주십시오'라고 기원하였습니다."

　周公拜手稽首, 曰:「王命予來, 承保乃文祖受命民, 越乃光烈考武王弘, 朕恭. 孺子來相宅, 其大惇典殷獻民, 亂爲四方新辟, 作周恭先. 曰:『其自時中乂, 萬邦咸休, 惟王有成績. 予旦以多子越御事, 篤前人成烈, 答其師, 作周孚先.』考朕昭子刑, 乃單文祖德. 伻來毖殷, 乃命寧予以秬鬯二卣, 曰:『明禋, 拜手稽首休享.』予不敢宿, 則禋于文王·武王.『惠篤敍, 無有遘自疾, 萬年厭于乃德, 殷乃引考.』『王伻殷乃承敍, 萬年其永觀朕子懷德.』」

【祖受命民】'民'은 殷의 遺民을 가리킴.

【越乃光烈考武王弘】'烈'은 功績, 業績. '考'는 돌아가신 부친. 先父.

【朕恭】'恭'은 孔安國 傳에 '恭奉'이라 하였으며, 《尙書易解》에는 "弘字絶句, 恭字絶句. 此言王命予來, 承保文祖所受之殷民, 宣揚文武之宏大, 我奉行之. 此答王命, 允繼續治洛也"라 함.

【孺子來相宅】'相宅'은 '洛邑을 시찰하다'의 의미.

【其大惇典殷獻民】'其'는 基와 같음. 謀의 뜻. '典'은 禮. '憲'은 賢과 같음. 따라서 '獻民'은 賢民의 뜻임.

【亂爲四方新辟】'亂'은 語氣助詞, 뜻은 없음. '辟'은 法의 의미.

【作周恭先】'恭'은 共과 같으며 공동으로 지켜야 할 법을 뜻함. 周나라 法을 지은 先例.

【曰: 其自時中乂】'曰'은 周公이 洛邑에서 相宅할 때 成王에게 보고하였던 말을 追述한 것. '時'는 此, 是, 玆와 같음. '中乂'는 中央(洛邑)의 통치.

【惟王有成績】'惟'는 宜와 같음.

【予旦以多子越御事篤前人成烈】'子'는 고대 남자에 대한 미칭. '多子'는 많은 卿大夫를 가리킴. '篤'은 治와 같음. 武王이 처음 洛邑을 東都로 삼아 다스리고자 했던 논의. 그 때문에 '篤前人成烈'이라 표현한 것임.

【答其師】'答'은 合과 같은 뜻. 集合함. '師'는 무리(衆).

【作周孚先】'孚'는 郛와 같음. 따라서 '周孚'는 周郛와 같으며 周나라 王城의 外城. 여

기서는 洛邑을 가리킴. 章太炎은 "周孚者, 周郛也.《逸周書》作雒解:「周公將致政, 乃作大邑成周於土中, 城方千七百二十丈, 郛方七十里, 南繫於洛水, 北因于郟山, 以爲天下之大湊.」據此, 城專指王城, 郛則包絡王城成周悉在其中. 此地中建國之始, 故曰作周郛先"이라 함.

【考朕昭子刑】'考'는 成과 같음. '昭'는 詔와 같음. 告의 뜻. '刑'은 法. '昭(告)子刑'은 '其自時中乂'로부터 '作周孚先'까지의 34자를 가리킴.《尚書易解》를 볼 것.

【乃單文祖德】'單'은《說文》에 "大也"라 하였으며, 여기서는 '光大하다, 크게 빛나다'의 뜻.

【來伻祀殷】'伻'(팽)은 使와 같음. 여기서는 '成王이 사신을 파견하여 오게 하다'의 뜻. '祀'는 '慰勞하다'의 의미.

【乃命寧予以秬鬯二卣】'寧'은 問安의 의미. '秬鬯'은 검은 기장으로 빚은 술로 일종의 香酒. '卣'는 酒器, 술그릇.

【曰：明禋】'曰'은 成王이 한 말임. '明'은 정결함을 뜻함. '禋'(인)은 祭天의 典禮이며 제사. 섶을 태워 연기를 하늘로 올린 다음 犧牲과 玉帛을 놓고 태우는 의식.

【休享】'休'는 慶幸의 뜻. '享'은 獻과 같음.

【予不敢宿】'宿'은 하룻밤을 묵히는 것.

【惠篤叙】'惠'는《尚書正讀》에 "篤爲惟, 語詞.〈酒誥〉'予不惟若玆多誥',〈石經〉惟作惠, 可證"이라 함. '叙'는 順과 같음.

【無有遘自疾】'有'는 或과 같음. '遘'는 遇와 같음. '自疾'은 罪疾. 章太炎은 "自, 卽自之爛餘. 自疾連文, 見《春秋》小祝及〈盤庚〉篇. 謙不敢言受福, 故言不遘自疾耳"라 함.

【萬年厭于乃德】'厭'은 飽와 같은 뜻임. 引伸하여 '滿足하다'의 의미.

【殷乃引考】'乃'는 能과 같음. '引'은 長과 같음. '考'는 '성공하다. 이루다'의 뜻. '惠篤叙'로부터 이곳 '殷乃引考'까지는 周公이 복을 빌던 내용임.

【王伻殷乃承叙萬年】'承叙'는 承順과 같음.

【其永觀朕子懷德】'朕子'는 나의 백성을 뜻함. '懷'는 思와 같음. '王……懷德'은 周公이 成王을 위하여 기도하던 祝辭임.

173(33-7)
신읍증제 新邑烝祭

무진戊辰날, 성왕이 새로 건설한 낙읍洛邑에서 증제烝祭를 거행하면서 선왕에게 한 해의 일을 보고하였다.

이때 문왕文王의 제사에는 성우騂牛 한 마리를 희생으로 하였고, 무왕武王의 제사에도 성우 한 마리를 희생으로 하였다.

성왕은 작책作冊의 관직인 일逸에게 책문冊文의 내용을 낭독하도록 하여 이를 문왕과 무왕에게 보고하면서, 주공으로 하여금 앞으로 계속해서 낙읍에 남아 뒷일을 이어가도록 고하였다.

왕의 제사를 돕는 이가 희생을 잡아 선왕에게 제사를 지낼 때 모두가 이르자 성왕이 태실太室로 들어가 관제裸祭를 거행하였다.

성왕이 주공으로 하여금 계속하여 낙읍을 다스릴 것을 명하자, 작책의 관직인 일이 이를 천하에 고하였는데 그때는 12월이었다.

주공은 낙읍에 남아 문왕과 무왕이 받았던 사명을 수행하였는데 그때는 성왕 7년이었다.

戊辰, 王在新邑烝祭, 歲.
文王騂牛一, 武王騂牛一.
王命作冊逸祝冊, 惟告周公其後.
王賓殺禋, 咸格, 王入太室, 裸.
王命周公後, 作冊逸誥, 在十有二月.
惟周公誕保文武受命, 惟七年.

【戊辰】劉歆의《三統曆》으로 推算하면 成王 7年 12月 그믐이라 함.

【王在新邑烝祭】 '烝'은 겨울 제사 이름.

【歲】 한 해 동안 있었던 성과를 보고하는 의식. 한 해 겨울에 가고 오는 해를 제사 지내는 의식. 《儀禮》少牢饋食禮에 "用薦歲事於皇祖伯某"라 함.

【文王騂牛一】 '騂'(성)은 붉은 색을 곱게 띤 소로 희생용을 뜻함. 《論語》雍也篇 "子謂仲弓, 曰: 「犂牛之子騂且角, 雖欲勿用, 山川其舍諸?」"의 集注에 "騂, 赤色. 周人尙赤, 牲用騂"이라 함.

【王命作冊逸祝冊】 '作冊'은 官職名, 문서 만드는 일을 맡은 사람. '逸'은 사람 이름으로 佚로도 표기함. 흔히 다른 기록에 史逸, 史佚로 보임. '祝冊' 글을 지어 읽고 빌게 하는 것. 孔穎達 疏에 "讀冊告神謂之祝"이라 함.

【惟告周公其後】 '其'는 將과 같음. '後'는 後續. 계속해서 洛邑을 다스리는 일.

【王賓殺禋咸格】 '王賓'은 왕을 도와 제사를 지내는 제후. '殺牲'은 희생을 잡음. '禋'은 제사 이름. '格'은 至와 같음. 신이 강림함.

【王入太室】 '太室'은 王肅은 淸廟의 중앙에 위치한 가장 큰 內室을 가리키는 것이라 하였음.

【祼】 '祼'(관)은 灌과 같으며 祼祭. 鬱鬯酒를 땅에 뿌리는 의식. 孔穎達 疏에 "王以圭瓚酌鬱鬯之酒以獻尸, 尸受祭而灌于地, 因奠不飮, 謂之祼"이라 함.

【作冊逸誥】 '誥'는 告諭의 뜻. 王國維는 "謂告天下. 成王卽命周公, 因命史逸書王與周公問答之語幷命周公時之典禮, 以告天下, 故此篇名〈洛誥〉.《尙書》記作書人名者, 惟此一篇"이라 함.

【在十有二月】 成王이 周公에게 명하여 洛邑을 다스리도록 한 달.

【惟周公誕保文武受命】 文王과 武王으로부터 받은 使命을 담당함.

【七年】 周公이 어린 成王을 대신하여 攝政한 지 7년째 되는 해. 皮錫瑞는 "經云戊辰, 有日無月, 在十有二月, 有月無年, 於末結之曰惟七年, 則當爲七年十二月戊辰日無疑. 古人文法多倒裝, 故先日次月又次年"이라 하였고, 王國維는 "書法先日次月次年者, 乃殷周間記事之體"라 함.

⟨34⟩ 다사多士(174-176)

'士'는 殷나라 舊臣들을 가리
키며 이들은 거의가 새로 들어
선 주 왕조에 복종하지 않던
이들이다. 孔安國 傳에는 "所告
者, 皆衆士, 故以名篇"이라 하
여 주공이 이주시키거나 선포
한 많은 대상들이다.

甲骨文 : ⟨大型塗朱牛骨刻辭⟩ 河南 安陽 殷墟 출토

　주나라가 은을 멸하고 새로운 나라를 시작한 지 얼마 되지 않아 무왕이
죽고 성왕이 들어서자 어린 왕을 위해 주공이 섭정에 나서게 된다. 그러자
삼감三監이 주공에게 반감을 품고 난이 일어나 아직 기반을 제대로 다지지
않은 주 왕실은 크게 동요하게 된다. 주 왕실에서는 삼감의 난을 평정한 다
음 정권을 공고히 하기 위해서는 은나라 유민들을 철저하게 대처해야 하며,
이를 위해서는 은나라 구신들을 통제하는 것부터 서둘러야 했다. 그리하여
새롭게 건설한 東都 洛邑 부근에 成周를 마련하여 은나라 유민들을 모두
그곳으로 이주시켜 감독과 통제의 편의를 꾀하였다. 그럼에도 은나라 유민
들은 옛 연고지를 그리워하며 주 왕실에 대한 반감을 그대로 가지고 있었
다. 이에 주공은 성왕을 대신하여 포고령을 발표하여 이 주의 정당성, 앞으
로의 정책, 은나라 유민에 대한 대우 등을 밝히게 된다. 본편은 이를 기록
한 것으로 역시 고체誥體에 해당하며 시간적으로는 ⟨洛誥⟩ 다음의 사안이
다. ⟨금문⟩과 ⟨고문⟩에 모두 들어 있다.

＊蔡沈《書傳》⟨多士⟩ 注에 "商民遷洛者, 亦有有位之士, 故周公洛邑初政, 以王命總
　呼多士而告之. 編書者因以名篇. 亦誥體也. 今文·古文皆有"라 하였다.

〈서〉: 성주成周가 이윽고 완성되자 은나라 완민頑民들을 이주시키고 주공周公이 성왕成王의 명령을 빌려 그들에게 선포한 고誥이며 이를 기록한 것이 〈다사〉편이다.

<序>: 成周旣成, 遷殷頑民, 周公以王命誥, 作<多士>.

【成周】 지명으로 지금의 河南 洛陽市 동쪽 일대임. 周公이 殷나라 遺民들을 이주시켜 거주하도록 한 곳. 孔穎達 疏에 "周之成周于漢爲洛陽也, 洛邑爲王道, 故謂此爲下都, 遷殷頑民以成周道, 故名此邑爲成周"라 하여 '下都'로도 불렸으며 주나라의 도를 이루도록 殷나라 頑民을 이주시킨 곳이라는 뜻에 의해 '成周'라 명명된 곳임.

【成】 東都 洛邑 신도시와 은나라 유민을 이주시켜 안치할 成周 건설이 완성됨.

【頑民】 '頑惡한 百姓'이란 뜻으로 殷나라 유민으로서 周 王室에 복종하지 않던 이들을 지칭함. 孔安國 傳에 "殷大夫士, 心不則德義之經, 故徙近王都教誨之"라 함.

【以王命誥】 '以'는 用과 같음. '王'은 成王, 周公이 成王을 대신하여 포고령을 내린 것. '誥'는 告誡의 뜻.

174(34-1)
상제인일 上帝引逸

성왕 원년 3월, 주공周公이 처음 신읍 낙읍洛邑에 거하면서 성왕의 명령으로써 상나라 주왕紂王 때의 신하였던 이들에게 고하였다.

왕께서는 이렇게 말씀하셨노라.

"너희 은나라 유민들 신하들이여! 주紂는 하늘을 제대로 공경하지 않아 하늘이 은나라에게 큰 재앙을 내린 것이며, 우리 주周나라는 하늘이 보우하는 사명으로서 하늘의 밝은 위엄이 주왕에게 내리는 벌을 집행하여 은나라가 하늘의 명에 의해 운명을 다하였음을 선고한 것이다. 지금 그대들 많은 관원들이여! 우리 이 작은 주나라가 감히 은나라의 운명을 바꾼 것이 아니니, 왜냐하면 하늘이 무망함을 믿고 악한 자에게 의지하는 그들에게 사명을 주지 않은 것이며, 대신 우리 주나라를 도운 것이지 우리가 어찌 감히 왕위를 빼앗을 수 있었겠는가? 하늘은 그처럼 무망함을 믿고 악한 자를 의지하는 나라에게 사명을 주지 않았으니 우리 아랫사람들이 한 일이란 마땅히 천명을 두려워하며 공경하는 것이리라. 내 듣기로 '상제께서는 유락에 빠지는 것을 절제하라'하셨으나 하夏나라 걸桀은 유락을 절제할 줄 몰랐기에 상제께서는 가르침과 명령을 내려 하나라 걸을 권고하고 이끌어주었다. 그럼에도 그는 상제의 그러한 가르침을 듣지 않았고 제멋대로 유락에 빠졌으며 아울러 상제의 가르침을 의심하였다. 이 때문에 상제께서는 더는 그를 불쌍히 여기지 아니하고 하나라의 운명을 없애버리고 큰 징벌을 내린 것이며, 이에 그대들의 선조 성탕成湯에게 명하여 하나라를 개혁하도록 한 다음 걸출한 인재를 등용하여 천하를 다스리도록 한 것이다. 이리하여 성탕으로부터 제을帝乙에 이르기까지 은나라 선왕들은 누구나 힘써 덕정을 베풀고 제사를 신중히 모시지 않은 자가 없었다. 또한 하늘이 은나라 현인들을 세워 다스리도록 하여 은나라 선왕들은 하는 일 모두 하늘의 은택에 배합하지 않음이 없었다. 그런데 뒤를 이은 주에 이르러 그는 하늘의 뜻도 제대로 알지 못하였으니, 하물며 사람의 말이나 선왕들이 힘써 나라를 다스린 교훈을 고려할 줄 알았겠는가? 주는 음일과 유락에 빠져 하늘의 뜻과 백성의 고달픔을 돌아보지 아니하자, 이 때문에 상제께서는 그를 돕지 않은 채 이와 같은 큰 상란喪亂을 내리신 것이다. 상제께서는 덕정을 베풀지 않는 자에게는 대명大命을 주시지 않는 것이니, 무릇 사방 작고 큰 나라들의 멸망은 상제의 징벌이 없었는데도 그렇게 된 나라란 없다.”

惟三月, 周公初于新邑洛, 用告商王士.
王若曰:「爾殷遺多士! 弗弔旻天, 大降喪于殷, 我有周佑命, 將天明威, 致王罰, 勅殷命終于帝. 肆爾多士! 非我小國敢弋殷命. 惟天不畀允罔固亂, 弼我, 我其敢求位? 惟帝不畀, 惟我下民秉爲, 惟天明畏. 我聞曰:『上帝引逸.』有夏不適逸, 則惟帝降格, 嚮于時夏. 弗克庸帝, 大淫泆有辭. 惟時天罔念聞, 厥惟廢元命, 降致罰; 乃命爾先祖成湯革夏, 俊民甸四方. 自成湯至于帝乙, 罔不明德恤祀. 亦惟天丕建保乂有殷, 殷王亦罔敢失帝, 罔不配天其澤. 在今後嗣王, 誕罔顯于天, 矧曰其有聽念于先王勤家? 誕淫厥泆, 罔顧于天顯民祗, 惟時上帝不保, 降若茲大喪. 惟天不畀, 不明厥德, 凡四方小大邦喪, 罔非有辭于罰.」

【惟三月】成王이 東都 洛邑을 건설하고 낙읍으로 옮겨 새롭게 紀元을 삼은 元年. 곧 成王 8년의 3월.
【周公初于新邑洛】'初'는 始와 같음.
【用告商王士】'用告'는 周公이 成王의 말이라 하여 대신 선포한 것. '商王士'는 殷나라 紂王 때의 舊臣들을 가리킴. '士'는 官吏.

【王若曰】'王'은 成王. "成王이 이렇게 말하였다"라고 하여 아래 문장은 모두 주공이 성왕의 말을 인용하여 전달한 것.

【弗弔旻天】'弔'는 '吊'으로도 표기하며 善, 幸의 뜻. 따라서 '不弔'는 不幸, 不善의 뜻. '旻天'은 가을 하늘을 뜻하며 여기서는 上天을 가리킴. 판본에 따라 '昊天'으로 표기된 것도 있음. 《尙書易解》에 "不弔旻天指紂, 謂紂王不善乎旻天也"라 함.

【大降喪于殷】'降喪'은 하늘이 재앙을 내림. 곧 天罰로 멸망토록 함.

【我有周佑命】'有'는 語頭詞. '佑'는 '돕다'의 뜻.

【將天明威】'將'은 奉行과 같음. 《儀禮》聘禮 鄭玄 注에 "將, 猶奉也"라 함.

【致王罰】'致'는 至와 같음. 《禮記》樂記 注에 "至, 行也"라 함.

【勅殷命終于帝】'勅'은 勒, 敕과 같으며 告, 令의 뜻. '終于帝'는 하늘의 뜻에 따라서 결말을 봄. 즉 나라를 멸망시킴.

【肆爾多士】'肆'는 '今'과 같음. '지금, 현재'의 뜻.

【非我小國敢弋殷命】'弋'은 曾運乾의 〈喩母古讀考〉에 "弋, 亦代也"라 하였고, 〈馬融本〉과 〈鄭玄・王肅本〉에는 '弋'이 '翼'으로 되어 있음. 馬融은 "翼, 取也"라 하였고, 鄭玄은 "翼, 猶驅也"라 함. '小國'은 孔穎達 疏에 "周本殷之諸侯, 故周公自稱小國"이라 함.

【惟天不畀允罔固亂】'畀'는 與와 같음. '允'은 信과 같으며 '罔'은 誣와 같음. '固'는 怙(믿다, 의지하다)와 같음. 따라서 '允罔固亂'은 "誣罔함을 믿고 暴亂한 자를 의지하다"의 의미.

【弼我】'弼'은 '보필하다, 보좌하다'의 뜻.

【我其敢求位】'其'는 豈와 같음. 疑問文을 구성함. '位'는 王位.

【惟帝不畀】'不畀' 다음에 의미로 보아 '允罔固亂'이 생략된 것으로 봄.

【惟我下民秉爲】'秉'은 執과 같음. 여기서는 마음가짐을 뜻함. '爲'는 行爲, 作爲, 行事를 뜻함.

【惟天明畏】'天命畏'는 '畏天命'의 倒置型 문장. '하늘의 벌을 두려워하다'의 의미.

【上帝引逸】'引'은 《尙書易解》에 "制引, 制止也"라 함. '逸'은 淫逸을 뜻함.

【有夏不適逸】'適'은 '節制하다'의 의미.

【則惟帝降格】'格'은 㤅과 같음. 명령이 엄함. 《玉篇》에 "㤅, 敎令嚴也"라 함.

【嚮于時夏】'嚮'은 '권하다'의 뜻. '時'는 此, 是, 玆, 斯와 같음.

【弗克庸帝】'庸'은 用과 같으며 여기서는 '청취하다'의 뜻. '弗克庸帝'는 "능히 上帝의 가르침을 청취하지 못하다"의 뜻.

【大淫泆有辭】'淫'은《廣雅》釋言에 "游也"라 함. '泆'은 逸과 같음. '游樂과 安逸에 빠지다'의 의미. '有'는 又와 같으며 '辭'는 怠와 같으며 여기서는 疑惑의 뜻.

【惟時天罔念聞】'惟時'는 由是와 같음. '이로 말미암아'의 뜻. '念'은 '그리워하다'의 의미이며 '聞'은 問과 같음.

【厥惟廢元命】'厥'은 語氣辭. '元命'은 大命, 즉 國運.

【降致罰】'致'는 至와 같으며 大의 뜻.

【乃命爾先祖成湯革夏】'革夏'는 夏나라를 크게 개혁함. 易姓革命을 일으킴.

【俊民甸四方】'俊民'은 傑出한 人才. '民'은 人과 같음. '甸'은 治의 뜻.

【自成湯至于帝乙】'成湯'은 殷나라 시조 탕왕. '成'은 郕으로도 표기하며 지명, 그러나 간혹 謚號라고도 함. 有湯으로도 불림. 子姓. 이름은 履. 武湯, 成湯, 天乙로도 불림. '湯'은 원래 夏나라 때의 諸侯. 亳을 근거로 발전하여 夏나라 末王 桀의 무도함을 제거하고 伊尹을 등용하여 殷(商)을 세운 개국군주. 儒家에서 聖人으로 받듦. 《史記》殷本紀를 참조할 것. 《十八史略》(1)에는 "殷王成湯: 子姓, 名履. 其先曰契, 帝嚳子也. 母簡狄, 有娀氏女, 見玄鳥墮卵吞之, 生契. 爲唐虞司徒, 封於商, 賜姓"이라 함. '帝乙'은 殷나라 말기의 왕. 紂의 아버지.

【罔不明德恤祀】'恤'은 卹과 같음. '愼重히 하다'의 뜻.

【亦惟天丕建保乂有殷】'保乂'는 安治와 같음.《尙書易解》에 "保乂有殷, 卽謂安治殷國之人, 乃建之賓語"라 함.

【殷王亦罔敢失帝】'帝'는 上帝. '감히 天意를 위배하거나 놓치지 않음'의 뜻.

【罔不配天其澤】'其'는《經傳釋詞》에 "其, 猶之也"라 함. '澤'은 恩澤.

【在今後嗣王】'後嗣王'은 紂王을 가리킴.

【誕罔顯于天】'顯'은 明과 같음. '誕罔顯于天'은〈酒誥〉의 '罔顯于民祗'와 같은 句式임.

【矧曰其有聽念于先王勤家】'矧'은 況과 같음. '하물며'의 뜻. '勤家'는 '國家를 위해 노력하다'의 뜻.

【誕淫厥泆】'厥'은 語氣辭.

【罔顧于天顯民祗】'顧'는 念과 같음. '天顯'은 하늘이 드러내어 알려주는 바를 뜻함. 〈康誥〉에 "于弟弗念天顯"이라 함. '民祗'의 '祗'는 疧와 같으며 '병, 고통'을 뜻함. 《詩》小雅 白華 "俾我疧兮"의 毛傳에 "疧, 病也"라 함.

【降若玆大喪】'若玆'는 如此, 若此와 같음. '喪'은 亡失과 같음. 나라가 망하는 징벌을 받았음을 말함.

【惟天不畀, 不明厥德】不明厥德은 '덕정을 베풀기에 노력하지 않은 자'를 지칭함.

【惟時】是以와 같음.

175(34-2)
유청용덕惟聽用德

성왕께서 이렇게 말씀하셨노라.

"너희 은나라 많은 신하들이여! 지금 나 주왕周王은 능히 상제의 사명을 잘 봉행하고 있으며, 상제께서 '은나라를 없앤 다음 이를 상제께 보고하라'라 명하셨노라. 우리들이 은나라를 토벌한 것은 그대들을 적으로 삼고자 한 것이 아니라 단지 그대들의 왕가王家를 적으로 여긴 것이다. 그런데 그대 관원들이 너무나 이를 제대로 헤아리지 못할 줄은 미처 생각지도 못하였고, 아울러 내 그대들을 동원하지도 않았으며, 준동蠢動은 그대들의 봉읍으로부터 시작되었다. 나는 하늘의 뜻을 고려하여 겨우 은나라를 멸망시킨 것이며, 은나라에 대한 일이 평온해진 뒤에는 그대들의 죄는 다스리지 않았다."

왕께서 말씀하셨노라.

"아! 그대 여러 관원들에게 고하건대 내가 장차 그대들을 서쪽 지역으로 이주시키는 것은 결코 불편을 주더라도 나 한 사람의 덕을 받들도록 하기 위함이 아니며 이는 곧 천명이기 때문이다. 천명을 거스를 수 없기에 나는 감히 뒤로 미루지 않을 것이니 나를 원망하지 말라. 그대들이 알고 있듯이 은나라 선조들이 남기신 전적의 기록에 은나라가 하夏나라의 운명을 바꾸었다. 지금 그대들은 또 '그 무렵 하나라 관원들은 은나라 조정에 선발되어 많은 관직 중에 지위를 얻었다'라고 말하고 있다. 나는 이를 들어주어 덕이 있는 자들을 임용할 것이다. 그러나 지금 내가 감히 대읍天邑 상商으로부터 그대들을 불러온 것은 결코 그대들이 덕이 있어 임용될 사람들이기에 그렇게 한 것이 아니며, 단지 그대들의 죄를 용서함과 아울러 불쌍히 여겨서 그렇게 한 것이다. 이는 내가 착오를 일으킨 것이 아니며, 이는 천명을 실행하기 위한 것이다."

　王若曰:「爾殷多士! 今惟我周王, 丕靈承帝事, 有命曰:『割殷. 告
勅于帝.』惟我事不貳適, 惟爾王家我適. 予其曰惟爾洪無度, 我不
爾動, 自乃邑. 予亦念天, 卽于殷大戾, 肆不正.」
　王曰:「猷! 告爾多士, 予惟時其遷居西爾, 非我一人奉德不康寧,
時惟天命. 無違, 朕不敢有後, 無我怨. 惟爾知, 惟殷先人有冊有典,
殷革夏命. 今爾又曰:『夏迪簡在王庭, 有服在百僚.』予一人惟聽用
德, 肆予敢求爾于天邑商, 予惟率肆矜爾. 非予罪, 時惟天命.」

【今惟我周王, 丕靈承帝事】'靈'은 善과 같음. 잘함. '帝事'는 上帝가 명령한 일.

【割殷】'割'은 取와 같음.

【惟我事不貳適】'事'는 정벌하는 일. '適'은 敵과 같음.《論語》里仁篇 釋文에 "適, 鄭
　本作敵"이라 함. '貳適'는 하늘이 명하신 일 이외에 또 다른 일.

【予其曰: 惟爾洪無度】'曰'은《尙書易解》에 "謂也, 意料之意"라 함. '洪'은 大의 뜻. '度
　(탁)'은 量의 뜻.

【自乃邑】'乃邑'은 '너희 은나라 여러 경사들의 봉읍'을 뜻함.

【予亦念天】'念天'은 하늘이 은나라를 망하게 한 이유를 생각해 볼 것을 말한 것.

【卽于殷大戾】'卽'은 則과 같음. '戾'는 定과 같음.

【肆不正】'肆'는 故, 所以와 같음. '正'은 죄를 다스림.《周禮》大司馬 注에 "正之者, 執
　而治其罪"라 함.

【猷】感歎詞.

【予惟時其遷居西爾】'其'는 乃와 같음.《經傳釋詞》에 "其, 猶乃也"라 함. '遷居西爾'는
　成周로 옮김을 말함. '西'는 洛邑 成周가 朝歌의 서쪽임을 말함.

【非我一人奉德不康寧】'奉'은 秉과 같음. '德'은《左傳》成功 16년 "民生厚而德正"의
　疏에 "德, 謂人之性行"이라 함. '康寧'은 안정과 편안함을 뜻함.

【時惟天命】'惟'는《玉篇》에 "爲也"라 함.

【朕不敢有後】'有'는 或과 같음.《經傳釋詞》에 "有, 猶或也"라 함. '後'는《說文》에 "後,
　遲也"라 하여 '늦추다'의 뜻.

【惟殷先人有冊有典】'典'은《說文》에 "典, 大冊也"라 하며. '冊典'은 역사 사실을 기록한 冊.

【殷革夏命】殷나라가 夏나라의 운명을 바꾼 일. 곧 殷湯이 夏桀을 멸한 일.

【夏迪簡在王庭】'迪'은 由와 같음.《方言》에 "由, 輔也"라 함. 여기서는 輔臣을 가리킴. '簡'은 選과 같음. 우수한 人材를 가려 등용함. '在王庭'은 등용하여 임금의 宮廷에서 일하게 함을 뜻함.

【有服在百僚】'服'은《爾雅》釋詁에 "事也"라 함. 여기서는 職務, 職位를 뜻함. '百僚'는 많은 士人들이 周나라에 임용되지 않는 데에 대한 원망을 말함.

【予一人惟聽用德】'聽'은 聽從의 뜻. '德'은 덕 있는 사람을 가리킴.

【肆予敢求爾于天邑商】'肆'는 今과 같음. '求'는《禮記》學記 注에 "招徠也"라 함. '天邑'은 大邑을 뜻함.

【予惟率肆矜爾】'率'은 用과 같음. '肆'는 緩의 뜻. '법을 느슨하게 하여 용서해주다'의 뜻. '矜'은 '불쌍히 여기다'의 뜻.

【時惟天命】'惟'는 爲와 같음.

176(34-3)
사국민명四國民命

성왕께서는 이렇게 말씀하셨노라.

"너희 은나라 많은 옛 신하들은 지난날 내가 엄奄나라로부터 오면서 그대 관管, 채蔡, 상商, 엄 네 나라 백성들에게 널리 명령을 하달하였었다. 그런 다음 하늘의 징벌을 명확히 하기 위해 그대들을 먼 곳으로부터 이곳으로 이주시킨 것이며, 그대들은 근래에 우리 주나라 민족을 잘 받들고 신하로 복종하면서 매우 공경스럽게 순종하여 왔다."

왕께서 말하였다.

"그대 은나라 많은 관원들에게 고하건대, 지금 나는 그대들을 죽이지 아니할 것이며, 이러한 명령을 거듭 일러주노라. 지금 내가 이곳 낙읍에 하나의 큰 도읍을 세운 것은 사방 제후들이 조공을 바칠 곳이 없기 때문이며, 아울러 그대들이 분주히 우리를 위해 복무하여 공경히 순종하고 있기 때문이다. 그대들은 그래도 그대들의 토지를 갖게 될 것이며, 그대들은 안락하고 편안한 생활을 누릴 수 있을 것이다. 그대들은 능히 삼가고 공경을 다한다면 하늘이 차츰 그대들을 불쌍히 여기고 사랑하게 될 것이다. 그러나 그대들이 삼가고 공경을 다하지 않는다면 그대들은 땅을 가질 수 없을뿐더러 나 또한 장차 하늘이 내리는 징벌을 그대들 몸에 직접 행사할 것이다. 지금 그대들이 그대들의 이 성읍에서 잘 생활하며 그대들의 생업을 계속하도록 하면, 그대들의 이 낙읍에는 안락한 생활과 풍년이 들게 될 것이다. 그대들이 낙읍으로 이주하고 나면 그대들의 자손들도 또한 장차 흥성하고 발전할 것이다."

왕께서 말하였노라.

"다시 말하건대 나에게 순종하라. 그래야 능히 그대들이 장구히 살 수 있다고 말하리라."

王曰:「多士. 昔朕來自奄, 予大降爾四國民命. 我乃明致天罰, 移爾遐逖, 比事臣我宗多遜.」

王曰:「告爾殷多士. 今予惟不爾殺, 予惟時命有申. 今朕作大邑于茲洛, 予惟四方罔攸賓, 亦惟爾多士攸服, 奔走臣我多遜. 爾乃尚有爾土, 爾乃尚寧幹止. 爾克敬, 天惟畀矜爾; 爾不克敬, 爾不啻不有爾土, 予亦致天之罰于爾躬! 今爾惟時宅爾邑, 繼爾居; 爾厥有幹有年于茲洛. 爾小子乃興, 從爾遷.」

王曰:「又曰:『時予, 乃或言, 爾攸居.』」

【昔朕來自奄】'奄'은 지금의 山東省 曲阜縣 동쪽에 위치한 地名이며 고대 소국의 이름. 郵으로도 표기함. 成王 3년 三監의 난이 일어나자 成王은 周公으로 하여금 이를 평정하고 奄으로부터 凱旋한 것임. 《尚書大傳》에 "周公攝政三年, 踐奄"이라 함.

【予大降爾四國民命】'降'은 '下達하다'의 뜻. '四國'은 管(管叔), 蔡(蔡叔), 商(武庚), 奄의 네 나라를 가리킴.

【移爾遐逖】'遐逖'은 모두 遠의 뜻. 그대들의 먼 곳으로부터 이주시켜왔음을 말함.

【比事臣我宗多遜】'比'는 近日의 뜻. '我宗'은 우리 周나라 종족을 가리키며 동성 제후인 周, 魯, 衛를 가리킴. '遜'은 '공경히 順從하다'의 뜻.

【今予惟不爾殺】'不爾殺'은 '不殺爾'의 倒置型.

【予惟時命有申】'時命'은 是命, 곧 그대들을 죽이지 않겠다는 명령. '申'은 '거듭 당부하다'의 뜻.

【予惟四方罔攸賓】'惟'는 '왜냐하면'의 뜻. '四方'은 四方 각지의 제후들. '賓'은 朝貢을 뜻함. 金履祥은 "鎬京遠在西偏, 四方道理不均, 無所于賓貢"이라 함.

【亦惟爾多士攸服, 奔走臣我多遜】'奔走'는 분주히 힘을 모두 쏟음.

【爾乃尚有爾土】'尚'은 猶와 같음. '그래도, 오히려, 그나마' 등의 뜻.

【爾乃尚寧幹止】'寧'은 安과 같음. '幹'은 《廣雅》釋詁에 "安也"라 함. '寧幹'은 安寧과 같은 뜻임. '止'는 語末 語氣助詞.

【天惟畀矜爾】'畀'는 賜와 같음. '너희들을 가엾게 여겨 주다'의 뜻.

【爾不啻不有爾土】'不啻'는 不但과 같음.

【予亦致天之罰于爾躬】'躬'은 身과 같음

【今爾惟時宅爾邑】'惟'는 思와 같음. '時'는 《廣雅》釋詁에 "善也"라 함. '宅'은 安과 같음.

【繼爾居】'居'는 事業과 같음. 江聲은 "《詩》蟋蟀「職思其居」, 亦謂所爲之事爲居也"라 함.

【爾厥有幹有年于茲洛】'厥'은 其와 같으며 '대개, 아마도' 등의 뜻. '有幹'은 안락함을 뜻하며 '有年'은 豐年을 뜻함. '茲洛'은 孔安國 傳에 "汝其有安事有豐年于此洛邑"이라 함.

【爾小子乃興】'小子'는 자손들, 젊은이들. '興'은 興盛함.

【又曰時予】'又曰'은 《尙書正讀》에 "本文又曰, 重言「時予」也. 言終寧丁之意"라 함. '時'는 '순종하다'의 뜻.

【乃或言, 爾攸居】'或'은 克과 같음. 〈文侯之命〉의 '罔或耆壽'가 《漢書》成帝紀에 인용문은 '或'이 '克'으로 되어 있음. '攸'는 悠와 같음. 悠久함을 뜻함.

〈35〉무일無逸(177-179)

'無'는 毋, 勿과 같다. 금지명령이다. '逸'은 逸樂, 安逸의 뜻이다. '逸'은 '劮', '佚'로도 표기한다. 漢代〈石經〉에는 '毋劮'로 되어 있으며,《尚書大傳》에는 '毋佚'로 되어 있다. 따라서 '무일'은 '안일에 빠지지 말라'의 뜻이다. 주공은 成王에게 政權의 넘겨준 이후에 성왕이 안일과 향락에 빠져 정치에 태만해질 것을 걱정하여 성왕에게 이처럼 일락에 빠지지 말 것을 경계한 것이며 사관들이 그 내용을 기록한 것이다.

〈商代 亳 土城遺址〉(복원) 河南 鄭州市 商城路

주공은 백성들의 가색稼穡이 힘들 것임을 염두에 두도록 한 것으로, 민본에 대한 발전적 단계에 이르렀음을 보여주며, 역사가들은 고대 사상사와 맹자의 주장을 연계해 매우 중요한 사료로 여기고 있다.

본 편은 〈古文尚書〉와 《今文尚書》에 모두 들어 있다.

*蔡沈《書傳》〈無逸〉注에 "逸者, 人君之大戒, 自古有國家者, 未有不以勤而興, 以逸而廢也. 益戒舜曰「罔遊于逸, 罔淫于樂」. 舜, 大聖也. 益, 猶以是戒之, 則時君世主其可忽哉! 成王初政, 周公懼其知逸而不知無逸也. 故作是書以訓之. 言則古昔必稱商王者, 時之近也; 必稱先王者, 王之親也; 擧三宗者, 繼世之君也; 詳文祖者, 耳目之所逮也. 上自'天命精微', 下至'畎畝艱難, 閭里怨詛', 無不具載, 豈獨成王之所當知哉! 實天下萬世人主之龜鑑也. 是篇凡七更端, 周公皆以'嗚呼'發之, 深嗟永歎, 其意深遠矣. 亦訓體也. 今文·古文皆有"라 하였다.

〈서〉: 주공周公이 〈무일편無逸篇〉을 지었다

〈序〉: 周公作 〈無逸〉.

177(35-1)
무일 無逸

주공周公이 말하였다.

"오호라! 지위에 있는 사람이라면 일락逸樂에 빠지지 말아야 합니다. 먼저 가색稼穡의 어려움을 알고 난 다음에야 안락을 누릴 수 있는 것이니 그래야만 백성들의 고충을 알 수 있는 것입니다. 그 백성들을 살펴보면 부모들은 농사일에 온 힘을 쏟고 있건만, 그들 자녀들은 농사일이 얼마나 힘든 것인지를 알지 못한 채 향락에 빠져 희희낙락하는 경우가 있습니다. 이렇게 하여 시간이 흐르면 이에 자신들의 부모를 경홀히 여기면서 '늙은이들이란 들은 것도 아는 것도 없다'고 말하게 되는 것입니다."

周公曰:「嗚呼! 君子所, 其無逸. 先知稼穡之艱難, 乃逸, 則知小人之依. 相小人, 厥父母勤勞稼穡, 厥子乃不知稼穡之艱難, 乃逸乃諺. 旣誕, 否則侮厥父母曰:『昔之人無聞知.』」

【君子所】'君子'는 높은 地位에 있는 사람. 일반 백성이나 서민과 구분하여 부른 것. '所'는 '벼슬자리에 거하면서'의 뜻.《左傳》召公 20년 "入復而所"의 注를 볼 것.

【稼穡】농사일. '稼'는 봄에 씨 뿌리는 일, '穡'은 가을에 거두는 일.

【其無逸】'其'는 副詞. 명령을 나타냄. 鄭玄 注에 "君子處位爲政, 其無自逸豫也"라 함. '豫'는 逸豫, 즉 '安逸에 빠지다'의 雙聲連綿語.

【乃逸】'乃'는 纔와 같음.

【則知小人之依】'小人'은 君子에 상대되는 일반 백성. '依'는 거기에 依存하므로 해서 당하는 苦衷의 뜻.《經義述聞》에 "依, 隱也, 謂知小人之隱也. 〈周語〉'勤恤民隱', 韋注曰: '隱, 痛也.' 小人之隱, 卽上文稼穡之艱難, 下文所謂小人之勞也. 云隱者, 猶今人言苦衷也"라 함.

【相小人】 '相'은 看, 觀과 같음.

【厥父母勤勞稼穡】 '厥'은 其와 같음. 그들.

【乃逸乃諺】 '乃'는 卽, 就와 같음. '諺'은 漢 〈石經〉에 '憲'으로 되어 있음. '憲'은 欣樂의 뜻. 《詩》 大雅 板 "天之方難, 無然憲憲"의 〈毛傳〉에 "憲憲, 猶欣欣"이라 함. 喜喜樂樂함을 뜻함.

【旣誕】 '誕'은 漢 〈石經〉에 '延'으로 되어 있음. 《爾雅》 釋詁에 "延, 長也"라 함. 여기서는 장구한 시간을 뜻함.

【否則侮厥父母曰】 '否'는 《經傳釋詞》에 "漢〈石經〉否作不, 不則, 猶於是也. 言旣已妄誕, 於是輕侮其父母也"라 함. 그러나 王引之는 '否'는 '丕'와 같으며 〈周書〉에 여러 차례 보이는 '丕則'은 '於是'와 같은 것이라 하였음. '侮'는 輕侮, 侮蔑의 뜻.

【昔之人無聞知】 '昔之人'은 老人을 가리킴. 〈蔡傳〉에는 "古老之人無聞無知, 徒自勞苦而不知所以自逸也"라 함. '聞知'는 들어서 아는 것과 스스로 아는 것. 즉 지식을 뜻함.

178(35-2)

극자억외克自抑畏

주공이 말하였다.

"오호라! 내 듣기로 옛 은殷나라 왕 중종中宗은 엄공嚴恭한 모습에 인외寅畏한 마음 씀씀이로, 천명을 스스로 헤아리고 백성 다스림에 공경을 다하여 감히 즐기며 노는 일에 빠지지 않았다 합니다. 그 때문에 중종은 75년의 재위를 누릴 수 있었습니다. 다시 고종高宗은 오랫동안 밖에서 노역을 하였으며, 이에 백성들을 애호愛護하였습니다. 즉위할 때에 이르러서도 한때는 양암亮陰을 마련하고 3년을 침묵하였습니다. 아마 그는 가볍게 말을 하지 않았고, 말을 했다 하면 순리에 조화를 이루었을 것입니다. 그는 감히 정사를 황폐하게 하거나 안일에 빠지지 않으면서 은나라로 하여금 훌륭하고 화목하게 한 것입니다. 그리하여 백성과 신하들은 고종을 원망하는 사람이 없었고, 그 때문에 고종은 59년간 재위를 누릴 수 있었습니다. 조갑祖甲 때에는 자신이 왕위에 오르는 것을 의롭지 못하다고 하여 오랫동안 민간에 피해 있었습니다. 드디어 즉위하자 이에 백성의 고통을 알고 있던 터라 능히 백성을 안정시키고 보호할 수 있었으며, 감히 홀아비나 과부를 깔보지 않았던 것입니다. 이에 조갑은 33년간 재위를 누릴 수 있었습니다. 이로부터 그 뒤로는 재위에 있는 왕은 살아서는 편안함만을 누렸습니다. 살아서 편안함만 누리면서 농사일의 고충을 알지 못하였고, 백성들의 노고를 듣지도 못한 채 오직 향락을 좇아 탐닉하였습니다. 그로부터 이후로는 역시 왕위에 오른 은나라 왕들은 장수한 자가 없습니다. 경우에 따라 10년, 7년, 8년, 혹은 5, 6년, 혹은 3, 4년입니다."

주공이 말하였다.

"오호라! 다만 우리 주周나라 태왕太王과 왕계王季께서는 능히 스스로 억제하고 천명을 두렵게 여겼습니다. 그런가 하면 문왕文王께서는 거친 옷을 입고 황지를 개간하고 농사에도 노역하는 일에 종사하였습니다. 그는 부드럽고 공경스러운 태도로 백성들을 품어서 보호하였고 홀아비, 과부들에게 은혜를 베풀며 보살펴주셨습니다. 이른 아침부터 한낮을 지나, 해가 기울 때까지 밥을 먹을 겨를조차 없이 만민과 화합을 이루고자 하였습니다. 문왕께서는 감히 떠돌며 놀거나 사냥의 즐거움에 빠지거나 각 나라에서 바쳐온 진공품으로써 즐거움을 삼지 않았습니다. 그 때문에 문왕께서는 중년의 나이에 즉위하였음에도 50년을 재위할 수 있었던 것입니다."

周公曰:「嗚呼! 我聞曰: 昔在殷王中宗, 嚴恭寅畏, 天命自度, 治民祗懼, 不敢荒寧. 肆中宗之享國七十有五年. 其在高宗, 時舊勞于外, 爰暨小人. 作其卽位, 乃或亮陰, 三年不言. 其惟不言, 言乃雍. 不敢荒寧, 嘉靖殷邦. 至于小大, 無時或怨, 肆高宗之享國五十有九年. 其在祖甲, 不義惟王, 舊爲小人. 作其卽位, 爰知小人之依, 能保惠于庶民, 不敢侮鰥寡. 肆祖甲之享國三十有三年. 自時厥後, 立王生則逸. 生則逸, 不知稼穡之艱難, 不聞小人之勞, 惟耽樂之從. 自時厥後, 亦罔或克壽, 或十年, 或七八年, 或五六年, 或四三年.」

周公曰:「嗚呼! 厥亦惟我周太王·王季, 克自抑畏. 文王卑服, 卽康功田功. 徽柔懿恭, 懷保小民, 惠鮮鰥寡. 自朝至于日中昃, 不遑暇食, 用咸和萬民. 文王不敢盤于遊田, 以庶邦惟正之供. 文王受命惟中身, 厥享國五十年.」

【昔在殷王中宗】'中宗'에 대해서는 두 가지 설이 있음. 첫째는 太戊로 본 것임. 太戊는 殷나라 5대 王으로 현군에 해당함. 그의 廟號를 中宗으로 여긴 것.《史記》殷本紀와〈毛傳〉,〈鄭箋〉, 孔安國 傳, 孔穎達 疏에는 모두 이를 주장하였음. 두 번째는

祖乙을 가리키는 것이라 본 것임. 祖乙은 殷나라 7대 왕으로《太平御覽》(83)에 인
용된《竹書紀年》에 이를 주장하고 있음. 王國維는 甲骨文과 이《太平御覽》을 근거
로 자세히 고증하고 있음. 王國維의《觀堂集林》(9)〈殷卜辭中所見先公先王續考〉를
참조할 것.

【嚴恭寅畏】'嚴'은 장엄하고 엄숙한 모습. '恭'은 공손한 행동. '寅'은 內心으로 공경을
다함. '畏'는 두려워하며 조심함. '寅畏'는 雙聲連綿語로 보아야 함.《尙書集注音疏》
에 "嚴恭在貌, 寅畏在心"이라 함.

【天命自度】'度'은 忖度함. 揣度(췌탁)함. '탁'으로 읽음.

【治民祗懼】'祗'와 '懼'는 모두 '경외하다'의 뜻. 恭敬謹愼과 같음.

【不敢荒寧】'荒寧'은 편하게 놀며 즐기는 것에만 몰두함을 뜻함.

【肆中宗之享國七十有五年】'肆'는 故와 같음. '享國'은 재위의 지위를 누림. '有'는 又
와 같음.

【其在高宗】'高宗'은 武丁. 殷나라 11대 왕으로 中興祖로 널리 알려짐.

【時舊勞于外】'時'는 武丁이 太子였을 때를 말함. '舊'는《史記》에는 '久'로 되어 있으
며《史記集解》에는 馬融의 설을 인용하여 "武丁爲太子時, 其父小乙使行役, 有所勞
苦於外"라 함.

【爰暨小人】'爰'은 '於是'와 같음. '暨'는 '애호하다, 보살피다'의 뜻.

【作其卽位】'作'은 '미치다, 기다리다'의 뜻.《經傳釋詞》에 "作, 猶及也"라 함.

【乃或亮陰】'或'은 有時와 같음. '亮陰'은 '량암'으로 읽으며 밝은 것을 가리고 어두운
데 들어앉아 있음을 뜻함. 帝王의 居喪을 일컫는 말로 쓰임. '亮闇', '凉闇', '凉陰'
(《漢書》五行志), '梁闇'(《尙書大傳》), '諒陰'(《禮記》喪服四制 및 論語 憲問篇) 등 여러 표
기가 있음.《禮記》喪服四制에 "高宗諒陰, 三年不言"이라 하였고,《論語》憲問篇에
"子張曰:『書云:『高宗諒陰, 三年不言.』何謂也?』子曰:「何必高宗, 古之人皆然. 君薨,
百官總己以聽於冢宰三年.」"이라 함. 馬融은 "亮, 信也. 陰, 默也. 爲聽于冢宰, 信默而
不言"이라 함.

【三年不言】'三年'은 三祀와 같음. '不言'은 가벼운 말을 하지 않음을 뜻함.《呂氏春
秋》審應篇에 "高宗, 天子也, 卽位涼闇, 三年不言. 卿大夫恐懼患之. 高宗乃言曰:
'以余一人正四方, 余唯恐言之不類也, 玆故不言.' 古之天子, 其重言如此, 故言無遺者"
라 함.

【其惟不言】'其'는 或의 뜻.

【言乃雍】'雍'은 溫和의 뜻.

【嘉靖殷邦】'嘉'는 《爾雅》 釋詁에 "善也"라 함. '靖'은 和의 뜻.

【至于小大】'小'는 일반 백성. '大'는 지위를 가진 여러 관리들.

【無時或怨】'時'는 是, 此, 斯, 玆와 같음. 武丁(高宗)을 가리킴. '或'은 有와 같음. 원한을 갖지 않음.

【五十有九年】《史記》에는 '五十五年', 漢 〈石經〉에는 '百年'으로 되어 있음.

【其在祖甲】'祖甲'은 武丁의 둘째 아들 帝甲. 殷나라 12대 왕.

【不義惟王】'惟'는 爲와 같음. 武丁이 큰아들 祖庚보다 祖甲이 더 어질다 하여 그에게 왕위를 물려주었으나 조갑은 자신이 둘째로서 義롭지 못하다 여겨 民間에 숨어 살다가 조경이 먼저 왕위를 잇고 조경이 죽은 다음 왕위에 올랐음.

【舊爲小人】'舊'는 久와 같음. '舊爲小人'에 대해 馬融은 "祖甲有兄祖庚, 而祖甲賢, 武丁欲立之. 祖甲以王廢長立少, 不義, 故亡民間. 故曰'不義惟王, 久爲小人'也. 武丁死, 祖庚立, 祖庚死, 祖甲立"이라 함.

【能保惠于庶民】'保'는 安, '惠'는 愛의 뜻.

【不敢侮鰥寡】'鰥'은 홀아비, '寡'는 과부. 의지할 곳 없는 이들을 뜻함.

【自時厥後】'自'는 從과 같음. '時'는 是, 此, 斯, 玆와 같음.

【立王生則逸】'立王'은 군주 자리에 있음을 뜻함. 《詩》 大雅 桑柔 "天降喪亂, 滅我立王"의 뜻과 같음.

【生則逸】'生'은 日常 生活. 《尙書正讀》에 "生則逸, 一語已足, 周公喜重言也. 〈洛誥〉孺子其朋, 孺子其朋, 其往'亦此類"라 함.

【惟耽樂之從】'耽'은 孔安國 傳에 "過樂謂之耽"이라 함. '耽樂'은 향락에 빠져 헤어나지 못함을 이름. '從'은 쫓아감, 추구함. 《詩》 齊風 還 "幷驅從兩肩兮"의 〈毛傳〉에 "從. 逐也"라 함.

【亦罔或克壽】'罔'은 無와 같음. '克'은 能과 같음. '壽'는 長壽를 뜻함.

【或十年, 或七八年, 或五六年, 或四三年】《中論》 夭壽篇에 이를 인용하여 "或三四年"이라 하였고, 孔安國 傳에는 "高者十年, 下者三年, 言逸樂之損壽"라 함.

【太王, 王季】'太王'은 古公亶父, '王季'는 季歷. 즉 文王의 할아버지와 아버지.

【克自抑畏】'抑'은 겸손히 함을 뜻함. '畏'는 天命을 두려워함을 뜻함.

【文王卑服】'卑服'은 거친 옷. 〈蔡傳〉에 "猶禹所謂惡衣服也"라 함.

【卽康功田功】'卽'은 就와 같음. '종사하다'의 뜻. '康功'은 孔安國 傳과 〈蔡傳〉에 모두 "安民之功"으로 여겼으나 孫星衍은 집을 짓는 일이라 하였음. 그런가 하면 章太炎은 길을 평평하게 닦는 일이라 여겼고, 曾運乾은 가시와 잡풀을 베어내고 開墾하

는 일이라 여겼음. 그러나 稼穡, 즉 농사일로 여겨짐.

【徽柔懿恭】'徽'는 和, '懿'는 美의 뜻.

【懷保小民】'懷保'는 '품고 안아 보호해주다'의 뜻.

【惠鮮鰥寡】'鮮'은 善의 뜻. 《爾雅》釋詁에 "鮮, 善也"라 함.

【自朝至于日中昃】'日中'은 正午, 한낮. '昃'은 仄으로도 표기하며 해가 서쪽으로 기욺.

【不遑暇食】'遑'은 暇와 같음. 겨를, 틈.

【用咸和萬民】'咸'은 諴과 같으며 和의 뜻.

【文王不敢盤于遊田】'盤'은 般과 같음. 《爾雅》釋詁에 "般, 樂也"라 하여 '즐거움을 삼
다'의 뜻. '遊'는 遊樂. '田'은 畋과 같으며 사냥.

【以庶邦惟正之供】'以'는 使와 같음. '正'은 《尙書正讀》에 "稅也"라 함. '供'은 '바치다'
의 뜻. 《廣雅》釋詁에 "供, 進也"라 함.

【文王受命惟中身】'受命'은 '천명을 이어받아 즉위하다'의 뜻. '中身'은 中年. 《禮記》
文王世子에 "文王九十七乃終"이라 하여 48歲에 즉위하였음을 알 수 있음.

【厥享國五十年】《呂氏春秋》(制樂篇)와 《韓詩外傳》(3)에 모두 文王의 재위기간을 51년
이라 하였음.

179(35-3)
황자경덕皇自敬德

주공이 말하였다.

"오호라! 지금부터 이후로 뒤를 이어가는 왕은 지나치게 관상觀賞이나, 안일, 유락, 사냥에 빠지거나, 백성들로 하여금 단지 부세만 바치도록 해서는 안 될 것입니다. 그리고 자신에게 관대히 하여 '오늘은 신나게 즐겨도 되리라'라는 말을 해서는 안 될 것입니다. 이는 백성들을 바르게 순종하도록 하는 바도 아니며, 하늘의 뜻하는 바에 따르는 것도 아닐뿐더러, 이러한 사람은 이에 허물을 짓게 되는 것입니다. 은殷나라 주왕紂王 수受처럼 미혹하고 혼란하여 술로 인해 주정이나 부리는 일은 없어야 할 것입니다!"

주공이 말하였다.

"오호라! 내가 듣기로 '옛날 사람들은 그래도 서로 가르치고 일러주었으며 서로 보호하고 아껴주고 서로 일깨워주고 깨우쳐 주었기에 백성들은 서로 속이거나 미혹한 짓을 하지 않았다' 하더이다. 이러한 권고를 듣고 따르지 아니하면 사람들은 저마다 자신의 뜻대로 하여, 이에 선왕의 정치와 법을 제멋대로 고치고 어지럽게 하여, 마침내 크고 작은 법들도 그렇게 될 것입니다. 그렇게 되면 백성들은 그 마음속에는 원한을 품고 입으로는 저주를 할 것입니다."

주공이 말하였다.

"오호라! 은나라 왕 중종中宗 및 고종高宗, 그리고 조갑祖甲 및 우리 주周나라 문왕文王에 이르기까지 이 네 분의 인도引導는 명철하셨습니다. 혹자가 그들에게 '백성들이 그대를 원망하고 그대를 욕하고 있다'라고 한다면 그들 네 분은 더욱 자신의 행동을 삼갈 것입니다. 또 어떤 사람이 그들의 잘못을 들추어낸다면 그 네 분은 '나의 과실이 진실로 이와 같구나'라고 하면서 화를 내지 않는 정도에 그치지 않을 것입니다. 이러한 훈계를 듣고 실행하지 않으면 사람들은 서로 거짓말로 속이고 서로 상대를 미혹하게 할 것이며, 그때 어떤 이가 '백성들이 그대를 원망하고 욕하고 있다'라 하면 그 말을 믿고 나라의 법도를 길이 생각하지 않을 것이며, 그 마음을 관대하게 열지 못할 것이며, 죄 없는 자에게 마구 형벌을 내리고, 무고한 자를 죽이게 될 것입니다. 그렇게 되면 백성들은 원한을 함께 하면서, 이에 왕 자신의 몸에 모든 것이 몰려들 것입니다."

주공이 말하였다.

"오호라! 뒤를 이은 왕께서는 이를 거울로 삼아야 할 것입니다!"

周公曰:「嗚呼! 繼自今嗣王, 則其無淫于觀·于逸·于遊·于田, 以萬民惟正之供. 無皇曰: 『今日耽樂.』乃非民攸訓, 非天攸若, 時人丕則有愆. 無若殷王受之迷亂, 酗于酒德哉!」

周公曰:「嗚呼! 我聞曰: 『古之人猶胥訓告, 胥保惠, 胥敎誨, 民無或胥譸張爲幻.』此厥不聽, 人乃訓之, 乃變亂先王之正刑, 至于小大. 民否則厥心違怨, 否則厥口詛祝.」

周公曰:「嗚呼! 自殷王中宗及高宗及祖甲及我周文王, 茲四人迪哲. 厥或告之曰: 『小人怨汝詈汝.』則皇自敬德. 厥愆, 曰: 『朕之愆允若時.』不啻不敢含怒. 此厥不聽, 人乃或譸張爲幻, 曰: 『小人怨汝詈汝.』則信之, 則若時: 不永念厥辟, 不寬綽厥心, 亂罰無罪, 殺無辜. 怨有同, 是叢于厥身.」

周公曰:「嗚呼! 嗣王其監于茲!」

【繼自今嗣王】'繼自今'은 '이제부터, 지금부터'의 뜻.

【則其無淫于觀·于逸·于遊·于田】'淫'은 지나침, 과도함. '觀'은 관람, 관상, 구경, 玩賞함.

【無皇】'皇'은 偟, 遑과 같음. 餘暇, 겨를, 틈. 《爾雅》釋詁에 "皇, 暇也"라 함. '無皇'은

《尚書易解》에 "無自寬暇也"라 함.

【乃非民攸訓】'攸'는 所와 같음. '訓'과 '若'은 모두 '순종하다'의 뜻.

【時人丕則有愆】'時人'은 이런 사람, 즉 즐겨 놀기만 하는 사람. '丕則'은 於是와 같음. '愆'은 허물, 과실.

【無若殷王受之迷亂】'受'는 紂王의 이름.

【酗于酒德哉】'酗'는 술에 취해 주정함. 《廣韻》에 "酗, 醉怒也"라 함. '于'는 《經傳釋詞》에 "爲也"라 함.

【古之人猶胥訓告】'胥'는 相과 같음. '訓告'는 훈계하여 인도함.

【胥保惠】'保'는 安, '惠'는 愛와 같음.

【民無或胥譸張爲幻】'譸張'은 거짓말로 남을 속임. '幻'은 《說文》에 "幻, 相詐惑也"라 함.

【此厥不聽】'厥'은 이들. 즉 위에서 훈계한 사람들의 말. '聽'은 듣고 따름. 수용함.

【人乃訓之】'訓'은 從과 같음. 자신의 뜻만 따름. 사람마다 제각기 제 뜻대로 행동함.

【乃變亂先王之正刑】'正'은 바르게 다스림. '刑'은 법.

【至于小大】'小大'는 작고 큰 여러 가지 법.

【民否則厥心違怨】'否則'은 丕則과 같음. 於是의 뜻. '違'는 恨의 뜻. 《詩》邶風 谷風 "中心有違"를 인용한 《韓詩外傳》에 "違, 很也"라 하였으며 '很'은 '恨'과 같음. '怨'은 임금을 원망함.

【否則厥口詛祝】'詛祝'은 詛呪와 같음.

【玆四人迪哲】'迪'은 인도함. 《爾雅》釋詁에 "迪, 道也"라 하였으며, 道는 導와 같음.

【厥或告之曰】'或'은 或者, 어떤 사람.

【小人怨汝詈汝】'小人'은 일반 백성들을 가리킴. '詈'는 罵와 같음. 욕함, 꾸짖음.

【則皇自敬德】'皇'은 '더욱더'의 뜻. 漢〈石經〉에는 '兄'으로 되어 있으며, 《國語》韋昭 注에는 "兄, 益也"라 함.

【厥愆】《尚書易解》에 "厥或愆之之省文, 此愆用作動詞, 謂擧其過失也"라 함.

【朕之愆允若時】'允'은 '진실로, 확실히' 등의 뜻. '時'는 是와 같음.

【不啻不敢含怒】'不啻'는 '단지 그것뿐 아니라'의 뜻. 문장으로 보아 뒤에 '더욱 조심하고 고쳐나가다'의 의미에 해당하는 구절이 있어야 함. 이에 鄭玄은 "不但不敢含怒, 乃欲屢聞之, 以知己政得失之源也"라 함.

【則若時】'다음과 같은 일을 저지르게 될 것이다'의 뜻. 그 내용은 그 아래 전체 문장임.

【不永念厥辟】 ‘辟’은 法度.

【不寬綽厥心】 ‘寬綽’ 모두 ‘너그럽다’의 뜻.

【怨有同】《尙書易解》에 “蓋借爲尤, 同聲通用. 怨有同, 怨尤會同也”라 함.

【是叢于厥身】 ‘叢’은 한 곳으로 합치고 모임. ‘身’은 왕 자신. 왕에게 모든 원한이 집중됨.

【嗣王其監于玆】 ‘嗣王’은 成王을 가리킴. ‘監’은 鑑과 같음. ‘玆’는 此, 斯, 是와 같음.

〈36〉 군석君奭(180-183)

顓頊·帝嚳 〈二帝陵〉 河南 內黃縣

'君'은 周公(姬旦)이 召公을 높이 부른 칭호이며 석奭은 소공 희석姬奭의 이름이다. 본 편은 주공이 소공의 의견에 대답한 내용이 주를 이룬다.

姬奭은 文王의 아들 武王의 아우로 처음에는 召公에 봉해졌다가, 뒤에 燕나라에 봉해져 燕나라의 시조가 되었으며 太保를 역임하기도 하였다. 한편《列女傳》에 따르면 文王姬昌은 그 아내 太姒와 사이에 伯邑考, 武王發, 周公旦, 管叔鮮, 蔡叔度, 曹叔振鐸, 霍叔武, 成叔處, 康叔封, 聃季載 등 10명의 아들을 낳은 것으로 되어 있어 관숙은 주공 다음이 아니라 그 앞이며 주공의 형이었으며, 召公姬奭은 太姒에게서 난 아들이 아닌 庶出로 되어 있다.

주초 동쪽 '三監의 난'을 평정한 이후 주공은 천명설天命說을 내세워 자신들 왕실의 정당성을 확보하고자 노력하였다. 그러나 소공은 조정의 관리들이 천명만을 믿고 정사에 태만하게 되지나 않을까 걱정이 들어 사재인위事在人爲, 즉 일이란 사람이 하기에 달렸음을 주장하게 된다. 주공은 소공의 이러한 주장을 높이 여기면서 소공으로 하여금 함께 성왕을 보좌하여 왕업을 성취하고자 한 것이다. 그러나 내용의 많은 부분에 대해 蔡沈 注에는 "篇中語多未詳"이라 하여 정확한 의미를 알기 어렵다고 하였다.

《史記》燕召公世家에는 본편은 주공이 섭정하고 있을 때의 일이라 하였으나 본 〈서문〉에는 주공이 성왕에게 정권을 되돌려 준 이후의 일이라 하였다. 〈금문〉과 〈고문〉에 모두 실려 있다.

*蔡沈《書傳》〈君奭〉注에 "召公告老而去, 周公留之. 史氏錄其告語爲篇, 亦誥體也. 以周公首呼'君奭', 因以君奭名篇. 篇中語多未詳. 今文·古文皆有"라 하였다.

〈서〉: 소공이 태보太保가 되고, 주공이 태사太師가 되어 성왕의 좌우 보필로서 보좌하였다. 소공이 기쁘게 여기지 않자 주공이 〈군석〉편을 지었다.

<序>: 召公爲保, 周公爲師, 相成王爲左右. 召公不說, 周公作 <君奭>.

【召公爲保】'保'는 太保. 周代 관직 이름으로 三公의 하나.

【周公爲師】'師'는 太師. 역시 관직 이름으로 三公의 하나.

【相成王爲左右】'相'은 '돕다, 보필하다, 보좌하다'의 뜻. '左右'는 陝을 중심으로 동서로 나누어 주공과 소공이 분담 다스렸음. 孔安國 傳에 "分陝爲二伯, 東爲左, 西爲右"라 함.

【不說】'說'은 悅과 같음. 《尙書正義》에 "召公以周公嘗攝王之政, 今復在臣位, 其意不說"이라 하여, 소공은 주공이 다시 관직에 복귀한 것을 내심 불편하게 여긴 것이라 하였음.

180(36-1)

천불가신天不可信

주공이 이처럼 말하였다.

"그대 석奭이여! 상나라 주紂는 하늘을 잘 순종하지 않아 하늘이 은나라에게 큰 재앙을 내려 은나라는 그 운명을 상실하고 말았으며, 우리 주周나라가 이윽고 이를 접수하게 된 것이오. 나는 감히 왕업이 시작될 때 하늘이 영구한 복을 내려준다고 말하지 못하며, 그저 하늘의 뜻을 따르며 그 진실함을 보좌로 삼을 뿐이라오. 그리고 나는 또한 감히 왕업이 끝날 때 상서롭지 못함에서 징조가 출현한다고도 말할 수 없다오. 오호라! 그대는 이미 '이는 나에게 달린 것이니, 나 또한 감히 하늘이 주는 복을 편안히 누리고만 있을 수는 없소이다. 하늘의 위엄과 우리 백성을 늘 생각하지 아니하고도, 과실이나 위배됨이 없도록 할 수 있는 길은 오직 사람에게 달렸소이다. 우리의 뒤를 이은 후대 자손들이 크게 능히 하늘과 백성들을 공경하지 아니하고, 전대 조상들께서 우리 국가에 내려준 빛나는 업적을 끊어버리고, 천명을 얻는 것과 하늘에 대한 믿음을 얻기 어려움을 알지 못하면 천명을 잃게 될 것이요, 오래도록 이어갈 수도 없게 될 것이니 옛 선조를 이은 사람이라면 밝은 덕을 높이 봉행해야 함은 바로 지금 할 일입니다'라고 말하였소. 나 이 어린 소자 단旦은 그대의 견해를 고쳐줄 것이 없으니 전대 선조들이 우리 후대에게 전해준 빛을 우리 어린 왕에게 베풀어주도록 합시다. 그대는 또한 '하늘은 믿을 수 없다' 하였으나, 나는 단지 문왕의 훌륭한 덕을 더욱 넓혀나가면 하늘도 장차 문왕이 받은 천명을 폐기하지는 않을 것이라 여길 뿐이오."

周公若曰:「君奭! 弗弔天降喪于殷, 殷旣墜厥命, 我有周旣受.

我不敢知曰: 厥基永孚于休, 若天棐忱; 我亦不敢知曰: 其終出于不祥. 嗚呼! 君已曰:『時我, 我亦不敢寧上帝命, 弗永遠念天威越我民, 罔尤違, 惟人. 在我後嗣子孫, 大弗克恭上下, 遏佚前人光在家, 不知天命不易, 天難諶, 乃其墜命, 弗克經歷, 嗣前人, 恭明德, 在今.』予小子旦, 非克有正, 迪惟前人光, 施于我沖子. 又曰:『天不可信.』我道惟寧王德延, 天不庸釋于文王受命.」

【弗弔天降喪于殷】 '弔'는 善의 뜻. '弗弔天'은 하늘의 뜻을 잘 실행하지 않음.《尙書易解》에 "謂紂不善天也"라 함.

【殷旣墜厥命】 '墜'는 喪失함. 天命을 잃음.

【厥基永孚于休】 '厥'은 其와 같음. 王業을 뜻함. '基'는 始와 같음. '永'은 長과 같음. 여기서는 常의 뜻. '孚'는 付와 같음. '주다'의 뜻. 〈高宗肜日〉의 '天旣孚命正厥德'이 漢〈石經〉에는 '孚'가 付로 되어 있음. '休'는 美, 福의 뜻.

【若天棐忱】 '棐'는 '輔助하다, 보필하여 돕다'의 뜻. '忱'은 誠信의 뜻.

【其終出于不祥】 '終'은 '종결하다'의 뜻. '不祥'은 상서롭지 못한 일, 곧 멸망을 뜻함. 紂임금 때의 일을 거론한 것임.

【君已曰】 '君'은 召公(姬奭)을 가리킴. '已曰'은 이미 그전부터 말해 왔음을 뜻함.

【時我】 '時'는 恃와 같음. '我'는 우리들.

【我亦不敢寧上帝命】 '寧'은 安, 動詞로 쓰인 것임. '편안히 누리다'의 뜻.

【弗永遠念天威越我民】 '越'은 與의 뜻.

【惟人】 사람의 행동 여하에 달려 있다는 뜻. 앞의 '已曰時我'를 다시 설명한 말.

【罔尤違】 '尤'는 과실. '違' 또한 '위배되다, 거스르다'의 뜻.

【在我後嗣子孫】 '在'는 '고찰하다'의 뜻.《爾雅》釋詁에 "在, 察也"라 함.

【大弗克恭上下】 '上下'는 하늘과 백성들을 뜻함.

【遏佚前人光在家】 '遏'은 '끊다, 막다'의 뜻. '佚'은 失과 같음. '光'은 文王과 武王의 빛나는 성덕을 뜻함.

【不知天命不易】 '不易'는 쉽지 않음.

【天難諶】 '諶'은 信의 뜻.

【經歷】 長久함. '오래 가다'의 뜻.

【予小子旦, 非克有正】 '旦'은 周公의 이름. 姬旦. '有正'은《尙書易解》에 "有所改正"이

라 함.

【迪惟前人光, 施于我沖子】‘迪’은 語氣助詞. ‘施’는 延과 같음. 그러나 ‘베풀어 도와주다’의 뜻이 더욱 명확할 것으로 보임. ‘沖子’는 후대 자손을 가리킴. 그러나 어린 왕, 즉 成王을 지칭하는 것으로 보는 것이 타당할 듯함.

【又曰】召公이 한 말을 주공이 다시 인용한 것.

【我道惟寧王德延】‘道’는 漢 〈石經〉에는 迪으로 되어 있음. 語氣助詞임. ‘寧王’은 文王을 가리킴.

【天不庸釋于文王受命】‘庸釋’은 포기함. 폐기함. 王國維는 “庸釋, 連文, 言舍去也”라 함.

181(36-2)
천수평격天壽平格

주공이 말하였다.

"그대 석이여! 내 듣기로 옛날 성탕成湯이 이윽고 천명을 받자 그 무렵에 이윤伊尹 같은 이가 있어 하늘이 그 뜻을 아름답게 여겨 허락해 주었으며, 태갑太甲 때에는 곧 보형保衡 같은 이가 있었고, 태무太戊 때에는 이척伊陟, 신호臣扈 같은 이가 있어 하느님이 그들을 이르도록 허락하였고, 무함巫咸은 왕가의 일을 다스렸으며, 조을祖乙 때에는 무현巫賢 같은 이가 있었고, 무정武丁 때에는 감반甘盤 같은 이가 있었다 하오. 이렇게 도道가 있는 현신들의 도움으로 은나라를 안정되게 다스렸으니, 그 때문에 은나라 제도는 임금이 죽은 다음 하늘과 나란히 배향하여 오랜 기간 이어갈 수 있었던 것이오. 하늘은 나라를 보필하는 현신들에게 명하여 상商나라 이성 관리와 왕족들로서 누구 하나 덕을 바로잡고 근신하지 아니한 자가 없도록 하였으며, 소신小臣들과 후侯, 전甸의 제후들조차도 모두가 왕을 위해 부지런히 움직이는 정도에 그치지 않았던 것이오. 왜냐하면 이러한 관리들은 아름다운 덕에 의하여 임용되었기에 그들이 왕을 보좌하는 정책대로 하기만 해도, 임금 한 사람이 사방 일을 처리함에 마치 점괘가 들어맞듯이 누구도 믿지 않는 자가 없었던 것이오."

주공이 말하였다.

"그대 석이여! 하늘은 평강하고 정직한 이들을 장수하게 하는 것이니, 안정되게 다스리던 은나라는 그렇게 하여 뒤를 계속 이어갈 수 있었으며, 하늘도 위엄을 내리지 않았던 것입니다. 지금 그대는 길이 이를 생각한다면 하늘에는 마땅히 정해진 천명이 있으니, 우리 이 새롭게 이룩한

나라를 공명하게 잘 다스리도록 합시다."

公曰:「君奭! 我聞: 在昔成湯旣受命, 時則有若伊尹, 格于皇天; 在太甲, 時則有若保衡; 在太戊, 時則有若伊陟·臣扈, 格于上帝, 巫咸乂王家; 在祖乙, 時則有若巫賢; 在武丁, 時則有若甘盤. 率惟兹有陳, 保乂有殷, 故殷禮陟配天, 多歷年所. 天惟純佑命, 則商實百姓王人, 罔不秉德明恤, 小臣屛侯甸, 矧咸奔走. 惟兹惟德稱, 用乂厥辟, 故一人有事于四方, 若卜筮, 罔不是孚.」

公曰:「君奭! 天壽平格, 保乂有殷, 有殷嗣, 天滅威. 今汝永念, 則有固命, 厥亂明我新造邦.」

【成湯】'成'은 郕으로도 표기하며 지명, 그러나 혹 諡號라고도 함. 有湯으로도 불림. 商(殷)나라 시조 湯王. 子姓. 이름은 履. 武湯, 成湯, 天乙로도 불림. '湯'은 원래 夏나라 때의 諸侯. 亳을 근거로 발전하여 夏나라 末王 桀의 무도함을 제거하고 伊尹을 등용하여 殷(商)을 세운 개국군주. 儒家에서 聖人으로 받듦.《史記》殷本紀를 참조할 것.《十八史略》(1)에는 "殷王成湯: 子姓, 名履. 其先曰契, 帝嚳子也. 母簡狄, 有娀氏女, 見玄鳥墮卵吞之, 生契. 爲唐虞司徒, 封於商, 賜姓"이라 함.

【時則有若伊尹】'時'는 當時. '若'은 其와 같음. 王念孫《經傳釋詞》에 "若, 猶其也"라 함. '伊尹'은 殷나라 湯王의 재상. 이름은 摯. 湯이 有莘氏의 딸을 아내로 맞을 때 媵臣으로 따라가면서 조리 기구를 짊어지고 가서 주방장이 되어 湯에게 접근하였음. 뒤에 탕에게 발탁되어 재상에 올랐으며 夏의 末王 桀을 쳐서 殷왕조를 일으키는 데에 큰 공을 세웠음.《史記》殷本紀 및《墨子》尙賢篇을 볼 것.

【格于皇天】'格'은 '즐겁게 허락하다'의 뜻.《史記》燕召公世家에는 '假'로 되어 있음.《中庸》釋文에 "假, 喜也"라 함.

【在太甲】'太甲'은 湯의 嫡長孫이며 太丁의 아들. 제위에 올랐으나 바른 행동을 하지 않아 한때 伊尹에 의해 桐宮으로 안치되어 悔改와 改悛의 정을 보이자 이윤이 다시 복귀시키기도 하였음.《史記》殷本紀에 "帝太甲旣立三年, 不明, 暴虐, 不遵湯法, 亂德, 於是伊尹放之於桐宮. 三年, 伊尹攝行政當國, 以朝諸侯. 帝太甲居桐宮三年, 悔過自責, 反善, 於是伊尹迺迎帝太甲而授之政. 帝太甲修德, 諸侯咸歸殷, 百姓以

寧. 伊尹嘉之, 迺作太甲訓三篇, 襃帝太甲, 稱太宗"이라 하여 '太宗'으로 칭해졌음.

【時則有若保衡】 '保衡'은 伊尹. '保'는 관직 이름이며, '衡'은 이윤의 이름. 〈太甲〉편에
　는 '阿衡'이라 불렸음.

【在太戊】 '太戊'는 太甲의 孫子.

【時則有若伊陟·臣扈】 '伊陟'은 伊尹의 아들. '臣扈'는 太戊의 신하.

【巫咸乂王家】 '巫咸'은 太戊의 신하. '乂'는 治의 뜻.

【在祖乙】 '祖乙'은 이름은 滕이며 殷나라 7대 군주.

【時則有若巫賢】 '巫賢'은 巫咸의 아들이며 祖乙의 신하.

【在武丁】 高宗. 부열(傅說)을 얻어 殷나라를 中興시킨 賢主.

【時則有若甘盤】 '甘盤'은 武丁 때의 賢人. 《史記》에는 '甘般'으로 표기되어 있음.

【率惟茲有陳】 '率'은 語氣助詞. '惟'는 '기대다, 빙자하다'의 뜻. '陳'은 道의 뜻. 《尙書
　今古文注疏》에 "陳者, 《漢書》哀帝紀注, 李斐云: 「道也.」"라 함. '有陳'은 道를 가진 賢
　臣들을 뜻함.

【故殷禮陟配天】 '陟'은 崩과 같음. '하늘나라에 오르다'의 의미로 사망을 뜻함. 《尙書
　平議》에 "謂殷人之禮, 死則配天而稱帝也. 《竹書紀年》凡帝王終皆曰陟, 此經陟字, 義
　與彼同"이라 함.

【多歷年所】 '歷年'은 '여러 해 지나다'의 뜻. '所'는 《經傳釋詞》에 "語助也"라 함.

【天惟純佑命】 '純'은 專과 같음. 〈今文〉에는 '純佑'가 '屯右'로 표기되어 있음. '純佑'
　는 名詞로 輔國賢臣을 일컫는 말임. '命'은 告, 敎와 같음.

【則商實百姓王人】 '實'은 《尙書易解》에 "實字, 本當置於罔字之前, 謂商百姓王人實罔
　不秉德明愼, 爲了强調, 所以前置"라 함. '百姓'은 商나라와 성씨가 다른 百官들을 지
　칭함. '王人'은 商나라와 同姓의 관리들을 가리킴.

【罔不秉德明恤】 '秉'은 '잡고 실천하다'의 뜻. '恤'은 愼과 같은 뜻임.

【小臣屛侯甸】 '屛'은 幷과 같음. 魏 〈三體石經〉에는 幷으로 되어 있음. '小臣'은 낮은
　직책의 관리. '侯甸'은 侯服과 甸服의 제후들 관원.

【矧咸奔走】 '矧'은 '하물며 또한'의 뜻. '奔走'는 임금을 섬기기에 애쓰며 부지런히 움
　직임을 뜻함. 따라서 부지런히 움직이는 정도에 그치지 않음. 그 이상으로 충성과
　성실함을 다하였음을 강조한 표현임.

【惟茲惟德稱】 '茲'는 위에서 말한 群臣들을 지칭함. '稱'은 擧와 같음.

【用乂厥辟】 '乂'는 艾와 같으며 '보좌하다, 보필하다, 돕다'의 뜻. 《爾雅》 釋詁에 "艾,
　相也"라 함. '厥'은 其와 같으며 그들을 가리킴. '辟'은 군주.

【故一人有事于四方】'一人'은 임금을 가리킴. '有事于四方'은 사방, 곧 온 세상을 다스리는 일.

【若卜筮, 罔不是孚】'孚'는 信과 같으며 '믿고 따르다'의 뜻.

【天壽平格】'壽'는 '오래도록 이어가도록 하다'의 使役形 의미. '平格'은 《尚書易解》에 '平康'의 뜻이라 하였음.

【有殷嗣】殷나라가 夏나라를 이어받았음을 말함. 그러나 殷나라 왕위가 순조롭게 계속 이어갔음을 의미하는 것으로 보아야 전체 문맥이 순통함.

【天滅威】'滅'은 無와 같음. 雙聲互訓. 하늘이 위엄(징벌)을 내리지 않음.

【則有固命】'固命'은 정해진 운명. 천명.

【厥亂明我新造邦】'厥'은 語頭의 語氣助詞. '亂'은 治의 뜻. '다스리다'의 의미. '明'은 '명확히, 公明하게' 등의 뜻.

182(36-3)
약유대천若游大川

주공이 말하였다.

"그대 석이여! 지난날 상제께서 어찌하여 거듭 문왕文王께 덕을 권면하며 대명大命을 그의 한 몸에 집중시켰겠습니까? 이는 문왕께서 능히 나라를 잘 다스렸고, 중원中原을 화목하게 하였기 때문이며, 또한 역시 괵숙虢叔, 굉요閎夭, 산의생散宜生, 태전泰顚, 남궁괄南宮括 같은 이들이 있었기 때문이었다오. 어떤 이는 말하되 분주히 힘을 다하여 이교彝敎를 실행하기에 노력하지 않는 이에게는, 문왕께서는 그러한 나라 사람들에게는 덕을 내리지 않으셨다 합니다. 역시 나라를 보필하는 현신들이 하늘의 위엄을 알고 문왕의 크신 노력을 보좌하여 하늘에게 그러한 미덕이 알려졌기에, 이 때문에 문왕이 은나라를 이을 대명을 받으신 것입니다! 무왕武王 때에는 이러한 신하가 그래도 네 분이 살아 있었습니다. 뒤에 그들과 무왕은 하늘의 위엄을 봉행하여 그들 적을 완전히 소멸시킬 수 있었던 것입니다. 이 네 분이 무왕의 노력을 보좌하였기에, 이에 천하는 모두가 무왕의 은덕을 찬미하는 것입니다. 지금 어린 나 단旦은 마치 큰물을 건넘에, 나는 그대 석과 함께 건너려는 것과 같습니다. 나 소자는 어리석고 무지하면서 높은 지위에 있으니 그대가 늘 나를 독려해주고 규정해주지 않는다면 그 누구도 내 힘으로 할 수 없는 일을 격려해주지 못할 것입니다. 그대 이처럼 덕이 높은 사람이 치국의 법칙을 지시해주지 않으면 봉황의 울음소리도 듣지 못할 것인데, 하물며 능히 장차 하늘로부터 허락을 얻어낼 수 있겠습니까?

주공이 말하였다.

"오호라! 그대는 지금 마땅히 이를 잘 살펴보소서! 우리는 대명을 받앗으니 무한한 복을 받은 것이지만 또한 끝없는 어려움도 가지고 있습니다. 지금 그대에게 청하건대 서둘러 나를 가르쳐 주시어, 뒷사람으로 하여금 미혹함에 빠지지 않도록 해 주십시오."

公曰:「君奭! 在昔上帝割申勸寧王之德, 其集大命于厥躬? 惟文王尙克修和我有夏; 亦惟有若虢叔, 有若閎夭, 有若散宜生, 有若泰顚, 有若南宮括. 又曰: 無能往來, 茲迪彝敎, 文王蔑德降于國人. 亦惟純佑秉德, 迪知天威, 乃惟時昭文王迪見冒, 聞于上帝, 惟時受有殷命哉! 武王, 惟茲四人尙迪有祿. 後暨武王誕將天威, 咸劉厥敵. 惟茲四人昭武王惟冒, 丕單稱德. 今在予小子旦, 若游大川, 予往暨汝奭其濟. 小子同未在位, 誕無我責收, 罔勗不及. 耉造德不降我則, 鳴鳥不聞, 矧曰其有能格?」

公曰:「嗚呼! 君肆其監于玆! 我受命無疆惟休, 亦大惟艱. 告君, 乃猷裕我, 不以後人迷.」

【在昔上帝割申勸寧王之德】'割'은 害와 같으며 의문사. 何, 曷과 같음. '어찌'의 의미. '申'은 거듭 부탁함. '勸'은 勉과 같음.

【其集大命于厥躬】'其'는 下와 같음. '厥躬'은 그 자신, 즉 文王 자신을 뜻함.

【惟文王尙克修和我有夏】'惟'는 《經傳釋詞》에 "惟, 猶以也"라 함. '尙'은 庶幾의 뜻. '修'는 治理의 뜻. '和'는 '調和를 이루어 協同하다'의 뜻. '有夏'는 中華, 中原, 中國을 뜻함.

【亦惟有若虢叔】'虢叔'은 文王의 아우이며 賢臣. 뒤에 虢나라에 봉해짐.

【有若閎夭, 有若散宜生, 有若泰顚, 有若南宮括】閎夭, 散宜生, 泰顚, 南官括 등 모두 文王의 어진 신하들.

【又曰】'又'는 有와 같음. '又曰(有曰)'은 '어떤 이가 말하기를'의 뜻으로 증거를 대기 위한 표현임.

【無能往來】'往來'는 奔走와 같은 뜻으로 부지런히 오가며 임금을 섬기는 것.

【玆迪彝敎】'玆'는 '孜'와 같으며 '노력하다'의 뜻. 《尙書正讀》에 "讀爲孜, 勉也"라 함. '彝'는 常의 뜻.

【文王蔑德降于國人】'蔑'은 無와 같음. 雙聲互訓. '降'은 백성에게 덕을 베풂.

【亦惟純佑秉德】'惟'는 因과 같음. '純佑'는 輔國臣下를 일컫는 말. 앞 장의 주를 볼 것.

【乃惟時昭文王迪見冒】'惟時'는 於是, 以是, 因此와 같음. '이 때문에'의 뜻. '昭'는 詔와 같음. '돕다'의 뜻. '迪見'은 誕의 合音으로 '大'의 뜻이라 함. 《尙書易解》에 "迪見, 蓋卽誕之合音, 迪與誕皆古定紐字, 見與誕皆古寒部字. 下文'昭武王惟冒', 與此'昭文王迪見冒'句例相同, 故知迪見當爲誕也"라 함. '冒'는 〈馬融本〉에는 勖으로 되어 있으며 勉의 뜻.

【武王, 惟玆四人尙迪有祿】'四人'에 대해 鄭玄은 "武王時, 虢叔等有死者, 餘四人也"라 함. '迪'은 猶와 같음. '그나마'의 뜻. '尙'은 幾와 같음. '祿'은 天祿, 즉 天命으로 받아 다스리는 나라. '有祿'은 고대 죽은 자를 無祿, 혹 不祿으로 불렸으므로 살아 있는 자를 일러 '有祿'이라 함.

【後曁武王誕將天威】'曁'는 與와 같음. '誕'은 大의 뜻이며, '將'은 奉行의 뜻.

【咸劉厥敵】'咸'은 皆와 같음. '劉'는 殺과 같음.

【惟玆四人昭武王惟冒】'冒'는 勖과 같으며 勉, 즉 '힘써 努力하다'의 뜻.

【丕單稱德】'丕'는 大의 뜻. '單'은 殫과 같으며 盡의 뜻. '稱'은 '칭찬하다'의 뜻.

【予往曁汝奭其濟】'其'는 '아마, 혹시' 등의 뜻. '濟'는 渡와 같음 '건너다'의 뜻.

【小子同未在位】'小子'는 周公 자신을 가리킴. '同未'는 恫眛와 같으며 '어리석고 무지하다'의 의미.

【誕無我責收】'誕'은 語頭의 語氣助詞. '收'는 糾와 같음. '糾正하다, 바로잡다'의 뜻. 《尙書易解》에 "修, 當讀爲糾, 《周禮》'大司馬以糾邦國', 鄭注: 糾, 正也"라 함.

【罔勖不及】'勖'은 勉과 같으며 앞에 쓴 冒자와도 같음. 勉의 뜻. '不及'은 힘이 미치지 못하는 일을 뜻함.

【耇造德不降我則】'耇'는 老의 뜻. '造'는 成의 뜻. 늙어서 덕을 이룸. 여기서는 召公을 가리킴. '降'은 '백성들에게 펴다'의 뜻. '則'은 法.

【鳴鳥不聞】'鳴鳥'는 鳳凰(鳳皇)을 가리킴. 《白虎通》에 "鳳皇者, 禽之長也, 上有明主太平, 乃來居廣都之野"라 함.

【矧曰其有能格】'矧'은 況과 같음. '하물며'의 뜻. '格'은 '가상히 여겨 허락하다'의 뜻으로 하늘을 감복시켜 복을 내리도록 함을 말함.

【肆其監于玆】'肆'는 지금, 현재. '監'은 看의 뜻. '玆'는 斯, 此, 是와 같으며 아래 구절을 가리킴.

【我受命無彊惟休】'無彊'은 끝이 없음. '休'는 吉祥, 吉慶, 福.《爾雅》釋言에 "休, 慶也"
라 함.

【告君, 乃猷裕我】'告'는 '청하여 요구하다'의 뜻.《爾雅》釋言에 "告, 請也"라 함. '猷裕'
는 '가르쳐 인도하다'의 뜻.《方言》에 "猷裕, 道也"라 하였으며 道는 導와 같음.

【不以後人迷】'以'는 使와 같음. '迷'는 迷惑함에 빠짐. 길을 잃음.

183(36-4)
유지민덕惟知民德

주공이 말하였다.

"선조께서는 그의 마음을 선포하시어 그대로 하여금 백성들의 표준이 되도록 명하셨습니다. 무왕께서는 '너는 성왕成王의 보좌하기에 힘쓸 것이며, 온 정성을 다해 하늘이 나에게 내려준 대명을 이어받고, 문왕의 공덕을 계승하여 끝없이 우려할 것이로다!' 하셨습니다."

주공이 말하였다.

"그대여! 그대에게 고하노니, 나는 태보太保 그대 석奭을 믿소. 그대는 신중히 나와 함께 은나라가 망한 큰 재앙을 따져보고, 길이 우리들로 하여금 하늘의 징벌에 대해 고려할 것을 바라나이다. 나는 단지 이렇게 그대에게 고할 뿐만 아니라 내 생각건대 '우리 두 사람을 제하고 그대는 뜻을 같이 하는 사람이 있는가?'라고 여긴다오. 그대는 '단지 우리 두 사람뿐'이라고 대답할 것입니다. 하늘이 나에게 내린 복은 갈수록 많아 우리 두 사람이 모두 맡아서 할 수 없을 정도라오. 그대는 능히 덕 있는 자를 존중하고 걸출한 인재를 선발하여 마침내 우리 후대가 사업을 이어 완성할 수 있도록 해 줄 것을 바란다오. 오호라! 진실로 우리 두 사람이 아니었다면 우리가 오늘의 이 훌륭한 성공에 이를 수 있었겠소? 우리 공동으로 문왕의 공과 업적을 이루도록 합시다! 게으름 없이 노력을 기울인다면 저 바닷가 해가 뜨는 먼 곳까지 우리에게 순종하지 아니할 자 없을 것입니다."

주공이 말하였다.

"그대여! 나는 이렇게 많은 권고를 하고 싶지 않으며 다만 우리들이 천명과 민심을 깊이 생각하기를 바랄 뿐이라오."

주공이 말하였다.

"오호라! 그대여. 그대는 백성들이 하는 일을 할 것이니, 역시 일을 시작할 때는 누구 하나 잘 처리하지 않는 자가 없으나 우리는 그 끝맺음을 생각해야 하는 것이라오. 우리는 진정으로 이 일을 잘 처리하며 공경스럽게 온 힘을 기울여 다스려야 할 것이외다!"

公曰:「前人敷乃心, 乃悉命汝, 作汝民極. 曰:『汝明勖偶王, 在亶乘茲大命, 惟文王德丕承, 無疆之恤!』」

公曰:「君! 告汝, 朕允保奭. 其汝克敬, 以予監于殷喪大否, 肆念我天威. 予不允惟若茲誥, 予惟曰:『襄我二人. 汝有合哉?』言曰:『在時二人.』天休滋至, 惟時二人弗戡. 其汝克敬德, 明我俊民, 在讓後人于丕時. 嗚呼! 篤棐時二人, 我式克至于今日休? 我咸成文王功于! 不怠丕冒, 海隅出日, 罔不率俾.」

公曰:「君! 予不惠若茲多誥, 予惟用閔于天越民.」

公曰:「嗚呼! 君. 惟乃知民德: 亦罔不能厥初, 惟其終. 祗若茲, 往敬用治!」

【前人敷乃心】'前人'은 武王을 가리킴. '敷'는 布와 같으며 '선포하다'의 뜻. '乃心'은 그의 마음.

【乃悉命汝】'悉'은 '모두 다'의 뜻.

【作汝民極】'極'은 標準의 의미.

【汝明勖偶王】'明勖'은 모두 勉勵의 뜻. '勖'은 勖과 같으며 앞에서는 冒로 표기하였음.

【在亶乘茲大命】'亶'은 진심, 성심을 뜻함. '乘'은 承과 같음.

【惟文王德丕承】'惟'는 思와 같음.

【無疆之恤】'恤'은 憂와 같으며 '우려하다'의 뜻. 즉 天命과 나라를 잘 지킬 많은 고민을 뜻함.

【朕允保奭】'允'은 信의 뜻. '保'는 太保. 召公의 관직 이름.

【其汝克敬, 以予監于殷喪大否】'以'는 與와 같음. '大否'는 '대비'로 읽으며 患亂을 뜻

함. 王先謙은 《易》天地交爲泰, 天地不交而萬物不通爲否. 殷之末世, 天地閉塞, 是大否也"라 하였으며, 《尙書注》에는 "大否, 言其大不可不戒"라 함.

【肆念我天威】'肆'는 長의 뜻. '威'는 하늘의 威罰을 뜻함.

【予不允惟若玆誥】'不允惟'의 '允'은 語氣助詞로 강조의 의미를 띰. '惟'는 只의 뜻. 따라서 '不惟'는 不但과 같음.

【襄我二人】'襄'은 '제거하다'의 뜻. 《爾雅》釋言에 "襄, 除也"라 함. '我二人'은 周公 자신과 召公을 함께 지칭한 것.

【在時二人】나라 운명의 여부는 두 사람에게 달려 있음을 뜻함.

【汝有合哉】'合'은 의기가 투합함을 말함.

【言曰】周公이 召公을 대신하여 답을 내놓은 것.

【天休滋至】'天休'는 하늘이 내리는 복. '滋至'는 갈수록 많아짐. '滋'는 益과 같음.

【惟時二人弗戡】'戡'은 堪과 같으며 勝의 뜻으로 '감당해내다'의 의미. 《爾雅》釋詁에 "堪, 勝也"라 함.

【明我俊民】'明'은 動詞로 쓰였으며 '提拔하다, 들어올리다'의 뜻.

【在讓後人于丕時】'在'는 《爾雅》釋詁에 "在, 終也"라 하였으며, '讓'은 襄과 같음. '완성하다'의 뜻. '丕時'는 '계승하다'의 뜻. 《尙書正讀》에 "丕時, 猶丕承也"라 함.

【篤棐時二人】'篤'은 信과 같음. '棐'는 非와 같음. '時二人'은 '이 두 사람', 즉 周公 자신과 召公을 함께 일컬은 것.

【我式克至于今日休】'式'은 尙과 같음. '休'는 盛世.

【我咸成文王功于】'我'는 我輩의 줄인 말. '咸'은 共同의 뜻. '于'는 乎와 같음. 《呂氏春秋》審應篇 "然則先生聖于"의 高誘 注에 "于, 乎也"라 함. 그러나 《尙書易解》에는 "我咸成文王功于, 絶句; 不怠丕冒, 絶句"라 하여 문장이 끊어진 것으로 보았음.

【海隅出日】'隅'는 아주 먼 귀퉁이. '海隅出日'은 아주 멀고 황량하며 편벽된 지역을 상징함.

【罔不率俾】'俾'는 '順從하다'의 뜻.

【予不惠若玆多誥】'惠'는 惟, 思, 想과 같음. 〈酒誥〉의 '予不惟若玆多誥'를 漢 〈石經〉에는 '惟'자를 惠자로 썼음.

【予惟用閔于天越民】'閔'은 憫과 같으며 걱정하고 고민함. '越'은 與, 及의 뜻.

【惟乃知民德, 亦罔不能厥初】'德'은 行爲를 뜻함. '能'은 善의 뜻. '初'는 일의 단초, 시작.

【惟其終】'終'은 善終의 의미. 끝마무리를 잘함.

【祗若妓】 '若'은 《爾雅》 釋詁에 "善也"라 함. '妓'는 此, 是, 斯와 같음.

【往敬用治】 '往'은 '부지런히 힘쓰다'의 뜻. 《爾雅》 釋詁에 "往, 勞也"라 함. '用'은 以와
  같음.

〈37〉 채중지명蔡仲之命(184-188)

〈二帝陵〉 내부

周公이 成王을 섭정하고 있을 때 殷나라 紂의 아들 武庚을 감독하는 임무를 맡았던 두 아우 蔡叔과 管叔이 유언비어를 퍼뜨리며 주공을 모함하여 왕실의 분란을 일으켰다. 심지어 두 아우는 무경과 결탁하여 마침내 반란을 일으키게 된다. 이에 주공이 東征에 나서서 이 三監의 亂을 평정하면서 채숙을 郭鄰에 가두었다가 추방해 버렸다. 그 뒤 채숙의 아들 蔡仲이 현명하고 덕을 공경스럽게 실천하자 주공은 성왕에게 청하여 다시 채중을 봉하여 蔡國지금의 河南 上蔡縣을 세워주었다. 이 과정을 기록한 것이 〈채중지명〉이며 성왕이 冊命으로서 蔡仲에게 명하는 내용이 주를 이룬다.

한편 본 편에 대해 蔡忱의 〈蔡傳〉에는 "此篇次叙, 當在洛誥之前"이라 하여 〈洛誥〉의 사건이 있기 전에 있었던 일이며, 따라서 〈낙고〉 앞에 실려야 한다고 보았다.

본 편은 〈금문상서〉에는 들어 있지 않으며 〈고문상서〉에만 실려 있다.

*蔡沈 《書傳》 〈蔡仲之命〉 注에 "蔡, 國命(名), 仲, 字. 蔡叔之子也. 叔沒, 周公以仲賢, 命諸侯, 成王復封之蔡. 此其誥命之詞也. 今文無, 古文有"라 하였다.

〈서〉: 채숙이 이윽고 죽고 나자 성왕이 채중蔡仲에게 명하여 제후국의 군주 자리에 오르도록 하였으며 이를 기록한 것이 〈채중지명〉이다.

〈序〉: 蔡叔旣沒, 王命蔡仲踐諸侯位, 作〈蔡仲之命〉.

【蔡叔旣沒】《列女傳》에 따르면 文王(姬昌)은 그 아내 太姒와 사이에 伯邑(考), 武王
(發), 周公(旦), 管叔(鮮), 蔡叔(度), 曹叔(振鐸), 霍叔(武), 成叔(處), 康叔(封), 聃季(載)
등 10명의 아들을 낳은 것으로 되어 있어 蔡叔은 이름이 度(姬度)이며 周公의 아우
요, 성왕에게는 삼촌이 됨. 蔡 땅에 봉해져 紂의 아들 武庚을 감독하는 임무를 받
았으나 주공의 섭정을 못마땅히 여겨 管叔(鮮), 霍叔(武)과 더불어 武庚을 부추겨
난을 일으킴. 이를 '三監之亂'이라 하며 주공이 東征하여 평정함. '沒'은 歿과 같음.
죽음.

【王命蔡仲】'王'은 成王(姬誦)을 가리킴. '命'은 冊命. '蔡仲'은 이름은 胡(姬胡)이며 蔡
叔의 아들. 다시 蔡에 봉해져 제후국의 군주가 됨.

【踐諸侯位】'踐'은 제왕, 또는 제후국의 군주 자리에 오름을 이르는 말.

184(37-1)
군숙류언羣叔流言

    주공周公이 총재冢宰의 지위에서 백관들을 통솔하고 있을 때, 여러 아우들이 유언流言을 퍼뜨렸다. 이에 상商에서 관숙管叔을 죽이고, 채숙蔡叔을 곽린郭鄰에 가두고는 수레 7승을 주어 곽숙霍叔을 서인庶人으로 강등하고 3년 동안 벼슬길에 오르지 못하도록 하였다.

    채중蔡仲은 능히 공경을 다하고 덕을 실천하여 주공이 경사卿士로 삼았다.

    채숙이 죽자 주공이 성왕에게 고하여 그를 채蔡나라에 봉하도록 하였다.

    惟周公位冢宰, 正百工, 羣叔流言. 乃致辟管叔于商; 囚蔡叔于郭鄰, 以車七乘; 降霍叔于庶人, 三年不齒.

    蔡仲克庸祗德, 周公以爲卿士.

    叔卒, 乃命諸王邦之蔡.

【惟周公位冢宰】'位'는 '位於'의 줄인 말. 담임토록 함. '冢宰'는 行政의 最高長官. 太宰로도 부름. 〈周官〉편 "冢宰掌邦治, 統百官, 均四海"의 孔穎達 疏에 周公이 武王이 죽은 다음 冢宰를 담임하였다고 하였음.

【正百工】'正'은 '통솔하다'의 뜻. 여기서는 '거느리다'의 뜻. '百工'은 百官.

【羣叔】王의 여러 아저씨. 곧 管叔, 蔡叔, 霍叔을 가리킨 것.

【流言】周公이 어린 成王에게 불리한 짓을 할 것이라 유언을 퍼뜨림. 《史記》魯世家에 "武王旣崩, 成王少, 周公恐天下聞武王崩而畔. 周公乃踐阼代成王, 攝行政當國. 管叔及其群弟流言於國曰:「周公乃不利於成王.」"이라 함.

【乃致辟管叔于商】'乃'는 於是와 같음. '致辟'은 '死刑을 내리다'의 뜻. 〈蔡傳〉에 "致

辟云者, 誅戮之也"라 함. '商'은 武庚이 맡았던 옛 상나라 지역.

【囚蔡叔于郭鄰】'郭鄰'은 地名. 구체적으로는 알 수 없음. 孔安國 傳에 "中國之外地名"이라 하여 중원 밖의 먼 곳으로 여겼음.

【以車七乘】7乘의 수레를 蔡叔에게 줌.

【降霍叔于庶人】'降'은 강등시킴. '霍叔'은 管叔, 蔡叔과 더불어 武庚(祿父)을 감시토록 한 임무를 맡았던 三監의 하나. 이름은 姬武. 周公의 아우. 죄가 가벼워 庶人으로 강등해 버림. '降庶人'에 대해 孔穎達 疏에는 "若今除名爲民"이라 함. 곽숙의 죄는 상대적으로 가벼워 3년 동안 서민으로 강등함.

【三年不齒】'齒'는 '齒祿'의 줄인 말. 齒祿은 녹을 받는 사람의 서열에 끼는 것을 말함. '三年不齒'는 孔安國 傳에 "三年之後乃齒祿"이라 함.

【卿士】六卿 중에서 정사를 맡고 있는 사람.

【蔡仲克庸祗德】'克'은 能과 같음. '祗'는 敬과 같음.

【乃命諸王, 邦之蔡】'諸'는 '저'로 읽으며 '之於', '之于', '之乎'의 合音字. '邦'은 封의 뜻. '邦'과 '封'은 고대 통용하였음. '蔡'는 지금의 河南 上蔡縣.

185(37-2)
황천무친皇天無親

성왕成王이 이렇게 말하였다.

"젊은 호胡여! 단지 너는 능히 선조의 미덕을 준수하고 전인前人(아버지)의 악행을 고치며 능히 신하로서의 도리를 신중히 지녀야 한다. 그 때문에 내 너에게 명하여 동방의 제후가 되도록 한 것이니, 너의 봉지로 가서 공경스럽게 할지어다! 너는 마땅히 전 사람의 죄를 막고 충과 효를 생각할 것이며, 너는 너 자신으로부터 매진하여 앞으로 나서거라. 그리하여 능히 부지런히 하여 태만하게 하지 말 것이며, 그것으로 너의 후손에게 모범을 내려주어라. 너의 조부 문왕文王의 훌륭한 가르침을 잘 준수하되 너의 아버지가 왕명을 어긴 것은 따르지 말 것이니라. 하늘은 친히 여기는 것이 없으며 오직 덕을 베푸는 자를 보필할 뿐이다. 민심은 한결같이 모시는 임금이란 없으며 오직 은혜롭게 해 주는 자를 향할 뿐이다. 선을 행하는 길은 같지 않더라도 모두가 결국 다스림으로 귀결되는 것이며, 악한 짓은 저마다 달라도 모두가 혼란으로 귀착되는 것이니라. 너는 이를 잘 경계할지니라!"

王若曰:「小子胡! 惟爾率德改行, 克愼厥猷, 肆予命爾, 侯于東土. 往卽乃封, 敬哉! 爾尙蓋前人之愆, 惟忠惟孝, 爾乃邁迹自身, 克勤無怠, 以垂憲乃後. 率乃祖文王之彝訓, 無若爾考之違王命. 皇天無親, 惟德是輔. 民心無常, 惟惠之懷. 爲善不同, 同歸于治; 爲惡不同, 同歸于亂. 爾其戒哉!」

【小子胡】'小子'는 어린 나이, 젊은 나이를 부르는 말. '胡'는 姬胡. 蔡仲의 이름. 이름

을 불러 친근감을 표시한 것.

【惟爾率德改行】'率'은 遵守하다의 뜻. '改行'은 아버지의 행동을 고쳐 따라하지 말
도록 권고한 것.

【克愼厥猷】'猷'는 道, 道理.《詩》小雅 巧言 "秩秩大猷"의 〈鄭箋〉에 "猷, 道也"라 함.

【肆予命爾, 侯于東土】'肆'는 故와 같음. '侯'는 動詞로 '제후로 임명하다'의 뜻. '東土'
는 蔡나라는 鎬京의 동쪽에 있었으므로 이렇게 칭한 것.

【爾尙蓋前人之愆】'蓋'는 掩, 蔽의 뜻이며 動詞로 '덮다, 덮어두다'의 의미. '前人'은
아버지 蔡叔을 가리킴. '愆'은 罪過. 呂祖謙은 "子之新善著, 則父之舊愆庶乎其掩矣"
라 함.

【爾乃邁迹自身】'邁迹'은 '매진하여 앞으로 나가다'의 뜻. '自'는 從과 같음. '身'은 자신.

【以垂憲乃後】'垂'는 내려뜨려 줌. '憲'은 法. '乃後'은 그대의 後孫.

【率乃祖文王之彛訓】'彛'는 常과 같음. '彛訓'은 常敎와 같으며 文王이 후손에게 일
러주었던 떳떳한 교훈을 뜻함. 〈酒誥〉편 "聽聽祖考之彛訓"의 孔安國 傳에 "言子孫
皆聽聽祖父之常敎"라 함.

【皇天無親, 惟德是輔】'是'는 結構助詞. 皇天은 달리 친히 여기는 바가 없으며 오직
덕을 베푸는 자를 도와줄 뿐임.

【民心無常, 惟惠之懷】'常'은 常主. '惠'는 아끼고 사랑함. '懷'은 마음속으로 그리며
그를 향해 따름. 孔安國 傳에 "民心于上, 無有常主, 惟愛己者則歸之"라 함.

【爲善不同, 同歸于治】'善'은 훌륭한 일. 선한 일.

【爾其戒哉】'其'는 要, 庶幾와 같음. 副詞. 그렇게 되도록 기원하는 의미를 띠고 있음.

186(37-3)
무내유적 懋乃攸績

"그 시작을 신중히 하며 그 끝을 삼갈 것이니, 그렇게 하면 그 끝이 곤궁해지지 않을 것이다. 그 끝을 잘 생각하지 않으면 그 끝은 이로써 곤궁에 빠지게 되느니라. 너의 업적을 이루기에 힘쓰며, 사방 너의 이웃나라와 화목하게 지내며, 우리 왕실王室의 울타리가 되며, 형제 제후들과 화합을 이루며, 백성들을 편안하게 살 수 있도록 하라. 너는 중정中正으로써 하되, 총명한 일을 하겠노라 다짐하여, 옛날 훌륭한 법을 어지럽히는 일이 없도록 하라. 너의 견문을 자세히 살펴 곁에서 속삭이는 말로써 법도를 바꾸는 일을 하지 않도록 하라. 그렇게 하면 내 너를 가상히 여기리라."

왕이 말하였다.

"오호라! 어린 호여. 너는 가거라! 내가 일러준 말을 마구 버리지 않도록 하라!"

「愼厥初, 惟厥終, 終以不困. 不惟厥終, 終以困窮. 懋乃攸績, 睦乃四鄰, 以蕃王室, 以和兄弟, 康濟小民. 率自中, 無作聰明亂舊章. 詳乃視聽, 罔以側言改厥度. 則予一人汝嘉.」

王曰:「嗚呼! 小子胡. 汝往哉! 無荒棄朕命!」

【惟厥終】'惟'는 思와 같음.
【終以困窮】'困窮'은 곤핍하고 궁한 경우를 만남.
【懋乃攸績】'懋'는 勉, 務와 같음. '攸'는 所와 같음.
【蕃】울타리. 즉 주위를 막아 보호해 주는 역할을 뜻함.

【康濟小民】‘康’은 平康한 삶. ‘濟’는 어려움이 있을 때 이를 救濟해 주는 것. 결국 백성들로 하여금 편안히 생업에 열중하며 살도록 함을 뜻함. 孔安國 傳에 "汝爲政當安小民之居, 成小民之業"이라 함.

【率自中】‘率’은 遵守함, 遵循함. ‘自’는 用과 같음. ‘中’은 中正之道.

【無作聰明亂舊章】‘無’는 毋와 같음. 禁止命令. ‘舊章’은 先王의 옛 법.

【詳乃視聽】‘詳’은 자세히 살펴봄. ‘視聽’은 모든 사물에 대한 인상과 견해. 見聞과 같음.

【罔以側言改厥度】‘側言’은 한쪽만의 말. 편파적인 말.

【則予一人汝嘉】‘予一人’은 成王이 자신을 일컫는 말. ‘汝嘉’는 ‘嘉汝’의 倒置型. ‘너를 가상히 여기다’의 뜻.

【無荒棄朕命】‘荒棄’는 태도나 정신이 게으르고 황폐함. 여기서는 ‘잊다, 망각하다’의 뜻.

187
〈성왕정成王政〉

〈서〉: 성왕成王이 동쪽 회이淮夷를 정벌하고 이에 엄奄을 멸하였으며, 이를 기록한 것이 〈성왕정成王政〉이다.

〈序〉: 成王東伐淮夷, 遂踐奄, 作〈成王政〉.

【成王東伐淮夷】'東伐'은 동쪽으로의 정벌. '淮夷'는 동쪽 바닷가 지금의 山東 남부, 江蘇 북부 일대에 분포하던 東夷族의 일파. 成王 때 淮夷와 奄이 반란을 일으키자 왕이 직접 나서서 평정하고 돌아왔음을 말함.

【遂踐奄】'遂'는 於是와 같음. '踐'은 翦(剪)과 같음. '멸하다, 자르다'의 뜻. '奄'은 옛 제후국 이름으로 淮夷의 북쪽 지금의 山東 중부에 있었음. 周公이 섭정할 때 三監의 난이 일어나자 이들도 난을 일으켰음.

【成王政】'政'은 征과 같음. 〈釋文〉에 "政, 馬本作征, 云: 「正也.」"라 함. 成王이 반역한 백성들을 정벌함을 뜻함. 序文만 전하며 正文은 실전됨.

188

〈장포고將蒲姑〉

〈서〉: 성왕成王이 이윽고 엄奄을 멸한 다음 그 군주를 제나라 경내의 포고蒲姑로 이주시키자, 주공周公이 소공召公에게 고하여 〈장포고將蒲姑〉를 짓도록 하였다.

<序>: 成王旣踐奄, 將遷其君於蒲姑, 周公告召公作<將蒲姑>.

【將遷其君】'將'은 뒤의 單語나 句를 賓語(目的語)로 삼는 前置詞. '遷'은 遷居, 移住, 遷徙의 뜻. '其君'은 奄나라 군주.

【蒲姑】'蒲姑'는 地名, 亳姑로도 표기하며 奄나라 군주를 강제 이주시킨 지명. 《尚書大傳》과 《史記》에 따르면 成王이 奄을 멸한 다음 그 군주를 齊나라로 이주시켰음. 孔穎達 疏에 "蒲姑爲齊地也. 周公遷殷頑民於成周近京師敎化之, 知今遷奄君臣於蒲姑爲近中國敎化之"라 함. 본 편 역시 序文만 전하며 正文은 失傳됨.

〈38〉 다방多方(189-191)

〈連手紋 彩陶〉

'方'은 邦과 같은 의미이며 國의 뜻이다. 따라서 '多方'은 많은 제후국을 뜻한다.

成王이 직접 정사를 맡은 지 2년째, 淮夷와 奄이 다시 반란을 일으키자 성왕은 몸소 정벌에 나서서 엄나라를 멸하였다. 그해 5월, 성왕이 鎬京으로 돌아오자 각국 제후들이 모두 호경으로 와서 조회를 열게 되었다. 이때 周公이 성왕을 대신하여 고명誥命을 발표하였다. '고명'이란 주 왕실에 복종하지 않는 각국 군신들에게 내리는 명령이다. 사관들이 이를 기록한 것이 〈다방〉이다.

본 편 내용 역시 주공이 강조해온 '天命'이다. 夏나라와 商나라가 망한 것은 천명이며 주나라가 건립된 것 또한 천명이라는 명분을 강하게 주장하고 있다. 천명은 거역할 수 없는만큼 주나라가 천하를 통치하는 것은 합당하며 따라서 이에 항거하는 것은 천명을 어긴다는 논리이다.

본편은 고대 원초적 神權思想에 대한 귀중한 자료이며, 동시에 주나라 초기 복잡한 정치 상황을 알려주는 중요한 史料이기도 하다. 〈금문〉과 〈고문〉에 모두 실려 있다.

*蔡沈 《書傳》 〈多方〉 注에 "武王卽政, 奄與淮夷又叛, 成王滅奄, 歸作此篇. 按:〈費書〉言:「徂玆淮夷·徐戎並興.」 卽其事也. 疑當時扇亂不特殷人, 如徐戎·淮夷四方容或有之, 故及多方. 亦誥體也. 今文·古文皆有"라 하였다.

〈서〉: 성왕成王이 엄奄으로부터 귀환하여 종주宗周에서 많은 제후국 나라 군신들에게 고誥하였다. 이를 기록한 것이 〈다방〉편이다.

〈序〉: 成王歸自奄, 在宗周, 誥庶邦, 作〈多方〉.

【成王歸自奄】'歸'는 '개선하여 돌아오다'의 뜻. '自'는 從과 같음. '奄'은 지금의 山東 중부에 있던 작은 나라. 商나라에 귀속하던 나라였음. 그 나라 군주를 蒲姑(薄姑, 亳姑)로 이주시킴. 序文만 전하는 〈亳姑篇〉(199)을 참조할 것.

【在宗周】宗周는 鎬京(지금의 陝西 西安 경내)을 가리킴. 成周(洛邑)과 구분하여 도읍 을 지칭하는 말로 대신 쓰임.

【誥庶邦】'誥'는 誥命. 즉 엄하게 논리를 선포하는 것. '庶邦'은 많은 제후국 나라의 君臣들.

189(38-1)
사국다방四國多方

5월 정해丁亥날, 성왕이 엄奄으로부터 돌아와 종주宗周 호경에 도착하였다.

주공周公이 말하였다.

"왕께서는 이렇게 말씀하셨노라. '알리노라! 그대 사방의 나라와 각국 제후 및 그대 여러 제후국이 다스리는 백성들의 관원들에게 고하노라. 나는 그대들에게 큰 명령을 내리노니 그대들은 알지 않으면 안 될 것이다. 하걸夏桀은 자신이 하늘 아래 가장 큰 명령을 내릴 수 있는 것이라 도모하면서 제사를 중시하지 않았다. 이 때문에 상제께서 하나라에게 멸망의 엄한 명령을 내린 것이다. 하걸은 크게 안일에 빠져 백성들을 위로할 생각을 하지 않았고, 마침내 크게 음란에 빠져 하루도 하늘이 인도를 준행하지 않았으니, 이러한 일들은 그대들도 들은 바가 있을 것이다. 하걸은 천명을 과대하게 자신에게 유리한 것으로 여겼으며 백성들로 하여금 자신을 가까이 하도록 하는 방법을 알지 못한 채, 크게 살육을 저지르고, 하나라를 큰 혼란에 빠뜨렸다. 하걸은 총애하는 여자에게 빠져 그를 따라 정치를 하였으며 더욱 깊이 백성에게 해독을 끼쳤다. 또한 하나라 백성은 탐람하고 분개하는 풍토가 하루가 다르게 성행하여, 하나라 읍을 코를 자르고 베어내듯 멸망의 길로 몰고 갔다. 하늘은 이에 백성의 군주가 될 사람을 찾았으니 바로 그 크고 밝고 아름다운 명령을 성탕成湯에게 주어 그로 하여금 하나라를 멸망시키도록 한 것이다. 하늘이 그대 제후들에게 주지 않은 것은, 그대들 각국 방군들도 백성들을 면려하지 못하였고, 또한 하나라 관원들도 백성을 보호하고 권면하는 방법을 깨닫지 못한 채 마침내 서로 백성에게 포학한 짓만을 베풀었으며, 하는 일마다 모두 능히 펴 보일 수 없는 지경에 이르렀기 때문이었다. 성탕은 그대 각국 방군들의 선택과 추대에 의해 하걸을 대신하여 군주가 된 것이다. 그는 신중하게 정치를 베풀었으니 이는 백성을 면려한 것이며, 그는 죄인을 징벌하였으니 이 또한 선을 권면한 것이었다. 그리하여 성탕으로부터 제을帝乙에 이르기까지 누구도 덕을 밝히고 벌을 신중히 하지 않은 임금이 없었으니 이는 능히 백성을 면려한 것이다. 그들 임금은 죄인을 감독하고 금지시키되 중대한 죄를 지은 자만을 죽여 없앴으니 이 역시 능히 백성을 권면한 것이며, 죄 없는 사람들은 사면하였으니, 이 또한 능히 백성들을 면려한 것이다. 그런데 오늘에 이르러 그대들의 군주 주紂는 능히 그대들과 각국 방군들이 하늘이 내려주신 큰 명령을 제대로 누릴 수 있도록 해 주지 않았으니, 실로 애처로운 일이로다!'라고 말이다."

惟五月丁亥, 王來自奄, 至于宗周.

周公曰:「王若曰:『猷! 告爾四國多方, 惟爾殷侯尹民. 我惟大降爾命, 爾罔不知. 洪惟圖天之命, 弗永寅念于祀, 惟帝降格于夏. 有夏誕厥逸, 不肯感言于民, 乃大淫昏, 不克終日勸于帝之迪, 乃爾攸聞. 厥圖帝之命, 不克開于民之麗, 乃大降罰, 崇亂有夏. 因甲于內亂, 不克靈承于旅. 罔丕惟進之恭, 洪舒于民. 亦惟有夏之民, 叨懫日欽, 劓割夏邑. 天惟時求民主, 乃大降顯休命于成湯, 刑殄有夏. 惟天不畀純, 乃惟以爾多方之義民, 不克永于多享; 惟夏之恭多士, 大不克明保享于民, 乃胥惟虐于民, 至于百爲, 大不克開. 乃惟成湯, 克以爾多方簡, 代夏作民主. 愼厥麗, 乃勸; 厥民刑, 用勸; 以至于帝乙, 罔不明德愼罰, 亦克用勸; 要囚殄戮多罪, 亦克用勸; 開釋無辜亦克用勸. 今至于爾辟, 弗克以爾多方享天之命. 嗚呼!』」

【惟五月丁亥】'五月'은 成王이 周公으로부터 정권을 돌려받아 執政한 지 이듬해 5月.

孔安國 傳에 "周公歸政之明年, 淮夷·奄又叛. 魯征淮夷, 作〈費誓〉. 王親征奄, 滅其國, 五月還至鎬京"이라 함. 그러나 혹 '奔走臣, 我監五祀'로 보아 周公이 洛邑을 다스린 지 5年, 즉 成王 12年 5月로도 봄.

【王若曰】周公이 成王의 말이라 하여 대신 인용한 것.

【猷】告, 說, 言과 같음.《方言》에 "猷, 道也"라 함.

【告爾四國多方. 惟爾殷侯尹民】'四國'은 管, 蔡, 商, 奄 네 제후국을 가리킴. '惟'는 與와 같음. '殷'은 衆의 뜻.《詩》溱洧의 傳에 "殷, 衆也"라 함. 따라서 '殷侯'는 많은 제후국을 뜻함. '尹'은 治와 같음. '尹民'은 백성을 다스리는 관원.

【我惟大降爾命】'降'은 '명령 등을 하달하다'의 뜻.

【洪惟圖天之命】'洪惟'는 구절 앞의 語氣助詞. '圖'는 '크다'의 뜻.《經傳釋詞》에 "圖, 大也"라 하였고,《尚書易解》에는 "大天之命, 謂其偏重天命; 不永寅于祀, 謂其忽視民生.《尚書大傳》曰: '桀云: 天之有日, 猶吾之有民, 日有亡乎? 日亡, 吾亦亡矣.' 此夏桀大天命之事實"이라 함.

【弗永寅念于祀】'寅'은 敬과 같음.

【惟帝降格于夏】'格'은 詻(액)과 같은 뜻임.《玉篇》에 "詻, 敎令嚴也"라 함.

【有夏誕厥逸】'誕'은 大의 뜻.

【不肯慼言于民】'慼'은 憂와 같은 뜻.

【乃大淫昏】'淫昏'은 淫逸과 昏闇을 합쳐 이른 말.

【不克終日勸于帝之迪】'勸'은 勉과 같음. '노력하다'의 뜻. '迪'은 '敎導하다'의 뜻.

【乃爾攸聞】'攸'는 所와 같음.

【厥圖帝之命】'圖'는 大의 뜻. '上帝의 命이 크다'의 의미.

【不克開于民之麗】'開'는 明의 뜻. '麗'는 '붙다'의 뜻. 附와 같음. '民之麗'는 '百姓이 郡王의 道理를 믿고 歸附하다'의 뜻.

【乃大降罰】크게 殺戮이 벌어짐.

【崇亂有夏】'崇'은 充과 같음.

【因甲于內亂】'甲'은 狎과 같음. '익숙하다'의 의미. '亂'은 治와 같음. '內亂'은 夏桀이 妹喜에 의해 다스려짐을 뜻함.

【不克靈承于旅】'靈'은 善과 같음. '旅'는 衆과 같음.

【罔丕惟進之恭】'丕'는 不과 같음. '進'은 賮(신)과 같음.《倉頡篇》에 "賮, 財貨也"라 함. '恭'은 供(貢)과 같음.《廣雅》釋詁에 "供, 進也"라 함.

【洪舒于民】'舒'는 宋 王應麟《困學紀聞》에 "舒, 古文作荼"라 하여 荼는 씀바귀이며

'쓰다'의 의미를 가지고 있음. 여기서는 '害毒을 끼치다'의 의미.

【叨懫日欽】'叨'는 '貪婪하다'의 의미. '懫'(치)는 '성내다'의 의미. '欽'은 廞과 같으며 欣의 뜻. 《爾雅》釋詁에 "廞, 興也"라 함.

【劓割夏邑】'劓'(의)는 고대 五刑의 하나로 코를 베는 형벌. 여기서는 '잔혹하게 굴다'의 뜻.

【天惟時求民主】'惟時'는 於是와 같음.

【乃大降顯休命于成湯】'顯'은 光과 같으며 '休'는 美와 같음.

【刑殄有夏】'殄'은 '滅絕시키다'의 뜻.

【惟天不畀純】'畀'는 與와 같으며, '純'은 屯과 같음. 衆의 뜻.

【乃惟以爾多方之義民, 不克永于多享】'義民'은 제후의 군주를 뜻함. '享'은 勸과 같음.

【惟夏之恭多士, 大不克明保享于民】'恭'은 供과 같으며, 여기서는 供職의 뜻.

【乃胥惟虐于民】'惟'는 爲와 같음.

【大不克開】'開'는 '펼쳐서 열다'의 뜻. 《說文》에 "開, 張也"라 함.

【乃惟成湯, 克以爾多方簡】'多方'은 제후국의 군주들. '簡'은 '選擇하다, 簡擇하다'의 뜻.

【愼厥麗, 乃勸】'麗'는 '施行하다'의 뜻. '勸'은 '勸勵하다, 勉勵하다'의 뜻.

【要囚殄戮多罪】'要'는 '幽'와 같음. '要囚'는 '죄인을 깊은 곳에 가두다'의 뜻. '殄戮'는 '진멸하여 죽여 없애다'의 뜻.

【開釋】풀어 놓아 석방함.

【今至于爾辟】'辟'은 군주, 임금. 여기서는 紂王을 가리킴.

【弗克以爾多方享天之命】'以'는 和와 같음.

190(38-2)
탄작민주誕作民主

왕께서는 이와 같이 말씀하셨노라.

"그대 많은 방군들에게 알리노니 하늘은 결코 하夏나라를 포기하려한 것이 아니며, 하늘은 결코 은殷나라를 포기하려 한 것이 아니었다. 오직 그대들의 임금과 그대들 많은 방군들이 너무 지나친 짓을 하면서하늘의 명령을 헤아리되 별것 아닌 것으로 여기며 게을리 하였기 때문이다. 이에 하걸은 정치를 하면서, 제사조차 제대로 지내지 않았기에 이에 하늘이 그 사이에 대체한 것이다. 그런데 그대 상나라의 후대 왕 주紂가 일락逸樂에 빠져 그 정사를 제대로 해내지 않자 이번에도 하늘은이와 같은 재앙을 내린 것이다. 성명聖明한 자는 무지한 짓을 생각지 않으며, 무지한 자라도 능히 성명하게 되고자 생각한다. 하늘이 상나라 자손들에게 5년의 시간을 주어 그들로 하여금 나라를 계속 이어가도록 하였으나, 그럼에도 그들은 깊이 생각하거나 하늘의 뜻을 들을 생각을 하지 않았다. 하늘은 똑같이 그대 제후국들에게 크게 위엄을 일으켜 하늘의 뜻을 열어 살펴보도록 요구하였었다. 그럼에도 그대들 많은 제후국들은 누구 하나 이를 돌아보는 이가 없었다. 그런데 우리 주왕周王만은신령스럽게도 백성의 뜻을 따랐고, 능히 백성의 덕을 감당해 내었으며신과 하늘을 법으로 여겼다. 그러자 하늘은 그 아름다운 복을 우리에게모범으로 여겨 내려주셨고, 우리에게 그 큰 사명을 선택하여 주셔서 그대 여러 나라들을 다스리도록 하신 것이다. 지금 내 어찌 감히 많은 것을 고하겠는가? 나는 단지 널리 그대들 사방 나라와 백성들에게 명령을내릴 뿐이다. 그대들은 어찌 그대들의 많은 각국 신하와 백성들에게 권고하지 않는가? 그대들은 어찌 우리 주나라와 함께 천명을 향유함을 거들지 않는가? 지금 그대들은 아직도 그대들의 원래 주택에서 살고 있으며 그대들의 농토에서 농사를 짓고 있건만, 그대들은 어찌 우리 주나라가 선양하는 저 밝은 하늘의 명령을 은혜롭게 여기지 않고 있는가? 그대들은 여러 차례 교도하였건만 아직도 안정을 찾지 못하며 그대들 마음은 아직도 사랑을 품고 있지 못하고 있다. 그대들은 끝내 천명을 헤아리지 못하고 있으며, 끝까지 스스로 불법을 저지르고 있으며, 우두머리를 공격하고자 한다. 나는 이 때문에 글로써 그대들에게 권고하는 것이며, 나는 이 때문에 그대들을 토벌하여 가두고 있는 것이니, 두 번에 이르도록, 다시 세 번에 이르도록 이렇게 하는 것이다. 만약 그래도 내가 그대들에게 내린 명령을 복종하지 아니하는 자가 있다면, 나는 거듭 큰 벌로써 죽임을 내릴 것이다! 이는 결코 우리 주나라가 내세우는 덕이 안정되지 못하여 그런 것이 아니며 단지 그대들이 죄를 자초하고 있기 때문이다!"

王若曰:「誥告爾多方, 非天庸釋有夏, 非天庸釋有殷. 乃惟爾辟, 以爾多方大淫, 圖天之命屑有辭. 乃惟有夏圖厥政, 不集于享, 天降時喪, 有邦間之. 乃惟爾商後王, 逸厥逸, 圖厥政不蠲烝, 天惟降時喪. 惟聖罔念作狂, 惟狂克念作聖. 天惟五年須暇之子孫, 誕作民主, 罔可念聽. 天惟求爾多方, 大動以威, 開厥顧天. 惟爾多方罔堪顧之. 惟我周王靈承于旅, 克堪用德, 惟典神天. 天惟式教我用休, 簡畀殷命, 尹爾多方. 今我曷敢多誥. 我惟大降爾四國民命. 爾曷不忱裕之于爾多方? 爾曷不夾介乂我周王享天之命? 今爾尚宅爾宅, 畋爾田, 爾曷不惠王熙天之命? 爾乃迪屢不靜, 爾心未愛. 爾乃不大宅天命, 爾乃屑播天命, 爾乃自作不典, 圖忱于正. 我惟時其教告之, 我惟時其戰要囚之, 至于再, 至于三. 乃有不用我降爾命, 我乃其大罰殛之! 非我有周秉德不康寧, 乃惟爾自速辜!」

【王若曰】이 또한 周公이 成王의 말이라 하여 대신 선포한 것임. 따라서 실제로는 앞 단락과 똑같이 앞에 "周公曰"이 있어야 함.

【誥告爾多方】'誥告'는 고하여 알림.

【非天庸釋有夏】'庸釋'은 버림, 포기함, 폐기함.

【乃惟爾辟, 以爾多方大淫】'爾辟'은 夏桀과 殷紂를 함께 지칭한 것. '以'는 與와 같음. '爾多方'은 夏나라와 殷나라 때 각 제후들의 君臣들.

【圖天之命屑有辭】'圖'는 '圖謀하다'의 뜻. '屑'은 泆과 같음. '안일하게 굴다'의 뜻. '有'는 又와 같음. '辭'는 怠와 같음. '의심하다'의 뜻.

【不集于享】'集'은 止의 뜻.

【有邦間之】'間'은 '대체하다, 번갈아 바꾸다'의 뜻.

【商後王】殷의 末王 紂를 가리킴.

【圖厥政不蠲烝】'蠲'은 '드러내 보이다'의 뜻. 《左傳》襄公 14년 "惠公蠲其大德"의 杜預 注에 "蠲, 明也"라 함. '烝'은 美의 뜻.

【惟聖罔念作狂】'聖'은 명철하고 聖明한 사람. '念'은 '생각하다'의 뜻. '作'은 爲와 같음. '狂'은 聖에 상대되는 것으로 狂妄無知함을 뜻함.

【天惟五年須暇之子孫】'五年'은 《尙書今古文注疏》에 "五年, 當從文王七年數至武王十一年伐紂也"라 함. '須'는 '기다리다'의 뜻. '暇'는 틈, 겨를, 짬. '子孫'은 成湯의 자손, 즉 紂를 가리킴.

【誕作民主】'誕'은 '延長하다'의 뜻.

【大動以威】鄭玄 注에 "言天下災異之威, 動天下之心"이라 함.

【開厥顧天】'開'는 啓發. '厥'은 其, 위의 多方을 가리킴.

【惟爾多方罔堪顧之】'堪'은 '堪當하다'의 뜻. 能과 같음.

【惟我周王靈承于旅】'靈'은 善. '承'은 順從의 의미.

【克堪用德, 惟典神天】'典'은 善과 같음.

【天惟式敎我用休】'式'은 用과 같음.

【簡畀殷命】'簡'은 明과 같으며 '畀'는 與(주다)의 뜻.

【今我曷敢多誥】'曷敢'은 '어찌 감히'의 뜻.

【我惟大降爾四國民命】'降爾四國民命'은 '너희 네 나라 백성들에게 명령을 내리다'의 뜻.

【爾曷不忱裕之于爾多方】'忱裕'는 '권하여 引導하다'의 뜻.

【爾曷不夾介乂我周王享天之命】《尙書易解》에 "夾介, 疑爲夼字之合音. 《說文》: 夼, 大

也. 讀若蓋. 乂, 與艾通, 〈釋詁〉: 艾, 相也"라 함.

【今爾尙宅爾宅】'尙'은 '그래도, 그나마'의 뜻. '宅爾宅'은 앞의 宅은 '거주하다'의 의미
이며, 뒤의 宅은 住宅의 뜻.

【畋爾田】'畋'은 '耕作하다, 농사짓다'의 뜻.

【爾曷不惠王熙天之命】'惠'는 '順從하다'의 뜻.

【爾乃迪屢不靜】'乃'는 '마침내'의 뜻. '迪'은 '敎導하다'의 뜻. '屢'는 '여러 차례'의 뜻

【爾心未愛】'愛'는 '順從하다'의 뜻.

【爾乃不大宅天命】'宅'은 度(탁)의 뜻.

【爾乃屑播天命】'屑'은 《尙書易解》에 "屑, 通悉. 皆也. 《說文》: 㞕, 讀若屑, 可證"이라
함. '播'는 棄의 뜻.

【爾乃自作不典】'不典'은 '법도에 어긋나는 짓을 하다'의 뜻.

【圖忱于正】'圖'는 '圖謀하다'의 뜻. '忱'은 아랫사람이 윗사람을 공격하는 것. '正'은
長과 같음.

【我惟時其敎告之】'惟時'는 於是와 같음.

【我惟時其戰要囚之】'戰要囚之'의 要는 '腰'와 같음. 《尙書易解》에 "謂討其叛亂而幽
囚之"라 함.

【至于再, 至于三】孔安國 傳에 "再, 謂三監·淮夷叛時; 三, 謂成王卽政又叛"이라 함.

【我乃其大罰殛之】'殛'은 형벌을 내림.

【秉德不康寧】'秉'은 '쥐고 있다, 내세우다, 제창하다, 명분으로 삼다' 등의 뜻.

【乃惟爾自速辜】'速'은 召와 같음. '辜'는 罪. 허물을 부름.

191(38-3)
시유이초 時惟爾初

성왕이 말하였다.

"오호라! 그대 여러 나라 관원과 은나라 때 관리였던 많은 이들이게 알려 고하노라. 지금 그대들은 온 힘을 다해 우리 주나라에 복종한 지가 이미 5년이 되도록 모든 요역과 부세, 그리고 크고 작은 일에 대해 그대들은 누구 하나 법을 지켜내지 않은 자가 없었다. 그런데 그대들은 스스로 화합을 이루어내지 못하고 있다면 그대들은 마땅히 화합을 이룰지니라! 그대들 가정이 화목하지 못하다면 그대들은 가정을 화목하게 이끌 것이며, 그대들 읍을 능히 청명하게 만들 것이니 그렇게 하면 그대들은 능히 그대들의 다스림에 부지런히 하였다고 여기게 될 것이다. 그대들은 혹 나쁜 이들의 유혹에 넘어가지 않으며, 혹 공경한 태도를 다해 그대들 생업을 지켜 나간다면 능히 그대들이 사는 읍에서 아름다운 생활을 찾아낼 수 있을 것이다. 그대들이 만일 이 낙읍洛邑을 잘 가꾸어 오래도록 힘을 다해 농토를 가꾼다면 하늘도 그대들을 불쌍히 여길 것이며, 그대들의 우리 주나라 또한 크게 그대들에게 상을 내릴 것이니, 그대들은 훌륭한 이를 선발하여 조정으로 보내주기 바란다. 혹 일을 맡겨 잘 해낸다면 앞으로 그대들에게 중한 임무를 맡기는 관료의 직위를 부여할 것이다."

왕이 말하였다.

"오호라! 많은 관리들이여. 그대들이 만약 능히 노력하여 나의 명령을 믿고 따르지 않는다면 그 녹위祿位를 누릴 수 없을 것이며, 백성들 또한 그대들이 녹위를 누릴 수 없는 자라 여기게 될 것이다. 그대들이 만약 방탕하고 사악하게 굴면서 크게 왕의 명령에 항거한다면, 이는 그대 각국들이 마구 하늘의 징벌을 시험하는 것이니, 나는 곧 하늘의 징벌을 실행하여 그대들로 하여금 그대들 옛 땅에서 영원히 떠나도록 할 것이다."

왕이 말하였다.

"나는 많은 말을 하고 싶지 않으며, 그저 공경스럽게 그대들에게 천명이 무엇인가를 알려줄 뿐이다."

그리고 다시 말하였다.

"그대들은 그 시작을 힘써 잘해야 할 것이다. 그대들이 능히 천명과 화목을 공경스럽게 지켜내지 못한다면, 나는 곧바로 징벌을 가할 것이니 그대들은 나를 원망하지 말라!"

王曰:「嗚呼! 猷告爾有方多士曁殷多士. 今爾奔走臣我監五祀, 越惟有胥伯小大多正, 爾罔不克臬. 自作不和, 爾惟和哉! 爾室不睦, 爾惟和哉! 爾邑克明, 爾惟克勤乃事. 爾尚不忌于凶德, 亦則以穆穆在乃位, 克閲于乃邑謀介. 爾乃自時洛邑, 尚永力畋爾田, 天惟畀矜爾, 我有周惟其大介賚爾, 迪簡在王庭. 尚爾事, 有服在大僚.」

王曰:「嗚呼! 多士. 爾不克勸忱我命, 爾亦則惟不克享, 凡民惟曰不享. 爾乃惟逸惟頗, 大遠王命, 則惟爾多方探天之威, 我則致天之罰, 離逖爾土.」

王曰:「我不惟多誥, 我惟祇告爾命.」

又曰:「時惟爾初. 不克敬于和, 則無我怨!」

【告爾有方多士曁殷多士】'有'는《經傳釋詞》에 "有, 語助也"라 함. '曁'는 及과 같음.

【今爾奔走臣我監五祀】'監'은 侯國. '五祀'는 5년. 周公이 攝政한 지 3년째 奄을 멸하고 成王 원년까지의 5년.

【越惟有胥伯小大多正】'胥'는 徭役, '伯'은 賦稅를 뜻함.《尙書正義》에 "伯當爲賦, 聲之誤也"라 함. '正'은 政과 같으며 政事를 의미함.

【爾罔不克臬】'臬'(얼)은 법도.

【爾室不睦】'室'은 가정을 뜻함.

【爾邑克明】'明'은 정치가 맑고 투명함을 뜻함.

【爾尚不忌于凶德】'忌'는 惎와 같음.《小爾雅》에 "惎, 教也"라 함. '德'은 行動을 뜻함.

【亦則以穆穆在乃位】'穆穆'은 삼가고 공경하는 모습을 표현하는 말.

【克閱于乃邑謀介】'閱'은 容과 같으며 '介'는 善과 같음.

【爾乃自時洛邑】'乃'는 若과 같음. '時'는 是, 此, 斯, 玆와 같음.

【尚永力畋爾田, 天惟畀矜爾】'畀'는 賜와 같음. '矜'은 불쌍히 여김.

【我有周惟其大介賚爾】'大介'는 하나의 글자 '夰'를 두 글자로 잘못 쓴 것.《尚書正讀》에 "大介當爲夰, 一字誤爲兩字也.《說文》: 夰, 大也"라 함.

【迪簡在王庭】'迪'은 進과 같음. '簡'은 '簡擇하다, 選擇하다'의 뜻.

【尚爾事】'尚'은 '노력하다'의 뜻.

【有服在大僚】'有服'은 지위를 가짐. '大僚'는 직책이 높은 관리.

【爾不克勸忱我命】'勸'은 '노력하다'의 뜻. '忱'은 '믿다'의 뜻.

【爾亦則惟不克享】'享'은 '그 지위를 누리다'의 뜻.

【爾乃惟逸惟頗】'逸'은 '방탕하다'의 뜻. '頗'는 '치우치다, 사악하다'의 뜻.

【則惟爾多方探天之威】'探'은 試와 같음.《爾雅》釋言에 "探. 試也"라 함. '威'는 罰.

【我則致天之罰】'致'는 施와 같으며 '시행하다'의 뜻.

【離逖爾土】'逖'은 '멀리 떠나다'의 뜻.

【我不惟多誥】'惟'는 想, 願과 같음.

【我惟祗告爾命】'祗'는 '공경하다'의 뜻. '命'은 天命.

【時惟爾初】'時'는 善과 같음. '惟'는 '모책을 세우다'의 뜻.

【不克敬于和】'于'는 與와 같음.

〈39〉입정立政(192-194)

'立政'은 政事를 수행하기 위해 '각 행정 부
서의 책임자를 세우다'의 뜻이다. 王引之는 《經
義述聞》(3)에서 "政與正同, 正, 長也. 立政, 謂
建立長官也. 篇內所言皆官人之道, 故以立政名
篇"이라 하였다.

본 편은 周公이 말년에 成王에게 고한 내용
이며 주로 設官理政의 법칙을 밝힌 것이다. 주
공이 東征을 마친 뒤 천하가 안정되자, 주 왕
실은 내실을 다지기 위해 관리 제도를 서둘
렀다. 그렇게 해야 장기간 통치의 틀을 마련
할 수 있고 안정된 국가 관리를 해 낼 수 있다

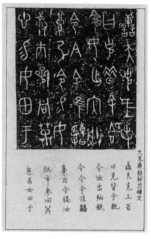

〈大克鼎〉銘文

고 여긴 것이다. 주공은 이에 夏商 때의 설관設官 경험을 성왕에게 일러주면
서 반드시 文王과 武王의 치도를 근본으로 하여 현인을 등용하되, 그들에
게 맡긴 일은 간섭을 최대한 줄일 것을 건의하고 있다. 아울러 대외적으로
는 군사 역량을 증대해야 하며 禹의 통치 방법도 가미해야 할 것임을 내세
우고 있다.

본 편은 역사적으로 '成康之治'와 周初 官制에 대한 중요한 사료로 널리
인정받으며, 〈금문상서〉와 〈고문상서〉에 모두 실려 있다.

＊蔡沈 《書傳》 〈立政〉 注에 "吳氏曰:「此書戒成王, 以任用賢才之道. 而其旨意, 則又
上戒成王, 專擇百官有司之長, 如所謂常伯·常任·準人等云者, 盖古者, 外之諸侯, 一
卿. 已命於君內之卿大夫, 則亦自擇其屬. 如周公以蔡仲爲卿, 士伯囧, 謹簡乃僚之
類. 其長其賢, 則其所擧用無不賢者矣.」 葛氏曰:「誥體也.」 今文·古文皆有"라 하였다.

〈서〉: 주공이 〈입정立政〉편을 지었다.

\<序\>: 周公作\<立政\>.

【立政】《史記》 魯周公世家에 "成王在豐, 天下已安. 周之官政未次序, 於是周公作〈周官〉, 官別其宜; 作〈立政〉, 以便百姓, 百姓說"이라 함.

192(39-1)
구덕九德

주공이 이렇게 말하였다.

"손을 모아 머리를 조아리며 천자의 큰 지위를 이으신 왕께 보고합니다."

그리고 성왕에게 이렇게 권고勸告하였다.

"왕께서는 상백常伯과 상임常任, 준인準人, 철의綴衣과 호분虎賁을 가르쳐 인도하셔야 합니다."

주공이 다시 말하였다.

"오호라! 아름답고 훌륭한 이를 알아보는 경우란 아주 적습니다! 고대 사람들 가운데 오직 하夏나라 임금만은 그의 경대부들이 매우 강하였지만 하왕夏王은 그럼에도 그들에게 길이 상제上帝의 가르침을 존중하도록 가르쳐, 그들로 하여금 성실하게 구덕九德을 실행하는 준칙을 알도록 하였습니다. 하나라 때 군주는 언제나 그들 제후들에게 '임금께 절하고 고개를 조아려라!'라고 가르쳤으며, 하왕은 그대들에게 '임용한 상임, 상백, 준인들을 잘 살펴야 제후에 걸맞게 되리라. 만약 덕행을 준수하지 않은데도 겉보습만 보고 임용한다면, 그대들의 상임과 상백, 준인들은 의로운 자을 얻을 수 없으리라'라고 하였습니다. 그러나 걸桀이 즉위하자 그는 이전에 하던 어진 관리 임용방법을 사용하지 아니한 채, 포악한 이들을 기용함으로써 그 뒤가 끊어지고 만 것입니다. 그러다가 역시 은殷나라 성탕成湯이 제위에 오르자 상제의 밝은 명령을 받아 능히 상임, 주목州牧, 준인 삼택三宅을 가려 씀으로써, 그들은 모두 저마다 자신의 직무를 해낼 수 있었으며, 삼택의 속관屬官들도 모두가 현능하고 뛰어난 인재들로 채워지게 되었던 것입니다. 그들은 상제의 관리 임용 대법大法을 공경스럽게 생각하였으며 능히 각급 관원을 잘 가려서 임용하게 되었던 것입니다. 이리하여 상읍商邑에서의 훌륭한 관리들은 그곳 신민들과 화해를 이루었으며, 천하 곳곳에서는 대법을 널리 선양할 수 있었던 것입니다. 오호라! 그러다가 주왕紂王 수受가 제위에 오르자 그는 상제의 대법을 사용하지 아니하고 마구 형벌과 포악한 이들을 써서 이들을 나라에 모아들였고, 끝내는 그가 총애하고 가까이 하는 이들과 이미 덕을 잃은 이들을 등용하여 함께 정치를 하였습니다. 그러자 상제께서 그들에게 무거운 형벌을 내렸으며 아울러 우리 주나라로 하여금 하나라를 대신하여 천명을 받았던 주紂가 가지고 있던 천하 백성들을 주나라로 하여금 위로하고 다스리도록 한 것입니다.”

周公若曰:「拜手稽首, 告嗣天子王矣.」
用咸戒于王曰:「王左右常伯·常任·準人·綴衣·虎賁.」
周公曰:「嗚呼! 休茲知恤, 鮮哉! 古之人迪惟有夏, 乃有室大競, 籲俊尊上帝迪, 知忱恂于九德之行. 乃敢告教厥后曰:『拜手稽首后矣!』曰:『宅乃事, 宅乃牧, 宅乃準, 茲惟后矣. 謀面, 用丕訓德, 則乃宅人, 茲乃三宅無義民.』桀德, 惟乃弗作往任, 是惟暴德, 罔後. 亦越成湯陟, 丕釐上帝之耿命, 乃用三有宅, 克卽宅, 曰三有俊, 克卽俊. 嚴惟丕式, 克用三宅三俊, 其在商邑, 用協于厥邑, 其在四方, 用丕式見德. 嗚呼! 其在受德, 暋惟羞刑暴德之人, 同于厥邦, 乃惟庶習逸德之人, 同于厥政. 帝欽罰之, 乃伻我有夏, 式商受命, 奄甸萬姓.」

【用咸戒于王曰】'用'은 因과 같음. '咸'은 箴과 같으며 '권고하다'의 의미.
【王左右常伯·常任·準人·綴衣·虎賁】'左右'는 '가르쳐 인도하다'의 뜻.《爾雅》釋詁에 "左右, 道也"라 함. '常伯' 임금의 측근에서 백성을 다스리는 관원. 牧과 牧人. '常任'은 사건을 처리하는 일을 맡은 관원. '準人'은 법을 다루는 관리. 이상 常伯, 常任,

準人을 三宅이라 함. '綴衣'는 왕의 의복을 관리하는 직책. '虎賁'은 임금을 호위하는 武官.

【休, 玆知恤】'休'는 美의 뜻. '玆'는 連詞. '恤'은 '신중히 여기다'의 뜻.

【鮮哉】'鮮'은 '尟'과 같으며 '드물다'의 뜻.

【古之人迪惟有夏】'迪'은 語氣助詞.

【乃有室大競】'乃'는 그들을 가리킴.《詞詮》에 "乃, 猶其也. 用義與其同, 用于領位"라 함. '室'은 卿大夫를 가리킴. '競'은 强과 같음. 굳셈.

【籲俊尊上帝迪】'籲'는 呼와 같음. 불러들임. 여기서는 '등용하다'의 뜻. '俊'은 駿과 같음.《爾雅》釋詁에 "駿, 長也"라 함. '迪'은 '教導하다, 引導하다, 教化하여 이끌다'의 뜻.

【知忱恂于九德之行】'忱'은 誠의 뜻. '恂'은 信의 뜻. '九德'은 아홉 가지 덕. 〈皐陶謨〉에 "寬而栗, 柔而立, 愿而恭, 亂而敬, 擾而毅, 直而溫, 簡而廉, 剛而塞, 彊而義"라 한 것.

【乃敢告教厥后曰】'后'는 諸侯의 군주를 가리킴.

【宅乃事】'宅'은 '재어보다, 고찰하다'의 뜻. '事'는 常任을 뜻함.

【宅乃牧】'牧'은 州牧, 즉 常伯. 地方長官.

【宅乃準】'準'은 앞에서 말한 準人.

【玆惟后矣】'玆'는 如此와 같음.

【謀面】'謀面'은 얼굴이나 겉에 나타나는 행동을 보고 판단하는 것.

【用丕訓德】'丕'는 不과 같음. '訓'은 順과 같음.

【則乃宅人】《尙書易解》에 "任人唯親也"라 하여 친한 자만을 임용하는 것.

【玆乃三宅無義民】'三宅'은 宅事, 宅牧, 宅準을 말함. '義民'은 올바른 백성, 착한 백성.

【桀德】桀의 地位. 德은 帝位를 말함.

【惟乃弗作往任】'弗作'은 '행하지 않다, 따르지 않다, 채용하지 않다'의 뜻. '往任'은 옛날에 관리는 任用하던 方法.

【是惟暴德】'是惟'는《尙書故》에 "是以也"라 함. '暴德'은 暴行. '德'은 惡과 상대되는 의미가 아님.

【罔後】나라가 망하여 그 뒷날이 없음.

【亦越成湯陟】'越'을 及, 到의 뜻. '陟'은 升과 같음. 즉 帝位에 오름.

【丕釐上帝之耿命】'釐'는 福을 내려 받음. '어어 받다'의 뜻. '耿'은 明과 같음.

【乃用三有宅】'乃'는 能, 克과 같음. '用'은 語頭 語氣詞. '三宅'은 앞에서 말한 事, 牧,

準을 가리킴.

【克卽宅】'卽'은 就의 뜻. '克卽宅'은 職位에 나아가 일을 잘 감당함을 뜻함. 〈蔡傳〉
에 "言湯所用三宅, 實能就是位而不曠其職"이라 함.

【曰三有俊】'曰'은 與, 越, 及의 뜻. '三有俊'은 三宅의 사람들이 추천한 훌륭한 사람
들. 즉 賢俊한 이를 屬吏로 임명함을 뜻함. 《尙書今古文注疏》에 "當卽三宅之屬官,
蓋三宅各有正長, 有屬吏, 三宅之屬吏皆用賢俊, 故謂之三有俊"이라 함.

【嚴惟丕式】'嚴'은 敬의 뜻. '惟'는 念의 뜻. '丕式'은 큰 법.

【其在商邑】'商邑'은 상나라 도읍.

【用協于厥邑】'協'은 協洽의 뜻.

【其在四方, 用丕式見德】'見'은 '현'으로 읽으며 '드러나다'의 뜻. '德'은 행동을 뜻함.

【其在受德】'受'는 紂의 이름.

【暋惟羞刑暴德之人】'暋'(민)은 《爾雅》 釋詁에 "强也"라 함. '羞刑'은 형벌로만 백성을
다스리는 것.

【同于厥邦, 乃惟庶習逸德之人】'習'은 習慣이 되어 익숙함. '逸'은 '잃다, 넘치다'의 뜻.

【同于厥政. 帝欽罰之】'欽'은 공경함.《尙書集注音疏》에 "欽, 猶重也"라 함.

【乃伻我有夏】'伻'(팽)은 使와 같음. '有夏'는 中華의 뜻으로 周나라가 스스로를 칭하
는 표현.

【式商受命】'式'은 代의 뜻.《尙書正義》에 "式, 讀爲代"라 함.

【奄甸萬姓】'奄'은 어루만져 구슬림.〈毛傳〉에 "奄, 撫也"라 함. '甸'은 治의 뜻.

193(39-2)
입민장백 立民長伯

"그리하여 역시 문왕文王, 무왕武王에 이르러 그들은 능히 삼택三宅의 원리를 알았고, 아울러 능히 삼택의 속관들에 대한 기준을 밝게 알고, 상제를 공경스럽게 섬기면서 백성들을 위해 관리의 우두머리들을 세웠습니다. 이렇게 하여 설립된 관원들은 임인任人, 준부準夫, 목牧을 삼사三事로 삼은 것이었으며, 호분虎賁, 철의綴衣, 취마趣馬, 소윤小尹, 좌우의 휴복携僕과 백사百司의 서부庶府들이었으며, 크고 작은 나라들의 군주, 예인藝人, 외신의 백관들이었으며, 태사太史, 윤백尹伯 등 많은 길사吉士들이었으며, 사도司徒, 사마司馬, 사공司空, 아려亞旅들이었으며, 이夷, 미微, 노盧의 임금들이었으며, 삼박三亳의 판윤阪尹들이었습니다. 문왕께서는 삼택의 마음을 잘 헤아려 알아낸 다음 능히 이러한 관원들을 세우고 그들이 세운 백성들에 의해 큰 공적을 이룰 수 있었던 것입니다. 문왕께서는 여러 명령을 겸하여 내리지 않았습니다. 각종 옥사의 안건이나 조칙과 경계를 내려야 할 사안들은 단지 그 업무를 주관하는 관원이나 목민의 임무를 맡은 이들에게 그 실행 여부를 지시할 뿐이었고, 각종 옥사의 안건이나 조칙과 경계에 대한 일은 그저 그들에게 물어볼 정도였습니다. 무왕 때 이르러서는 문왕의 사업을 완성한 다음 감히 문왕의 훌륭한 선덕을 버리지 않고 문왕께서 베푸셨던 관용의 덕행을 따랐습니다. 이 때문에 문왕과 무왕은 그 위대한 왕업을 함께 이어 받을 수 있었던 것입니다."

「亦越文王·武王, 克知三有宅心, 灼見三有俊心, 以敬事上帝, 立民長伯. 立政: 任人·準夫·牧作三事; 虎賁·綴衣·趣馬·小尹·左右携僕·百司庶府; 大都小伯·藝人·表臣百司; 太史·尹伯·庶常吉士; 司徒·司馬·司空·亞旅; 夷·微·盧烝; 三亳阪尹. 文王惟克厥宅心, 乃克立茲常事司牧人, 以克俊有德. 文王罔攸兼于庶言; 庶獄庶慎, 惟有司之牧夫, 是訓用違; 庶獄庶慎, 文王罔敢知于茲. 亦越武王, 率惟敉功, 不敢替厥義德, 率惟謀從容德, 以竝受此丕丕基.」

【克知三有宅心】 능히 事, 牧, 準 三宅의 마음을 알아냄.

【灼見三有俊心】 '灼'은 明과 같음. 환함. 밝음.

【立民長伯】 '長伯'의 伯은 長의 뜻. 따라서 官長을 뜻함.

【立政】 官長을 세움. 設官과 같은 뜻임.

【任人·準夫·牧作三事】 '任人, 準夫, 收'은 三宅이며 常伯, 準人, 常任을 가리킴. '作'은 爲의 뜻.

【虎賁·綴衣·趣馬】 '虎賁'은 護衛를 담당하는 자. '綴衣'는 임금의 의복을 담당하는 자, '趣馬'는 말을 기르며 관리하는 직책.

【小尹】 趣馬의 속관.

【左右携僕】 임금의 측근에서 정사를 돕는 관리. 江聲은 《周禮》의 太僕, 射人같은 사람들이라 여겼음. '携'는 提携의 뜻. 《禮記》 曲禮에 "扶君: 僕人師扶右, 射人師扶左" 라 함.

【百司庶府】 '百'은 庶의 뜻. 여러 무리. '司'와 '府'는 모두 관직 이름으로 財物이나 倉庫를 관리하는 사람. 《禮記》 曲禮에 天子의 六府에 司土, 司木, 司水, 司草, 司器, 司貨가 있었으며, 《周禮》에는 太府, 王府, 內府, 外府, 泉府, 天府 등이 있었음.

【大都小伯】 '大都'는 公의 采邑의 長. '小伯'은 卿 벼슬의 채읍의 長. 《周禮》 載師 注에 《司馬法》을 인용하여 "小都, 卿之采地; 大都, 公之采地"라 하였으며, 《尙書正讀》에는 "伯, 長也. 大都言都不言伯, 小都言伯不言都, 互文見義也"라 함.

【藝人】 賦稅를 徵收하는 임무를 맡은 자. 稅吏, 稅官.

【表臣百司】 '表臣'은 封人, 즉 변방 방비를 위해 封한 사람. 따라서 '表'는 '封'의 誤記가 아닌가 함. '百司'는 그곳의 관리들.

【太史】 史官의 장. 역사 기록을 맡은 부서의 우두머리.

【尹伯】 '尹伯'은 각 관직 부서의 長.

【庶常吉士】 '常'은 祥과 같음. '吉'은 善의 뜻. 앞에서 설명한 여러 직책을 가진 훌륭

한 관리들을 뜻함.

【司徒·司馬·司空】'司徒'는 백성들의 교육을 맡은 관리. '司馬'는 군사를 거느리는 사람. '司空'은 土地와 일을 맡은 사람. 이 셋을 三卿이라 함.

【亞旅】大夫. 卿 다음의 지위.

【夷, 微, 盧烝】'夷'는 동방 이민족. '微'는 남방의 이민족. '盧'는 서방의 이민족. '烝'은 각각 그 이민족 나라의 君主.

【三亳阪尹】'三亳'은 湯임금의 도읍지에서 文王에게 복종하는 백성들을 세 곳에 나누어 살게 하여 그 蒙땅을 北亳, 穀熟을 南亳, 偃師를 西亳이라 하였음.《韓詩外傳》등에는 '薄'으로 표기되어 있음.《括地志》에 "宋州穀熟縣庶男三十五里南亳故城, 卽南亳, 湯都也. 宋州北五十里大蒙城爲景亳, 湯所盟地, 因景山爲名. 河南偃師爲西亳, 帝嚳及湯所都, 盤庚亦徙都之"라 함. '阪尹'은 夏나라 때의 관직 이름.

【文王惟克厥宅心】'宅心'은 임명을 받은 사람들의 마음.

【乃克立妓常事司牧人】'常事'는 常伯과 準人. '司牧人'은 常任 또는 牧夫를 가리킴.

【以克俊有德】'以'는 用의 뜻. '克俊'은 才能이 뛰어난 사람. '有德'은 덕 있는 사람.

【文王罔攸兼于庶言】'兼'은 겸하여 전체를 관리함을 뜻함. '庶言'은 정부의 명령.

【庶獄庶愼】'庶獄'은 여러 가지 訟事. '庶愼'은 나라의 여러 禁戒와 防備를 가리킴. 삼가야 할 여러 가지 규칙이나 법률.

【惟有司之牧夫, 是訓用違】'之'는 與와 같음. '用違'은 用否와 같음. 用과 不用의 택일을 함께 일컫는 말.

【文王罔敢知于妓】'知'는 아는 체하는 것. '妓'는 많은 송사 안건을 가리킴.

【率惟敉功】'率惟'는 語氣助詞. 좇아 행함. '敉'(미)는 종결함. 완료함. '功'은 事와 같음.

【不敢替厥義德】'替'는 交替함. 廢棄함. '厥'은 其와 같으며 文王을 가리킴. '義德'은 善德.

【率惟謀從容德】'容德'은 寬容을 베푸는 덕.

【以竝受此丕丕基】'竝受'는 文王이나 武王처럼 함께 받음. '丕丕'는 大大의 뜻. '基'는 王業, 基業.

194(39-3)
문왕립정 文王立政

"오호라! 어리신 왕이시여! 지금부터 이후로는 우리 이러한 관원을 세웁시다. 입사立事, 준인準人, 목부牧夫는 우리가 능히 그들의 장점을 명백히 알아야 그들로 하여금 정사를 처리할 수 있게 할 수 있고, 우리가 하늘로부터 받은 백성을 관리할 수 있고 우리의 각종 소송과 경계해야 할 사안들을 공평하게 처리할 수 있습니다. 이러한 사안들은 다른 사람이 우리 대신 한 마디 말도 한 구절 명령도 할 수 없습니다. 그러니 우리는 끝내 덕과 재능을 두루 갖춘 사람이 있어야만 우리 백성들을 다스릴 수 있습니다. 오호라! 저 희단姬旦은 옛사람의 훌륭하신 말씀을 모두 왕께 알려드렸습니다. 지금부터 이후로는 선왕의 어진 자손들에게 절대로 온갖 소송이나 명령을 범하거나 착오를 일으키지 않도록 하셔야 할 것이니, 이러한 일들은 단지 일을 맡은 이들로 하여금 주관하도록 해야 합니다. 옛날 상商나라 선왕으로부터 우리 문왕에 이르기까지 관원으로 입사, 목부, 준인을 세우셨으니 능히 그들을 모두 잘 살피고 그들을 잘 지지하여야 그들로 하여금 다스리게 할 수 있고 나라 일에 착오가 없게 됩니다. 만약 관원을 세우면서 이익을 탐하고 간녕姦佞한 이들이나 덕에 의지하지 아니하는 자를 임용하게 된다면, 임금으로서는 죽고 나서도 그 정치 업적을 드러낼 수 없습니다. 지금으로부터 이후로는 절대로 이익을 탐하며 아첨을 잘하고 간사한 소인들을 임용하지 마시고 마땅히 선량하고 현능한 이를 등용하시어, 우리의 이 나라를 다스리기에 노력하셔야 합니다. 지금 선왕의 현명한 자손들을 위해 왕께서는 임금이 되셨습니다! 왕께서는 여러 송사에 착오가 없도록 하시되 오직 해당 관원들로 하여금 이를 담당하도록 하십시오. 왕께서는 군대도 잘 관리하시어 대우大禹의 족적을 따라 천하에 두루 행하시어 해외까지 이어지며 천하 사람들로 하여금 복종하지 아니하는 자가 없도록 하십시오. 이로써 문왕의 성덕을 현양하시고 무왕의 대업을 이으시기 바랍니다. 오호라! 지금 이후로는 뒤를 이어 군왕께서 세우신 관원들은, 반드시 선량하고 현능한 이들을 임용토록 하십시오."

주공은 이렇게 말하였다.

"태사太史 사구司寇 소분생蘇忿生이여! 그대는 그대의 옥사 안건을 규정대로 잘 처리하여, 우리 임금으로 하여금 길이 잘 다스리도록 해 주십시오. 지금 규정을 신중히 하며, 상례常例에 의거하여 형벌이 딱 맞도록 해 주십시오."

「嗚呼! 孺子王矣! 繼自今我其立政. 立事·準人·牧夫, 我其克灼知厥若, 丕乃俾亂; 相我受民, 和我庶獄庶愼. 時則勿有間之, 自一話一言. 我則末惟成德之彥, 以乂我受民. 嗚呼! 予旦已受人之徽言, 咸告孺子王矣. 繼自今, 文子文孫, 其勿誤于庶獄庶愼, 惟正是乂之. 自古商人, 亦越我周文王立政, 立事·牧夫·準人, 則克宅之, 克由繹之, 兹乃俾乂, 國則罔有. 立政用憸人, 不訓于德, 是罔顯在厥世. 繼自今立政, 其勿以憸人, 其惟吉士, 用勱相我國家. 今文子文孫, 孺子王矣! 其勿誤于庶獄, 惟有司之牧夫. 其克詰爾戎兵, 以陟禹之迹, 方行天下, 至于海表, 罔有不服. 以覲文王之耿光, 以揚武王之大烈. 嗚呼! 繼自今後王立政, 其惟克用常人.」

周公若曰:「太史司寇蘇公! 式敬爾由獄, 以長我王國. 兹式有愼, 以列用中罰.」

【孺子王矣】'孺子'는 成王을 가리킴.
【繼自今我其立政】'繼自今'은 '지금부터 이 뒤로'의 뜻. '我'는 우리 임금.
【立事】'立事'는 常任을 가리킴. 準人, 牧人과 함께 三宅을 이르는 것.

〈周文王〉(姬昌)

【我其克灼知厥若】'若'은 善과 같음. 잘 따르고 쫓음.

【丕乃俾亂】'丕'는 語氣助詞. '俾'는 使와 같음. '亂'은 治의 뜻.

【相我受民】'相'은 '다스리다'의 뜻. '受民'은 하늘과 조상으로부터 물려받은 백성.

【和我庶獄庶愼】'和'는 和平.

【時則勿有間之】'時'는 是, 此, 斯, 玆와 같음.

【我則末惟成德之彦】'末'은 終의 뜻. '彦'은 어질고 똑똑한 선비.

【予旦已受人之徽言, 咸告孺子王矣】'旦'은 周公의 이름. 姬旦. '已受'는 漢〈石經〉에는 '以前'으로 되어 있음. '徽言'는 아름다운 말. 佳言과 같음.

【文子文孫】'文'은《禮記》樂記 注에 "善也"라 함. '文子文孫'은 善子善孫을 뜻함.

【其勿誤于庶獄庶愼】'誤'는 庶獄과 庶愼을 처리함에 있어서의 착오나 오류.

【惟正是乂之】'惟'는 '단지, 다만'의 뜻. '正'은《尙書今古文注疏》에 "治獄之官"이라 함.

【克由繹之】'由繹'은《尙書易解》에 "疑卽'誘掖', 同音通用.《詩》衡門序: '誘掖其君'. 箋云: 扶持也"라 함. '誘掖'은 雙聲連綿語.

【玆乃俾乂】'俾乂'는 '다스리다'의 뜻.

【國則罔有】'罔有'는《尙書易解》에 "有, 蓋讀爲尤, 過也. 尤·有同聲, 故得通用.〈君奭〉: '罔尤違在人', 是罔尤連文之證. 罔尤,〈卜辭〉作亡尤, 常語也"라 함.

【立政用憸人】'憸'(섬)은 姦佞한 사람.

【不訓于德】'訓'은 順과 같음.

【是罔顯在厥世】'是'는《經傳釋詞》에 "猶於是也"라 함. '在'는《爾雅》釋詁에 "終也"라 함. '顯'은 덕을 밝히는 것.

【用勱相我國家】'勱相'은 힘써 다스림. '勱'(매)는 邁와 같음. 勉의 뜻.《說文》에 "勉力也"라 함. '相'은 '다스리다'의 뜻.

【惟有司之牧夫】'之'는 與와 같음.

【其克詰爾戎兵, 以陟禹之迹】'詰'은 '다스리다'의 뜻. '戎兵'은 軍事의 일을 뜻함. '陟

周 文王이 紂에 의해 감금되었던 羑里城(河南 安陽)

'禹之迹'은 '禹가 治水를 위해 천하를 두루 돌아다녔던 자취를 따르다'의 의미로 天下統一을 뜻함.

【方行天下, 至于海表】'方行'은 遍行과 같음. '海表'는 바닷가 끝까지.

【以覲文王之耿光】'覲'은 見과 같음. 여기서는 '뚜렷이 하다, 顯揚하다'의 뜻. '耿'은 明과 같음. '찬란히 빛나다'의 뜻.

【以揚武王之大烈】'烈'은 공적, 업적.

【其惟克用常人】'常人'은 일정한 덕이 있는 사람. 吉士와 같음.

【太史】史官의 長.

【司寇】법을 맡은 관리.

【蘇公】인명. 蘇忿生. 武王 때부터 成王에 걸쳐 司寇의 職에 있었던 인물.《左傳》成公 11년에 "蘇忿生以溫爲司寇"라 하였고, 杜預 注에 "蘇忿生, 周武王司寇蘇公也"라 함.

【以長我王國】'長'은 '延長하다'의 뜻.

【玆式有愼】'式'은 '쓰다, 임용하다'의 뜻.

【式】'본받다'의 뜻.

【以列用中罰】'列'은《尙書易解》에 "今例字. 以列用中罰, 依據條例, 用其中罰也.《周禮》:「刑平國用中典」, 鄭注:「平國, 承平守成之國. 用中典者, 常行之法.」"이라 함.

〈40〉 주관周官(195-199)

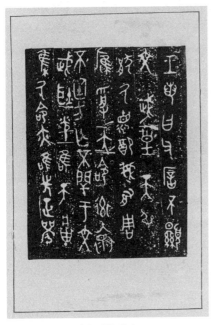
〈毛公鼎〉銘文

본 편은 周나라 초기 官制, 分職, 居官에 대한 기록이다. 成王이 직접 國事를 관장하면서 관직에 대한 구체적인 내용을 선포한 것으로, 그 때문에 〈周官〉이라 한 것이다.

그러나 주나라 관제에 대해 《周禮》와 〈立政〉 등을 살펴보면 약간의 차이가 있다. 이에 대해 朱熹는 성왕 때에 비로소 만든 관제이기 때문이라 하였다. 한편 〈鄭玄本〉에는 본편이 앞의 〈입정立政〉 앞에 실려 있으며, 《史記》周本紀와 魯周公世家에도 〈정현본〉과 같다. 다만 〈十三經本〉의 孔安國 傳에는 〈입정〉 다음에 두고 있다.

본 편은 중국 고대 관제의 沿革과 후대 변천 등에 대한 연구의 초보적인 자료로 널리 인정받고 있으며 〈금문상서〉와 〈고문상서〉에 모두 실려 있다.

*蔡沈《書傳》〈周官〉注에 "成王訓迪百官. 史錄其言, 以〈周官〉名之, 亦訓體也. 今文無, 古文有"라 하였다.

〈서〉: 성왕이 이윽고 은殷나라 국운을 폐출시키고, 회이淮夷를 멸한 다음 풍豐으로 귀환하여 〈주관〉을 지었다.

〈序〉: 成王旣黜殷命, 滅淮夷, 還歸在豐, 作〈周官〉.

【成王旣黜殷命】'黜'은 폐기함, 폐지함, 폐출시킴. '殷命'은 殷나라 국운. 여기서는 은나라가 남긴 모든 제도나 영향력을 모두 씻어냄을 뜻함.

【滅淮夷, 還歸在豐】'淮夷'는 奄과 함께 반란을 일으켰던 동쪽 지역의 夷族. '豐'은 文王 시대의 국도. 孔穎達 疏에 의하면 豐에는 文王의 사당이 있으며, 당시 제도로 중요한 誥令 등을 선포할 때는 반드시 조상의 사당에서 행하였기 때문이라 하였음.

195(40-1)
귀우종주歸于宗周

주 성왕이 만방萬邦을 옹유하고 곧 각 제후들을 순행하여 조정에 찾아오지 않은 제후들을 정복하여 천하 백성들을 안정시켰다.

이리하여 육복六服의 군주들로서 주나라의 덕을 받들지 않는 자가 없게 되었다.

성왕은 종주宗周, 豐로 돌아와 행정을 맡을 관원을 정비하여 감독하였다.

惟周王撫萬邦, 巡侯甸, 四征弗庭, 綏厥兆民.

六服羣辟, 罔不承德.

歸于宗周, 董正治官.

【惟周王撫萬邦】'周王'은 成王을 가리킴. '撫'는 '점유하다'의 뜻.《禮記》文王世子 鄭玄 注에 "撫, 猶有也"라 함. '萬邦'은 많은 제후국들.

【巡侯甸】'巡'은 巡狩. 천자가 제후국을 시찰하는 것. '侯甸'은 侯服과 甸服. 六服 중에서 도읍에 가장 가까운 데 위치함.

【四征弗庭】'四'는 四方. '庭'은 廷과 같음. '弗庭'은 王庭에 찾아오지 않음. 곧 來朝하지 않음. 服從하지 않음. 朝覲이 이루어지지 않음.

【綏厥兆民】'綏'는 '안정되다'의 뜻. '厥'은 其와 같음. '兆'는 孔安國 傳에 "十億曰兆, 言多"라 함. 따라서 '兆民'은 天下萬民을 뜻함.

【六服羣辟】'六服'은 侯服, 甸服, 男服, 采服, 衛服, 要服(蠻服). '辟'은 제후.

【罔不承德】'罔'은 無와 같음. '承'은 '받들어 모시다'의 뜻.

【歸于宗周】'宗周'는 鎬京 이전의 도읍이었던 豐을 가리킴. 그곳에 문왕의 祠堂이 있음.

【董正治官】 '董'은 督과 같음. 《爾雅》 釋詁에 "董, 督, 正也"라 함. '治官'은 관원들을
　다스림. 〈蔡傳〉에 "督正治事之官. 外攘之功擧, 而益嚴內治之修也"라 함.

姜里城의 周 文王 像

196(40-2)
삼공구목三公九牧

성왕이 말하였다.

"옛날에는 대법大法을 따름에는, 나라에 동란이 없을 때 정치와 교화를 제정하여, 나라에 위험이 나타날 때 이로써 나라를 안정시켰다."

또 이렇게 말하였다.

"당우唐虞 시절을 살펴보건대 백관百官의 관직을 만들었었다. 안으로는 백규百揆와 사악四岳을, 밖으로는 주목州牧과 후백侯伯을 세웠다. 온갖 정치는 이로써 화평하였고 만국은 이로써 편안하였다. 그러다가 하상夏商 때에는 관직의 수가 곱절로 늘어났으며 또한 이로써 나라를 다스렸다. 이처럼 영명한 군주는 정치 제도를 세우되 그 관직에 뜻을 두지 않고 오직 어떤 사람을 쓸 것인가에 기준을 두었다. 지금 어린 나는 공경스럽게 덕을 닦는 일로 이른 아침부터 밤늦도록 그렇게 해도 옛사람에 미칠 수가 없다. 나는 옛 시대의 법을 따르고자 하여 우리 관직에 대해 말하고자 한다. 우선 태사太師, 태부太傅, 태보太保를 세우고자 하니 이들이 삼공三公이다. 이들은 도를 논하고 나라를 경영하며, 음양을 조화시킨다. 관직은 모두 갖출 필요는 없으며 오직 그 일에 마땅한 사람이면 되리라. 소사小師, 소부少傅, 소보少保는 삼고三孤라 한다. 삼공을 도와 교화를 널리 펴며, 천지를 공경하여 밑도록 하며 나를 돕는 임무이다. 총재冢宰는 나라 다스림을 관장하고 백관을 통솔하고, 사해를 고르게 한다. 사도司徒는 나라의 교화를 관장하고, 오전五典을 널리 펴며, 천하 백성을 안정시킨다. 종백宗伯은 나라의 예禮를 관장하고, 신과 사람의 일을 다스리며, 하늘과 땅을 조화롭게 한다. 사마司馬는 나라의 정벌을 관장하고, 육사六師를 통솔하며 나라의 평화를 담당한다. 사구司寇는 나라의 금령禁令을 관장하며, 간특姦慝한 자를 조사하고, 포악한 자와 난을 일으키는 자를 처벌하는 일을 맡는다. 사공司空은 나라의 토지를 관장하여 사민四民이 각기 생업을 이어가도록 하며, 땅에서 얻는 이익을 때에 맞추도록 하는 일을 담당한다. 육경六卿은 직책을 분담하여 저마다 자신들의 속관을 통솔하여 구목九牧을 창도倡導하고, 백성들을 부유하고 안정되게 한다. 6년에 한 번씩 오복五服의 제후들은 조정에 와서 조회를 한다. 다시 6년마다 천자는 사시四時에 맞추어 순수를 하여 사악 제후들의 제도를 고찰한다. 제후들은 각기 자신들의 대악大岳에서 조회를 열어 퇴출과 승급의 행사를 통해 크게 천명한다."

王曰:「若昔大猷, 制治于未亂, 保邦于未危.」

曰:「唐虞稽古, 建官惟百. 內有百揆四岳, 外有州牧侯伯. 庶政惟和, 萬國咸寧. 夏商官倍, 亦克用乂. 明王立政, 不惟其官, 惟其人. 今予小子, 祗勤于德, 夙夜不逮. 仰惟前代時若, 訓迪厥官. 立太師·太傅·太保, 茲惟三公. 論道經邦, 燮理陰陽. 官不必備, 惟其人. 小師·少傅·少保, 曰三孤. 貳公弘化, 寅亮天地, 弼予一人. 家宰掌邦治, 統百官, 均四海. 司徒掌邦敎, 敷五典, 擾兆民. 宗伯掌邦禮, 治神人, 和上下. 司馬掌邦政, 統六師, 平邦國. 司寇掌邦禁, 詰姦慝, 刑暴亂. 司空掌邦土, 居四民, 時地利. 六卿分職, 各率其屬, 以倡九牧, 阜成兆民. 六年, 五服一朝. 又六年, 王乃時巡, 考制度于四岳. 諸侯各朝于方岳, 大明黜陟.」

【若昔大猷】'若昔'은 옛날 그대로의 뜻. '大猷'는 나라를 다스리는 큰 道.

【制治于未亂】'制治'는 政策과 敎化를 制定하고 修訂함. 孔穎達 疏에 "治謂政敎, 邦謂國家. 治有失則亂, 邦不安則危"라 함.

【唐虞稽古】'唐'은 堯임금 때의 나라 이름. 唐堯. '虞'는 舜임금 때의 나라 이름. 虞舜. '稽'는 '고찰하다'의 뜻.

【建官惟百】'建官'은 관직을 설립함.

【內有百揆四岳】'百揆'는 堯임금 때의 관직 이름. 周나라 때의 冢宰에 해당함. '四岳'은 堯舜 시대 四方 부락의 영수들을 가리킴. 泰山, 衡山, 華山, 恆山 등 四方의 山을 관리하는 사람이라는 뜻이었음.

【惟其官】그 벼슬 자체를 중히 여김.

【惟其人】그 벼슬을 맡을 사람 자체를 중히 여김.

【外有州牧侯伯】'州牧'은 관직 이름. 고대 九州의 장관. '侯伯'은 지방 제후국의 영수. 〈蔡傳〉에 "侯伯, 次州牧而總諸侯者也"라 하였고, 孔穎達 疏에 "侯伯, 五國之長, 各監其所部之國"이라 함.

【庶政惟和】'庶政'은 각종 다양한 정치 업무. '和'는 和順과 같음.

【夏商官倍】'官倍'는 관직의 수를 곱절로 늘임.

【明王立政】'政'은 正과 같음. 각 부서의 長. '立政'은 '각 부서의 우두머리를 세우다'의 뜻.

【夙夜不逮】'夙夜'는 이른 아침부터 저녁 늦도록. '逮'는 及과 같음.

【仰惟前代時若】'時'는 是, 斯, 玆, 此와 같음. '若'은 '순종하다'의 의미.

【訓迪厥官】'訓'은 '말하다'의 뜻. '迪'은 '세우다, 설립하다'의 뜻. 《爾雅》 釋詁에 "迪, 作也"라 함.

【立太師, 太傅, 太保】'太師'는 천자를 말로써 보좌하는 자. '太傅'는 천자를 輔導하는 자. '太保'는 임금을 보호하는 자. 이상 셋을 三公이라 하며 孔安國 傳에 "師, 天子所師法；傅, 傅相天子；保, 保安天子於德義者"라 하였고, 蔡沈 《書傳》 注에는 "此篇與今《周禮》不同, 如三公·三孤,《周禮》皆不載"라 함.

【論道經邦】'論'은 천명함. '道'는 正道. 治國의 都. '經'은 다스림.

【爕理陰陽】'爕'은 조화시킴.《爾雅》釋詁에 "爕, 和也"라 함. '陰陽'은 서로 상대되는 현상을 뜻함.

【小師·少傅·少保】太師, 太傅, 太保의 次官. 이들 셋을 三孤라 하며 三公의 副官.

【三孤】孔安國 傳에 "孤, 特也. 言卑於公, 尊於卿, 特置此三者"라 하였으며 三孤는 三少라고도 부름.《大戴禮記》保傳에 "於是置三少, 皆上大夫也. 曰少保, 少傅, 少師"라 함.

【貳公弘化】'貳公'은 三公의 次官, 副職의 의미. '弘化'는 큰 教化.

【寅亮天地】'寅'은 恭敬함. '亮'은 信과 같음.《爾雅》釋詁에 "信也"라 함.

【冢宰掌邦治】'冢宰'는 天官에 속하여 宰相에 해당하는 사람. 太宰라고도 부름.

周 文王이 갇힌 채 《周易》을 풀이하던 羑里城

【統百官】 '統'은 '통솔하다, 관장하다'의 뜻.

【均四海】 〈蔡傳〉에 "四海異宜, 調劑使得其平, 是謂之均"이라 함.

【司徒掌邦敎】 '司徒'는 敎化를 담당하는 관직.

【敷五典】 '敷'는 '널리 펴다'의 뜻. '五典'은 五常, 五敎, 五倫. 父義, 母慈, 兄友, 弟恭, 子
孝를 뜻함.

【擾兆民】 '擾'(요)는 鄭玄은 "擾亦安也"라 함. 안정시킴.

【宗伯掌邦禮】 '宗伯'은 관직 이름으로 宗廟祭祀와 온갖 儀典을 담당함.

【治神人, 和上下】 '上下'는 넓은 의미에서 하늘과 땅, 신과 사람, 임금과 신하, 위아래
등 상하관계를 가리킴.

【司馬掌邦政】 '司馬'는 군사에 대한 총책. '政'은 征과 같음. 征伐이나 전쟁, 전투를
뜻함.

【統六師】 '六師'은 六軍, 全軍. 《周禮》夏官 司馬에 "凡制軍, 萬有二千五百人爲軍. 王
六軍, 大國三軍, 次國二軍, 小國一軍"이라 함.

【平邦國】 '平'은 평등하게 다스림. 〈蔡傳〉에 "平, 謂强不得陵弱, 衆不得暴寡, 而人皆

得其平也"라 함.

【司寇掌邦禁】'司寇'는 刑獄과 糾察을 管掌하는 직책.

【詰姦慝】'詰'은 審問하는 것. '慝'(특)은 간악함.

【六卿】天官(冢宰), 地官(司徒), 春官(宗伯), 夏官(司馬), 秋官(司寇), 冬官(司空)의 여섯 직
　책을 말함.

【司空掌邦土】'司空'은 관직 이름으로 土木, 建設, 營建 등을 담당함.

【居四民】'居'는 각기 맡은 일에 열심을 다하여 안정된 생업을 이어감. '四民'은 土農
　工商의 직업 분류로서의 백성들.

【以倡九牧】'倡'은 인도함. '九牧'은 九州의 牧.

【阜成兆民】'阜成'은 부유하고 안정되게 살 수 있도록 해줌.

【六年, 五服一朝】'六年五服一朝'은《周禮》大行人에 "侯服은 每年, 甸服은 二年, 男服
　은 三年, 采服은 四年, 衛服은 五年, 要服은 六年에 한 번씩 각기 貢物을 朝廷에 바
　치며 보고함. 이상을 五服이라 하며 要服은 제외한다 하였음.

【又六年, 王乃時巡】'又六年'은 그 다음 六年 동안. '時巡'은 巡狩. 孔安國 傳에 "周制
　十二年一巡狩, 春東, 夏南, 秋西, 冬北, 故曰時巡"이라 함.

【考制度于四岳】考는 考察함. '四岳'은 東(泰山), 南(衡山), 西(華山), 北(恒山)을 가리킴.
　《詩》大雅 崧高 "崧高維岳"의 〈毛傳〉에 "岳, 四岳也. 東岳泰, 南岳衡, 西岳華, 北岳恒"
　이라 함.

【諸侯各朝于方岳, 大明黜陟】'黜陟'(출척)은 공과에 따른 벼슬을 승급과 강등을 뜻
　하는 雙聲連綿語.

197(40-3)
이공멸사以公滅私

왕이 말하였다.

"오호라! 무릇 나의 관직에 있는 대소 관원들이여. 그대들은 모두가 자신의 임무에 공경을 다하고 법령을 내림에 신중을 기할 것이며, 이미 내린 법령은 위반하는 자가 없도록 하라. 공公으로써 사私를 없이 해야 백성들이 그를 믿고 따르게 될 것이다. 옛날 제도를 학습하여야 벼슬길에 오를 수 있으며, 옛날 제도를 논의해야 행정이 혼란에 빠지지 않게 될 것이다. 그대들은 옛날의 상법常法을 스승으로 삼아 말솜씨가 뛰어나 혼란만 일으키는 그런 관원에게 의지하지 말 것이니라. 의혹이 쌓이면 모책을 그르치게 되는 것이요, 태만하고 경솔히 하면 행정을 황폐하게 하고 말 것이며, 배우지 아니하면 마치 담장 앞에 서 있는 것과 같아 아무것도 보이지 않아 직책에 임하더라도 번란煩亂하기만 할 것이다. 너희 경사卿士들에게 경계하노니 공적이 높아지는 것은 오직 의지에 달려 있으며, 업적이 크고 넓어지는 것은 오직 근면함에 있는 것이다. 그러니 오로지 과감하고 결단력 있게 처리해야 뒷날 험난함이 없게 되는 것이다. 지위는 기약하지 않았는데도 교만함이 찾아오게 마련이요, 봉록은 약속하지 않았는데도 사치가 달라붙게 마련이다. 공손함과 검소함은 오직 덕으로써 하여 그대들에게 거짓이 함께하지 않도록 하라. 덕을 지으면 마음이 편안하여 날마다 훌륭하게 될 것이요, 거짓을 지으면 마음이 괴로워 날마다 졸렬한 짓을 짓게 될 것이다. 총애를 받으면 위험을 생각하라. 그 어떤 일도 두렵게 여기지 않을 것이 없으니, 두려워하지 않으면 두려워할 것이 찾아오게 되는 것이니라. 현명한 이를 밀어주고 능력 있는 이에게 양보하면 모든 관원들이 화목을 이룰 것이지만, 화목을

이루지 못하면 정치가 뒤섞이고 말 것이니라. 능력 있는 자를 천거하여
그 관직을 맡긴다면 이는 바로 그대들의 능력이 되는 것이다. 그 직위에
걸맞지 않은 자를 천거한다면 이는 그대가 그 임무를 다하지 않은 것이
될 것이다.”

왕이 말하였다.

“오호라! 삼사三事 및 대부들이여. 그대들의 관직에 공경을 다할 것이
며, 그대들의 행정을 잘 다스려 이로써 그대들의 군주를 돕도록 하라.
그리하여 길이 백성이 평강을 누리도록 하여 만방이 덕을 폐기하는 일
이 없도록 하라!”

王曰:「嗚呼! 凡我有官君子. 欽乃攸司, 愼乃出令, 令出惟行, 弗
惟反. 以公滅私, 民其允懷. 學古入官, 議事以制, 政乃不迷. 其爾
典常作之師, 無以利口亂厥官. 蓄疑敗謀, 怠忽荒政, 不學牆面, 莅
事惟煩. 戒爾卿士, 功崇惟志, 業廣惟勤, 惟克果斷, 乃罔後艱. 位
不期驕, 祿不期侈. 恭儉惟德, 無載爾僞. 作德, 心逸日休; 作僞, 心
勞日拙. 居寵思危, 罔不惟畏, 弗畏入畏. 推賢讓能, 庶官乃和, 不
和政厖. 擧能其官, 惟爾之能. 稱匪其人, 惟爾不任.」
王曰:「嗚呼! 三事暨大夫. 敬爾有官, 亂爾有政, 以佑乃辟. 永康
兆民, 萬邦惟無斁!」

【凡我有官君子】'君子'는 벼슬자리에 올라 있는 大夫 이상의 官員을 가리킴.

【欽乃攸司】'攸司'는 맡은 바의 직책. '攸'는 所와 같음.

【民其允懷】懷는 附歸하고자 향하는 마음.

【學古入官】옛 가르침을 배우고 익혀 관직에 들어감. 孔穎達 疏에 "將欲入政, 善學
　古之訓典, 觀古之成敗, 擇善而從之, 然後可以入官治政矣"라 함.

【議事以制】'議事'는 정치에 관한 일을 의논함. '制'는 옛날의 典章制度.

【其爾典常作之師】'其'는 副詞. 命令의 語氣를 뜻함. '典常'은 常法. 일정한 법. 孔安
　國 傳에 "其汝爲政, 當以舊典常故事爲師法"이라 함.

【無以利口亂厥官】'利口'는 날카롭게 꾸민 말. 교묘한 말. 巧言과 같음.

【蓄疑敗謀, 怠忽荒政】'怠忽'은 音은 태홀. 게으르고 소홀히 함.

【不學牆面, 莅事惟煩】'牆面'은 벽을 향해 서 있어 벽 말고는 아무것도 보이지 않음.
孔穎達 疏에 "不學如面向牆無所覩見"이라 함. '莅'(리)는 臨과 같음. '莅事'는 일을
처리함. '煩'은 일이 복잡해짐.

【戒爾卿士】'卿士'는 執政大臣.《左傳》隱公 3년 "鄭武公, 莊公爲平王卿士"의 杜預 注
에 "卿士, 王卿之執政者"라 함.

【功崇惟志】'崇'은 高와 같으며, '志'는 立志.

【業廣惟勤, 惟克果斷】孔穎達 疏에 "惟能果敢決斷, 乃無有後日艱難. 言多疑必將致
後患矣"라 하였고, 〈蔡傳〉에는 "勤由志而生, 志待勤而遂, 雖有二者, 當幾而不能果
斷, 則志與勤虛用, 而終蹈後艱矣"라 함.

【位不期驕, 祿不期侈】'期驕'는 교만을 기약함. '侈'는 奢侈. 孔安國 傳에 "貴不與驕期
而驕自至, 富不與侈期而侈自來"라 하였고, 孫繼有는 "位高則氣盛, 氣盈則必驕. 祿
厚則用廣, 用廣則必侈"라 함.

【恭儉惟德, 無載爾偽】'無'는 毋와 같음. '載'는 '행하다'의 뜻

【作德, 心逸日休; 作偽, 心勞日拙】'日休'는 날로 훌륭하게 됨.

【居寵】영화를 누림.

【畏甸】'두려워할 만한 일을 당하다'의 뜻

【不和政厖】'厖'(방)은 잡색으로 뒤섞임.

【擧能其官】'擧'는 '천거하다'의 뜻. 孔安國 傳에 "所擧能修其官, 惟亦汝之功能"이라 함.

【稱匪其人】'稱'은 역시 '천거하다, 선발하다'의 뜻. 〈蔡傳〉에는 "稱, 亦擧也"라 함. '匪'
는 不과 같음.

【惟爾不任】'不任'은 그 임무를 이겨내지 못함.

【三事暨大夫】'三事'는 〈立政〉에 말한 "立政:任人, 準夫, 牧作三事"의 三事임.

【亂爾有政】'亂'은 治와 같음.

【以佑乃辟】'佑'는 '保佑하다'의 뜻.

【萬邦惟無斁】'斁'는 '싫어하여 포기해 버리다'의 뜻.

198
〈회숙신지명賄肅愼之命〉

〈서〉: 성왕이 이윽고 동이東夷를 정벌하고 나자 숙신肅愼에서 와서 축하하였다. 성왕은 영백榮伯으로 하여금 〈회숙신지명賄肅愼之命〉을 짓도록 하였다.

<序>: 成王旣伐東夷, 肅愼來賀, 王俾榮伯作<賄肅愼之命>.

【成王旣伐東夷】'東夷'는 東方의 여러 이민족을 가리킴. 孔安國 傳에 "海東諸夷, 駒麗·扶餘, 馯貊之屬, 武王克商皆通道焉, 成王卽政而叛, 王伐而服之"라 함. 〈十三經本〉에는 '成王'이 '武王'으로 되어 있음.

【肅愼來賀】'肅愼'은 西周 때에 東北部에 있던 나라 이름.《史記》에는 息愼으로 되어있음. 馬融은 "息愼, 北夷也"라 하였고,《國語》魯語 "武王克商, 通道九夷八蠻, 肅愼氏來貢楛矢·砮石"이라 함. 여기서는 成王이 東夷(淮夷와 奄)의 반란을 평정하자 숙신씨가 다시 찾아와 楛矢와 砮石을 바치며 축하한 것.

【王俾榮伯作〈賄肅愼之命〉】'俾'는 使와 같음. '榮伯'은 孔安國 傳에 "榮, 國名, 同姓諸侯爲卿大夫"라 함. '賄'는 '선물을 내리다'의 뜻. '賂'는 '선물을 주어 고마움을 표하다'의 뜻. 〈正義〉에 "成王卽政之初, 東夷背叛, 成王旣伐而服之. 東北遠夷其國有名肅愼氏者, 以王戰勝, 遠來朝賀. 王賜以財賂, 使榮國之伯爲冊書, 以命肅愼之夷嘉其慶賀, 慰其勞苦之意. 史敍其事作〈賄肅愼之命〉篇也"라 함.

199
〈박고毫姑〉

〈서〉: 주공周公이 풍豐에서 장차 죽음에 이르자 자신을 성주成周에 묻어줄 것을 원하였다. 주공이 죽자 성왕成王은 그를 필畢 땅에 장례를 치르고 주공의 혼령에게 고하며 〈박고毫姑〉편을 지었다.

〈序〉: 周公在豐, 將沒, 欲葬成周. 公薨, 成王葬于畢, 告周公, 作〈毫姑〉.

【周公在豐】'豐'은 西周 文王 때의 도읍으로 문왕의 사당이 있음. 周나라는 武王 때
　　殷을 멸한 다음 鎬京으로 천도하였으나 국가의 대사가 있을 때면 문왕의 사당에
　　가서 고하고 결정하였음.
【將沒】'沒'은 歿과 같음. 죽음, 생을 마침.
【成周】洛邑을 가리킴. 주공이 세웠던 洛邑에 周公을 묻은 것임.
【公薨】'薨'은 고대 諸侯의 죽음을 일컫는 말. 《禮記》曲禮에 "天子死曰崩, 諸侯曰薨"
　　이라 함.
【成王葬于畢】'畢'은 지명. 지금의 陝西 咸陽市 북쪽. 《孟子》趙岐 注에 "畢, 文王墓,
　　近於豐·鎬之地"라 하였고 《史記》魯周公世家에는 "周公在豐, 病將沒, 曰: '必葬我成
　　周, 以明吾不敢離成王.' 周公旣卒, 成王亦讓, 葬周公於畢, 從文王, 以明予小子不敢臣
　　周公也"라 함.
【告周公】成王이 周公의 魂靈에게 奄君을 毫姑로 이주시킨 것을 고함.
【毫姑】孔穎達 疏에 "成王旣踐奄, 將遷其君於毫姑者, 是周公之意. 今告周公之柩以
　　葬畢之義, 乃用毫姑爲篇名, 必是告葬之時, 幷言及奄君已遷於毫姑. 言周公所遷之功
　　成, 故以名篇也"라 함. 그러나 毫姑는 蒲姑, 薄姑 등의 다른 표기이며 혹 奄나라
　　군주의 이름으로 보기도 함. 《尙書大傳》과 《史記》에 따르면 成王이 奄을 멸한 다
　　음 그 군주를 齊나라로 이주시켰음. 孔穎達 疏에 "蒲姑爲齊地也. 周公遷殷頑民於

成周近京師敎化之, 知今遷奄君臣於蒲姑爲近中國敎化之"라 함. 본 편 또한 序文만 전하며 正文은 失傳됨. 〈將蒲姑〉(188)을 참조할 것.

〈41〉 군진君陳(200-202)

주공周公이 동정東征하여 三監의 난을 일으킨 武庚을 진압하고 나서 곧바로 은나라 유민을 주왕의 도읍인 동도 成周로 강제 이주시킨 다음, 이들을 직접 감독하고 교회시켰다. 이러한 조치로써 주 왕실은

〈秦 陶俑軍陣〉(陝西 臨潼 兵馬俑 1號坑)

통치 상황이 공고해졌으며 안정을 누리게 된다. 그러다가 주공이 죽게 되자 成王은 그러한 효과를 지속하기 위해 자신을 보필하던 많은 신하들 중에 君陳을 선택하여 그로 하여금 주공의 일을 승계하도록 하면서, 그에게 그동안 주공이 이루어놓았던 업적과 통치 방법, 은나라 유민에게 시행해 왔던 덕정 등을 일러주면서 맡은 바 직무를 잘 수행해 줄 것을 권면한 것이다. 이러한 내용을 기록한 것이 이 〈군진편〉이다.

한편 이는 〈금문상서〉에는 실려 있지 않으며 〈고문상서〉에만 실려 있다.

＊蔡沈 《書傳》 〈君陳〉 注에 "君陳, 臣名. 唐孔氏曰:「周公遷殷頑民於下都, 周公親自監之. 周公旣沒, 成王命君陳代周公.」 此其策命之詞, 史錄其書, 以〈君陳〉名篇. 今文無, 古文有"라 하였다.

〈서〉: 주공周公이 죽고 나자 군진君陳에게 명하여 은殷나라 유민들을 분리시켜 낙읍의 동교東郊 성주成周에 살도록 하였으며 이를 기록한 것이 〈군진〉편이다.

\<序\>: 周公旣沒, 命君陳分正東郊成周, 作\<君陳\>.

【君陳】인명.《禮記》坊記 鄭玄 注에 "君陳, 蓋周公之子, 伯禽弟也"라 하여 周公의 아들이며 伯禽의 아우라 하였음.

【分正東郊】'分'은 殷나라 遺民을 분리하여 거주시킴. 孔穎達 疏에 "此分亦爲分居, 分別殷民善惡所居"라 함. '東郊'는 成周 洛邑의 동쪽 교외. 鄭玄은 "天子之國五十里 爲近郊, 今河南洛陽相去則然. 東郊, 周之近郊也"라 함.

【成周】周公이 洛邑을 건설한 다음 東都로 여겨 부른 이름이며, 동시에 은나라 유민을 이주시켜 '周나라 教化를 成就시기다'의 의미를 부여하여 지어진 이름.

200(41-1)
효우형제 孝友兄弟

왕이 이와 같이 말하였다.

"군진君陳이여. 그대는 아름다운 품덕과 부모에게 효도하고 윗사람을 공경하는 태도를 가지고 있구나. 오직 형제에게 효우孝友를 다하는 것은 능히 정치에 이를 베풀 수 있도다. 너에게 명하여 동도 낙읍洛邑을 맡기노니 공경을 다할지어다! 옛날 주공周公이 만민을 보호하고 다스리자 백성들이 그의 덕을 그리워하였다. 너는 그곳에 가서 맡은 바를 다하여 주공의 상법을 준행하고, 힘써 주공의 유훈을 널리 밝히면 백성들이 잘 다스려지리라."

王若曰:「君陳. 惟爾令德孝恭. 惟孝友于兄弟, 克施有政. 命汝尹玆東郊, 敬哉!

昔周公師保萬民, 民懷其德. 往愼乃司, 玆率厥常, 懋昭周公之訓, 惟民其乂.」

【令德孝恭】'令'은 善, 美의 뜻. '孝'는 父母에게 孝道와 順從을 다함.《爾雅》釋訓에 "善父母爲孝"라 함.

【孝友于兄弟】'友'는《爾雅》釋訓에 "善兄弟爲友"라 함.

【克施有政】'施'는 移와 같음.

【命汝尹玆東郊】'尹'은 '다스리다'의 뜻. '東郊'는 洛邑 成周의 동쪽 郊外. '郊'는 都城으로부터 五十里 안의 땅을 가리킴.

【師保萬民】'師保'는 '가르치다, 按撫하다'의 뜻.〈蔡傳〉에 "周公之在東郊, 有師之尊, 有保之親, 師敎之, 保安之, 民懷其德"이라 함.

【玆率厥常】'率'은 循行의 뜻. '常'은 常法.

【懋昭周公之訓】‘懋’는 ‘힘쓰다’의 뜻. ‘昭’는 ‘빛을 발하다’의 뜻.
【惟民其乂】‘乂’는 安과 같음.

201(41-2)
지치형향至治馨香

"내 듣기로 '가장 훌륭한 다스림은 그 향기가 널리 퍼져나가 신명을 감화시킨다. 서직黍稷이 향기로운 것이 아니라 명덕明德이 향기로운 것이다'라 하였다. 너는 주공周公의 이러한 가르침을 법으로 삼아 날마다 힘쓰고 힘써, 게으름이 없이 노력하여 감히 일락에 빠지는 일이 없도록 하라. 무릇 보통 사람은 성인의 도를 보지 못하면 마치 자신은 그러한 경지에 오를 수 없다고 여기며, 성인의 도를 본 다음이라 해도 역시 능히 성인의 도를 쓸 줄 모르는 것이니 너는 이를 경계로 삼을지어다! 너는 바람이요, 아래 백성들은 풀이로다. 그 정치를 도모함에 어렵지 않은 일이 없는 것이니, 폐기해야 될 것도 있을 것이요, 흥기시켜야 할 일도 있는 법. 거듭 여러 사람과 상의하여 많은 이들의 말이 같다 해도 다시 펼쳐보아야 하느니라. 네가 훌륭한 모책을 쓴다면 안으로 들어와서는 조정에서 너의 군주에게 보고할 수 있을 것이며 밖으로는 순리에 맞게 일을 처리하면서 '이 모책들은 실행에 옮길 수 있는 것은 모두가 우리 군주의 덕행 때문이다'라고 말할 수 있을 것이다. 오호라! 신하 된 자는 모두 이와 같아야 훌륭한 신하로서 임금의 덕이 현양되리다!"

「我聞曰:『至治馨香, 感于神明. 黍稷非馨, 明德惟馨.』爾尚式時周公之猷訓, 惟日孜孜, 無敢逸豫. 凡人未見聖, 若不克見; 旣見聖, 亦不克由聖, 爾其戒哉! 爾惟風, 下民惟草. 圖厥政, 莫或不艱, 有廢有興, 出入自爾師虞, 庶言同則繹. 爾有嘉謀嘉猷, 則入告爾后于內, 爾乃順之于外, 曰:『斯謀斯猷, 惟我后之德.』嗚呼! 臣人咸若時, 惟良顯哉!」

【至治馨香】'至治'는 지극한 다스림. '馨'은 멀리까지 퍼지는 향내.《詩》大雅 鳧鷖 "爾殽既馨"의〈毛傳〉에 "馨, 香之遠聞也"라 함.

【黍稷】제사에 쓰는 祭物用 穀物.

【尙式時周公之猷訓】'尙'은 祈願을 뜻하는 語氣助詞. '式'은 본받음, 본뜸.《說文》에 "式, 法也"라 함. '時'는 此, 是와 같음.《爾雅》釋詁에 "時, 是也"라 함. '猷'는 道와 같음. '訓'은 敎와 같음.

【惟日孜孜】'孜孜'는 부지런한 모양.

【無敢逸豫】'無'는 毋와 같음. '逸豫'는 편안히 즐김.

【凡人未見聖】'凡人'은 일반 사람. '見聖'은 聖人을 봄. 聖스러운 일을 알게 됨.

【爾惟風, 下民惟草】'惟'는 是와 같음.《玉篇》에 "惟, 爲也"라 함. '爾惟風, 下民惟草'는 孔安國 傳에 "汝戒勿爲常人之行, 民從上敎而變, 猶草應風而偃, 不可不愼"이라 하여 바람이 풀을 눕히듯이 백성들은 바른 敎化를 따르게 되어 있음을 말함.《論語》顔淵篇에도 "季康子問政於孔子曰:「如殺無道, 以就有道, 何如?」 孔子對曰:「子爲政, 焉用殺? 子欲善而民善矣. 君子之德風, 小人之德草. 草上之風, 必偃.」"이라 함.

【圖厥政】'圖'는 꾀함, 도모함. 일을 실행함.

【莫或不艱】'莫'은 代詞, 그러한 일이 없음. '艱'은 艱難, 어려움.

【有廢有興】政事에는 있던 일을 없애는 경우도 있고, 없던 일을 새로 시작하는 경우도 있음을 뜻함.

【出入自爾師虞】'出入'은 反復을 뜻함. '師'는 衆과 같음. '虞'는 '생각하다, 헤아리다'의 뜻.《爾雅》釋言에 "虞, 度也"라 함.

【庶言同則繹】'庶言'은 많은 말들. 많은 사람의 의견. '繹'은 깊이 생각하여 따져봄.〈蔡傳〉에 "衆言旣同, 則又紬繹而深思之而後行也.《孟子》曰: 國人皆曰賢, 然後察之. 國人皆曰殺, 然後察之. 庶言同則繹之謂也"라 함.

【則入告爾后于內】'后'는 君王, 君主.

【斯謀斯猷】'斯'는 是, 此, 玆와 같음. '謀'는 計劃. '猷'는 꾀, 생각

【臣人咸若時】'臣人'은 신하가 된 사람을 가리킴. '咸'은 皆와 같음.

【惟良顯哉】'良顯'은 신하 된 자가 賢良하면 임금이 드러나게 됨을 뜻함.

202(41-3)
무구비우일부無求備于一夫

　　왕이 말하였다.

　　"군진君陳, 너는 오직 주공周公의 큰 가르침을 널리 선양하되 세력에 기대거나 위엄을 짓는 일은 하지 말 것이며, 법을 빌려 각박하게 하는 일도 하지 말라. 관대하게 하면서도 제압하고, 행동거지를 모두 화목으로써 하라. 은殷나라 유민들이 죄를 지었을 경우 나는 처벌하자고 하면 너는 처벌하지 말라 하고, 내가 용서하겠다 하면 너는 관용을 베풀지 말라고 하는 등 모두를 공평정대하게 처리해야 하느니라. 너의 정령에 순종하지 아니하는 자가 있거나, 너의 가르침에 교화되지 않는 자가 있으면 벌을 내리기는 하되, 벌 받을 이가 없도록 저지시켜주는 것이 바로 벌을 내리는 것이니라. 간귀姦宄함에 습관이 되거나, 상도常道를 그르치거나, 풍속을 어지럽히는 경우라면, 이 세 가지 중 하나라도 있을 경우 미세한 것이지만 이는 용서해서는 안 된다. 너는 완악한 자에게 화내거나 질시하지 말 것이며, 한 사람에게 모든 것이 갖추어지기를 요구하지도 말라. 모름지기 참아내어야 능히 성공할 수 있으며, 모름지기 관용을 베풀어야 덕이 커질 것이다. 덕을 닦은 이를 감별해 낼 수 있어야 하며, 역시 혹 덕을 제대로 닦지 않은 이도 감별해 낼 수 있어야 한다. 현량한 이를 진달시켜야 하며, 혹 현량하지 못한 자라 해도 잘 통솔할 수 있어야 한다. 백성의 본성은 순후淳厚하지만 바깥 사물에 의해 변하는 것이며, 윗사람의 명령을 어겨 자신이 좋아하는 바를 따르는 것이다. 너는 능히 상법을 공경히 수행하되 덕으로써 하면 은나라 백성들은 변화하지 않을 자가 없게 될 것이다. 진실로 큰 법으로 높이 올리면 나는 너의 그것으로 인해 많은 복을 받게 될 것이며, 혹 너의 아름다운 명예도 마침내 영원히 후세에 칭송의 말이 있게 되리라."

王曰:「君陳, 爾惟弘周公丕訓, 無依勢作威, 無倚法以削, 寬而有制, 從容以和. 殷民在辟, 予曰辟, 爾惟勿辟; 予曰宥, 爾惟勿宥, 惟厥中. 有弗若于汝政, 弗化于汝訓, 辟以止辟, 乃辟. 狃于姦宄, 敗常亂俗, 三細不宥. 爾無忿疾于頑, 無求備于一夫. 必有忍, 其乃有濟. 有容, 德乃大. 簡厥修, 亦簡其或不修; 進厥良, 以率其或不良. 惟民生厚, 因物有遷; 違上所命, 從厥攸好. 爾克敬典在德, 時乃罔不變. 允升于大猷, 惟予一人, 膺受多福, 其爾之休, 終有辭於永世.」

【爾惟弘周公丕訓】'弘'은 弘揚, 光大의 뜻. '丕訓'은 가르침을 넓히는 것.

【作威】위엄을 꾸미는 것.

【無倚法以削】'倚'는 기댐, 의지함. '削'은 각박하게 몰아세움을 뜻함. 孔安國 傳에 "無倚法制以行刻削之政"이라 함.

【寬而有制】'寬'은 관용을 베풂. '制'는 法制.

【從容以和】'從容'은 疊韻連綿語로 行動擧止.《楚辭》九章에 "孰知余之從容"의 王逸注에 "從容, 擧動也"라 함. '和'는 和合, 協助의 뜻.

【殷民在辟】'辟'은 罪.《爾雅》釋詁에 "辟, 罪也"라 함.

【予曰辟】여기서의 '辟'은 '處罰하다'의 뜻.

【惟厥中】'中'은 中正, 公正, 合理의 뜻.

【有弗若于汝政】'若'은 '順從하다'의 뜻. '汝政'은 '너의 행정', '네가 하는 정치'를 말함.

【辟乃辟】형벌이 형벌에 맞게 집행함.

【辟以止辟】형벌로써 범법을 제지함. 孔穎達 疏에 "刑罰一人可以止息後犯者"라 함.

【狃于姦宄】'狃'는 習慣이 日常이 되는 것. '姦宄'는 '법을 범하여 난을 짓는 행위'를 뜻하는 雙聲連綿語. 여기서는 動詞로 쓰였음.

【敗常亂俗】'常'은 五常. 君臣, 父子, 夫婦, 兄弟, 朋友 사이의 지켜야 할 德目.

【三細不宥】'三細'는 姦宄, 敗常, 亂俗 등 작은 죄들. '宥'는 사면해줌.

【爾無忿疾于頑, 無求備于一夫】'疾'은 '미워하다'의 의미. '頑'은 완고함. 미련함. '求備'는 완전히 갖추고 있기를 요구함.《論語》微子篇에 "周公謂魯公曰:「君子不施其親,

不使大臣怨乎不以. 故舊無大故, 則不棄也. 無求備於一人!」이라 하였고, 〈子路〉篇에
도 "子曰:「君子易事而難說也. 說之不以道, 不說也; 及其使人也, 器之. 小人難事而易
說也. 說之雖不以道, 說也; 及其使人也, 求備焉.」"이라 함. 한편 《漢書》 東方朔傳에
도 《詩》云:『禮義之愆, 何恤人言?』故曰:『水至淸則無魚, 人至察則無徒. 冕以前旒,
所以蔽明; 黈纊充耳, 所以塞聰.』明者所不見, 聰者所不聞. 擧大德, 赦小過, 無求備
於一人之義也."라 하였고, 본 《尙書》 伊訓篇에도 "與人不求備, 檢身若不及"이라 함.

【必有忍】 '忍'은 '참아내다, 인내하다, 감내하다'의 뜻.

【其乃有濟】 '濟'는 성취함, 성공함.

【有容】 '容'은 '용서하다, 관용을 베풀다'의 뜻.

【簡厥修】 '簡'은 선택하다, 감별하다'의 뜻. '修'는 덕을 닦아 수양이 잘 되어 있는
사람.

【進厥良】 '進'은 등용, 任用의 뜻. '良'은 賢良한 사람.

【惟民生厚】 '民生厚'은 '사람의 本性은 나면서부터 敦厚하다'의 뜻. '生'은 性과 같음.

【因物有遷】 '본래 착하던 人性도 事物로 인하여 바뀌게 되다'의 뜻. '遷'은 變化의
의미.

【允升于大猷】 '允'은 信의 뜻. '猷'는 道의 의미.

【惟予一人, 膺受多福】 '予一人'는 成王 자신을 가리킴. '膺'은 受와 같음.

【其爾之休】 '休'는 美名의 의미.

【終有辭於永世】 '有辭'는 기리는 말, 칭송하는 말. '永'은 長과 같음.

⟨42⟩ 고명顧命(203-206)

⟨朱雀燈⟩(西漢) 山西 출토

'顧命'이란 임종臨終에 이르러 후손이나 후사後嗣, 후왕後王에게 간곡하게 유언을 남기며 아울러 그를 보필하는 주위 사람이나 신하들에게 명하는 것을 말한다. 황생黃生은 《의부義府》上에서 "書以⟨顧命⟩名, 顧, 眷顧也. 命大臣輔嗣主, 鄭重而眷顧之也"라 하였다.

成王은 37년간 재위하다가 병이 깊어 康王에게 자리를 넘겨주고 생을 마치게 된다. 그러면서 아버지로서 간곡하게 召公, 畢公 및 百官들에게 어린 康王을 잘 보필할 것을 당부한 것이다. 강왕은 성왕姬誦의 아들이며 이름은 희조姬釗로서 아버지 성왕을 이어 주 왕실을 안정시켜 역사상 '成康之治'로 일컬어지는 태평성대를 이룬 임금이다. 본 편의 내용은 성왕의 상사喪事와 康王 즉위에 관한 전례典禮가 주를 이루고 있어 주나라 때의 예제禮制를 연구하는 중요한 사료이다. 이에 왕국유王國維는 ⟨周書顧命考⟩에서 "古禮經旣佚, 後世得考周室一代之古典者, 惟此篇而已"라 하였다.

한편 ⟨고명⟩편과 바로 뒤의 ⟨康王之誥⟩ 두 편의 分合은 역대로 쟁론을 불러일으켰다. 즉 마융馬融, 정현鄭玄, 왕숙王肅 및 공안국孔安國 傳, 채침蔡忱 본 등은 모두 두 편으로 분리되어 있으나, 한대漢代 ⟨구양본歐陽本⟩과 대하후大夏侯, 소하후小夏侯가 전한 ⟨伏生本⟩은 하나로 합쳐져 있다. 그러나 오늘날은 일반적으로 孔安國 傳에 의해 두 편으로 분리하여 연구하고 있다.

본 편은 〈금문〉과 〈고문〉에 모두 실려 있다.

*蔡沈《書傳》〈顧命〉注에 "顧, 還視也. 成王將崩, 命群臣立康王. 史序其事爲篇. 謂
  之〈顧命〉者, 鄭玄云:「回首曰顧, 臨死回顧而發命也.」 今文·古文皆有"라 하였다.

〈서〉: 성왕成王이 장차 죽음에 이르자 소공召公과 필공畢公에게 제후들을 이끌고 강왕康王을 돕도록 명하였으며 이를 기록한 것이 〈고명〉편이다.

<序>: 成王將崩, 命召公·畢公率諸侯相康王, 作<顧命>.

【成王將崩】成王은 姬誦. 武王(姬發)의 아들. 어린 나이에 왕위에 올라 周公의 섭정을 받다가 정권을 돌려받아, 西周初 왕실의 안정과 동이의 반란을 평정하는 등 업적을 이루었으며 이때에 생을 마침. 주로 B.C.1024−B.C.1005년까지 재위한 것으로 알려져 있음. '崩'은 고대 天子의 죽음을 崩이라 하며 諸侯의 죽음을 薨이라 함.

【召公·畢公】'召公'은 太保 벼슬을 하고 있던 姬奭. 燕에 봉해져 燕나라 시조가 됨. 《史記》 燕召公世家 참조. '畢公'은 이름 高(姬高)이며 文王의 庶子. 당시 太師 벼슬에 있었음.

【相康王】'相'은 '보필하다, 돕다'의 뜻. 康王은 이름은 희조(姬釗). 成王의 太子이며 成王을 이어 왕위에 올라 안정된 정치를 펴 역사적으로 '成康之治'를 이룸. 주로 B.C.1004−B.C.967년까지 재위한 것으로 알려져 있음.

203(42-1)
성왕붕成王崩

4월 달빛이 막 밝아지기 시작한 월초에 성왕이 병이 나고 말았다.

갑자甲子날에 왕이 머리를 감고 세수를 하고 나자, 태복太僕이 왕을 도와 면관을 씌우고 옷을 입혀준 다음 옥궤玉几에 기대어 앉도록 하였다.

이에 회동會同을 열어 태보太保 석석奭, 예백芮伯, 동백彤伯, 필공畢公, 위후衛侯, 모공毛公, 사씨師氏, 호신虎臣과 백관의 우두머리, 어사御事를 불렀다.

왕이 말하였다.

"오호라! 나의 질환이 갈수록 깊어지니 위험하여 병이 날로 심해지는구나. 아마 임종의 날이 다가오면 후사에 대한 말을 남길 기회를 얻지 못할까 하여 이에 내 오늘 그대들에게 자세히 유훈을 남기리라. 지난날 문왕文王과 무왕武王께서는 거듭된 광명을 널리 펴셨고, 법을 제정하고 교화를 베푸시어 백성들이 모두가 노력을 아끼지 않았으며 위배됨이 없었다. 그 때문에 능히 은殷나라를 토벌하고 우리 주나라를 세울 대명을 모을 수 있었던 것이다. 그런데 어린 내가 왕위에 올라 하늘의 위엄을 공경스럽게 맞이하여 문왕과 무왕의 큰 가르침을 이어 감히 미혹하게 하거나 넘어섬이 없도록 하였다. 지금 하늘이 병을 내려주시어 거의 더는 일어설 수도 없고, 말을 할 수도 없게 되었다. 그대들은 그래도 나의 말을 밝히 알아 공경스럽게 원자元子 조釗를 보호하여 간난艱難을 잘 건널 수 있도록 해주기를 바란다. 먼 곳은 부드럽게, 가까운 곳은 잘 대하여 크고 작은 많은 제후 나라들을 잘 인도하여라. 생각건대 일반 사람들은 스스로 위의威儀에 의해 다스려지도록 할 것이며 너희들은 내 아들 조로 하여금 그릇된 길에 빠지지 않도록 해 주기를 바란다!"

신하들이 이윽고 왕의 명령을 받고 물러가서 성왕이 입었던 예복을 궁정에 내놓았다.

이튿날 을축乙丑에 성왕은 세상을 뜨고 말았다.

惟四月哉生魄, 王不懌.

甲子, 王乃洮頮水, 相被冕服, 憑玉几.

乃同, 召太保奭·芮伯·彤伯·畢公·衛侯·毛公·師氏·虎臣·百尹·御事.

王曰:「嗚呼! 疾大漸, 惟幾, 病日臻. 旣彌留, 恐不獲誓言嗣, 玆予審訓命汝. 昔君文王·武王宣重光, 奠麗陳敎, 則肄肄不違, 用克達殷集大命. 在後之侗, 敬迓天威, 嗣守文武大訓, 無敢昏逾. 今天降疾, 殆弗興弗悟, 爾尙明時朕言, 用敬保元子釗, 弘濟于艱難. 柔遠能邇, 安勸小大庶邦. 思夫人自亂于威儀, 爾無以釗冒貢于非幾玆!」

旣受命, 還, 出綴衣于庭.

越翼日乙丑, 王崩.

【四月】成王이 돌아간 그해 4월로 추정됨.

【哉生魄】월초, 초승달이 떠서 빛이 발하기 시작하는 날. 고대 음력 매월 초이틀이나 초사흘을 대신하는 말로 쓰임.

【王不懌】'王'은 成王을 가리킴. '不懌'은 몸에 병이 나서 불편한 상태를 일컫는 말.

【王乃洮頮水】'洮'(조)는 머리를 감는 것. '頮'(회)는 세수하는 것. 洗面, 洗臉과 같음.

【相被冕服】'相'은 임금을 시종하는 관원. 鄭玄은 임금의 옷과 위치를 바로잡아 주는 太僕을 가리키는 것이라 하였음. '被'는 披와 같음. '冕'은 王冠. '服'은 朝服, 正服.

【憑玉几】'憑'은 기대다의 뜻. '玉几'는 玉을 象嵌해 넣어 무늬로 장식한 几案. '几'는 앉은 자리 곁에 두어 팔을 얹는 가구의 일종.

【乃同】'同'은 會同의 同을 말함. 여러 제후들이 천자를 조견하는 것. 《周禮》春官

大宗伯의 "時見曰會, 殷見曰同"이라 하였고, 鄭玄 注에 "時見者, 言無常期. 殷, 猶衆也"라 함.

【召太保奭】'奭'은 召公의 이름. 召公은 太保였으며, 그 무렵 芮伯, 彤伯, 畢公, 衛侯, 毛公 등 과 함께 六卿이 있었음. 그중 召公, 畢公, 毛公은 卿의 작위를 겸하고 있었음.

【芮伯·彤伯·畢公·衛侯·毛公·師氏】'芮伯, 彤伯'은 제후. '畢公'(姬高)는 文王의 庶子이며 成王을 보필하던 賢臣. '衛侯'는 康叔. '毛公'은 畢公과 함께 文王의 庶子. '師氏'는 군사의 업무를 총괄하던 사람.

【虎臣】虎賁.

【百尹】百官의 長.

【御事】여러 가지 일을 맡은 관리들.

【疾大漸】'漸'은 '劇烈하다'의 뜻.

【惟幾】'幾'는 '위험하다, 위태롭다'의 뜻.

【曰臻】'날로 상황이 더욱 심해지다'의 뜻.

【既彌留】'彌'는 終의 뜻. '彌留'는 목숨이 끝나려는 위급한 상태를 말함.

【恐不獲誓言嗣】'不獲'은 '不得, 不能'의 뜻. '誓'는 '근신하다, 삼가다'의 뜻. '嗣'는 後嗣.

【玆予審訓命汝】'審訓'은 상세하게 살펴 훈계하는 것.

【昔君文王·武王宣重光】'宣'은 '선양하다'의 뜻. '重光'은 文王의 德을 武王이 이어 거듭 빛나게 하였음을 뜻함.

【奠麗陳敎】'奠'은 定과 같음. '麗'는 法律. '敎'는 敎令.

【則肄肄不違】'肄'는 '勞力하다'의 뜻. 《詩》邶風 谷風 "旣詒我肄"의 〈毛傳〉에 "肄, 勞也"라 함. '不違'는 正道를 어기지 않음을 뜻함.

【用克達殷集大命】'用'은 因과 같음. '達'은 撻과 같으며 '치다. 토벌하다'의 뜻. '集大命'은 '周 王朝를 建立하다'의 의미.

周 康王(姬釗)《三才圖會》

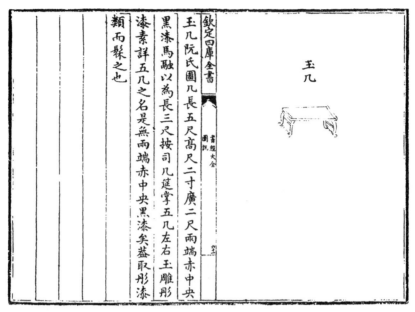

玉几阮氏圖几長五尺高尺二寸廣二尺兩端赤中央

黑漆馬融以為長三尺按司几莚掌五几左右玉雕彤

漆素詳五几之名是無兩端赤中央黑漆矣蓋取彤漆

顙而縣之也

欽定四庫全書　書經大全圖說

〈玉几〉《書經大全》

【在後之侗】'侗'(통)은 '어리석다'의 의미. 焦循은 《論語》'侗而不愿', 孔曰: 侗, 未成器
之人, 蓋爲僮字之假借"라 함. 여기서는 成王이 자신을 낮추어 말한 것.

【敬迓天威】'迓'는 迎과 같음. '迎接하다, 奉行하다'의 뜻.

【嗣守文武大訓】'嗣'는 '계속 이어나가다'의 뜻.

【無敢昏逾】'逾'는 도를 넘어서는 것. 그러나 于省吾는 '渝', 즉 變更의 뜻으로 보았음.

【殆弗興弗悟】'殆'는 '거의'(幾乎)의 뜻. '興'은 起와 같음. '悟'는 寤와 같음. 《蒼頡篇》에
"覺而有言曰寤"라 함. 여기서는 '말하다'의 의미.

【爾尙明時朕言】'明'은 勉과 같음. '時'는 '이어받다'의 의미.

【用敬保元子釗, 弘濟于艱難】'元子'는 太子. '釗'는 康王(姬釗)의 이름. 〈十三經〉 注에
"釗, 姜遼反, 或之肴反"이라 하여 '교', 또는 '조'로 읽도록 되어 있으며 임시로 '조'로
읽음. '弘濟'는 '잘 해결하다, 크게 구제하다, 위험이나 어려움을 건너다'의 뜻.

【柔遠能邇】'柔'는 '안정시키다, 柔和政策을 쓰다' 등의 뜻. '能'은 善과 같음.

【安勸小大庶邦】'勸'은 '勸勉하다 敎導하다, 가르치다' 등의 뜻. 《廣雅》에 "勸, 敎也"
라 함.

【思夫人自亂于威儀】'夫人'은 보통 사람들. 《淮南子》本經訓 高誘 注에 "夫人, 衆人也"

라 함. '儀'는 禮儀, 威儀, 禮法.

【爾無以釗冒貢于非幾玆】'以'는 使와 같음. '冒'는 '범하다, 抵觸하다'의 뜻. '貢'은 馬
融, 鄭玄, 王肅 본에는 모두 '贛'으로 되어 있으며 馬融은 "贛, 陷也"라 함. '幾'는
《小爾雅》廣詁에 "法也"라 함. '玆'는 哉와 같음.

【旣受命, 還】'還'은 '群臣들이 成王의 遺命을 접수하고 물러서다'의 뜻.

【出綴衣于庭】'綴衣'는 위에서 말한 冕服을 가리킴. '庭'은 廷과 같으며 朝廷의 王位.
'조정에서 綴衣를 꺼내다'의 뜻. 《尙書正讀》에 "王病不能視朝, 則出衣於廷, 爲群臣
瞻拜之資也. 賈誼云: 植遺腹朝委裘而天下不亂, 孟康《漢書注》云: 委裘若容衣, 天子
未坐朝, 事先帝裘衣也, 正是此義"라 함.

【越翼日乙丑】'越'은 到와 같음. '翼日'은 翌日과 같음. 甲子 다음날인 乙丑날.

【崩】天子의 죽음을 '崩'이라 하며 諸侯의 죽음을 '薨', 卿大夫 및 士의 죽음을 '卒'이
라 함.

204(42-2)
장례의식葬禮儀式

태보太保가 중환仲桓, 남궁모南宮毛에게 명하고, 제후齊侯 여급呂伋으로 하여금 두 사람은 간干과 과戈를 들도록 하고, 호분虎賁 1백 명은 남문南門 밖에서 희조姬釗를 맞아 오도록 하였다.

그리하여 익실翼室로 안내하여 들이자 태자는 상주가 되었다.

정묘丁卯날, 책冊을 만들어 상례의 제도를 만들도록 하였다.

다시 이레가 지난 계유癸酉날, 소공과 필공이 관원들에게 명하여 상사에 필요한 기물들을 갖추도록 하였다.

적인狄人은 보의黼扆와 철의綴衣를 갖추어 진설陳設하였다.

창문 사이 남쪽을 향해 멸석篾席을 펼쳐 겹으로 깔고, 보순黼純, 화옥華玉, 잉궤仍几를 진설하였다.

서쪽 회랑에는 동쪽을 향해 지석底席을 펼쳐 겹으로 깔고, 철순綴純, 문구文貝, 잉궤를 진설하였다.

동쪽 회랑에는 서쪽을 향해 풍석豐席을 펼쳐 겹으로 깔고, 화순畫純, 조옥雕玉, 잉궤를 진설하였다.

서쪽 협실夾室에는 남쪽을 향하여 순석筍席을 펼쳐 겹으로 깔고, 검은 분순紛純과 옻칠한 잉궤를 진설하였다.

월옥越玉 다섯 종류와 진보陳寶, 적도赤刀, 대훈大訓, 홍벽弘璧, 완琬, 염琰을 서쪽 회랑에 진설하였다.

대옥大玉, 이옥夷玉, 천구天球, 하도河圖는 동쪽 회랑에 진설하였다.

윤胤이 만든 무의舞衣, 대패大貝, 분고鼖鼓는 서쪽 방에 진설하고, 태兌가 만든 과戈와 화和가 만든 활, 수垂가 만든 죽시竹矢는 동쪽 방에 진설하였다.

대로大輅는 빈객이 오는 계단 쪽에 두고, 철로綴輅는 조계阼階 쪽에 두었으며, 선로先輅는 왼쪽 문 옆 측실 앞에 두고, 차로次輅는 오른쪽 옆 측실 앞에 두었다.

太保命仲桓·南宮毛, 俾爰齊侯呂伋, 以二干戈·虎賁百人逆子釗於南門之外.

延入翼室, 恤宅宗.

丁卯命作冊度.

越七日癸酉, 伯相命士須材.

狄設黼扆·綴衣.

牖間南嚮, 敷重篾席, 黼純, 華玉, 仍几.

西序東嚮, 敷重底席, 綴純, 文貝, 仍几.

東序西嚮, 敷重豐席, 畫純, 雕玉, 仍几.

西夾南嚮, 敷重筍席, 玄紛純, 漆仍几.

越玉五重, 陳寶, 赤刀, 大訓, 弘璧, 琬·琰, 在西序.

大玉·夷玉·天球·河圖, 在東序.

胤之舞衣·大貝·鼖鼓, 在西房; 兌之戈·和之弓·垂之竹矢, 在東房.

大輅在賓階面, 綴輅在阼階面, 先輅在左塾之前, 次輅在右塾之前.

【太保命仲桓·南宮毛, 俾爰齊侯呂伋】'仲桓, 南宮毛'는 둘 모두 人名. '俾'는 《爾雅》釋詁에 "從也"라 함. '爰'은 于(於)와 같음. '呂伋'은 齊나라 丁公의 이름. 齊 太公 呂尙(姜子牙)의 아들. 太公은 姜太公이라고도 부르며 齊나라 시조. 文王이 만나 太公(太王, 古公亶父)이 기다리던 인물이라 하여 姜太公望이라 불렸으며 武王을 도와 殷紂를 멸하고 齊나라에 봉해짐. 《史記》 齊太公世家 참조.
【以二干戈】'以'는 用과 같음. '干戈'는 방패와 창. 위에서 말한 仲桓과 南宮毛가 각각 干과 戈를 하나씩 잡음.

書經大全
圖說

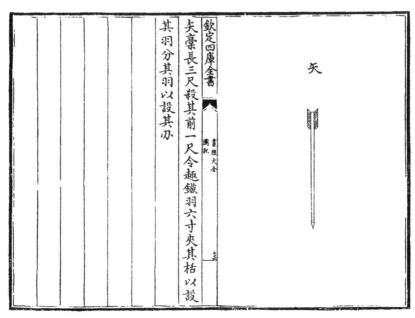

矢豪長三尺殺其前一尺令趣鏃羽六寸夾其栝以設
其羽分其羽以設其刃

〈矢〉《書經大全》

弓長六尺有六寸謂之上制六尺有三寸謂之中制六
尺謂之下制取幹角以膠漆筋絲為之柔周禮司弓矢
掌六弓其名王弧夾庾唐大

〈弓〉《書經大全》

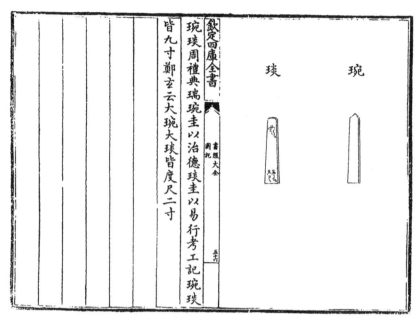

〈琬〉과 〈琰〉《書經大全》

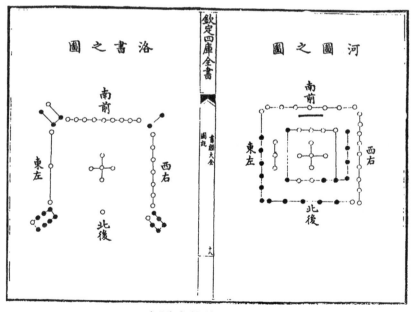

〈河圖〉와 〈洛書〉《書經大全》

【虎賁百人逆子釗於南門之外】'逆'은 迎과 같음. 맞이함. 江聲은 "王旣崩, 世子就在外, 世子蓋以王未疾時奉使而出, 比反而王崩. 憂危之際, 故以兵迎之於南門之外云"이라 함.

【延入翼室】'延入'은 인도하여 안으로 안내하여 들임. '翼室'은 임금이 있는 옆방 側室.

【恤宅宗】'恤宅'은 憂居, 즉 상을 입는 것. '宗'은 喪主 노릇 하는 것. 따라서 '恤宅宗'은 太子 姬釗(뒤의 康王)가 側室에서 喪中에 喪事를 주재함을 말함.

【丁卯命作冊度】'丁卯'는 甲子(16日)뒤의 19日. '作冊'은 文書를 作成하는 官員. '度'는 《說文》에 "法制也"라 하였으며, 여기서는 상례를 치를 때의 의전과 절차 등을 뜻함.

【伯相命士須材】'伯相'은 方伯이며 宰相인 召公과 畢公을 가리킴. '須材'에서 '須'는 《尚書集注音疏》에 "當爲頒, 字之誤也"라 하였으며 '材'는 아래 문장에 나오는 온갖 기물을 가리킴.

【狄設黼扆·綴衣】'狄'은 狄人으로 祭禮를 주재하는 관원. '黼'는 斧와 같으며 '黼扆'(보의)는 王座의 뒤쪽에 도끼 모양의 花紋을 넣은 屛風.

【牖間南嚮】'牖間'은 창과 문 사이. '牖'는 옹기로 만든 원형의 창.

【敷重篾席】'敷'는 '배치하다, 자리 등을 깔다'의 뜻. '重'은 두 겹 이상. '篾席'은 돗자리, 竹席.

【黼純】'黼'는 흑색과 백색을 섞어 짠 것. '純'은 자리 가장자리. 鄭玄은 "純, 緣也"라 함.

【華玉】五色의 옥구슬.

【仍几】옻칠을 하지 않은 질박한 几案. 《周禮》 司几筵에 "凡吉事, 變几; 凶事, 仍几"라 하였고, 鄭玄 注에 "變更其質, 謂有飾; 仍, 因也. 因其質, 謂無飾也"라 함.

【西序東嚮】'序'는 지붕이 있는 回廊.

【敷重底席】'底'는 鄭玄은 "致也"라 하였으며, '致'는 緻와 같으며 '底席'은 가는 대나무를 쪼개어 짠 자리.

【綴純】'綴'은 飾과 같음. 여러 색깔을 섞어 무늬를 넣은 것.

【文貝】'文'은 紋과 같음. 무늬. '貝'는 조개껍질.

【豐席】왕골(莞, 菅)로 짠 자리.

【畫純】'畫'는 가장자리에 구름무늬를 넣어 만든 자리.

【雕玉】옥을 조각한 것.

【西夾南嚮】'西來'는 서쪽의 夾室.

【玄紛純】검은 실로 짜서 가장자리에 단 것.

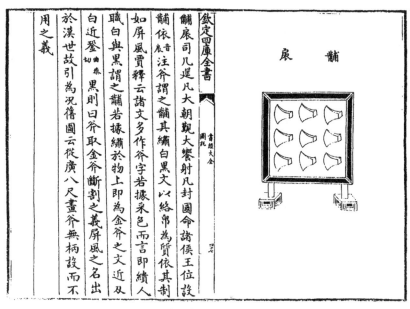

〈黼扆〉《書經大全》

黼扆司几筵凡大朝覲大饗射凡封國命諸侯王位設

黼依音扆注扆謂之黼其繡白黑文以絳帛為質依其制

如屏風賈釋云諸文多作斧字若據采色而言即繢人

職白與黑謂之黼若據繡於物上即為金斧之文近及

白近登曲豚切黑則曰斧取金斧斷割之義屏風之名出

於漢世故引為況舊圖云從廣八尺畫斧無柄設而不

用之義

〈大輅〉《書經大全》

【越玉五重】'越玉'은 越(지금의 浙江 이남) 지역에서 나는 옥. '五重'은 五種과 같음.

【陳寶】'陳寶'는 진열된 보옥. 또는 玉器의 이름이라고도 함.

【赤刀】'赤刀'는 붉은 칼. 鄭玄은 "武王伐紂時刀, 赤爲色, 周正色也"라 함.

【大訓】先王의 훈계가 새겨져 있는 전적.

【弘璧】큰 구슬.

【琬琰】'琬'은 위가 둥근 玉. '琰'은 위가 뾰족한 玉.

【大玉】華山에서 나는 큰 구슬.

【夷玉】東夷의 구슬.

【天球】雍州에서 바쳐 온 玉磬.

【河圖】地圖의 일종.

【胤之無衣】'胤'은 舞衣를 만든 名匠의 이름.

【大貝】散宜生이 江淮의 물가에서 얻었다는 큰 조개.

【鼖鼓】'鼖'(분)은 큰 북으로 軍鼓로 쓰였음.

【兌, 和, 華】모두 匠人의 이름.

【大輅在賓階面】'大輅'는 天子가 타는 구슬로 꾸며진 가장 큰 수레. '大路'로도 표기함. 《周禮》에 따르면 巾車는 왕의 五路를 관장하며 玉路, 金路, 象路, 革路, 木路였다 함. '賓階'는 賓客들이 오르는 서쪽 섬돌.

【綴輅在阼階面】'綴輅'는 금으로 꾸민 金路. 두 번째 크기의 수레. '阼階'(조계)는 주인이 오르는 동쪽에 위치한 섬돌.

【先輅在左塾之前】'先輅'는 상아로 꾸민 象路. '左塾'은 왼쪽 문간에 위치한 방.

【次輅在右塾之前】'次輅'는 나무로 만든 木路. 나무로 만들며 장식이 없는 수레라 함.

205(42-3)
장례상복葬禮喪服

두 사람은 작변雀弁을 쓰고, 혜惠라는 무기를 잡고, 필문畢門 안쪽에 섰다.

네 사람은 기변綦弁을 쓰고, 과戈를 잡되 날이 위로 향하게 하여 양쪽 섬돌을 마주하고 좁은 계단 비탈 돌에 섰다.

한 사람은 면冕을 쓰고, 유劉라는 병기를 잡고, 동당東堂에 서도록 하였으며, 한 사람은 또한 면을 쓰고 월鉞을 잡고, 서당西堂에 서도록 하였다.

한 사람은 면을 쓰고 규戣를 잡고 동쪽 귀퉁이에 세웠으며, 한 사람은 구瞿를 잡고 서쪽 귀퉁이에 서도록 하였다,

한 사람은 면을 쓰고 예銳를 잡고 옆 섬돌에 서도록 하였다.

二人雀弁, 執惠, 立于畢門之內.
四人綦弁, 執戈上刃, 夾兩階阨.
一人冕, 執劉, 立于東堂, 一人冕, 執鉞, 立于西堂.
一人冕, 執戣, 立于東垂, 一人冕, 執瞿, 立于西垂,
一人冕, 執銳, 立于側階.

【二人雀弁】 '雀'은 참새 머리 같은 검붉은 빛. '弁'은 모자 이름. '雀弁'은 鄭玄은 "赤黑曰雀, 言如雀頭色也. 雀弁制如冕, 黑色, 但無藻耳"라 함.

【執惠】 '惠'는 武器의 일종, 세모창.

【立于畢門之內】 '畢門'은 廟門과 같음. 廟堂의 門.

【四人綦弁】 '綦'는 검푸른 빛.

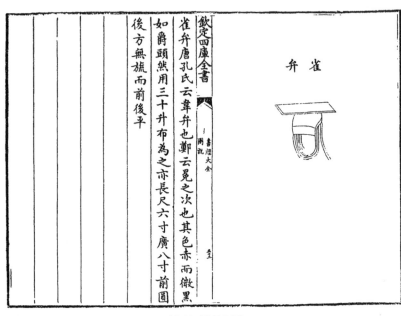

欽定四庫全書
書經大全
闕說

雀弁唐孔氏云韋弁也鄭云晃之次也其色赤而微黑
如爵頭然用三十升布為之亦長尺六寸廣八寸前圓
後方無旒而前後平

〈雀弁〉《書經大全》

欽定四庫全書
書經大全
闕說

綦弁孔傳綦文鹿子皮弁士冠禮注云皮弁以白鹿皮
為之弁師云王之皮弁會五采玉琪象即玉琪注云會
縫中也琪讀為綦綦結也即謂下抵梁正張謚圖云弁
縫十二賈疏引詩會弁如星謂於弁十二縫中結五采
玉落落而處狀似星也

〈綦弁〉《書經大全》

【執戈上刃】‘上刃’은 창날이 바깥쪽을 향하게 드는 것. 〈蔡傳〉에 “刃外向”이라 함.

【夾兩階戺】‘戺’(사)는 섬돌 양 옆의 비스듬히 설치된 돌.

【一人冕】‘冕’은 大夫 이상 관직을 가진 자가 쓰는 禮帽.

【執劉】‘劉’는 끝이 뾰족한 도끼의 일종.

【東堂】堂의 동쪽.

【執鉞】‘鉞’은 도끼와 같은 무기의 일종. 儀仗用(指揮用)으로 쓰임.

【執戣】‘戣’(규)는 삼지창. 三鋒矛.

【瞿】역시 삼지창의 일종.

【立于東垂】垂는 廟堂의 곁.

【執鋭】‘鋭’는 창의 일종.

【立于側階】‘側階’는 北堂 북쪽 아래의 계단.

206(42-4)
태자강왕太子康王

　　강왕이 마면麻冕을 쓰고 보상黼裳을 입고 서쪽 계단으로 올라섰다.

　　경사卿士들과 제후국들의 군주는 마면을 쓰고 의상蟻裳을 입고, 들어와 저마다 정해진 위치로 나갔다.

　　태보太保, 태사太史, 태종太宗은 모두 마면을 쓰고 동상彤裳을 입었다.

　　태보가 큰 규圭를 받아 들고, 상종上宗은 술잔과 모瑁를 들고, 임금이 오르는 계단으로 올라섰다.

　　태사는 책서冊書를 잡고 빈객이 오르는 계단으로 올라 강왕의 책명을 받아, 이렇게 읽어나갔다.

　　"왕께서는 옥궤에 기대어 이렇게 마지막 명령을 말씀하셨노라. '나는 문왕과 무왕의 가르침을 이어받아 제왕이 되어 이 주周나라를 다스리면서 대법을 준수하고 천하를 화목하게 하였으니, 그대들도 문왕과 무왕의 밝은 가르침을 널리 선양하도록 하라!'라고."

　　강왕은 재배하고 일어서서 이렇게 답사를 말하였다.

　　"이 혼미하고 어린 내가 어찌 능히 사방을 다스려 하늘의 위엄을 공경하면서 두려워할 수 있겠습니까?"

　　왕은 술잔과 모를 받아들고 세 번 앞으로 나서서 세 번 제를 올리고 세 번 술잔을 제자리에 놓았다.

　　상종이 말하였다.

　　"흠향하십시오!"

　　태보가 술잔을 받아들고 아래로 내려와, 손을 씻고 다른 술잔을 들어 술을 부어 빈객의 자리에 섰다.

　　그리고 종인宗人에게 술잔을 주고 절을 하였다.

왕이 답배答拜를 하였다.

태보는 술잔을 받아 제를 올리고 맛을 본 다음 잔을 놓는 자리에 놓았다가 종인에게 그 술잔을 주고 왕에게 절을 하였다.

왕이 다시 답배를 하였다.

태보가 내려서서 자리를 거두자 제후들이 묘문廟門을 나가서 기다렸다.

王麻冕黼裳, 由賓階隮.

卿士邦君, 麻冕蟻裳, 入卽位.

太保·太史·太宗皆麻冕彤裳.

太保承介圭, 上宗奉同瑁, 由阼階隮.

太史秉書, 由賓階隮, 御王冊命, 曰:「皇后憑玉几, 道揚末命. 命汝嗣訓:『臨君周, 率循大卞, 燮和天下, 用答揚文武之光訓!』」

王再拜, 興, 答曰:「眇眇予末小子, 其能而亂四方, 以敬忌天威?」

乃受同瑁, 王三宿, 三祭, 三咤.

上宗曰:「饗!」

太保受同, 降, 盥, 以異同秉璋以酢.

授宗人同, 拜.

王答拜.

太保受同, 祭, 嚌, 宅, 授宗人同, 拜.

王答拜.

太保降, 收, 諸侯出廟門俟.

【王麻冕黼裳】'王'은 康王(釗)을 가리킴. '麻冕'은 삼베로 만든 禮帽. '黼裳'은 검고 흰 빛의 호랑이 무늬를 넣은 禮服. 麻冕黼裳은 임금이 제사 지낼 때 입는 검소한 예복.

【由賓階隮】'賓階'는 빈객이 오르는 층계. 康王이 이 계단으로 오른 것은 아직 정식으로 임금에 즉위하는 冊命을 받지 못하였기 때문이며 太保 召公이 成王 居位에

麻冕按三禮圖以漆布為殼緇縱其上前廣四寸高五
寸後廣四寸高三寸

〈麻冕〉《書經大全》

冕漢制度云冕制皆長尺六寸廣八寸前圓後方其旒
皆以五采絲繩貫五采玉每旒各十二垂於冕禮有六
冕袞冕無旒袞冕十二旒驚冕九旒毳冕七旒絺冕五
旒玄冕三旒

〈冕〉《書經大全》

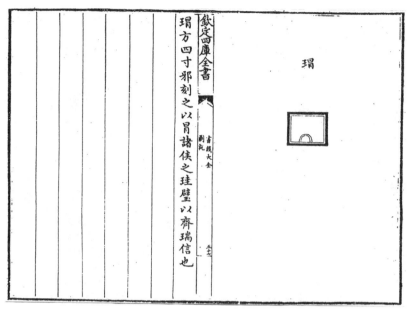

〈瑁〉《書經大全》

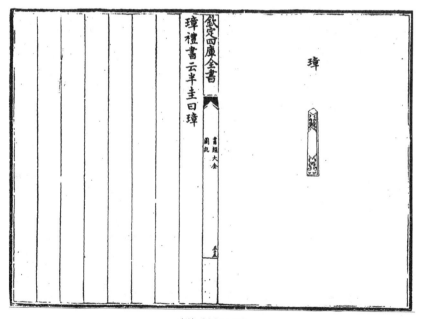

〈璋〉《書經大全》

서 主가 되고 康王은 賓이 됨.

【卿士邦君, 麻冕蟻裳】 '蟻裳'은 개미 빛처럼 검은색으로 물들인 바지.

【入卽位】 '位'는 뜰 가운데 좌우의 위치. '卽位'는 각기 모두 제자리로 가서 卿士는
서쪽을 향해 서고, 諸侯는 북쪽을 향해 서는 것.

【太保·太史·太宗皆麻冕彤裳】 '太宗'은 大宗伯, 儀典를 담당한 관리. '彤裳'(동상)은 붉
은색의 禮服.

【太保承介圭】 '承'은 받들어 올림. '介圭'는 구슬로 만든 큰 圭笏.

【上宗奉同瑁】 '上宗'는 太宗. '同'은 구슬로 만든 술잔. '瑁'은 구슬 잔 덮개. 《周禮》考
工記에 "天子執瑁四寸以朝諸侯"라 함. 이상 모두 天子의 吉祥 信物이기 때문에 모
두 康王에게 바치는 것임.

【由阼階隮】 '阼階'는 東階. 賓階와 상대되는 것으로 주인이 서는 섬돌. 太保가 주인
역할을 하였으므로 大宗伯은 太保의 助手로서 主階로 올라가는 것임.

【太史秉書】 '書'는 書冊, 成王의 遺命을 기록한 대쪽.

【御王冊命】 '御'는 '迎接하다'의 뜻. '冊命'은 명령이 적혀 있는 冊. 강왕을 영접하여
서책의 내용을 읽음.

【曰】 太史가 冊命을 읽은 내용.

【皇后憑玉几】 '皇后'는 大王, 즉 成王을 가리킴.

【道揚末命】 '道揚'은 聲明, 宣言의 뜻. 여기서는 '진술하다'의 의미. '末命'은 마지막 임
종 때의 명령, 遺言.

【命汝嗣訓】 '嗣訓'은 先生의 교훈을 이어 지켜 임금이 되는 것. '訓'은 文王과 武王이
남겨준 遺訓.

【臨君周邦】 '臨'은 苙와 같으며 '다스리다'의 뜻.

【率循大卞】 '卞'은 法.

【燮和天下】 '燮'은 和의 뜻. 《爾雅》釋詁에 "燮, 和也"라 함.

【用答揚文武之光訓】 '答'은 對와 같으며, 《爾雅》釋詁에 "對, 揚也"라 함. '答揚'은 '마
주하다'의 뜻. '光訓'은 明訓과 같음.

【王再拜, 興】 '興'은 起와 같음. '몸을 일으키다'는 뜻.

【眇眇予末小子】 '眇眇'는 지극히 작음을 의미함. '末' 또한 희미한 말단임을 뜻함.

【其能而亂四方, 以敬忌天威】 '其'는 豈와 같음. 疑問詞. '而'는 腦의 假借이며 和의 뜻.
'亂'은 治의 뜻. '다스리다'의 의미. '忌'는 王位를 잘 보전할 수 있을지를 두려워함.

【乃受同瑁】 主語 康王이 생략되어 있음.

【王三宿】 '宿'은 進의 뜻. 앞으로 나아감.

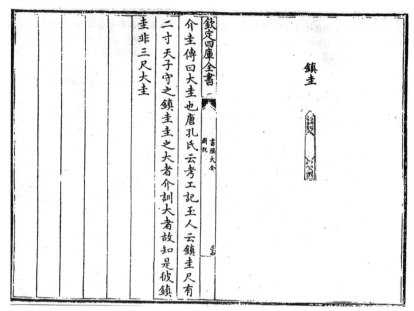

〈鎭圭〉《書經大全》

【三祭】'祭'는 잔에 술을 부어 땅에 뿌리는 의식.

【三咤】'咤'은 音은 '타'. 詫와 같은 뜻으로 잔을 드리고 물러섬.

【饗】上宗이 임금에게 飮福을 권함.

【太保受同】임금이 음복한 뒤 그 잔을 太保가 받음.

【降, 盥】'降'은 섬돌 아래로 내려서는 것. '盥'(관)은 손을 씻음.

【以異同秉璋以酢】'異同'은 다른 술잔. '璋'은 대신들이 사용하는 술잔. 앞에서 말한 異同. '酢'는 報祭의 뜻. 《倉頡篇》에 "客報主人曰酢"라 함.

【授宗人同】'宗人'은 小宗伯, 太宗을 돕는 사람.

【受同】宗人으로부터 술잔을 받은 것.

【拜】太保가 왕에게 배례를 행함.

【嚌】술을 입에만 대었다가 떼는 것.

【宅】술잔을 내려놓음.

【太保降】王國維는 "此云太保降, 知太保自酢在堂上也, 不言王與太宗太史降者, 略也"라 함.

【收】祭床을 거두는 것. 撤床.

【諸侯出廟門俟】'諸侯'는 卿士 등을 합하여 칭한 것. '俟'는 기다림.

〈43〉 강왕지고康王之誥(207-209)

〈史墻盤〉(西周) 1976 陝西 扶風 출토

이는 成王의 장례를 치른 다음 康王이 즉위하면서 선포한 誥命이다. 《史記》周本紀에는 "成王旣崩, 太子釗遂立, 是爲康王. 康王卽位, 遍告諸侯, 宣告以文武之業以申之, 作〈康誥〉"라 하였으며 여기서의 '康誥'는 '康王之誥'의 줄인 말이다. 강왕은 여러 제후와 중신들을 불러 자신을 잘 보필할 것을 당부하였으며, 신하들 또한 왕에게 선정을 베풀어 왕실을 안정되게 이끌어 나갈 것을 건의한 내용이 주를 이루고 있다.

한편 伏生의 〈금문상서〉에는 앞의 〈고명〉편과 합해져 있다. 실제로 〈고명〉편과 내용이 연결되어 있어 역대로 많은 판본에는 〈복생본〉을 따르고 있으나, 阮元의 〈十三經注疏本〉에는 〈康王之誥〉를 독립된 편으로 분리하고 있다.

＊蔡沈 《書傳》 〈康王之誥〉 注에 "今文·古文皆有, 但今文合于〈顧命〉"이라 하였다.

〈서〉: 강왕康王이 이윽고 천자의 지위에 올라 이에 제후들에게 고誥하였으며, 이를 기록한 것이 〈강왕지고〉이다.

〈序〉: 康王旣尸天子, 遂誥諸侯, 作〈康王之誥〉.

【康王】《經傳釋詞》에는 〈馬融本〉에는 '康王' 앞에 '成王崩' 3글자가 더 있다고 되어 있음.

【旣尸天子】'尸'는 《爾雅》 釋詁에 "主也"라 하여 원래는 제사에서 신주의 자리를 뜻하며, 이때 그 자리에 대신 앉히는 아이를 尸童이라 함. 여기서는 '주인이 되다'의 뜻. 따라서 '尸天子'는 '천자의 위치를 주로 삼다', 즉 '즉위하여 천자가 되다'의 뜻임.

【遂誥諸侯】'遂'는 於是와 같음. 孔安國 傳에 "因事曰遂"라 함.

207(43-1)
제후문상諸侯問喪

강왕이 나서서 응문應門 안에 있을 때, 태보太保가 서방西方의 제후들을 인솔하여 응문 왼쪽으로 들어서고, 필공畢公은 동방東方의 제후들을 인솔하여 응문 오른쪽으로 들어갔는데, 모두가 포승布乘에 황주黃朱색의 무릎 가리개를 덮고 있었다.

빈자賓者가 규圭와 공물을 바치도록 불러주자 제후들은 이렇게 말하였다.

"저희들 한두 신하는 왕실을 보호하며 왕을 향해 공물을 바치나이다."

그리고 모두가 재배하고 머리를 조아렸다.

왕은 예를 갖추어 고마움을 표하고 덕담으로써 답을 하며 절하였다.

王出, 在應門之內, 太保率西方諸侯, 入應門左; 畢公率東方諸侯, 入應門右, 皆布乘黃朱.

賓稱奉圭兼幣, 曰:「一二臣衛敢執壤奠.」

皆再拜稽首.

王義嗣, 德答拜.

【王出】康王(釗)이 廟門을 나섬.

【在應門之內】'應門'은 朝門. 《周禮》에 따르면 천자의 宮廷에 五門이 있으며 가장 밖에 있는 문을 皐門이라 하며 庫門, 雉門, 應門임. 그 안에 路門이 있으며, 宗廟는 應門 안쪽, 路門 밖에 두었음. 《尙書故》에 "諸侯出廟, 在應門外, 王出廟, 在應門內"라 함.

【太保率西方諸侯, 入應門左】'太保'는 召公(姬奭)을 가리킴. 당시 西伯을 맡고 있었으므로 서방 諸侯들을 인솔한 것임.

【畢公率東方諸侯, 入應門右】'畢公'(姬高)은 東伯을 맡고 있었으므로 東方 諸侯들을
인솔한 것임.

【皆布乘黃朱】'布乘'은《白虎通》에는 '黼黻'로 되어 있으며 제후들의 예복이라 하였
음. '黃朱'는 노란색의 무릎 덮개인 芾. 蔽膝. 예복의 일종.《詩》小雅 斯干〈毛傳〉에
"黃者, 天子純朱, 諸侯黃朱"라 함. 한편《尙書易解》에는 "黼黻者衣之文, 黃朱者芾之
色, 此文黼黻指衣, 黃朱指芾, 古史修辭之法也"라 함.

【賓稱奉圭兼幣】'賓'은 擯과 같음. 제후를 접대하고 안내하는 관원.《周禮》秋官 小
行人 "凡四方之使者, 大客則擯"의 鄭玄 注에 "擯者, 擯而見之王, 使得親信也"라 하
였으며, 또한《周禮》秋官 司儀에 "掌九儀之賓客擯相之禮"라 함. '稱'은 呼와 같음.
'奉'은 獻과 같음. '圭'는 命圭.《考工記》'玉人' 注에 "命圭者, 王所命之圭也, 朝覲執
焉"이라 함. '幣'는 貢物.

【一二臣衛敢執壤奠】'一二'는 하나가 아닌 여럿. '臣衛'는 나라를 호위하는 신하, 즉
제후들이 자신을 낮추어 부른 것. '壤'는 그 땅에서 나는 土産物. '奠'은 獻과 같음.

【王義嗣】'義嗣'는 예를 갖추는 말로서 감사의 뜻을 표함. '嗣'는 辭와 같음. 黃式三
의《尙書啓蒙》에 "義嗣, 禮辭也. 經傳言禮辭者, 以禮辭之, 不堅辭也. 辭詞古通用.
轉寫作嗣"라 함.

【德答拜】'德'은 升과 같음.《說文》에 "德, 升也"라 함. 왕이 감사를 표하는 말을 하자
한 계단 올라서서 答拜를 한 것임.

208(43-2)
필협상벌畢協賞罰

태보太保와 예백芮伯이 함께 앞으로 나서서 서로 읍揖을 하였다.

모두가 재배하고 머리를 조아리며 이렇게 말하였다.

"감히 천자께 공경히 권고하건대 황천皇天께서 은殷나라의 운명을 바꾸셔서 우리 주周 문왕文王과 무왕武王께서 선한 길로 나섰기에 서토西土를 안정시키도록 하신 것입니다. 그리고 방금 돌아가신 성왕께서도 상벌을 사리에 맞게 하시어 능히 문왕과 무왕의 업적을 성취하셔서, 이 때문에 널리 우리 후손에게 복을 남겨주신 것입니다. 지금 왕께서는 이를 공경히 하소서! 왕조의 육사六師를 잘 강화시키시어 우리 고조 문왕의 대명을 어그러뜨리는 일이 없도록 하소서!"

太保暨芮伯咸進, 相揖.

皆再拜稽首, 曰:「敢敬告天子, 皇天改大邦殷之命, 惟周文武誕受羑若, 克恤西土. 惟新陟王, 畢協賞罰, 戡定厥功, 用敷後遺人休. 今王敬之哉! 張皇六師, 無壞我高祖寡命!」

【太保暨芮伯咸進】'咸'은 皆와 같음.

【相揖】太保와 芮伯이 서로 마주보며 揖을 함.

【皆再拜稽首】두 사람이 다시 왕을 향해 再拜하고 叩頭함.

【惟周文武誕受羑若】'文武'는 文王과 武王. '誕'은 大와 같음. '羑'(유)는 《說文》에 "進善也"라 하여 善의 뜻. '若' 역시 善의 뜻으로 '羑若'은 福祥을 뜻하는 雙聲連綿語로 볼 수 있음.

【克恤西土】'恤'은 安과 같음.

【惟新陟王, 畢協賞罰】'陟'은 하늘로 오르는 것. 생을 마친 成王을 말함. '畢'은 마침,

다함. '協'은《爾雅》釋詁에 "和也"라 함. '協尚閥'은 '상과 벌이 모두 조화를 이루어
사리에 합당하다'의 뜻.

【戡定厥功】'戡'은 能, 克의 뜻.

【用敷後遺人休】'敷'는 '널리, 두루두루'의 뜻. '休'는 福의 뜻.

【張皇六師】'張皇'은 張大, 擴大의 뜻. '六師'는 六軍, 全軍.

【無壞我高祖寡命】'無'는 毋와 같음. '壞'는 '허물어뜨리다'의 뜻.《說文》에 "壞, 敗也"
라 함. '高祖'는 文王(姬昌)을 가리킴. '寡命'은 큰 명령. '寡'는 大의 뜻.

부비사방付畀四方

강왕이 이와 같이 말하였다.

"여러 제후 후복侯服, 전복甸服, 남복男服, 위복衛服들이시여! 지금 나 희조姬釗는 그대들에게 권고합니다. 지난날 임금 문왕과 무왕께서는 공평하게, 그리고 인자하고 후덕하게 하셨으며 형벌을 남용하지 않으셨고, 믿음에 맞도록 힘을 기울이셨으며, 이로써 문왕과 무왕의 빛은 천하에 두루 퍼지게 된 것입니다. 게다가 일부, 곰처럼 무용이 넘치는 장사들은 한마음으로 임금을 모셔 왕가를 보호하고 나라를 다스렸습니다. 이로써 우리는 상제께서 명하신 천하를 단정하게 할 임무를 받게 된 것입니다. 황천은 선왕들의 다스림에 따라 천하를 우리 선왕들께 주신 것입니다. 선왕들께서는 이에 제후들에게 땅을 나누어 봉하시어 우리를 호위하고 막아줄 임무를 세우셨으며, 이를 우리 후손에게 물려주셨습니다. 지금 나는 한두 분의 동성 제후들 백부들에게 서로 우리 왕실을 생각하시어 계속해서 그대들 선조들이 우리 왕실을 위해 복무했듯이 해 주실 것을 희망합니다. 비록 그대들은 몸은 조정 밖에 있지만 그대들의 마음은 왕실에 있지 아니하면 안 될 것이니, 내가 나라를 다스리는 방법을 보필하시어 나에게 부끄러움을 남겨주셔서는 안 될 것입니다!"

삼공과 제후의 군신들은 모두가 왕의 명령을 듣고 서로 읍을 하며 급히 물러서 나갔다.

강왕은 길복吉服을 벗고 거상하던 측실로 돌아가 다시 상복을 입었다.

王若曰:「庶邦侯甸男衛! 惟予一人釗報誥. 昔君文武丕平, 富不務咎, 底至齊信, 用昭明于天下. 則亦有熊羆之士不二心之臣, 保乂

王家, 用端命于上帝. 皇天用訓厥道, 付畀四方. 乃命建侯樹屛, 在
我後之人. 今予一二伯父尙胥曁顧, 綏爾先公之臣服于先王. 雖爾
身在外, 乃心罔不在王室, 用奉恤厥若, 無遺鞠子羞!」

　羣公旣皆聽命, 相揖, 趨出.

　王釋冕, 反, 喪服.

【庶邦侯甸男衛】'庶邦'은 여러 제후들. '侯甸男衛'는 侯服, 甸服, 男服, 衛服의 여러 제
　후들.

【惟予一人釗報誥】'報誥'는 널리 사람들에게 알리는 훈계를 하겠다는 뜻.

【昔君文武丕平】《尙書易解》에 "當句絶,《墨子》兼愛下: '古有文武, 爲政均分, 賞賢伐
　暴, 勿有親戚弟兄之所阿', 此丕平之事也"라 함.

【富不務咎】'富'는 厚와 같음.《說文》에 "富, 厚也"라 함. 여기서는 人後를 뜻함. '咎'는
　과실, 형벌.

【厎至齊信】'厎'는 致와 같음. '至'는 '실행하다'의 뜻. '齊'는《爾雅》釋言에 "中也"라 함.

【用昭明于天下】'用'은 因과 같음. '이 때문에'의 뜻.

【熊羆之士】곰이나 말곰처럼 용감하고 강한 사졸들을 말함.

【不二心之臣】오직 한 마음으로 임금을 섬기는 신하.

【保乂王家】保乂는 '잘 보호하고 다스리다'의 의미.

【用端命于上帝】'端命'은 '백성들이 사명을 바르게 실행할 수 있도록 해 주다'의 뜻.
　'端'은 正과 같음.

【皇天用訓厥道】'訓厥道'는 하늘의 도로써 가르치는 것.

【付畀四方】'付畀'는 주어 맡기는 것.

【乃命建侯樹屛】'建侯'는 제후들을 세움. '樹屛'은 나라의 울타리를 세움. 곧 제후를
　봉한 본 뜻을 설명한 것. '樹'는 立과 같음. '屛'은 蔽와 같음.《爾雅》釋言에 "屛, 蔽
　也"라 함.

【在我後之人】'在'는 보살펴 돌보다의 뜻.《爾雅》釋詁에 "在, 察也"라 함.

【今予一二伯父尙胥曁顧】'伯父'는 天子가 同姓(姬姓)인 제후가 자신보다 나이가 많을
　때 부르는 稱號. 尙은 '그래도, 오히려'의 뜻. '胥'는 相과 같으며 '曁'는 與와 같음.

【綏爾先公之臣服于先王】'綏'는 '계승하다'의 뜻. 綏는 綏(유)와 같은 뜻임.

【雖爾身在外】'外'는 조정 밖을 말함.

【用奉恤厥若】'奉恤'은 임금을 받들어 나라 일을 걱정함. '厥若'은 임금의 뜻을 따름.

【無遺鞠子羞】'鞠子'는 '어린아이, 양육을 받고 있는 아이'라는 뜻으로 임금이 자신을 낮추어 부르는 표현.

【群公旣皆聽命】'群公'은 三公과 諸侯 群臣.

【王釋冕】'釋'은 '벗다'의 뜻. 康王이 책명의 대전을 받을 때 입었던 吉服을 벗음. '冕'은 吉服을 뜻함.

【反喪服】王이 상복을 도로 입는 것. 임금의 자리에 오르는 儀式은 喪中이나 吉禮에 속하므로 吉服과 凶服의 중간 禮服을 입었다가 式이 끝나자 王은 喪主이므로 다시 喪服을 입은 것임. 여기서 '喪服'은 동사로 쓰였음.

〈44〉 필명畢命(210-213)

애초, 殷나라가 망하자 그 유민들은 그래도 周 王室에 복종하기를 거부하였다. 이에 周公은 東都成周 洛邑을 건설함과 동시에 이들 완민頑民을 강제로 이주시켜 교화를 서둘렀었다. 이를 지속적으로 담당한 이가 陳君周公의 아들이며 결국 시간이 흐름에 따라 은나라 유민들은 안정

〈人面魚紋彩陶盆〉仰韶文化 1955 西安 半坡 출토

을 찾게 된다. 그럼에도 새로 즉위한 康王은 안심할 수가 없었다. 이에 즉위 후 12년째 되던 해, 이번에는 畢公姬高에게 그곳을 담당해 줄 것을 부탁하게 된다. 이를 기록한 것이 바로 〈필명〉편이다.

康王은 成王의 뒤를 이어 왕실의 안정을 꾀하여 성과를 거두었으며 그로 인해 40여 년 간 형벌을 쓰지 않아도 될 정도로 태평성대를 이루었다 하며 역사적으로는 이 시대를 '成康之治'라 부르고 있다.

본 편은 〈今文尙書〉에는 들어 있지 않으며 〈古文尙書〉에만 실려 있다.

＊蔡沈《書傳》〈畢命〉注에 "康王以成周之衆, 命畢公保釐此, 其冊命也. 今文無, 古文有"라 하였다.

〈서〉: 강왕康王이 책서冊書를 만들도록 명하여 필공畢公에게 은나라 유민들 마을을 분리시켜, 성주의 교외에 거주하도록 하는 일을 맡겼으며 이를 기록한 것이 〈필명〉편이다.

〈序〉: 康王命作冊畢, 分居里, 成周郊, 作〈畢命〉.

【命作冊畢】'命作冊'은 內史로 하여금 冊書를 만들도록 함. 孔穎達 疏에 "命作冊者, 命內史爲冊書以命畢公"이라 함. '畢'은 畢公(姬高)을 가리키며 '公'자가 누락된 것임. 《史記》에는 畢公으로 되어 있음. 孫星衍은 "序畢下脫公字"라 함.

【分居里】사는 마을을 구분하여 분리함.

【成周郊】'成周'는 洛邑 동쪽에 '殷나라 頑民들을 이주시켜 周나라의 敎化를 成就하고자 하다'는 의미로 成周라 함. '郊'는 郊外.

210(44-1)
보리동교 保釐東郊

강왕 12년 6월 경오庚午날 새 달이 뜨는 초순, 사흘이 지나 임신壬申 날에 강왕은 걸어서 종주宗周로부터 풍豐에 이르렀다.
그리하여 성주成周의 무리로서 동교東郊에 살도록 한 이들을 보호하고 다스리도록 필공畢公에게 명하였다.

惟十有二年, 六月庚午朏, 越三日壬申, 王朝步自宗周, 至于豐.
以成周之衆, 命畢公保釐東郊.

【惟十有二年】'有'는 又와 같음. '十二年'은 康王 즉위 12년.

【六月庚午朏】'朏'은 달빛이 빛을 발하기 시작하는 날. 흔히 초사흘 정도를 말함.

【王朝步自宗周】'朝'는 아침. '步'는 수레를 타지 않고 걸어감. '宗周'는 鎬京.

【至于豐】'豐'은 文王 때의 도읍지며 그의 文王의 사당이 있음. 孔安國 傳에 "豐, 文 王所都"라 하였고, 陳大猷는 "古者封諸侯, 命德賞功, 必於祖廟, 示不敢專, 重其事 也"라 함.

【成周】洛邑을 周公이 經營하여 殷나라 頑民이 '주나라의 덕에 교화되도록 하다'의 의미에서 붙인 이름.

【命畢公保釐東郊】'保'는 安과 같음. '釐'는 厘, 理, 莅, 臨과 같은 뜻으로 '다스리다' 의 의미.

211(44-2)
사방무우四方無虞

강왕은 이렇게 말하였다.

"오호라! 부사父師 필공이시여. 문왕文王과 무왕武王께서는 큰 덕을 천하에 베푸시어 이로써 능히 은殷나라 대명을 이어받았던 것입니다. 그러자 주공周公께서 선왕을 보필하여 왕실을 안정시키시고 은나라 완민頑民들에게 경고를 내리며 이들을 낙읍洛邑으로 이주시켜, 그들로 하여금 왕실 가까이 살도록 하자, 이로써 그들은 주공의 교훈에 감화받게 된 것입니다. 그로부터 지금 이윽고 삼기三紀의 시간이 흘러, 세태도 변하고 풍속도 바뀌어 곳곳에 근심거리가 사라졌으며 나는 이로써 편안함을 얻게 되었습니다. 그러나 세상의 도리란 오르내림이 있으니 정치란 그에 따라 변화와 개혁이 있어야 하는 것입니다. 칭찬할 것을 칭찬하지 아니하면 백성들은 권면할 바가 없게 됩니다. 그러니 공께서 덕에 힘쓰시어 작은 일에도 근면히 하시어 빛나신 4대의 임금들을 보좌하시고, 장중하게 아랫사람들을 통솔하시어 신하들로서 그대의 말을 경건히 여기지 않을 자가 없도록 하십시오. 그렇게 하면 그대의 아름다운 공적은 선왕들로부터 중시를 받으실 것이며, 나 이 소자도 옷깃을 늘어뜨린 채 팔짱을 끼고 그대의 공적을 우러러보게 될 것입니다."

王若曰:「嗚呼! 父師. 惟文王·武王, 敷大德于天下, 用克受殷命. 惟周公左右先王, 綏定厥家, 毖殷頑民, 遷于洛邑, 密邇王室, 式化厥訓. 旣歷三紀, 世變風移, 四方無虞, 予一人以寧. 道有升降, 政由俗革. 不臧厥臧, 民罔攸勸. 惟公懋德, 克勤小物, 弼亮四世, 正色率下, 罔不祗師言. 嘉績多于先王, 予小子垂拱仰成.」

【父師】太師와 같은 말로 太師였던 周公의 뒤를 이어 畢公이 그 자리에 오름. 〈蔡傳〉에 "畢公代周公爲太師也"라 하였고, 胡士行은 "父者, 同姓之尊者也"라 함.

【惟周公左右先王】'左右'는 '輔佐하다'의 뜻.

【綏定厥家, 毖殷頑民】'毖'는 愼重히 하도록 告誡함을 뜻함. '頑民'은 완악한 백성. 주나라에 반감을 품고 있는 은나라 유민들을 가리킴.

【密邇】매우 가까이 지내는 것.

【式化厥訓】'式'은 用과 같음. '化'는 敎化, 感化의 뜻. '訓'은 교훈.

【旣歷三紀】'歷'은 '경과하다'의 뜻. '紀'는 12年을 뜻함. 孔安國 傳에 "十二年曰紀"라 하였고, 孔穎達 疏에는 "周公以攝政七年營成周, 成王元年遷殷頑民, 成王在位之年, 雖未知其實, 當在三十左右, 至今應三十六年, 是殷民遷周, 已歷三紀"라 함. 따라서 '三紀'는 36年.

【世變風移, 四方無虞】'虞'는 근심함. 걱정함.

【予一人以寧. 道有升降】'道'는 사람이 행할 바 올바른 道. 일상생활의 도. '升降'은 道가 잘 행하여지는가의 與否. 〈蔡傳〉에 "有升有降, 猶言有隆有汚也. 周公當世道方降之時, 至君陳·畢公之世, 則將升於大猷矣"라 함.

【政由俗革, 不臧厥臧】'臧'은 善의 뜻. 앞의 臧은 動詞로 '포상하다'의 뜻. 뒤의 臧은 名詞.

【民罔攸勸】'攸'는 所와 같음. '勸'은 勸勉함.

【惟公懋德】'懋'는 務와 같음. '노력하다, 힘쓰다'의 뜻.

【克勤小物】'小物'은 孔穎達 疏에 "能勤小事則大事必能勤矣. 故擧能勤小事以爲畢公之善"이라 함.

【弼亮四世】'弼亮'은 보좌하다의 뜻. '四世'는 文王, 武王, 成王을 거쳐 康王에 이르는 4代. 孔安國 傳에 "畢公, 輔佐文武成康四世爲公卿"이라 함.

【正色率下】'正色'은 얼굴빛이 꾸밈이 없는 것. '率'은 통솔함, 인솔함.

【罔不祗師言】'祗'는 敬과 같음. '師言'은 畢公의 지도. 畢公이 父師였으므로 師言이라 한 것.

【嘉績多于先王】'多'는 '중시하다'의 뜻. '훌륭한 업적이 선왕으로부터 중시를 받다'의 뜻.

【予小子垂拱仰成】'垂'는 옷자락을 늘어뜨리고 편히 쉬는 것. '拱'은 팔짱을 끼고 있는 것. 아무런 작위 없이 잘 다스려지는 태평성대를 일컫는 말. '仰成'은 일이 잘 이루어진 것을 우러러보며 만족해 함.

212(44-3)
정별숙특旌別淑慝

강왕이 말하였다.

"오호라! 부사 필공이시여. 지금 나는 정중하게 주공이 은나라 유민들
을 다스리던 큰 임무를 그대에게 부탁하노니, 그대는 가 주시기 바랍니
다! 선악을 구별하여 선량한 은나라 유민들에게는 그들이 사는 마을에
정려문을 세워 선은 표창하시고 악은 징벌하시어, 훌륭한 소문을 세워
주십시오. 명령에 따르지 않는 은나라 유민들은 그 농토를 구별하시어
그들로 하여금 영욕과 화복을 알도록 하십시오. 게다가 신신당부하여
교외의 경계를 구획하시고 신중하게 봉읍의 수비를 견고히 하여 이로
써 천하의 안정을 이루십시오. 정치에는 상법常法을 귀히 여기시고 언사
에는 실천을 요점으로 삼으시며 기이한 것을 좋아하지 마십시오. 상(은)
나라 풍속은 화려함을 좋아하고 나약함을 선호하며 교묘한 말솜씨를
똑똑한 줄로 여기는데 이러한 유풍은 지금도 아직 사라지지 않고 있으
니, 그대는 잘 생각하셔야 합니다! 내 듣기로 '대대로 봉록을 누리는 집
안에는 예를 지키는 자가 적고, 방탕함과 속임으로 덕을 누리는 자는 천
도를 위반하는 것이다. 풍속을 어그러뜨리며 사치와 화려함을 앞세우다
가는 만세토록 그러한 풍습이 이어진다'고 하더이다. 은나라의 많은 사
람들은 옛 선조들의 총애가 오래 되었음을 믿고 덕과 의는 끊어버린 채
화려한 복식이 남보다 지나칩니다. 교만과 방탕, 자기 자랑은 앞으로 죽
을 때까지 행해질 것입니다. 비록 그들의 방자한 마음을 거두어들인다
해도 그들을 그대로 묶어 제압하기는 힘들 것입니다. 그들로 하여금 재
물을 풍부하게 해주고 능히 교화에 순종하도록 한다면, 그들도 길이 장
수를 누릴 수 있을 것입니다. 덕의德義를 생각하게 하는 것, 이것이 바로

큰 가르침입니다. 그러니 옛 가르침을 따르지 아니하고 무엇을 따르겠습
니까?"

王曰:「嗚呼! 父師. 今予祗命公以周公之事, 往哉! 旌別淑慝, 表
厥宅里, 彰善癉惡, 樹之風聲. 弗率訓典, 殊厥井疆, 俾克畏慕. 申
畫郊圻, 愼固封守, 以康四海. 政貴有恒, 辭尙體要, 不惟好異. 商俗
靡靡, 利口惟賢, 餘風未殄, 公其念哉! 我聞曰:『世祿之家, 鮮克由
禮, 以蕩陵德, 實悖天道. 敝化奢麗, 萬世同流.』茲殷庶士, 席寵惟
舊, 怙侈滅義, 美服于人. 驕淫矜侉, 將由惡終. 雖收放心, 閑之惟
艱. 資富能訓, 惟以永年. 惟德惟義, 時乃大訓. 不由古訓, 于何其
訓?」

【旌別淑慝】旌善別惡과 같은 말. 善한 자를 표창하고 惡한 자를 변별함. '淑'은 善,
'慝'은 惡을 뜻함.

【風聲】風聞와 名聲.

【表厥宅里】'表'는 標記. 忠孝와 節義의 훌륭한 일을 한 사람의 마을 앞에 牌를 세
워 표창함을 뜻함.

【彰善癉惡】'癉'(단)은 질책하고 꾸짖음. '彰癉'은 褒貶과 같음.

【殊厥井疆】'殊'는 異와 같은 뜻임. 여기서는 '분별하다, 구분하다'의 뜻. '井'은 8가구
를 一井으로 하였음. 여기서는 鄕里의 家宅을 말함. '疆'은 界. '殊厥井疆'은 孔穎達
疏에 "不循道敎之常者, 其人不可親近, 與善民雜居, 或雜善爲惡. 故殊其井田居界,
令民不與往來, 猶今下民有大罪過, 不肯服者則擯出族黨之外, 吉凶不與交通, 此之義
也"라 함.

【俾克畏慕】'俾'는 使와 같음. '畏慕'는 惡을 두려워하고 善을 흠모함.

【申畫郊圻】'申'은 거듭, 되풀이하여 밝힘. '畫'는 劃과 같음. 구분함. '圻'는 畿와 같음.
서울과 가까운 지역을 일컫는 말.

【恒】常과 같음. 일정하고 변함없는 것.

【辭尙體要】'尙'은 숭상함. '體'는 구체적인 것, 內容이 뚜렷한 것. '要'는 簡潔한 것.

【不惟好異】'好'는 '좋아하다'의 動詞. '異'는 기이한 것.

【商俗靡靡】'靡靡'는 유약하고 경박한 모습. 타락한 모양.

【利口】교묘하게 꾸민 말.

【餘風未殄】'殄'은 단절됨. 멸절됨.

【世祿之家】'世祿'은 代代로 祿을 받고 벼슬해 온 집안.

【鮮克由禮】'鮮'은 尟과 같으며 稀, 少의 뜻. '드물다'의 의미. '由禮'는 예를 행함. 예를 좇음.

【以蕩陵德】'蕩'은 放蕩함. '陵'은 '업신여기다, 속이다, 능멸하다' 등의 뜻.

【實悖天道】'悖'는 어그러뜨림.

【敝化奢麗】'敝化'는 나쁜 풍속. '麗'는 무너짐. 靡와 같음.

【玆殷庶士, 席寵惟舊】'席寵'은 선조의 총애에 힘입어 영화를 누림. 《漢書》 劉向傳 顏師古 注에 "席, 猶因也. 言若人之坐於席也"라 함.

【怙侈滅義】'怙'는 '의지하다, 편승하다, 기대다'의 뜻. '侈'는 大의 뜻.

【服美于人】남보다 아름다운 옷을 입으려 하는 것.

【驕淫矜侉】'驕'는 방자함. '矜'은 자만하는 것.

【由惡終】나쁜 결과를 보게 되는 것.

【雖收放心】'放心'은 마음을 풀어놓고 제멋대로 함을 뜻함.

【閑之惟艱】'閑'은 제한함, 절제함. 묶음. 《說文》에 "閑, 闌也"라 함.

【資富能訓】'資'는 재물. '訓'은 順과 같음.

【時乃大訓】'時'는 此, 斯, 玆, 是와 같음.

213(44-4)
불강불유不剛不柔

강왕이 말하였다.

"오호라! 부사父師 필공이시여. 나라의 안위는 오직 이들 은殷나라 유민들에게 있으니 강하게도 하지 말고 부드럽게도 하지 말며, 오직 덕을 미덥게 닦는 것으로 하십시오. 오직 주공周公께서는 그 시작을 신중하게 하시었고, 군진君陳은 화합으로 그 중심을 이루었으니 그대께서는 능히 그 마무리를 잘 해 주시기 바랍니다. 세 분 어른께서 협심하여 같은 길로 교화를 이루어주시고 화합을 이끄시며 행정을 성취하면 백성들이 그 윤택함을 입게 될 것입니다. 사방 이민족으로서 왼쪽으로 옷깃을 여미는 이들도 누구 하나 그에 도움을 받지 못할 자 없을 것이며, 어린 나 또한 길이 그 많은 복을 받게 될 것입니다. 공께서 능히 성주成周를 잘 다스려 주시어 우리 주 왕실의 왕업이 무궁하게 해 주시면 그대는 후세에 무궁한 이름을 남기게 되는 것입니다. 그렇게 되면 후대의 자손들도 그대를 모범을 삼아 천하가 잘 다스려질 것입니다. 오호라! 그대는 해낼 수 없다고 말하지 마시고 오직 전심전력을 기울일 것이며, 백성이 적다고 말씀하지 마시고 오직 그 일에 신중함을 다하십시오. 공경스럽게 선왕先王의 위대한 업적을 잘 실천하시어 옛사람에 비해 더욱 아름다운 실적을 쌓도록 하십시오."

王曰:「嗚呼! 父師. 邦之安危, 惟玆殷士, 不剛不柔, 厥德允修. 惟周公克愼厥始, 惟君陳克和厥中, 惟公克成厥終. 三后協心, 同底于道, 道洽政治, 澤潤生民. 四夷左衽, 罔不咸賴, 予小子永膺多福. 公其惟時成周, 建無窮之基, 亦有無窮之聞. 子孫訓其成式,惟乂. 嗚呼! 罔曰弗克, 惟旣厥心; 罔曰民寡, 惟愼厥事. 欽若先王成烈, 以休于前政.」

【惟周公克愼厥始】'始'는 中, 終과 함께 그 단계나 과정을 말함.

【三后協心】'三后'는 周公, 君陳, 畢公 세 사람을 말함.

【同底于道】'底'는 至, 到, 歸와 같음.《詩》小雅 祈父 "靡所底止"의 〈毛傳〉에 "底, 至也"라 함. '道'는 導와 같으며 '敎導하다, 가르쳐 引導하다'의 뜻.

【道洽政治】'洽'은 融合, 和協의 뜻. '治'는 '다스리다'의 의미.

【澤潤生民】'生民'은 일반 백성.

【四夷左衽】'四夷'는 東夷, 西戎, 南蠻, 北狄을 총칭하여 이르는 말이며 中華(中原) 이외 지역 사람을 낮추어 부르는 말. '左衽'은 左袵으로도 표기하며 왼쪽으로 옷섶을 여미는 것. 이민족 풍습을 卑下한 표현.《論語》憲問篇에 "子貢曰:「管仲非仁者與? 桓公殺公子糾, 不能死, 又相之.」子曰:「管仲相桓公, 霸諸侯, 一匡天下, 民到于今受其賜. 微管仲, 吾其被髮左衽矣. 豈若匹夫匹婦之爲諒也, 自經於溝瀆而莫之知也?」"라 함.

【予小子永膺多福】'永'은 長과 같음. '膺'은 受와 같음.

【公其惟時成周】'其'는 勸勉의 뜻이 있음. '時'는 善, 好와 같음.

【亦有無窮之聞】'聞'은 名聲을 뜻함. 칭송하는 말을 들음.

【子孫訓其成式】'訓'은 順과 같음. '式'은 法.

【惟旣颐心】오직 그 마음을 다하여 나라를 위해 일할 것을 권유하는 말.

【惟乂】'乂'는 安과 같음.

【惟旣厥心】'旣'는 盡과 같음. 孔安國 傳에 "人之爲政, 無曰不能, 惟在盡其心而已"라 함.

【罔曰民寡】'寡'는 少와 같음. 孔安國 傳에 "無曰人少不足治也, 惟在愼其政事, 無敢輕之"라 함.

【欽若先王成烈】'欽'은 敬과 같음. '成烈'은 성대한 업적과 공적.

【以休于前政】'休'는 美와 같음. '前政'은 周公과 君陳이 이루었던 政治 業績.

⟨45⟩ 군아君牙(214-216)

‘君牙’는 인명이다.《禮記》緇衣
에는 ‘君雅’로 표기되어 있으며
周 穆王 때 大司徒 벼슬을 지낸
인물이다. 西周는 3대 康王(釗 : B.
C.1004-B.C.967년 재위)을 지나 4
대 昭王(姬瑕 : B.C.966-B.C.948년
재위)을 거쳐 5대 穆王(姬滿 : B.
C.947-B.C.928년 재위)으로 이어진
다. 그동안 큰 사건 없이 태평시
대를 이어가자 오히려 백성들은

⟨伏羲와 女媧⟩(畵像石) 東漢 山東 嘉祥縣 武梁祠

해이함에 빠져 기력을 잃어가고 있었다. 이에 穆王은 즉위하자 곧 대사도
군아에게 冊書를 내려 敷典, 正身, 思難, 安民의 치국에 대한 大法을 지시
하였다. 본 편은 이를 기록한 것이며 이는 고대 사상사에 귀중한 참고 자료
로 널리 활용되고 있다. 한편 穆王은 ‘穆天子’로 불리는 유명한 군주로 천하
에 기이한 것을 좋아하고 세상 끝까지, 하늘 끝까지 다녀보고 싶어한 신화
적인 인물이기도 하며, 신화 연구에 널리 알려진《穆天子傳》이라는 책의 주
인공이기도 하다.

　본 편은 ⟨금문상서⟩와 ⟨고문상서⟩ 모두에 실려 있다.

＊蔡沈《書傳》⟨君牙⟩ 注에 “君牙, 臣名. 穆王命君牙爲大司徒, 此其誥命也. 今文無,
　古文有”라 하였다.

〈서〉: 목왕穆王이 군아君牙에게 명하여 주 왕실의 대사도大司徒로 삼았으며 이를 기록한 것이 〈군아〉편이다.

〈序〉: 穆王命君牙爲周大司徒, 作〈君牙〉.

【穆王】西周 康王(姬釗)의 손자이며 昭王(姬瑕)의 아들. 西周 5대 천자. 馬夫 造父(趙父)로 하여금 八駿馬를 몰도록 하여 천하를 遊歷하였다 하며 이를 신화소설로 기록된 것이 《穆天子傳》임.

【大司徒】周代 六卿의 하나. 나라의 敎化를 담당하였으며 諸侯國에도 司徒 벼슬이 있어 천자의 司徒는 大司徒라 하여 구분하였음.

214(45-1)

군아君牙

목왕穆王이 이처럼 말하였다.

"오호라! 군아君牙여. 그대의 조부와 부친 항렬들은 대대로 충정을 독실히 하여 왕가에 복무와 노력을 다하였으며 공적도 세웠고, 그 공적은 태상太常의 깃발에 기록되어 있다. 어린 나는 문왕文王과 무왕武王, 그리고 성왕成王과 강왕康王의 유업遺業을 계속 지켜냈으며, 역시 선왕의 신하인 그대도 능히 사방을 다스리는 나를 보필해 주기를 바라노라. 마음속에 우려와 두려움을 갖기를 마치 호랑이 꼬리를 밟듯, 봄날 녹아가는 얼음을 건너듯 하라."

王若曰:「嗚呼! 君牙. 惟乃祖乃父, 世篤忠貞, 服勞王家, 厥惟成績, 紀于太常. 惟予小子, 嗣守文·武·成·康遺緒, 亦惟先正之臣, 克左右亂四方. 心之憂危, 若蹈虎尾, 涉于春冰.」

【世篤忠貞】'篤'은 篤實함. 敦厚함. '忠'은 忠良함. '貞'은 志行이 곧고 바름.

【服勞王家】'服勞'는 服務하여 勞動함.

【紀于太常】'紀'는 기록함. '太常'은 깃발 이름. 日月이 그려 있는 임금의 깃대. 孔安國 傳에 "王之旌旗畫日月曰太常"이라 함. '紀于太常'은 太常에 기록함. 《周禮》 司勳에 "凡有功者, 銘書於王之太常, 祭於大烝, 司勳詔之"라 하였고, 鄭玄 注에 "銘之言名也. 生則書於王旗以識其人與其功也"라 함.

【嗣守文·武·成·康遺緒】'嗣'는 繼와 같음. '遺緒'는 遺業의 뜻.

【亦惟先正之臣】'惟'는 思와 같음. 기대함, 원함. '先正'은 '先王'의 誤記. 阮元은 "此正字當屬王字之訛"라 함.

【克左右亂四方】'克'은 能과 같음. '左右'는 임금을 옆에서 보좌함을 이름. '亂'은 治

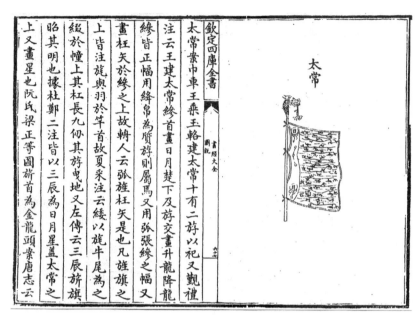

〈太常〉《書經大全》

의 뜻이며 '다스리다'의 의미.

【若蹈虎尾】호랑이 꼬리를 밟듯이 여김. 매우 조심하고 두려워함을 뜻함.

【涉于春冰】'涉'은 '건너다'의 뜻. 《說文》에 "涉, 徒行厲水也"라 함. 〈蔡傳〉에는 "若蹈
  虎尾, 畏其噬; 若涉春氷, 畏其陷. 言猶危之至, 以見求助之切也"라 함. 淸 金纓의
  《格言聯璧》에 "虎尾春氷寄此身"이라 함.

215(45-2)
고굉심려 股肱心膂

"지금 나는 그대에게 나를 보필하여 나의 고굉股肱이나 심려心膂와 같은 신하가 되어 그대 선조의 옛 직책을 이어받도록 명하노라. 그대 조부와 부친에게 수치가 되지 않도록 할 것이며, 널리 오전五典을 베풀고 이로써 백성들을 화목하게 하는 기준을 삼을지어다. 만약 그대가 스스로 단정히 한다면 그 누구도 감히 단정히 하지 않을 자가 없을 터이니, 민심이란 중정中正을 알지 못하니 원하건대 네가 중정을 드러내어주기 바란다. 여름날 더위와 비를 두고 낮은 백성들은 그저 원한과 탄식만을 내뱉을 줄 알며, 겨울의 큰 추위에 낮은 백성들은 그저 원한과 탄식만 내뱉을 뿐이다. 그들은 그저 고된 삶만을 괴로워할 뿐이다! 그대가 그들의 고된 삶을 헤아려, 이로써 그들이 살아가기 쉽도록 해주기만 한다면 백성들은 평강을 누리게 될 것이다."

「今命爾予翼, 作股肱心膂, 纘乃舊服. 無忝祖考, 弘敷五典, 式和民則. 爾身克正, 罔敢弗正, 民心罔中, 惟爾之中. 夏暑雨, 小民惟曰怨咨; 冬祁寒, 小民亦惟曰怨咨. 厥惟艱哉! 思其艱以圖其易, 民乃寧.」

【今命爾予翼】 '翼'은 '돕다, 도와주다'의 뜻.
【作股肱心膂】 '股肱'은 팔과 다리와 같은 중요한 역할을 비유함. '心膂'는 심장이나 등뼈와 같은 중요한 임무를 비유함.
【纘乃舊服】 '纘'은 '계승하다'의 뜻. 《詩》豳風 七月 "載纘武功"의 〈毛傳〉에 "纘, 繼"라 함. '舊服'은 선조의 옛 직위. 따라서 '纘乃舊服'은 선조의 직위를 계승함을 뜻함.

【無忝祖考】'忝'은 '욕을 입히다, 욕되게 하다'의 뜻.

【弘敷五典】'敷'는 布와 같음. '五典'은 五常, 五敎, 五倫. 父義, 母慈, 兄友, 弟恭, 子孝 등 다섯 가지 人倫의 德目.

【式和民則】'式'은 用과 같음.《爾雅》釋言에 "式, 用也"라 함. '則'은 法.

【民心罔中】'中'은 公平正大함. 中正을 뜻함.〈蔡傳〉에 "中, 以心言, 欲其所存無邪思也" 라 함.

【惟爾之中】'惟'는 希望, 希願을 표시함. '之'는 表出함.《說文》에 "之, 出也"라 함.

【小民惟曰怨咨】'小民'은 일반 백성. '怨'은 원망함. '咨'는 탄식함. 삶의 고달픔을 표현함.

【冬祁寒】'祁(기)는〈蔡傳〉에 "大也"라 함. '祁寒' 큰 추위. 孔穎達 疏에 "上言暑雨, 此 不言祁雪者, 於上言雨以見之, 互相備也"라 함.

【思其艱以圖其易】'艱'은 祁寒이나 艱難을 뜻함. '易'는 어렵지 않음. 백성들로 하여 금 농사짓기를 가르치되 요역과 세금을 경감해줌.

216(45-3)
계우아후인啓佑我後人

"오호라! 크게 드러나도다. 문왕文王의 모책이여! 위대한 계승이로다, 무왕武王의 업적이여! 우리 후손을 열고 도와주셔서, 우리 모두는 그 어떤 결함도 없도록 바로잡아 주셨다. 너는 그러한 밝은 가르침을 공경히 하여, 선왕을 잘 따르고 받들면 가히 문왕과 무왕께서 남기신 빛나는 사명을 너의 선조들을 뒤따라 짝을 이루게 할 수 있을 것이다."

목왕이 이와 같이 말하였다.

"군아여. 그대는 너의 선조들이 시행했던 옛 법과 모범을 근거로 할 것이니, 백성의 치란治亂은 바로 여기에 달려 있다. 너의 조부와 부친이 행하신 바를 준수하여, 너의 군주로 하여금 다스림에 공을 이룰 수 있도록 잘 인도하도록 하라."

「嗚呼! 丕顯哉, 文王謨! 丕承哉, 武王烈! 啓佑我後人, 咸以正罔缺. 爾惟敬明乃訓, 用奉若于先王, 對揚文武之光命, 追配于前人.」

王若曰:「君牙. 乃惟由先正舊典時式, 民之治亂在玆. 率乃祖考之攸行, 昭乃辟之有乂.」

【文王謨】 '謨'는 꾀, 계획. 謀와 같음.
【啓佑】 啓蒙하고 도와줌.
【武王烈】 '烈'은 業績. 孔穎達 疏에 "文王未克殷, 始謀造周, 故美其謀. 武王以殺紂功成業就, 故美其業. 謀則明白可遵, 業則功成可奉, 故謨言顯, 功言承"이라 함.
【咸以正罔缺】 '正'은 正道. '罔'은 無와 같음.

【爾惟敬明乃訓】'乃訓'은 司徒가 관장하는 五典의 教化를 뜻함.

【用奉若于先王】'若'은 順과 같음.

【對揚文武之光命】'對揚'는 應對하여 頌揚함. '光命'은 그 福命을 밝게 드러냄. 여기서는 文王의 謨略과 武王의 功業을 가리킴.

【追配于前人】'追配'는 힘써 짝이 되도록 하는 것. 前人은 君牙의 조상들과 아버지 항렬들을 가리킴. 王充耘은 "前王成康用爾祖父爲司徒, 故能對揚文武光命, 爾不墜其治民之法. 今汝能不失成康之意, 則與祖父無異矣"라 함.

【乃惟由先正舊典時式】'惟'는 '施行하다'의 뜻. '先正'은 앞의 '前人'과 같음. '時式'은 훌륭한 법. '時'는 善과 같음.

【民之治亂在玆】'玆'는 舊典의 善法. 大司徒는 나라의 教化를 담당하므로 교화가 행해지면 나라가 다스려지고, 교화가 제대로 행해지지 않으면 천하가 혼란에 빠짐을 말함.

【昭乃辟之有乂】'昭'는 '지도하다'의 뜻. '辟'은 君王. 穆王 자신을 지칭함. '乂'는 治功의 뜻. 다스림에 공적을 남길 수 있도록 해줌.

⟨46⟩ 경명冏命(217-218)

'冏'경은 백경伯冏을 가리키며 인명이다. 周 穆王 때 태복정太僕正을 지낸 인물이다.

본 편은 목왕이 백경에게 冊書를 내려 태복정에 임명한 내용으로, 목왕은 시종들이 임금을 모심에 지극한 영향력이 있음을 알고 "后德惟臣, 不德惟臣"이라 하며, 백경으로 하여금 賢臣을 선발하며 뇌물을 막도록 임무를 부여한 것이다. 본 편은 고대 관리 제도에 대한 인식을 연구하는 데 중요한 자료이다.

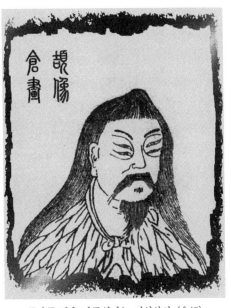

문자를 처음 만들었다는 전설상의 ⟨倉頡⟩

⟨今文尙書⟩에는 실려 있지 않으며 ⟨古文尙書⟩에만 실려 있다.

＊蔡沈《書傳》⟨冏命⟩ 注에 "穆王命伯冏爲太僕正, 此其誥命也. 今文無, 古文有"라 하였다.

〈서〉: 목왕穆王이 백경伯冏에게 명하여 주 왕실의 태복정太僕正을 맡도록 하였으며 이를 기록한 것이 〈경명〉편이다.

<序>: 穆王命伯冏爲周太僕正, 作<冏命>.

【太僕正】 '太僕'은 관직 이름. 황제의 車馬를 관리하는 임무를 맡았음. '正'은 장관. 우두머리. 그러나 孔穎達 疏에는 周代에는 太僕이라는 관직이 없었으며 '太御'여야 한다고 하면서 "太御, 中大夫, 掌管王輅之官"이라 함.

217(46-1)

백경伯冏

목왕이 이와 같이 말하였다.

"백경伯冏이여, 나는 선왕을 이어 임금의 큰 자리에 올랐으나 능히 덕을 실천하지 못하고 있어 큰 두려움에 싸인 채, 한밤중에도 일어나 그 허물을 면할 생각만 하고 있다. 옛날 문왕과 무왕께서는 총명聰明하시고 제성齊聖하셨으며, 크고 작은 많은 신하들도 모두가 충성과 선량함을 품고 있었다. 그 시어侍御와 복종僕從들은 올바르지 않은 자가 없었으며 이른 아침부터 밤늦도록 자신들의 임금을 보필하였고, 출입出入과 기거起居에도 공경을 다하지 아니한 자가 없었고, 발호發號와 시령施令에도 훌륭하게 하지 아니한 자가 없었다. 그러니 아래 백성들도 공경하며 따랐고, 만방이 모두 아름다웠던 것이다."

王若曰:「伯冏, 惟予弗克于德, 嗣先人, 宅丕后, 怵惕惟厲, 中夜以興, 思免厥愆. 昔在文武, 聰明齊聖, 小大之臣, 咸懷忠良. 其侍御僕從, 罔匪正人, 以旦夕承弼厥辟, 出入起居, 罔有不欽; 發號施令, 罔有不臧. 下民祗若, 萬邦咸休.」

【嗣先人, 宅丕后】'先人'은 先王을 가리킴. '宅'은 '자리를 잡고 거하다'의 뜻. '后'는 君. '丕后'는 大君, 大王의 뜻.

【怵惕惟厲】'怵惕'은 '몹시 두려워하고 조심하다'의 雙聲連綿語. '厲'는 위태로움.

【中夜以興】'中夜'는 한밤중. '興'은 起와 같음.

【思免厥愆】'愆'은 과실, 허물.

【聰明齊聖】'齊'는 尊嚴함. '聖'은 모든 일에 통달함. 孔安國 傳에 "聰明, 視聽遠; 齊通, 無滯碍"라 함.

【罔匪正人】'匪'는 非와 같음. '正人'은 충직하고 성실한 사람.

【發號】號令을 발함.

【施令】나라의 법령을 실제로 시행함.

【以旦夕承弼厥辟】'弼'은 '輔佐하다, 匡正하다'의 뜻. '辟'은 君主.

【罔有不臧】'臧'은 善과 같음.

【下民祗若】'祗若'은 恭敬하고 順服함을 뜻함.

218(46-2)
승건규류繩愆糾謬

"나 한 사람으로서는 어질지 못하니, 실제로는 좌우전후의 지위를 가진 이들에 의지하여, 미치지 못하는 바를 바로잡고, 허물과 오류를 고쳐 나가며, 그릇된 마음을 바꾸어, 이로써 나로 하여금 선인들의 업적을 이어가도록 되어 있는 것이다. 지금 내 너에게 대정大正의 직책을 명하노니, 그대는 군복羣僕과 시어侍御들을 바로잡아 너의 임금으로 하여금 덕에 힘쓰도록 하며, 나의 미치지 못하는 바를 함께 고쳐주기 바란다. 너의 속관을 선택함에 신중을 기하여, 말솜씨 뛰어난 자, 얼굴빛 잘 꾸미는 자, 아첨 잘하는 자, 아부하는 자는 선택하지 말고 오직 길사吉士를 택할지니라. 신하가 바르면 그 임금이 바르게 되는 것이요, 신하가 아첨하면 그 임금은 자신이 성스러운 줄로 여기게 된다. 임금의 덕은 신하에게 달려 있고, 임금의 부덕不德도 신하에게 달려 있다. 그대는 말 잘하는 자를 가까이 하여, 이들이 임금의 귀와 눈이 되는 관리로 충원되어, 임금으로 하여금 선왕의 법을 어기게 하는 일이 없도록 하라. 사람을 훌륭하게 보지 아니하고 오직 재물을 좋은 것으로 여기게 되면, 이러한 경우 그 관직을 병들게 하는 것이니, 이는 그대가 그대의 임금을 크게 공경하지 아니하는 것으로서 나는 그대에게 징벌을 내릴 것이다."

왕이 말하였다.

"오호라, 공경할지니라! 너의 임금으로 하여금 길이 상법常法을 실행할 수 있도록 보필하라."

「惟予一人無良, 實賴左右前後有位之士, 匡其不及, 繩愆糾謬, 格其非心, 俾克紹先烈. 今予命汝作大正, 正于羣僕侍御之臣, 懋乃后德, 交修不逮. 愼簡乃僚, 無以巧言令色, 便辟側媚, 其惟吉士.
僕臣正, 厥后克正; 僕臣諛, 厥后自聖. 后德惟臣, 不德惟臣. 爾無
昵于憸人, 充耳目之官, 迪上以非先王之典. 非人其吉, 惟貨其吉.
若時, 瘝厥官, 惟爾大弗克祗厥辟, 惟予汝辜.」

　王曰:「嗚呼, 欽哉! 永弼乃后于彝憲.」

【繩愆糾謬】'繩'은 나무에 똑바로 먹줄을 긋듯이 政事를 어긋남이 없도록 함. 孔穎
　達 疏에 "木不正者, 以繩正之, 繩謂彈正"이라 함. '糾'는 허물이나 잘못을 찾아내어
　고쳐 주는 것. '謬'는 일부 판본에는 '繆'로 되어 있음.
【格其非心】'格'은 '바로잡다'의 뜻.
【俾克紹先烈】'俾'는 使와 같음. '紹'는 '繼承하다, 잇다'의 뜻. '先烈'은 先王들의 높
　은 공.
【今予命汝作大正】'大正'은 太僕正의 뜻. '正'은 長, 우두머리. 太僕의 長官.
【正于羣僕侍御之臣】'正'은 '領導하다'의 뜻. '羣僕'은 孔穎達 疏에 "《周禮》: 太御, 中
　大夫, 掌馭玉輅; 戎僕, 中大夫, 掌馭戎車; 齊僕, 下大夫, 掌馭金輅; 道僕, 上士, 掌
　馭象輅; 田僕, 上士, 掌馭田輅. 羣僕謂此也"라 함. '侍'는 시중. '御'는 받들어 모심.
【懋乃后德】'懋'는 務, 勉과 같음.
【交修不逮】'交'는 '共同으로, 함께, 다같이'의 뜻. 〈禹貢〉"庶士交正"의 孔安國 傳에
　"交, 俱也, 衆士俱得其正"이라 함. '修'는 '勉勵하다'의 뜻. '不逮'는 不及과 같음.
【愼簡乃僚】'僚'는 屬僚, 同僚의 뜻.
【無以巧言令色】'巧言'은 꾸며서 하는 말. 교묘한 말. '令色'은 남의 비위를 맞추기 위
　하여 얼굴을 꾸미는 것.
【便辟側媚】'便辟'(편피)는 '남에게 아첨하다'의 雙聲連綿語. '側媚' 역시 아첨함을 이
　름. 〈蔡傳〉에 "便者, 順人之所欲; 辟者, 避人之所惡; 側者, 奸邪; 媚者, 諛說, 小人也"
　라 함.
【僕臣】시중하는 신하.
【其惟吉士】'吉士'는 품덕을 갖춘 인물.
【厥后自聖】'自聖'은 스스로 성명하다고 여김.
【爾無昵于憸人】'無'는 毋와 같음. '昵'(닐)은 가까이 함, 친히 여김. '憸'(섬)은 말을 잘
　하는 사람.

【充耳目之官】‘耳目之官’은 임금의 귀와 눈 역할을 하는 신하, 또는 임금을 가까이서 시중하는 僕臣들.

【迪上以非先王之典】‘迪’은 ‘인도하다’의 뜻.

【非人其吉, 惟貨其吉】‘其’는 乃와 같음. 《經傳釋詞》에 “其, 猶乃也”라 함. ‘惟貨其吉’은 오직 재물로써 뇌물을 쓰며 벼슬하고자 하는 사람 .

【若時】‘이처럼’의 뜻. ‘時’는 是와 같음.

【瘝厥官】‘瘝’(관)은 병들게 함. 즉 조정의 질서를 파괴함.

【惟爾大弗克祗厥辟】‘祗’는 敬의 뜻. ‘厥’은 其와 같음. ‘厥辟’은 ‘너의 군주’. 여기서는 穆王이 자신을 지칭한 것.

【惟予汝辜】‘辜’는 罪, 懲罰의 뜻.

【欽哉】‘欽’은 敬의 뜻.

【永弼乃后于彝憲】‘彝憲’은 常法, 변할 수 없는 常理의 법칙.

〈47〉 여형呂刑(219-224)

〈擊鼓說唱陶俑〉(東漢) 明器 1957 四川
成都 天回山 출토

'呂'는 呂侯를 가리키며 穆王의 재상으로 司寇의 임무를 맡았던 인물이다. '刑'은 그가 제정한 刑律을 가리킨다. 그 때문에 제목을 〈여형〉이라 한 것이다. 목왕 초에는 형벌이 남용되고 정치적 혼란으로 말미암아 백성들의 원망이 들끓었다. 그러다가 여후呂侯가 재상이 되자 목왕에게 명덕신벌明德愼罰, 즉 덕을 밝히고 형벌을 신중히 할 것을 권하여, 임금의 命으로 禹임금의 贖刑을 본받아 돈으로 죄의 값을 치르는 형률刑律을 제정, 중형中刑을 채택하도록 하였다. 그리하여 나라가 안정되고 치안이 원만해졌으며 그 공적이 후대에 이어지게 된다. 한편 여후로부터 그러한 형률이라는 기준에 따라서 형벌이 처리되기 시작하였으며, 여후를 이은 보후甫侯 때 이루어진 형률은 '甫刑'이라 하여 고대 전적에 그 명칭이 보이기도 한다.

본 편이 이루어진 시기에 대해 역대로 많은 쟁론이 있어 왔다. 그럼에도 목왕 때 이미 역사상 현존하는 最古의 형법에 관한 기록으로 높은 가치를 인정받고 있다.

*蔡沈《書傳》〈呂刑〉注에 "呂侯爲天子司寇, 穆王命訓刑以詰四方. 史錄爲篇. 今文·古文皆有"라 하였다.

〈서〉: 여후呂侯가 목왕穆王에게 고하여 하夏나라 때의 속형贖刑을 설명하여 이를 기록한 것이 〈여형〉편이다.

<序>: 呂命穆王, 訓夏贖刑, 作<呂刑>.

【呂命穆王】'呂'는 呂侯.《史記》集解에 鄭玄은 穆王 때의 재상이라 하였음. 그러나 孔安國 傳에는 司寇 벼슬을 지낸 인물이라 하였음.《史記》등에는 '甫侯'로 되어 있으나 甫侯는 呂侯 다음의 刑官으로 다른 사람으로 여기고 있음. '命'은 '告하다'의 뜻.《周禮》太卜에 "命龜, 告龜以所卜之事"라 함.

【訓夏贖刑】'訓'은 申述, 陳述, 說明의 뜻. '夏'는 夏나라 禹임금 때를 말함. '贖刑'은 代贖金을 물거나 다른 방법으로 죄 값을 치르고 석방되는 가벼운 처벌을 뜻함.

219(47-1)
여형呂刑

　여후呂侯에게 명하여, 목왕穆王이 나라를 다스린 지 백 년이 되어, 늙었음에도 크게 일을 도모하여 형법을 지어, 이로써 사방에 금령을 내렸다.

　　惟呂命, 王享國百年, 耄, 荒度作刑, 以詰四方.

【王享國百年】'享國'은 王位에서 그 지위를 누림. 탈 없이 在位함을 뜻함. '百年'은 百歲. 재위 기간이 깊을 뜻하는 虛數.

【耄】매우 늙은 나이. 《禮記》曲禮에 "八十九十曰耄"라 함.

【荒度作刑】'荒度'는 크게 도모함을 뜻함. '荒'은 大, '度'는 謀의 뜻.

【以詰四方】'詰'은 금지하며 경계함을 뜻함. 《周禮》天官 太宰에 "五曰刑典, 以詰邦國, 以刑百官, 以糾萬民"이라 하였고, 鄭玄의 注에 "詰, 禁也"라 함.

220(47-2)
치우작란蚩尤作亂

목왕이 말하였다.

"옛 교훈에 치우蚩尤가 난을 짓기 시작하여 이것이 평민에게까지 퍼져 나가자 구적寇賊의 짓을 하지 않은 자가 없었으며, 간귀姦宄한 짓을 경솔하게 지어 마구 약탈을 일삼았다. 그러자 치우가 거느리던 묘민苗民들도 명령을 지키지 않자 형벌로써 이를 제압하였으니, 바로 다섯 가지의 혹형으로 법을 삼은 것이다. 무고한 자를 죽이면서 이에 마구 의형劓刑, 이형刵刑, 탁형椓刑, 경형黥刑 등이 시작되었고, 나아가 이러한 형벌이 시행되기도 하고 폐기되기도 하면서 법에 의하지 아니한 채, 죄의 유무를 따지지도 않게 되었다. 이러한 풍조가 널리 퍼지자 묘민들은 서로 속이고 분란을 일으키며 믿음을 잃은 채 약속을 배반하기에 이르렀다. 그러자 혹형을 당한 자와 모욕을 당한 자들은 모두가 하늘을 향해 자신의 무고함을 호소하기에 이르렀다. 상제上帝가 내려다보았더니 백성들에게 향내 나는 덕정도 베풀지 않고, 형벌을 마구 발동하여 거기서 누린내만 나는 것이었다.

전욱顓頊은 황제皇帝로서 무고한 많은 이들이 살육을 당하는 것을 불쌍히 여겨 위엄으로써 이를 보답하여 묘민苗民들의 잔학한 행위를 끊고 그 후손이 없도록 하였다. 이에 중重과 여黎에게 명하여 사람과 하늘이 통하는 술책을 끊어, 더 이상 사람이 오르내리며 뒤섞이는 일이 없도록 하였다. 그 뒤 고신씨高辛氏, 요堯, 순舜 등 아래로 여러 군주들에게 이어 오면서 모두가 현명하고 덕 있는 이들을 임용하고 아울러 상도常道로써 돕도록 하여 환과鰥寡들도 보살핌을 받을 수 있었다. 요임금은 아래 백성들과 환과들이 묘민에게 당하였던 고통의 말을 분명하게 듣고, 덕의 위엄으로 그들을 두렵게 하였고, 덕의 밝음으로 그들을 밝게 만들었다. 이에 백이伯夷, 우禹, 직稷 등 삼후三后에게 명하여 백성을 긍휼히 여기는 것으로 공적을 이루도록 하였다. 그리하여 백이는 법전을 반포하여 이를 근거로 형벌을 내렸고, 우는 물과 땅을 평평하게 정리하여 산과 내에 이름을 붙이는 일을 주관하였으며, 직은 농사짓는 법을 내려주어 훌륭한 곡식을 길러내도록 하였다. 이 삼후의 업적이 성공하자 백성들은 풍성하고 풍족해졌다. 그리고 사사士師는 공정한 형벌로써 백관을 제어하여 신하와 백성들로 하여금 덕행을 중시하도록 하였다. 위에 있는 황제 요는 공경을 다하고 아래에 있는 삼후는 명확한 행정을 펴자 곳곳에 그 빛이 나게 되어 부지런히 덕정을 펴지 않는 자가 없게 되었다. 그러므로 형벌의 마땅함을 그에 맞게 명확히 시행하여 백성들로 하여금 그 상법을 따르도록 인솔해야 하는 것이다. 전옥典獄은 위엄을 행하는 것으로 할 일을 다 했다 할 것이 아니라, 후덕하게 하는 것으로 끝을 삼아야 하는 것이니라. 공경과 꺼림을 함께 하여 자신에게 나쁜 말이 없도록 해야 할 것이니라. 오직 능히 하늘의 미덕을 맡아 스스로 훌륭한 사명을 책임지고, 하늘 아래에서 직책에 짝이 맞도록 일을 처리해야 할 것이다.”

王曰:「若古有訓, 蚩尤惟始作亂, 延及于平民, 罔不寇賊, 鴟義姦宄, 奪攘矯虔. 苗民弗用靈, 制以刑, 惟作五虐之刑曰法. 殺戮無辜, 爰始淫爲劓刵椓黥, 越玆麗刑幷制, 罔差有辭. 民興胥漸, 泯泯棼棼, 罔中于信, 以覆詛盟. 虐威庶戮, 方告無辜于上. 上帝監民, 罔有馨香德, 刑發聞惟腥. 皇帝哀矜庶戮之不辜, 報虐以威, 遏絶苗民, 無世在下. 乃命重黎, 絶地天通, 罔有降格. 羣后之逮在下, 明明棐常, 鰥寡無蓋. 皇帝淸問下民, 鰥寡有辭于苗, 德威惟畏, 德明惟明. 乃命三后, 恤功于民. 伯夷降典, 折民惟刑, 禹平水土, 主名山川; 稷降播種, 農殖嘉穀. 三后成功, 惟殷于民. 士制百姓于刑之中, 以敎祗德. 穆穆在上, 明明在下, 灼于四方, 罔不惟德之勤. 故乃明于刑之中, 率乂于民棐彝. 典獄非訖于威, 惟訖于富. 敬忌, 罔有擇言在身. 惟克天德, 自作元命, 配享在下.」

【若古有訓】'若'은 구절 앞의 語氣助詞.

【蚩尤惟始作亂】'蚩尤'는 고대 黃帝 때 東方 九黎族 우두머리로 涿鹿에서 황제와 싸우다가 패한 전설적인 인물.

【延及于平民】'延及'은 뻗치어 영향이 미침.

【罔不寇賊】'罔'은 無와 같음. '寇賊'은 도적질과 남을 해치는 것.

【鴟義姦宄】'鴟義'는 멋대로 輕率한 짓을 함. 王引之는 "鴟者, 冒沒輕儇; 義者, 傾邪反側"이라 함. '姦宄'은 안에서 반란을 일으키는 것을 姦이라 하며, 밖에서 반란을 일으키는 것을 宄라 한다 함. 그러나 '姦宄'는 '나쁜 짓을 하다'의 雙聲連綿語.

【奪攘矯虔】'奪攘'은 掠奪하고 竊取함. '矯虔'은 속이고 騙取함. 韋昭는 "稱詐爲矯, 强取爲虔"이라 함. 그러나 雙聲連綿語로 보아야 할 것임.

【苗民弗用靈】'苗'는 蚩尤가 반란을 일으킨 九黎 땅에 사는 사람들. '靈'은 令, 命과 같으며 政令을 뜻함.《周禮》緇衣에〈甫刑〉은 인용하여 "苗民匪用命"이라 하였고, 注에 "命爲政令也"라 함.

【制以刑】'制'는 制裁, 制壓의 뜻. 잘못을 처벌하는 것.

【惟作五虐之刑曰法】'五虐之刑'은 劓(의), 刵(이), 椓(宮), 黥, 大辟 등의 다섯 가지의 酷刑.

【爰始淫爲劓刵椓黥】'爰'은 구절 앞의 語氣助詞. '淫'은 지나침. '劓'는 코를 베는 형벌. '刵'는 귀를 베는 형벌. '椓'(탁)은 宮刑. '黥'은 墨刑. 그러나《尙書易解》에 "五刑本有刖無刵, 此刵當作刖"이라 함. '刖'은 발을 베는 형벌이며《說文》의 引用文에도 '刵' 대신 '刖'로 되어 있음.

【越玆麗刑幷制】'越玆'는 於是와 같음. '麗刑'의 '麗'는 '羅'와 같은 뜻으로 법에 걸리게 함. 여기서는 '시행하다, 실시하다'의 뜻. '幷'은 '廢棄하다'의 뜻.《莊子》天運篇 "至貴國爵幷焉"의 注에 "幷者, 除棄之謂也"라 함. '制'는 制度와 法令.

【罔差有辭】'差'는 '선택하다, 차별하다'의 뜻. '有辭'는 解明하는 말. 여기서는 무죄를 뜻함.

【民興胥漸】'民'은 苗民을 가리킴. 鄭玄은 "苗民謂九黎之君也"라 함. '興'은 起와 같음. '胥'는 相과 같음. '漸'은 '詐欺를 치다'의 뜻.

顓頊 高陽氏와 帝嚳 高辛氏《三才圖會》

【泯泯棼棼】'泯泯'은 어수선함을 뜻함. '棼棼' 또한 혼란스럽고 어수선함을 뜻함.

【罔中于信, 以覆詛盟】'覆'은 反, 背와 같음. '中'은 마음. '詛盟'은 약속, 맹서, 서약. 孔穎達 疏에 "雖有要約, 皆違背之"라 함.

【虐威庶戮】'庶戮'은 죽임을 당한 많은 사람들.

【方告無辜于上】'方'은 旁과 같으며 普遍의 뜻.

【上帝監民, 罔有馨香德】'馨香'은 향기. 멀리까지 퍼지는 향내를 뜻함.

【刑發聞惟腥】'發'은 '發散시키다'의 뜻. '聞惟腥'은 비린내를 맡음.

【皇帝哀矜庶戮之不辜】'皇帝'는 顓頊을 가리킴. 古代 五帝의 하나로 高陽氏. 여기서부터 '罔有降格'까지는 모두 顓頊의 일을 말한 것임. '不辜'는 無辜와 같음.

【報虐以威】酷刑을 시행하여 殺戮한 자를 징벌함. '報'는 '심판하다'의 뜻.《說文》에 "報, 當罪人也"라 함.

【遏絶苗民】'遏'은 '막다, 제지하다'의 뜻. '絶'은 모두 죽여 없앰을 뜻함.

【無世在下】후대가 없을 것임을 말함. '世'는 嗣와 같음.

【乃命重黎】'重'과 '黎'는 모두 인명. 顓頊 시대 重은 南正으로서 天神에 관련된 업

〈黃帝蚩尤戰鬪圖〉

무를 맡았고, 黎는 北正으로서 백성을 맡아 다스리는 일을 하였음.

【絶地天通】땅에 사는 사람들과 하늘의 천신 사이에 소통이 단절됨. 여기서는 巫術
을 뜻함.《國語》楚語에 "顓頊受之, 乃命南正重司天以屬神, 命北正黎司地以屬民,
使復舊常, 無相浸瀆, 是爲絶地天通"이라 함.

【罔有降格】'格'은 假와 같으며 '오르다'의 뜻.《爾雅》釋詁에 "假, 升也"라 함.

【羣后之逮在下】'群后'는 帝嚳(高辛氏)와 堯(陶唐氏), 舜(有虞氏)을 가리킴. 모두 五帝
중 셋으로 顓頊 다음의 제왕들. '逮'는 及과 같음.

【明明棐常】'明'은 뚜렷이 드러남. '明明'은 明德을 드러내는 사람을 뜻함. '棐'은 助,
輔助의 뜻. '常'은 常道.

【鰥寡無蓋】'鰥寡'는 홀아비와 과부. 배려해야 할 대상을 일컫는 표현. '蓋'는 '감싸
주다, 덮어주다'의 뜻.

【皇帝淸問下民, 鰥寡有辭于苗】'問'은 聞과 같음. '淸問'은 분명하게 들음. '辭'는 원망
하는 말. 鄭玄은 "皇帝淸問下民" 이하는 堯임금의 일을 기술한 것으로 여겼음.

【德威惟畏, 德明惟明】《尙書易解》에 "〈表記〉引〈甫刑〉云: '德威惟畏, 德明惟明, 非虞帝
其孰能如此乎?' 注: '德所威, 則人皆畏之, 言服罪也; 德所明, 則人皆尊之, 言得人也.'
按此二句泛說堯德, 下文乃具體言之"라 함.

【乃命三后】'三后'는 伯夷, 禹, 稷의 세 사람을 가리킴.

【恤功于民】'恤'은 卹과 같으며 '신중히 하다'의 뜻. '功'은 事의 뜻으로 動詞로 쓰임.

【伯夷降典】'伯夷'는 堯임금 때 禮法을 제정한 사람. 伯夷, 叔齊의 伯夷와는 다른 인물임. '降'은 '頒布하다'의 뜻. '典'은 法典.

【折民惟刑】'折民'은 백성들이 법을 어겼을 경우 이를 판단하고 심리함.

【禹平水土, 主名山川】'主'는 動詞로 쓰여 다스리는 것. '名'은 이름을 붙이는 것.

【稷降播種】'稷'은 后稷, 姬棄. 堯임금 때의 農稷之官으로 周나라의 시조가 됨.

【農殖嘉穀】'農'은 '농사일에 노력하다, 힘쓰다'의 뜻. '殖'은 농사지어 생산하는 것.

【三后成功, 惟殷于民】'殷'은 '풍성하다, 많다'의 뜻.

【士制百姓于刑之中】'士'는 師士, 즉 訟事를 다스리는 관리. '制'는 '제어하다'의 뜻. '百姓'은 百官의 뜻. '于'는 以와 같으며 '中'은 平과 같음.

【穆穆在上】'穆穆'은 공경히 여겨 형벌을 삼가는 모습. '在上'은 임금.

【明明在下】'明'은 勉과 같음. '明明'은 노력하는 모습.

【灼于四方】'灼'은 '법을 빛내다'의 動詞로 쓰였음.

【中】中正, 알맞음, 올바름.

【率乂于民棐彝】'率'은 語氣助詞.

【典獄非訖于威】'典'은 '主管하다, 主宰하다'의 뜻. '訖'은 '그치다'의 뜻.

【敬忌】공경하고 두려워함.

【惟訖于富】'富'는 '仁厚하다'의 뜻. 《說文》에 "富, 厚也"라 함.

【罔有擇言在身】'擇'은 斁와 같으며 敗의 뜻. 《經義述聞》에 "擇言, 敗言"이라 함. 욕하는 말.

【惟克天德】'克'은 '이겨내다, 감당해내다'의 뜻. '天德'은 하늘이 사람을 사랑하는 아름다운 덕을 말함.

【自作元命】'元'은 善과 같음.

【配享在下】'配享'은 누림을 받음. '在下'는 地上. 법관으로서 하늘의 天德을 땅에서 바르게 수행하는 것으로 자신의 임무를 삼아 天德과 자신의 형벌 수행이 짝을 이루도록 하는 직책을 享有함을 뜻함.

221(47-3)
사정전옥司政典獄

왕이 말하였다.

"아! 사방의 정치를 담당한 사정司政과 옥사를 담당한 전옥典獄들이여. 그대들이 아니면 누가 하늘이 맡긴 목민관이겠는가? 지금 그대들은 무엇을 거울로 삼고 있는가? 이는 백이伯夷가 시행하던 형벌의 길잡이가 아니겠는가? 지금 징벌해야 할 것이 무엇이겠는가? 이는 묘민苗民들이 형옥의 법을 제대로 살피지 아니하고 길인吉人을 택해 오형五刑의 마땅함을 관찰해야 함에도 그렇게 하지 아니한 채, 오직 이에 많은 위엄만을 내세워 재물을 빼앗고 오형으로 마구 적용하여 무고한 이를 다스렸다. 그러자 상제께서 그러한 관리를 용서해주지 아니하고 묘민에게 재앙을 내린 것이며, 묘민들은 그 형벌을 어디 말할 곳조차 없게 되자 그들 후손을 끊어버린 사례를 경계할지니라."

王曰:「嗟! 四方司政典獄. 非爾惟作天牧? 今爾何監? 非時伯夷播刑之迪? 其今爾何懲? 惟時苗民, 匪察于獄之麗, 罔擇吉人, 觀于五刑之中; 惟時庶威奪貨, 斷制五刑, 以亂無辜. 上帝不蠲, 降咎于苗, 苗民無辭于罰, 乃絶厥世.」

【四方司政典獄】'司政典獄'은 政事를 맡고 옥사를 다스리는 등 國事 전반을 맡아 하는 사람. 곧 諸侯들을 가리킴.

【非爾惟作天牧】'惟'는 爲와 같음. '天牧'은 天命에 의해 백성들을 돌보는 사람.《左傳》襄公 14년에 "天生民而立之君, 使司牧之"라 함.

【今爾何監】'監'은 視, 혹은 鑑의 뜻. 거울로 삼는 것.

〈蚩尤像〉(漢 畵像石)

【非時伯夷播刑之迪】'時'는 是, 此, 斯와 같음. '播'는 '시행하다, 실시하다'의 뜻. '刑'은 법. '迪'은 道理.

【其今爾何懲】'懲'은 징계함.

【惟時苗民, 匪察于獄之麗】'匪'는 不과 같음. '麗'는 '시행하다'의 뜻. 苗民이 이러한 죄를 짓게 된 것은 치우의 난으로 인해 시작된 것이라 본 것임.

【罔擇吉人】'吉人'은 善人과 같은 뜻임.

【觀于五刑之中】'觀'은 살펴봄. '五刑'은 墨, 劓, 剕(刖), 宮, 大辟. '中'은 適中함. 公正함.

【惟時庶威奪貨】'庶威'는 위세를 부림. '庶'는 《爾雅》 釋言에 "庶, 侈也"라 함.

【斷】決斷. 단죄. 판결.

【制】생각대로 행하는 것. 獨斷, 專制의 뜻.

【上帝不蠲】'蠲'은 捐과 같음. 여기서는 '赦免해주다, 용서해주다'의 뜻. 그렇게 법을 집행하는 관리를 두고 한 말임.

【降咎于苗】'咎'는 災殃, 災禍. 멸절의 재앙.

【苗民無辭于罰】'無辭'는 벌에 대해 어떠한 변명도 할 곳이 없음.

222(47-4)
일인유경一人有慶

목왕이 말하였다.

"오호라! 이를 잘 염두에 둘 것이니라. 백부伯父, 백형伯兄, 중숙仲叔, 계제季弟, 유자幼子, 동손童孫 들은 모두가 나의 말을 잘 들어야 큰 명령을 잘 수행할 수 있을 것이다. 지금 그대들은 나의 위로하는 말로 말미암아 근면을 다하지 아니하는 자가 없으며, 그대들 누구도 자신을 근면하도록 면려하지 않는 자가 없다. 하늘이 아랫백성을 다스림에 우리들로 하여금 나라의 통치를 관장하게 하였으니, 성취 여부는 모두 사람에게 달려 있다. 그대들이 받은 천명을 공경히 한다면 그것으로써 나 한 사람을 받들지어다! 비록 두려운 일을 만나더라도 두려워하지 말 것이며, 비록 쉴 때를 만나더라도 쉬지 말라. 오직 오형五刑을 공경히 하고 이로써 삼덕三德을 성취하라. 한 사람의 좋은 일로 모든 백성이 이익을 받는 것이니, 그로써 나라의 평강은 영원하게 되는 것이니라."

王曰:「嗚呼! 念之哉. 伯父·伯兄·仲叔·季弟·幼子·童孫, 皆聽朕言, 庶有格命. 今爾罔不由慰日勤, 爾罔或戒不勤. 天齊于民, 俾我一日, 非終惟終, 在人. 爾尚敬逆天命, 以奉我一人! 雖畏勿畏, 雖休勿休. 惟敬五刑, 以成三德. 一人有慶, 兆民賴之, 其寧惟永.」

【庶有格命】'庶'는 '아마, 기대하다'의 뜻. '格命'은 大命과 '格'은 至, 嘏(大)와 같음.《爾雅》釋言에 "嘏, 大也"라 함.

【今爾罔不由慰日勤】'由'는 用과 같음. '慰'는 스스로 위로를 삼음. 혹 勉의 뜻으로도 봄.

【戒】경계, 주의.

【天齊于民】'齊'는 '가지런히 하다, 정돈하다'의 뜻.

【俾我一日】'俾'는 職과 같음.《爾雅》釋言에 "俾, 職也"라 함.

【非終惟終】'終'은 成과 같음.

【爾尙敬逆天命】'逆'은 迎과 같음. '접수하다'의 뜻.

【以奉我一人】'奉'은 助와 같음.

【雖畏勿畏, 雖休勿休】'休'는 '휴식하다'의 뜻.

【以成三德】'三德'은 敬順, 正直, 勤勞를 뜻함.《尙書易解》에 "三德, 孔傳解爲剛柔正
　直之三德, 孔廣森解爲三后之德. 今按本文'敬逆天命以奉我一人', 言敬也; '雖畏勿畏',
　言正也; '雖休勿休', 言勤也. 三德蓋卽指此三者"라 함.

【一人有慶, 兆民賴之】'慶'은 善과 같음. '賴'는 利와 같음. 이익을 누림.

【其寧惟永】'寧'은 安寧. '惟'는 乃, 卽과 같음.

223(47-5)
대벽의사大辟疑赦

목왕이 말하였다.

"아! 가까이 다가오라. 제후국 군주들과 여러 대신들이여. 그대들에게 훌륭한 형벌에 대해 고하노라. 지금 그대들이 백성을 안정시키기에 어떤 사람을 선택해야 되겠는가? 바로 도덕을 갖춘 사람이 아니겠는가? 무엇을 공경스럽게 여겨야겠는가? 바로 형벌이 아니겠는가? 무엇을 고려해야겠는가? 공정함이 아니겠는가? 양조兩造가 모두 갖추어 오면 법관은 오형五刑의 조건을 잘 들어보고 오형의 조건에 맞으면 오형으로써 판결하여 바로잡아야 할 것이다. 그러나 오형으로 처벌함이 맞지 않는다면 오벌五罰로써 판결하여 바로잡아야 할 것이다. 오벌에 불복한다면 오과五過로써 판결하여 바로잡아야 할 것이다. 그러나 오과에는 폐단이 있으니 관권을 쓰는 것, 은원恩怨을 개입시키는 것, 법관과 내통하는 것, 뇌물을 쓰는 것, 친분을 이용하는 것 등이다. 이러한 폐단이 드러나면 법관의 죄는 그 죄를 저지른 자와 같아지는 것이니, 그대들은 반드시 상세히 살펴보아야 할 것이다! 오형에 해당되기는 하나 의혹이 있을 경우 처벌을 경감해야 하며, 오벌에 해당되기는 하나 의혹이 있을 경우 역시 처벌을 경감해야 하는 것이니, 반드시 상세히 심의하여야 할 것이다! 여러 사람들의 말을 따라야 하지만 처리하는 것은 사안마다 같아야 한다. 증거가 없어 처리할 수 없는 것은 하늘의 위엄을 따를 수밖에 없다. 묵형墨刑에 해당하기는 하나 의혹이 있을 경우 사면하며 그 벌금은 백 환鍰이며 그 죄를 자세히 따져보아야 한다. 의형劓刑에 해당하기는 하나 의혹이 있을 경우 경감하되 그 벌금은 곱절이며 또한 그 죄를 잘 따져보아야 한다. 비형剕刑에 해당할지라도 의혹이 있을 경우, 경감시키되 그 벌금은 의형의 두 배이며 그 죄를 잘 따져보아야 한다. 궁형宮刑에 해당하기는 하나 의혹이 있을 경우 경감시키되 그 벌금은 6백 환鍰이며, 역시 그 죄를 잘 따져보아야 한다. 대벽大辟에 해당되기는 하나 의혹이 있을 경우 경감시키되 그 벌금은 천 환이며, 역시 그 죄를 잘 따져보아야 한다. 묵형墨刑의 형벌에 해당되는 죄목은 천 가지이며, 의형劓刑의 형벌에 속하는 것도 천 가지이며, 비형剕刑에 속하는 죄목은 5백 가지이며, 궁宮의 형벌에 속하는 것은 3백 가지이며, 대벽大辟의 형벌에 속하는 것은 2백 가지로써 오형 전체는 3천 가지이다. 그 밖의 것은 위아래 죄목들을 견주어 보아 처리하되 마구 혼란스럽게 하거나 제멋대로 말을 만들어 해서는 안 되며, 이미 폐기된 조항은 쓰지 말 것이며, 오직 명확히 살피고 법대로만 처리하여 잘 심리하도록 하라! 가장 상급의 형벌은 경감시킬 수 있는 죄목을 적용하여 낮게 처리하는 것이며, 가장 하급의 형벌은 무거운 죄목을 적용하여 높이 처리하는 것이다. 경중의 여러 죄목은 권한을 활용함에 달려 있으며, 형벌의 경중은 세태의 변화에 달려 있어, 같을 수도 있고 다를 수도 있으니, 모두가 그 유형에 따라 요체가 있다. 형벌이 비록 사람을 죽임에 해당하는 것이 아니라 해도, 사람들은 아주 고통스럽게 여기게 마련이다. 간사하게 말 잘하는 사람의 말을 근거로 하지 말고 선량한 사람의 말을 근거로 판결하면 공정하지 않음이 없게 된다. 모순이 있는 부분에는 증언을 제시하면 승복하지 않던 범인도 승복하게 된다. 불쌍히 여기는 마음과 경건함으로써 판결해야 하며, 법률서를 펴서 조문에 맞게 명확히 하여 모두가 중정中正에 맞도록 해야 한다. 형벌을 받아야 할 자는 형벌을 받도록 잘 심리하도록 하라! 판결이 나면 승복해야 하며, 변경이 있더라도 승복해야 한다. 형벌은 삼가는 것이 최상이며 두 가지 죄목을 합해서 심리할 경우 하나만 처벌해야 한다."

王曰: 「吁! 來. 有邦有土. 告爾祥刑. 在今爾安百姓, 何擇? 非人?

何敬? 非刑? 何度? 非及? 兩造具備, 師聽五辭; 五辭簡孚, 正于五刑. 五刑不簡, 正于五罰; 五罰不服, 正于五過. 五過之疵: 惟官, 惟反, 惟內, 惟貨, 惟來. 其罪惟均, 其審克之! 五刑之疑有赦, 五罰之疑有赦, 其審克之! 簡孚有衆, 惟貌有稽. 無簡不聽, 具嚴天威. 墨辟疑赦, 其罰百鍰, 閱實其罪. 劓辟疑赦, 其罰惟倍, 閱實其罪. 剕辟疑赦, 其罰倍差, 閱實其罪. 宮辟疑赦, 其罰六百鍰, 閱實其罪. 大辟疑赦, 其罰千鍰, 閱實其罪. 墨罰之屬千, 劓罰之屬千, 剕罰之屬五百, 宮罰之屬三百, 大辟之罰, 其屬二百, 五刑之屬三千. 上下比罪, 無僭亂辭, 勿用不行, 惟察惟法, 其審克之! 上刑適輕, 下服; 下刑適重, 上服. 輕重諸罰有權, 刑罰世輕世重, 惟齊非齊, 有倫有要. 罰懲非死, 人極于病. 非佞折獄, 惟良折獄, 罔非在中. 察辭于差, 非從惟從. 哀敬折獄, 明啓刑書胥占, 咸庶中正. 其刑其罰, 其審克之! 獄成而孚, 輸而孚. 其刑上備, 有幷兩刑.」

【有邦有土】 '有邦'은 諸侯, '有土'는 畿內에 采地를 가진 大臣을 가리킴.

【告爾祥刑】 '祥刑'의 '祥'은 善의 뜻.

【在今爾安百姓】 '安'은 안정시킴.

【何擇, 非人】 '人'은 도덕과 품격을 갖춘 인물을 가리킴.

【何度, 非及】 '度'(탁)은 '고려하다, 모책을 세우다, 생각하다'의 뜻. '及'은 逮와 같음. 그러나 《史記》에는 '宜'로 되어 있으며 《說文》 注에 "揚雄謂古理官決罪, 三日得其宜, 乃行之"라 하여 사흘 동안 마땅함의 여부를 숙고한 다음 실행하였다 함.

【兩造具備】 '兩造'는 양쪽 사람들, 즉 原告와 被告. 錢大昕은 兩造는 兩曹와 같다고 하였음. 《說文》에 "曹, 玉之兩曹也"라 하였고, 段玉裁는 "兩曹, 今俗所謂原告被告也"라 함.

【師聽五辭】 '師'는 士師. 즉 獄官. '聽'은 公訴事實을 심리함. '五辭'는 五刑에 관한 법률 條文.

【五辭簡孚】 '簡'은 核과 통하여 核實. 즉 실제의 사실을 조사하는 것. '孚'는 符와 같으며 信의 뜻. 사실과 부합하는 것.

【五刑不簡】 五刑은 墨, 劓, 剕, 宮, 大辟의 다섯 가지 형벌.

【正于五罰】‘五罰’은 돈으로 五刑을 代贖하는 것.

【五罰不服, 正于五過】‘五過’는 다섯 가지 허물.

【五過之疵】‘疵’(자)는 病弊, 弊端을 뜻함.

【惟官, 惟反, 惟內, 惟貨, 惟來】‘官’은 官權을 쓰는 것. ‘反’은 獄事를 處決함에 恩惠나 원한을 갚는 것. ‘內’는 집안 식구를 이용하여 獄官과 內通하는 것. ‘貨’는 뇌물을 쓰는 것. ‘來’는 親分을 利用하여 부탁하는 것.

【其罪惟均】‘其’는 法官을 가리킴. ‘均’은 等과 같으며, 馬融은 “以此五過出入人罪, 與犯法者等”이라 함.

【其審克之】‘克’는 核과 같으며 사실을 따져보는 것을 말함.《漢書》五行志 인용문에는 “其審核之”로 되어 있음.

【五刑之疑有赦】‘疑有赦’는 형벌이 죄에 비해 과하다고 의심되면 그 형벌을 쓰지 말아야 함을 말함.

【簡孚有衆】‘有衆’은 여러 사람들의 말.《尙書正讀》에 “核驗於大衆也.《周官》小司寇: ‘以三刺斷庶民獄訟之中, 一曰訊群臣, 二曰訊群吏, 三曰訊萬民.’ 〈王制〉所謂疑獄, 泛與衆共之也”라 함.

【惟貌有稽】‘貌’는 治와 같음. 稽는 同과 같음.

【無簡不聽, 具嚴天威】事實을 아무리 조사해도 알아낼 수 없는 경우는 하늘의 징벌에 맡길 수밖에 없음.

【聽】聽獄, 즉 옥사를 다스리는 것.

【墨辟疑赦】‘墨’은 五刑의 하나로 黥과 같음. ‘辟’은 罪. ‘疑赦’는 죄가 확실치 않을 때는 가볍게 처벌하여 벌금으로 대신함.

【其罰百鍰】‘鍰’(환)은 고대 무게의 단위. 鄭玄은 “鍰, 六兩也”라 함. 혹 周代 圓形 銅質의 돈 이름이라고도 함.

【閱實其罪】‘閱’은 잘 살피는 것. ‘實’은 事實. 孔穎達 疏에 “檢閱核實其所犯之罪, 使與罰名相當, 然後收取其贖”이라 함.

【劓辟疑赦, 其罰惟倍】‘倍’는 墨刑의 두 배로 1百鍰을 代贖金으로 내는 것.

【剕辟疑赦】‘剕’는 무릎 膝蓋骨(혹 발뒤꿈치)을 자르는 형벌.《史記》周本紀에는 ‘臏’으로 되어 있으며 段玉裁는《說文》臏자 注에 “跰, 臏之一名; 臏者, 髕之俗, 去膝蓋骨. 跰則剕字”라 함.

【其罰倍差】‘倍差’는 剕刑의 두 배 정도에 해당하는 5百鍰.《尙書易解》에 “倍之又半, 爲五百鍰”이라 함.

【宮辟疑赦】‘宮’은 宮刑을 뜻하며 본문에서 말한 椓.

【大辟疑赦】'大辟'은 死刑. 死刑에 해당하는 죄라 할지라도 의심이 갈 경우 赦免함.

【墨罰之屬千】'屬'은 형벌의 조목. 《尙書今古文注疏》에 "罪之條目必有定數者, 恐後世妄加之"라 함.

【上下比罪】'比'는 對照해봄. '上下'는 무거운 형벌과 가벼운 형벌. 〈蔡傳〉에 "罪無定律, 則以上下刑而比附其罪也"라 함. 위에서 말한 죄목 이외의 것들에 대해 기준을 설명한 것임.

【無僭亂辭】'僭'은 差異나 錯誤. '辭'는 소송의 내용을 적은 말.

【勿用不行】'不行'은 행하여지지 않는 형벌. 이미 폐기된 형벌. 《尙書今古文注疏》에 "謂蠲除之法"이라 함.

【上刑適輕】'適輕'은 가벼이 벌해야만 알맞은 것.

【下服】그 아래 더 가벼운 형벌을 사용하여 減刑함을 말함.

【輕重諸罰有權】'權'은 變과 같으며 料量하여 適宜 처리함을 말함. 〈蔡傳〉에 "勸者, 進退推移, 以求其輕重之宜也"라 함.

【刑罰世輕世重】'世輕世重'은 時代에 따라 형벌의 輕重이 행해졌음을 말함. 孔安國傳에 "刑罰隨世輕重, 新國用輕典, 平國用中典, 亂國用重典"이라 함.

【惟齊非齊】'齊'는 同과 같음. 바르지 못한 자를 바르게 하는 것.

【有倫有要】'倫'은 道理. '要'는 요구함.

【罰懲非死, 人極于病】'罰懲'은 징벌, 여기서는 벌금형을 말함. '極'은 고통을 줌. '病'은 괴롭게 여기는 것.

【非佞折獄】'佞'(녕)은 佞人, 즉 간사하게 말만 잘하는 사람.

【察辭于差】'差'는 公訴狀에 쓰인 말 중 모순된 내용을 말함.

【哀敬折獄】'敬'은 《尙書大傳》의 인용문에는 矜으로 되어 있으며 '불쌍히 여기다'의 뜻. '折獄'은 獄事를 처리하는 것.

【明啓刑書胥占】'啓'는 열어봄. '胥'는 相과 같음. '占'은 추측함.

【輸而孚】'輸'는 '변경하다'의 뜻. 王引之는 《廣雅》: '輸, 更也.' 獄詞或有不實, 又察其曲直而變更之, 後世所謂平反也. 獄辭定而人信之, 其有變更而人亦信之, 所謂民自以爲不冤也"라 함. '孚'는 信과 같으며 '믿다, 승복하다'의 뜻. 송사에서 처음에는 승소하였으나, 뒤에 변경되어 패소하더라도 승복할 수 있도록 공정해야 함을 뜻함.

【其刑上備】'備'는 '신중히 하다'의 뜻. 《說文》에 "備, 愼也"라 함.

【有幷兩刑】'幷兩刑'은 두 가지 형벌을 받을 자는 무거운 벌 한 가지만 받게 하되 기록은 두 가지를 함께 함. 曾運乾은 "有幷兩刑者, 兩罪俱發, 則但科以一罪, 不復責其餘, 皆取寬厚之意也"라 함.

224(47-6)
옥화비보獄貨非寶

　　왕이 말하였다.

　　"오호라! 공경히 할지니라. 관백官伯과 족성族姓들이시여. 나의 말을 매우 두렵게 여길지어다. 나는 형벌에 대해 경건함을 가지고 있어 형벌에도 덕을 베풀어야 한다고 여기고 있다. 지금 하늘이 백성을 돕고 있으니, 아래에서 하늘의 뜻에 맞추어 임금이 있는 것이니라. 판결을 할 때 마땅히 한쪽의 말도 명확히 살펴야 한다. 백성이 다스려짐은 양쪽의 말을 모두 듣고 중정을 지켜줌에 있지 않음이 없으니, 혹 양쪽의 옥사를 사사로운 이익을 탐하여 판결하는 일이 없도록 하라! 송사를 두고 재물을 취하는 것은 보물이 아니며 죄악의 일이 모여드는 창고이니, 하늘이 장차 많은 징벌로 되갚을 것이다. 길이 두려워할 것은 하늘이 내리는 죄이며, 하늘이 공평한 것이 아니라 사람이 스스로 자신의 생명을 끊어버리는 것이다. 하늘의 벌은 그러한 자에게 이르지 않는다면 많은 백성들은 하늘 아래에서 훌륭한 정치를 누릴 수 없게 되고 말 것이다."

　　왕이 말하였다.

　　"오호라! 사손嗣孫이여. 지금 이후로 무엇을 거울로 삼을 것인가? 덕이 아니겠는가? 백성들에게 공평한 형벌을 위해 반드시 명확히 듣고 처리해 주기를 바라노라! 형벌로써 백성을 다스리되 끝없는 소송은 모두가 오형의 형벌에 속하지만 이 모두 공평하게만 한다면 경사스러운 일이 될 것이다. 그대들은 왕의 훌륭한 무리의 백성들을 받았으니, 이러한 훌륭한 형벌을 잘 살필지어다."

王曰: 「嗚呼! 敬之哉. 官伯族姓. 朕言多懼. 朕敬于刑, 有德惟刑.

今天相民, 作配在下. 明淸于單辭. 民之亂, 罔不中聽獄之兩辭, 無
或私家于獄之兩辭! 獄貨非寶, 惟府辜功, 報以庶尤. 永畏惟罰, 非
天不中, 惟人在命. 天罰不極, 庶民罔有令政在于天下.」

　　王曰:「嗚呼! 嗣孫. 今往何監, 非德? 于民之中, 尙明聽之哉! 哲
人惟刑, 無疆之辭, 屬于五極, 咸中有慶. 受王嘉師, 監于玆祥刑.」

【官伯族姓】'官伯'은 諸侯. 위에서 말한 '四方司政典獄'을 가리킴. '旅姓'은 同姓의 大
　　臣들. 위에서 말한 '伯父, 伯兄, 仲叔, 季弟, 幼子, 童孫'을 가리킴.

【多懼】두려워할 만한 말이 많음.

【朕敬于刑】'敬'은 '謹愼하다'의 뜻.

【今天相民】'相'은 도움. 扶助.

【作配在下】'作配'는 配合. 즉 알맞게 잘 조정함.

【明淸于單辭】'明淸'은 明察의 뜻. '單辭'는 被告나 原告의 어느 한편의 사정만을 변
　　호하는 말만 들어서는 안 됨. 즉 다른 한쪽의 말도 명확하게 살펴야 함을 뜻함.

【民之亂】'亂'은 治의 뜻.

【罔不中聽獄之兩辭】'中聽'은 공평하게 양쪽의 말을 모두 듣고 審理함. '兩辭'는 兩
　　造의 말. 被告와 原告 양쪽의 말.

【無或私家于獄之兩辭】'私'는 《說文》에 "自營謂之私"라 함. '家'는 《尙書今古文注疏》
　　에 "讀如〈檀弓〉君子不家於喪"之家"라 하였고, 曾運乾은 "言不以爲利"라 하였으며,
　　孫星衍은 "言不以爲利也"라 해석함. 따라서 '私家'는 謀利와 같은 뜻임. '獄之兩事'
　　는 獄事에서의 原告와 被告 양쪽의 말.

【獄貨非寶】'獄貨'는 獄事를 처리하면서 받는 돈. 뇌물.

【惟府辜功】'府'는 動詞로 《廣雅》 釋詁에 "取也"라 함. '辜'는 罪, '功'은 事.

【報以庶尤】'報'는 판결하다의 뜻. '庶尤'는 여러 사람들이 죄로 여기는 것. '尤'는 《說
　　文》에는 '訧'로 인용되어 있으며, '訧'는 罪의 뜻.

【永畏惟罰】'畏'는 '敬畏하다'의 뜻.

【惟人在命】'在'는 '絶'과 같으며 '마치다, 끝내다'의 뜻. '命'은 자신의 생명, 혹 天命으
　　로도 풀이함.

【庶民罔有令政在于天下】'令政'은 善政. '令'은 善, 美의 뜻. 백성들은 하늘 아래에서
　　훌륭한 정치를 누리지 못한 채 억울하게 살아감.

【嗣孫】先祖들의 뒤를 이은 子孫들. 여기서는 世襲으로 位를 받던 諸侯들을 가리킴.

【聽】聽獄, 즉 獄事를 처리함.

【今往何監, 非德】'今往'은 今後와 같음.

【于民之中】'中'은 獄事의 案件.

【哲人惟刑】'哲'은 折, 制와 같으며 '制御하다, 制壓하다'의 뜻. 王引之는 "哲, 當讀爲 折, 折之言制也. 言制民人者惟刑也"라 함.

【無疆之辭】'無疆'은 끝이 없음. '辭'는 소송의 사안들.

【屬于五極】'屬'은 '부합하다'의 뜻. '五極'은 五刑의 뜻.

【咸中有慶】'中'은 '적당하다, 합당하다'의 뜻. 《尙書正讀》에 "中字爲全篇之旨. 凡八用 中字, 得此中道, 守而弗失, 庶幾其祥刑矣"라 함. '慶'은 祥刑, 즉 '훌륭한 판결, 훌륭 한 刑治'를 뜻함.

【受王嘉師】'嘉師'는 良民의 뜻. '嘉'는 善, '師'는 衆의 뜻. 즉 天子로부터 위임받아 다 스리고 있는 제후들의 백성을 가리킴.

【監于玆祥刑】'監'은 '살피다, 重視하다'의 뜻. '祥刑'은 공평하게 처리하여 국가의 안 정과 백성들의 안녕을 이루는 刑治를 뜻함. 孫星衍은 "言受王之善衆而治之, 當視 此哲人之祥刑也"라 함.

〈48〉 문후지명文侯之命(225-226)

'文侯'는 東周 첫 임금 平王(姬宜臼 : B.
C.770–B.C.720년 재위) 때의 晉 文侯를 가
리킨다. 이름은 仇이며 자는 義和이다.
B.C.780–B.C.746년까지 35년간 제후국
晉나라 군주를 지냈으며, 그 뒤를 昭侯
가 이어가게 된다. 본 편은 주 평왕이
진 문후의 공적을 冊書로 만들어 표창
한 내용을 담은 것이다. 문후는 西周가
망하고 平王이 洛邑으로 천도하여 다시
주 왕실을 일으킬 때 鄭 武公(B.C.770–B.
C.744년 재위)과 함께 지대한 공로를 세
운 인물이다.

〈貢納場面〉銅貯貝器(西漢) 1956 雲南 晉寧
縣 滇王墓 출토

　서주의 마지막 왕 유왕(姬宮湼 : B.
C.781–B.C.771년 재위)은 荒淫無道하였으며 특히 褒姒를 총애하다가 나라를
마감한 인물이다. 포사가 伯服을 낳자 이미 태자로 책봉되어 있던 宜臼와
의구의 어머니 申后를 폐하고 포사를 后로, 백복을 太子로 삼게 된다. 그러
자 申后의 아버지 申侯는 犬戎과 연대하여 주나라 鎬京을 공격, 유왕을 살
해하고 주나라를 멸하게 된다. 그러자 제후들은 의구를 옹위하여 왕으로
삼고 낙읍으로 천도하여 주 왕실을 잇게 된다. 이가 동주 첫 임금 평왕이
며 武王(姬發 : B.C.1027–B.C.1025년 재위)부터 유왕까지, 호경을 도읍으로 했던
때를 '西周', 그리고 평왕 때부터 25대 난왕(赧王, 姬延 : B.C.314–B.C.256년 재위)
때 秦始皇에게 망할 무렵까지를 '東周'라 부르게 된다. 특히 평왕이 천도할
때 정 무공과 진 문후는 그 공로가 지대하였으며 이를 가상히 여긴 평왕이

그에게 車馬와 秬鬯酒, 弓矢 등을 하사하며 제후의 우두머리인 方伯으로 삼으면서 표창하였는데 이를 기록한 것이 〈문후지명〉이다. 〈금문〉과 〈고문〉에 모두 실려 있다.

＊蔡沈《書傳》〈文侯之命〉注에 "幽王爲犬戎所殺, 晉文侯與鄭武公, 迎太子宜臼立之, 是爲平王. 遷於東都. 平王以文侯爲方伯, 賜以秬鬯·弓矢, 作策書命之, 史錄爲篇. 今文·古文皆有"라 하였다.

〈서〉: 평왕平王이 진晉 문후文侯에게 거창주秬鬯酒와 규찬圭瓚을 하사하
였으며 이를 기록한 것이 〈문후지명〉이다.

〈序〉: 平王錫晉文侯秬鬯圭瓚, 作〈文侯之命〉.

【平王錫】'平王'은 東周(B.C.770-B.C.256)의 첫 천자. 이름은 宜臼. 幽王의 后였던 申
나라 출신 申后 소생이며 태자에 책봉되었음. 그러나 유왕이 褎나라 여인 褎姒를
얻어 총애하여 伯服을 낳자 자신은 물론 어머니마저 폐위되어 申나라로 쫓겨났음.
이에 申나라 군주 申侯가 犬戎과 동맹을 맺고 鎬京을 공격, 유왕을 살해함. 이에
제후와 중신들이 宜臼를 옹위하여 洛邑으로 옮긴 다음 나라를 다시 일으켜 東周
가 됨. '錫'는 賜와 같음. 下賜함.
【秬鬯】검은 기장과 香草로 빚은 술로 제사 때 降神酒로 사용함.
【圭瓚】玉으로 만든 圭 모양의 灌酒器. 降神酒를 땅에 뿌릴 때 사용하는 기구.

225(48-1)
극신명덕克愼明德

평왕平王이 말하였다.

"족부 의화義和시여! 위대하고 훌륭하신 문왕과 무왕은 능히 신중히 덕을 행하셨고, 그 덕행은 하늘에까지 올라갔으며 그 명성은 이 땅에 널리 전파되었지요. 이에 상제께서 천하를 문왕과 무왕에게 내려주셨습니다. 역시 당시에는 공경대부들이 능히 자신들의 임금을 보좌하고 인도하고 섬겼으며, 크고 작은 모책에 대해 순종하지 아니한 자가 없었습니다. 그 때문에 선조들께서는 그 자리를 편안히 지켜낸 것입니다. 오호라! 불쌍한 나 이 소자가 뒤를 이었지만 하늘의 큰 재앙을 만나 천하 백성들의 재물과 혜택이 모두 끊어지고, 외적의 침입은 국가를 곤경에 빠뜨리고 말았습니다. 지금 내 곁에 정사를 다스리는 대신들로서는 예부터 이어오던 노숙하고 진중한 이들은 없고 또한 오래도록 자리를 지켜온 이들도 없으니, 나는 능히 해낼 수가 없습니다. 나는 '나의 조부와 부친 항렬 대신들로서 그대들이 능히 나의 근심을 분담해 주십사'라고 말하고 싶습니다. 오호라! 나는 그대들은 나를 온전히 도와 나로 하여금 평안히 왕위를 누릴 수 있도록 해 줄 것을 바랍니다. 의화이시여! 그대는 능히 그대 선조 당숙唐叔의 빛나는 업적을 계승하시며, 그대는 문왕과 무왕을 법으로 삼으시어, 제후들을 모아 그대의 임금을 보좌하시며, 문왕과 무왕의 뜻을 본받으소서. 그대는 훌륭하시니 나의 어려움을 막아주시오. 그대가 이렇게 해 주신다면 나는 그대를 가상히 여기리이다!"

王若曰:「父義和! 丕顯文武, 克愼明德, 昭升于上, 敷聞在下, 惟時上帝集厥命于文王. 亦惟先正, 克左右昭事厥辟, 越小大謀猷,罔不率從, 肆先祖懷在位. 嗚呼! 閔予小子嗣, 造天丕愆, 殄資澤于下民, 侵戎我國家純. 卽我御事, 罔或耆壽俊在厥服, 予則罔克. 曰:『惟祖惟父, 其伊恤朕躬.』嗚呼! 有績, 予一人永綏在位. 父義和! 汝克紹乃顯祖, 汝肇刑文武, 用會紹乃辟, 追孝于前文人. 汝多修, 扞我于艱. 若汝, 予嘉!」

【王若曰】'王'은 東周 平王(姬宜曰)을 가리킴.

【父義和】'父'는 周나라 때 天子가 同姓이 제후를 높여 부르는 칭호. 周와 晉은 同姓이며 晉 文侯가 平王보다 나이가 많아 부른 칭호임. '義和'는 晉 文侯의 字. 孔安國 傳에 "文侯同姓, 故稱曰父. 義和, 字也. 稱父者非一人, 故以字別之"라 하였고, 鄭玄은 "義, 讀如儀. 儀·仇皆匹也, 故名仇字儀"라 함. 한편 晉 文侯는 이름은 姬仇이며 殤叔의 아들로 B.C.780-B.C.746년까지 35년간 제후국 晉나라 군주로 재위하였음. 그의 재위 11년째가 東周 平王 元年이 됨. 晉나라는 文侯 다음 昭侯가 그 뒤를 이음.

【丕顯文武】'丕'는 大, '顯'은 光明의 뜻.

【克愼明德】'明'은 勉과 같음. '노력하다, 힘쓰다'의 뜻.

【昭升于上】'昭'는 明과 같음. '升'은 하늘로 올라감.

【敷聞在下】'敷'는 布와 같음. '聞'은 所聞, 名聲. '下'는 下土. 땅.

【惟時上帝集厥命于文王】'惟時'는 於是와 같음. '集'은 下의 뜻. '文王'은 《尙書易解》에 "〈晉世家〉作文武, 當從之. 上於文武, 此不當單言文王也"라 함.

【亦惟先正, 克左右昭事厥辟】'先正'은 官長의 뜻. 鄭玄은 "先臣, 謂公卿大夫也"라 함. '左右'는 佐佑와 같음. 輔佐함. '昭'는 詔와 같으며 '인도하다'의 뜻. 《爾雅》釋詁에 "詔, 導也"라 함. '厥'은 其, '辟'은 君의 뜻.

【越小大謀猷, 罔不率從】'越'은 於, 于와 같음. '猷'는 《爾雅》釋詁에 "謀也"라 함. '率從'은 遵從과 같음. '준수하여 순종하다'의 뜻.

【肆先祖懷在位】'肆'는 故와 같음. '그러므로, 그래서'의 뜻. '先祖'는 文王과 武王을 가리킴. '懷'는 '편안히, 마음 놓고, 안심하여'의 뜻.

【閔予小子嗣】'閔'은 '가련히 여기다, 불쌍히 여기다'의 뜻. '嗣'는 '王位를 계승하다'의 뜻.

【造天丕愆】'造'는 遭와 같으며 '불행한 일을 만나다'의 뜻. '愆'은 재앙. 천벌, 징벌의

뜻. '조장(丕愆)'은 큰 징벌, 즉 자신이 태자였을 때 褒姒의 사건으로 인해 나라가 망하였을 뜻함. 《史記》周本紀에 "申侯怒, 與繒西夷犬戎攻幽王, 幽王擧烽火徵兵, 兵莫至. 遂殺幽王驪山下, 虜褒姒, 盡取周賂而去"라 함.

【殄資澤于下民】'殄'은 絶과 같음. '資'는 財와 같음. '澤'은 《孟子》趙岐 注에 "祿也"라 함. 여기서는 財産을 뜻함.

【侵戎我國家純】'戎'은 動詞로 '침벌하다, 공격해오다' 등의 뜻. '純'은 大, 多의 뜻. 《竹書紀年》에 "幽王十一年, 申人, 鄫人及犬戎入宗周, 殺王及王子伯服"이라 하였고, 《後漢書》東夷傳에는 "及幽王淫亂, 四夷交侵"이라 함.

【卽我御事】'卽'은 今과 같음. '御事'는 나라 일을 보는 大臣들.

【罔或耆壽俊在厥服】'耆壽'는 나이 많고 경험도 많은 사람을 가리킴. '俊'은 才能이 뛰어난 어른. 孫詒讓은 "俊, 當讀爲駿, 《爾雅》釋詁云:'駿, 長也.'"라 함. '服'은 服務는 職位.

【予則罔克】'罔克'은 無能의 뜻. '克'은 能과 같으며 '능히 그 임무를 수행해내다'의 뜻.

【曰惟祖惟父】'曰'은 聿과 같으며 語氣助詞. '祖, 父'는 할아버지나 아버지 항렬에 해당하는 同姓의 제후들을 가리킴.

【其伊恤朕躬】'其'는 念願의 뜻을 나타내는 語氣助詞. '伊' 또한 語氣助詞. '恤'은 '우려하다'의 뜻.

【有績, 予一人永綏在位】'績'은 爾雅 釋詁에 "成也"라 함. '有績'은 공적을 이루어 주는 사람이 있음.

【汝克紹乃顯祖】'紹'는 '繼承하다'의 뜻. '顯祖'는 德이 높은 義和의 先祖, 즉 晉나라의 唐叔을 가리킴. 晉나라는 처음에는 成王이 아우 叔虞와 소꿉놀이를 하며 桐葉으로 封했던 나라. 나라 이름은 처음에는 唐이었으나 뒤에 晉으로 바꾸었으며, 지금의 山西省을 중심으로 春秋五霸의 하나인 晉文公(重耳)이 나왔음. 전국시대에는 三晉(韓, 魏, 趙)으로 나뉘어 戰國七雄의 세 나라가 됨.

【汝肇刑文武】'肇'는 '노력하다'의 뜻. '刑'은 '제어하다'의 뜻. 《荀子》臣道 "刑下如影"의 注에 "刑, 制也"라 함. '文武'는 文武百官을 뜻함.

【用會紹乃辟】'會'는 제후를 會合함. 《竹書紀年》에 "平王元年, 王東遷洛邑, 晉侯會衛侯, 鄭伯, 秦伯以師從王入於成周"라 함.

【追孝于前文人】'孝'는 效와 같음. 본받음. '文人'은 文德 있는 분, 훌륭하신 조상을 가리킴.

【汝多修】'修'는 '아름답다'의 뜻.

【扞我于艱】'扞'은 '보위하다, 막아 주다'의 뜻. '犬戎을 몰아내고 주나라를 救援하다'
 의 뜻.

【嘉】'칭찬하다'의 뜻.

226(48-2)
거창일유秬鬯一卣

평왕이 말하였다.

"족부族父 의화義和이시여! 그대는 그대 무리를 다스려 돌아가시어 그대 나라를 평안히 하소서. 지금 나는 그대에게 거창주秬鬯酒 한 유卣, 동궁彤弓 하나, 동시彤矢 1백 매, 노궁盧弓 하나, 노시盧矢 1백 매, 말 네 필을 드리나이다. 족부께서는 가시오! 먼 곳 사람은 부드럽게 끌어들이고 가까이 있는 사람은 잘 대하여 백성들에게는 은혜와 평강을 베풀되, 국정을 황폐하게 되지 않도록 해 주소서. 그대는 힘써 그대 국도國都를 보살피시어 그대의 빛나는 미덕을 성취하소서."

王曰:「父義和! 其歸視爾師, 寧爾邦. 用賚爾秬鬯一卣; 彤弓一, 彤矢百; 盧弓一, 盧矢百; 馬四匹. 父往哉! 柔遠能邇, 惠康小民, 無荒寧. 簡恤爾都, 用成爾顯德.」

【其歸視爾師】'視'는 '돌보아 다스리다'의 뜻. '師'는 衆과 같으며 신하와 백성을 가리킴.

【寧爾邦】'寧'은 '안정시키다, 편안히 하다'의 뜻.

【用賚爾秬鬯一卣】'賚'(뢰)는 下賜의 뜻. '秬鬯'은 검은 기장으로 만든 술. '卣'는 술통. 酒器.

【彤弓一】'彤'(동)은 붉은색을 칠한 것.

【盧矢百】'盧'는 검은색을 칠한 것.《禮記》王制에 따르면 천자가 제후에게 궁시를 하사하는 것은 그들로 하여금 정벌에 나서도록 함을 뜻함.

【柔遠能邇】'能'은 '잘 친해오도록 하다'의 뜻.

【惠康小民】'惠'는 '按撫하다'의 뜻. '康'은 '편안히 살 수 있도록 안정시키다'의 뜻.

【無荒寧】'荒寧'은 정사를 황폐하게 한 채 안일에 빠짐.

【簡恤爾都】'簡'은 잘 살펴 전심전력을 다함을 뜻함.《周書》諡法에 "壹德不解曰簡"이라 함. '恤'은 역시 '안정시키다'의 뜻. '都'는 鄭玄은 "國都也"라 함. 여기서는 晉나라를 가리킴.

【用成爾顯德】'顯德'은 드러난 훌륭한 덕을 뜻함.

⟨49⟩ 비서費誓(227-228)

'費'는 지명. 지금의 山東 費縣 서쪽이다. 《說文》에는 '犣'(조)로, 《史記》에는 '肵'(힐)로 되어 있으나 唐나라 때 費로 고친 것이다.

본 편은 魯나라 伯禽이 淮夷와 徐戎을 정벌하러 나서면서 費 땅에서 발표한 誓命을 기록한 것이다. 《史記》魯周公世家에 따르면 伯禽은 周公(姬旦)의 아들로 아버지가 이미 魯(지금의 山東 曲阜)를 봉지로 받았으나 성왕을 섭정하는 일 등으로 인해 鎬京을 떠날 수 없게 되자 대신 아들 백금을 보내어 다스리도록 하였다. 그가 魯나라를 다스리는 동안 淮夷와 徐戎 등이 굴복하지 않자 이에 백금이 이들을 평정하러 나서면서 군사들에게 발표한 誓辭이다. 한편 본 편은 管蔡의 반란 때 있었던 일이라고도 하고, 혹 주공이 성왕에게 정권을 되돌려 준 이후 成王 初에 있었던 일이라고도 한다. 이에 曾運乾은 《尙書正讀》에서 "考⟨序⟩云'伯禽宅曲阜', ⟨經⟩云'魯人三郊三遂'. 若在管蔡時, 伯禽方就國, 其郊遂區畫, 恐尙未臻完善也. 當以成王初元說爲當"이라 하였다. 그런가 하면 어떤 이는 이 기록은 周初의 사건이 아니며 春秋時代 伯禽과 同名異人의 魯 莊公(B.C.693–B.C.662년)의 아들 伯禽이며 莊公을 이은 閔公 다음의 僖公(B.C.659–B.C.627년) 때 있었던 사건이라 여기기도 하였다.

*蔡沈 《書傳》⟨費誓⟩ 注에 "費, 地名. 淮夷·徐戎並起爲寇, 魯侯征之於費, 誓衆. 故以⟨費誓⟩名篇, 今文·古文皆有"라 하였다.

〈서〉: 노魯나라 군주 백금伯禽이 곡부曲阜에 거하면서 서융徐戎과 회이 淮夷가 함께 반란을 일으키자 동쪽 교외 문을 열지 못하였다. 이에 〈비 서〉편을 지었다.

〈序〉: 魯侯伯禽宅曲阜, 徐·夷並興, 東郊不開, 作〈費誓〉.

【魯侯伯禽】伯禽. 周公의 아들. 아버지를 대신하여 魯나라에 가서 군주가 됨.《史 記》魯周公世家에 "其後武王既崩, 成王少, 在强葆之中. 周公恐天下聞武王崩而畔, 周公乃踐阼代成王攝行政當國. 管叔及其群弟流言於國曰:「周公將不利於成王.」周 公乃告太公望·召公奭曰:「我之所以弗辟而攝行政者, 恐天下畔周, 無以告我先王太王· 王季·文王. 三王之憂勞天下久矣, 於今而后成. 武王蚤終, 成王少, 將以成周, 我所以爲 之若此.」於是卒相成王, 而使其子伯禽代就封於魯. 周公戒伯禽曰:「我文王之子, 武王 之弟, 成王之叔父, 我於天下亦不賤矣. 然我一沐三捉髮, 一飯三吐哺, 起以待士, 猶 恐失天下之賢人. 子之魯, 愼無以國驕人.」"이라 함.

【宅曲阜】'宅'은 居, 住와 같음. '曲阜'는 魯나라 국도. 지금의 山東 曲阜市.

【徐夷並興】'徐'는 徐戎. 고대 지금의 徐州 일대에 거주하던 戎族. '夷'는 淮夷, 지금 의 淮水 하류 일대에 거주하던 夷族. '並興'은 '두 민족이 동시에 함께 반란을 일으 키다'의 뜻.

【東郊不開】동쪽 교외 문을 열지 못함. 불안하여 문을 닫은 채 있음. 孔安國 疏에 "戎夷在魯之東, 諸侯之制於郊有門, 恐其侵逼魯境, 故東郊之門不開"라 함.

227(49-1)
무감상곡 無敢傷牿

노공魯公이 말하였다.

"아! 사람들이여, 시끄럽게 떠들지 말고 내 명령을 잘 들으라. 지금 여기 회이淮夷와 서융徐戎이 함께 일어나 반란을 일으키고 있다. 그대들은 갑옷과 투구를 잘 매고 그대들의 방패를 단단히 묶고 용감하게 준비를 잘 하지 않으면 안 될 것이다! 그대들의 활과 화살을 준비하고 그대들의 창을 잘 단련하며, 그대들의 칼날을 잘 갈아두어, 감히 잘 준비해놓지 않으면 안 될 것이니라! 지금 크게 묶었던 소와 말을 풀어놓을 것이니, 그대들은 덫을 잘 닫아두고, 그대들의 함정을 잘 메워, 우리의 소와 말이 상해를 입지 않도록 하라. 우리 소와 말이 상해를 입으면 그대들은 규정에 의해 형벌을 받게 될 것이다!"

公曰:「嗟! 人無譁, 聽命. 徂茲淮夷·徐戎並興. 善敹乃甲胄, 敽乃干, 無敢不弔! 備乃弓矢, 鍛乃戈矛, 礪乃鋒刃, 無敢不善! 今惟淫舍牿牛馬, 杜乃擭, 敜乃穽, 無敢傷牿. 牿之傷, 汝則有常刑!」

【人無譁】'人'은 鄭玄은 "人謂軍之士衆及費地之民"이라 함. '譁'는 왁자지껄함. 불평이 심함.

【徂茲淮夷·徐戎並興】'徂'는 此와 같음. 現在의 뜻. 《經傳釋詞》에 "徂, 讀爲且. 且, 今也. 言今茲淮夷·徐戎幷興也"라 함. '淮夷'는 淮水 하류에 분포하던 東夷族의 한 갈래. '徐戎'은 徐州 일대 戎族의 한 갈래.

【善敹乃甲胄】'善'은 好와 같음. '敹'는 '꿰매다'의 뜻. 鄭玄은 "敹, 謂穿徹之"라 함. '甲胄'는 갑옷과 투구.

【敽乃干】'敽'는 '끈을 잘 매다'의 뜻. 《說文》에 "敽, 繫連也"라 함. '干'은 방패. 《方言》

에 "盾者關而東, 或謂之干"이라 함.

【無敢不弔】'不弔'는 不善, 즉 일을 잘 처리하지 못함.

【鍛乃戈矛】'鍛'은 벼리는 것. 즉 칼이나 연장을 날카롭고 단단하게 함. '戈矛'는 두 종류의 창.

【礪乃鋒刃】'礪'는 숫돌에 갈아 날이 서도록 함. '鋒'은 창끝.

【今惟淫舍牿牛馬】'淫'은 大의 뜻. '舍'는 풀어놓음. '牿'(곡)은 외양간.《說文》에 "牛馬牢也"라 함. 이상에 대해《尙書今古文注疏》에 "行軍以牛載輜重, 馬駕兵車, 常駕不舍, 力不能任, 故放置之"라 함.

【杜乃擭】'杜'는 '닫다, 폐쇄하다'의 뜻. 풀어놓은 우리의 소와 말이 걸리지 않도록 함을 말함. '擭'(획)은 덫.《周禮》秋官 雍氏 鄭玄 注에 "擭, 柞鄂也. 堅地穽淺, 則設柞鄂於其中"이라 하였고, 賈公彦 疏에는 "柞鄂者, 或以爲堅柞於中, 向上鄂鄂然, 所以載禽獸, 使足不至地, 不得躍而出, 謂之柞鄂也"라 함.

【斂乃穽】'斂'(녑)은 '메우다'의 뜻. 우리의 소와 말이 빠지지 않도록 조치함. '穽'은 함정. 阱으로도 표기함.

【無敢傷牿】'傷牿'은 牛馬를 다치게 함.《尙書易解》에 "傷牿, 傷牛馬也, 承上文'牿牛馬'之文, 文義自明"이라 함.

【汝則有常刑】'有'는 '받게 되다'의 뜻.《廣雅》釋詁에 "有, 取也"라 함.

228(49-2)
무감구양無敢寇攘

"말이나 소가 도망가거나 남녀 노복들이 도망하거든 감히 그들을 뒤쫓아 잡으려 하지 말라. 혹 그들을 잡거든 다시 원래 주인에게 돌려줄 것이며, 그렇게 하면 내 그대들에게 상을 내리리라. 만약 그대들이 대오를 넘어 그들을 뒤쫓아 가거나 잡은 그들을 주인에게 되돌려주지 않을 경우 내 그대들을 규정에 따라 징벌하리라! 감히 도적질을 하거나 주인 없는 물건이라 해서 취하지 말 것이며, 담장을 뛰어넘거나, 말과 소를 훔치거나 남녀 노복을 유혹하는 일이 있으면, 내 그런 자는 규정에 따라서 징벌하리라! 갑술甲戌날이면 내 서융徐戎을 정벌하러 나설 것이다. 마른 식량을 준비하여 쌓아두되 감히 날짜를 지체하지 말도록 하라. 내 이를 어기는 자들은 규정에 따라 대형大刑을 내리리라! 우리 노魯나라 교외 삼교삼수三郊三遂의 백성들은 성을 쌓는 판자를 준비해 쌓아두어라. 갑술날에 내 성을 쌓을 것이니 감히 그것을 제공하지 않으면 안 되리라. 이를 어기는 자라면 그대들은 다른 형벌이 없다 해도 죽이지 않을 수 있겠는가? 노나라 삼교삼수의 백성들은 또한 소와 말에게 먹일 생초와 건초를 준비하여 쌓아두되 감히 넉넉히 하지 않을 수 없느니라. 그렇게 하지 않을 경우 내 그런 자에게 대형大刑을 내리리라!"

「馬牛其風, 臣妾逋逃, 勿敢越逐, 祗復之, 我商賚汝. 乃越逐, 不復, 汝則有常刑! 無敢寇攘, 踰垣牆, 竊馬牛, 誘臣妾. 汝則有常刑! 甲戌, 我惟征徐戎. 峙乃糗糧, 無敢不逮; 汝則有大刑! 魯人三郊三遂, 峙乃楨榦. 甲戌, 我惟築, 無敢不供; 汝則有無餘刑, 非殺? 魯人三郊三遂, 峙乃芻茭, 無敢不多; 汝則有大刑!」

【馬牛其風】'風'은 '달아나다'의 뜻. 鄭玄은 "風, 走逸也"라 함. 또는 동물의 암수가 발
정기가 되어 멀리 달아나는 것이라고도 함.

【臣妾逋逃】'臣妾'은 下人과 下女. 고대 남자 종은 신, 여종은 첩이라 하였음. '逋逃'은
달아남, 도망감.

【勿敢越逐】'越逐'은 軍士가 자기의 隊伍를 떠나 뒤쫓아 가는 것.

【祇復之】'祇'는 敬과 같음. '復'은 원 주인에게 되돌려 줌.

【我商賚汝】'商'은 賞과 같음. 于省吾는 "金文賞每作商"이라 함.

【乃越逐不復】'乃'는 若, 如와 같음. 假定文을 구성함.

【無敢寇攘】'寇攘'은 약탈, 도둑질. '攘'은 자신에게 다가온 가축을 되돌려주지 않고
차지하는 것. 鄭玄은 "因其來而取之曰攘"이라 함.

【垣牆】얕은 담장.

【峙乃糗糧】'峙'는 偫와 같으며 많이 준비하여 쌓아 놓음.《尙書今古文注疏》에 "峙
從止, 俗誤作山.〈釋詁〉云：峙, 具也"라 함. '糗糧'은 볶은 쌀. 乾糧.

【無敢不逮】'逮'는 及과 같음. '不逮'는 충분하지 못함을 말함.

【汝則有大刑】'大刑'은 死刑.《尙書易解》에 "'汝則有大刑'上, 省去'不逮'二字, 古人有避
復而省之例也"라 함.

【魯人三郊三遂】'郊'는 교외. 도읍 외곽 지역.《爾雅》釋地에 "邑外謂之郊"라 함. '遂'
는 郊의 밖의 땅. 遠郊의 바깥 지역.《禮記》王制 鄭玄 注에 "遠郊之外曰遂"라 함.
'三郊三遂'는《左傳》成公 元年 疏에 "諸侯出兵, 先盡三鄕三遂, 鄕遂不足, 然後總徵
境內之兵"이라 함. 天子의 六軍은 七鄕七遂이며 諸侯로서 大國은 三軍이므로 三
郊三遂라 한 것임. 따라서 三郊三遂는 魯나라의 全軍을 가리킴.

【峙乃楨榦】'楨榦'은 성벽이나 담을 쌓을 때 사용하는 나무 틀.

【我惟築】'築'은 堡壘를 축조하는 공사.

【汝則有無餘刑】'餘' 孫詒讓은 "餘舍二字得相通借. 舍, 釋也"라 함.

【峙乃芻茭】'芻茭'는 꼴과 여물. 生草와 乾草. '芻'는 生草, '茭'는 乾草.《說文》에 "芻,
刈草也"라 함.

【無敢不多】'多'는《史記》魯周公世家의 인용문에는 '及'으로 되어 있음. '不及'은 不逮
와 같음. 시간을 어기지 말 것을 경고한 것.

【汝則有大刑】《尙書今古文注疏》에 "芻茭不至, 牛馬不得食, 不可以戰, 故有大刑"이
라 함.

⟨50⟩ 진서秦誓(229-230)

〈人形銅燈〉(戰國 齊) 1957 山東 諸城 출토

秦은 春秋시대 秦나라 穆公을 가리킨다. 목공은 春秋五霸의 하나로 B.C.659년부터 B.C.621년까지 39년간 재위하였으며 서쪽에 치우쳐 제대로 대접받지 못하던 진나라를 패자의 지위로 올려놓은 걸출한 군주였다. 그는 오패의 하나인 晉 文公(重耳 : 636-628년 재위)이 죽자 곧바로 패자임을 자처하고 노魯 희공僖公 33년(B.C.627) 장군 孟明視, 西乞術, 白乙丙 등으로 하여금 몰래 鄭나라를 습격토록 하였다. 그러자 그의 신하 蹇叔과 百里奚가 온 힘을 다해 중지할 것을 간하였으나 목공은 이를 듣지 않게 된다. 이들 진나라 군대가 도중에서 비로소 정나라가 이미 충분한 방비를 하고 있음을 알고는, 할 수 없이 대신 작은 활滑나라를 치고 발길을 돌렸다. 그런데 오는 길에 崤山에 이르렀을 때 그만 晉(당시 晉나라 襄公 元年이었음)나라 군사에게 기습을 당하여 전군이 몰살당하고 말았다.

이에 진 목공은 자신의 군사들과 신하들에게 한 서약을 기록한 것이다. 《荀子》大略篇에는 "春秋賢穆公能變"이라 하였고, 楊倞 注에는 "不用蹇叔·百里之言, 敗於崤函而自變悔, 作秦誓, 詢玆黃髮是也"라 하였다. 〈금문〉과 〈고문〉에 모두 들어 있다.

＊蔡沈《書傳》〈秦誓〉注에《左傳》: 杞子自鄭使告于秦曰: 「鄭人使我掌其北門之管, 若

潛師以來, 國可得也.」穆公訪諸蹇叔, 蹇叔曰:「不可.」公辭焉. 使孟明·西乞·白乙伐鄭,
晉襄公帥師敗秦師于殽, 囚其三帥. 穆公悔過, 誓告群臣. 史錄爲篇. 今文·古文皆有"
라 하였다.

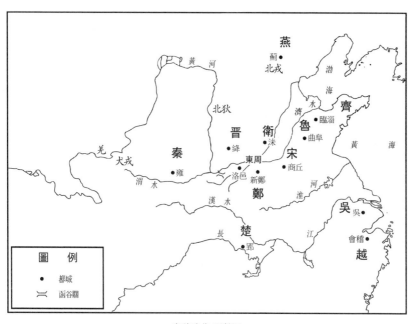

春秋時代 形勢圖

〈서〉: 진秦 목공穆公이 정鄭나라를 치러 나섰다가 돌아오는 길에, 진晉 양공襄公이 군사를 이끌고 이들을 효산崤山에서 패배시켰다. 세 장수가 돌아오자 목공은 〈진서秦誓〉를 지었다.

〈序〉: 秦穆公伐鄭, 晉襄公帥師敗諸崤, 還歸作〈秦誓〉.

【秦穆公】穆公은 '繆公'으로도 표기하며 춘추시대 秦나라 군주로 春秋五霸의 하나. 이름은 任好. 秦 成公을 이어 B.C.659-B.C.621년까지 39년간 재위하고 康公(罃)에게 이어짐. 百里奚와 公孫枝, 由余, 蹇叔 등을 등용하여 西戎을 制霸함. 晉 文公의 뒤를 이어 霸者가 됨.《史記》및《左傳》등을 참조할 것. 그 무렵 周(東周)나라는 襄王(姬鄭: B.C.651-B.C.619년까지 33년간 재위)이 군주로 있던 시기임.

【鄭】춘추시대 나라 이름. 周 宣王이 자신의 아우 桓公(姬友)을 봉했던 나라. 같은 姬姓으로 본래는 陝西 華縣에 鄭나라로서의 봉지를 받았으나 幽王 때 혼란이 일어나자 桓公의 아들 武公이 平王의 東遷(東周)을 도운 공으로 봉지를 지금의 河南 新鄭縣으로 옮겼으며 이 때문에 그곳을 '新鄭'이라 부른 것임. 春秋 후기 韓나라에게 망함.《史記》에 鄭世家가 있음. 한편 이 무렵 정나라는 穆公 元年이었음.

【晉襄公】춘추시대 晉나라 군주. 文公(重耳)과 偪姞 사이에 난 아들로 이름은 驩. 文公의 뒤를 이어 B.C.627~621년까지 7년간 재위함.《史記》扁鵲列傳에 "襄公縱淫"이라 함. 靈公이 그 뒤를 이음.

【帥師】'帥'은 '솔'로 읽으며 '인솔하다'의 뜻. '師'는 군사.

【諸】'之於'의 合音字. '저'로 읽음.

【崤】崤山(殽山). 晉나라의 要塞. 지금의 河南 서부. 가까운 곳에 函谷關이 있어 그 때문에 흔히 '崤函'이라 合稱하기도 함.

【還歸】晉나라가 孟明視, 西乞術, 白乙丙 세 장수를 풀어주어 秦나라로 귀환하도록 해 줌.

229(50-1)
일월유매 日月逾邁

목공穆公이 말하였다.

"아! 나의 부하들이여, 잘 들을 것이며 시끄럽게 떠들지 말라! 내 여러 가지를 중요한 말로 그대들에게 경고할 것이니라. 옛사람의 말에 '사람이 끝까지 자신이 하고 싶은 대로만 하면 이는 많은 사벽함을 짓는 것이요, 남에게 책임을 미루는 것은 어려운 일이 아니지만 남으로부터 책임과 사역을 받았을 때는 도리어 물 흐르듯 순종해야 하니, 이것이 어려운 것이로다!'라 하였다. 내 마음속 걱정은 날로 달로 더욱 심해지고 있으나 되돌릴 수가 없구나. 지난날 모신들은 자신들의 지도를 능히 받아들이지 않았다고 말하고, 지금 나의 모신들은 내가 가까이 다가오기만을 기다리고 있다고 하는구나. 비록 이와 같다 해도, 나는 그래도 나이 많으신 분들에게 가르침을 청하여 허물이 없기를 바라노라."

公曰:「嗟! 我士, 聽無譁! 予誓告汝羣言之首. 古人有言曰:『民訖自若, 是多盤. 責人斯無難, 惟受責俾如流, 是惟艱哉!』我心之憂, 日月逾邁, 若弗云來. 惟古之謀人, 則曰未就予忌; 惟今之謀人, 姑將以爲親. 雖則云然, 尚猷詢茲黃髮, 則罔所愆.」

【公曰】'公'은 秦 穆公(任好).

【我士】'士'는 신하들을 가리킴.

【聽無譁】'無'는 毋와 같음. 禁止命令.

【予誓告汝羣言之首】'羣言'은 여러 많은 말. '首'는 으뜸이 됨.《禮記》曾子問 鄭玄 注에 "首, 本也"라 하여 根本의 뜻.

【民訖自若】 '訖'은 '모두, 다하다'의 뜻. '自若'은 아무런 걸림이 없이 행동함.

【是多盤】 '盤'은 '邪辟하다'의 뜻. 兪樾은 "盤, 般通.《說文》: 般, 辟也. 多般, 猶云多辟.《詩》板篇'民之多辟', 箋曰: 民之行多爲辟邪. 此言民盡自順其意, 故多辟也"라 함.

【惟受責俾如流】 '俾如流'의 '俾'는 從과 같음.《爾雅》釋詁에 "俾, 從也"라 함.

【憂】 穆公이 鄭나라를 치려 한 것을 뉘우침.

【日月逾邁】 시간이 날로 달로 흘러감. '逾' '지나가다'의 뜻. '邁'는 行의 뜻.

【若弗云來】 '若'은 乃와 같음.《小爾雅》에 "若, 乃也"라 함. '云'은 '되돌아오다'의 뜻.

【惟古之謀人】 '古'는 옛날. 지나간 과거. '謀人'은 王과 더불어 국사를 謀策하던 사람.

【則曰未就予忌】 '就'는 '접근하다, 다가오다'의 뜻. '忌'는 '가르쳐주다'의 뜻.《說文》에는 惎자로 인용되어 있으며《小爾雅》에 "惎, 敎也"라 함.

【姑將以爲親】 '姑將'은 姑且와 같음. '임시로'의 뜻.

【尙猷詢玆黃髮】 '尙'은 祈願을 뜻하는 의미를 품고 있음. '猷'는 猶와 같음. '그나마, 그래도'의 뜻. '詢'은 의견을 구함. '黃髮'은 노인을 뜻함. 노인의 머리카락은 희어졌다가 다시 누런색이 됨. 여기서는 경험이 많은 사람을 뜻함.

【則罔所愆】 '愆'은 과실. 잘못.

230(50-2)
번번량사番番良士

"머리가 희끗희끗한 뛰어난 노신들은 체력이 이미 노쇠하였건만 나는 그래도 오히려 그런 자를 친히 여겼으며, 씩씩하고 용감한 사나이로서 활쏘기와 말 타기도 어긋남이 없건만 나는 도리어 그런 자를 가까이 하지 않았다. 단지 천박하고 말만 잘하는 이로서 군자로 하여금 쉽게 미혹하게 하건만 나는 도리어 그러한 자를 가까이 여겼구나! 곰곰이 내가 생각해보니, 만약 여기에 한 신하가 있어 성실하고 전일하지만 별다른 재주는 없으나 그 마음은 관대하여 남을 포용하는 자라고 하자. 그는 남이 재주를 가지고 있으면 마치 자신에게 그러한 재주가 있는 듯이 기꺼워하고, 남이 훌륭한 성덕을 지녔으면 그 마음속에 이를 좋아하여 단지 자신의 입에서 칭찬의 말이 나오는 것만으로 그치는 정도가 아니다. 이러한 사람은 능히 관용을 베풀 줄 아는 것이니, 이로써 내 자손과 백성을 보호한다면 역시 이익이 있을 것이다! 그런데 남이 잘하는 것이 있으면 온갖 질투로써 이를 미워하고, 남이 훌륭한 성덕을 지녔으면 이를 거슬러 그가 임금에게 다가오지 못하도록 한다. 이러한 사람이라면 능히 관용을 베풀 줄 모르는 자이니, 이러한 자로써 나의 자손과 백성들을 보호하게 한다면 역시 위태로우리라! 나라의 위험은 한 사람에게 있다 할 것이요, 나라의 영광과 안녕 또한 오히려 한 사람의 훌륭함에 있다 할 것이다."

「番番良士, 旅力旣愆, 我尚有之; 仡仡勇夫, 射御不違, 我尚不欲. 惟截截善諞言, 俾君子易辭, 我皇多有之! 昧昧我思之, 如有一介臣, 斷斷猗無他技, 其心休休焉, 其如有容. 人之有技, 若己有之;

人之彦聖, 其心好之, 不啻如自其口出. 是能容之, 以保我子孫黎民, 亦職有利哉! 人之有技, 冒疾以惡之; 人之彦聖, 而違之俾不達. 是不能容, 以不能保我子孫黎民, 亦曰殆哉! 邦之杌陧, 曰由一人; 邦之榮懷, 亦尚一人之慶.」

【番番良士】'番'은 皤와 같으며《說文》에 "皤, 老人髮白貌也"라 함. 머리가 희끗희끗한 老人.

【旅力既愆】'旅'는 膂와 같음. 등뼈. 힘을 쓰는 곳.《廣雅》釋詁에 "膂, 力也"라 함. '愆'은 '손해를 입히다, 손상을 주다'의 뜻.

【我尙有之】'有之'는 '친히 여기다'의 뜻.

【仡仡勇夫】'仡仡'은 용감하고 힘 있는 모습.

【射御不違】'射'는 '화살을 쏘다', '御'는 '수레를 몰다', '違'는 '실수하다, 놓치다'의 뜻.

【我尙不欲】'欲'은 '좋아하다, 기쁨을 느끼다'의 뜻.

【惟截截善諞言】'截'는 '譏'과 같으며 '천박하다, 경박하다'의 뜻. '諞'은 교묘한 말.

【俾君子易辭】'易辭'는 말을 바꿈.

【我皇多有之】'皇'은 大와 같음. '有之'는 친히 여겨 그리워함.

【昧昧我思之】'昧昧'는 '곰곰이'의 뜻.

【如有一介臣】'介'는 个와 같음.

【斷斷猗無他技】'斷斷'은 誠實하고 專一함.《廣雅》釋訓에 "斷斷, 誠也"라 하였고, 《公羊傳》文公 12년 何休 注에는 "斷斷, 猶專一也"라 함. '猗'는 兮와 같음. 어조사.

【其心休休焉】'休休'는 마음이 너그러운 모습.

【其如有容】'容'은 받아들임. 登用함.

【人之有技】'技'는 기능.

【人之彦聖】'彦'은 뛰어난 것. '聖'은 聖人처럼 명철함을 뜻함.

【其心好之】'好'는 '좋아하다'의 뜻.

【不啻如自其口出】'不啻'는 不但과 같음. '마치 자신의 입에서 칭찬이 나온 것 이상으로 칭찬하다'의 뜻. '自'는 從과 같음. 孔穎達 疏에 "愛彼美聖, 口必稱揚而薦達之, 其心愛之, 又甚於口, 言其愛之至也"라 함.

【以保我子孫黎民, 亦職有利哉】'職'은 〈大學〉에서의 인용문에는 '尙'으로 되어 있으며,《說文》에 "尙, 庶幾也"라 함.

【人之有技, 冒疾以惡之】'冒疾'의 冒는 媢, 疾은 嫉과 같음. 시기하고 질투함.

【人之彦聖, 而違之俾不達】'違之'는 그의 뜻을 어그러뜨림. 鄭玄은 "猶戾也"라 함. '達'은 通과 같음.

【亦曰殆哉】'曰'은 구절 중간의 語氣助詞. '殆'는 위험함.

【邦之杌隉】'杌隉'(올얼)은 위태롭고 不安한 상태를 뜻하는 雙聲連綿語.

【曰由一人】'曰'은 語氣助詞. '由'는 因과 같음. '一人'은 임금, 군주.

【邦之榮懷】'懷'는 편안함. 安寧과 같음.

【亦尙一人之慶】'尙'은 '오히려, 도리어, 아마, 거의'의 뜻. '慶'은 善의 뜻.

부록

〈목차〉

〈調兵憑證〉(秦) "甲兵之符, 右在皇帝, 左在陽陵"

I. 序跋類: 〈四庫全書〉經部(11) 《書》類(1)

1. 《書》

〈欽定四庫全書總目〉卷11 經部(11) 書類(1)

《書》以道政事, 儒者不能異說也. 小序之依託, 五行傳之附會, 久論定矣. 然諸家聚訟, 猶有四端. 曰今文古文, 曰錯簡, 曰禹貢山水, 曰洪範疇數. 夫古文之辨, 至閻若璩始明, 朱彝尊謂:「是書久頒於學官, 其言多綴輯逸經成文.」無悖於理, 汾陰漢鼎, 良亦善喻. 吳澄擧而刪之, 非可行之道也. 禹跡大抵在中原, 而論者多當南渡. 昔疎今密, 其勢則然. 然尺短寸長, 互相補苴, 固宜兼收並蓄. 以證同異, 若夫劉向記〈酒誥〉·〈召誥〉脫簡僅三, 而諸儒動稱數十. 班固索〈洪範〉於〈洛書〉, 諸儒併及〈河圖〉, 支離蕃轕, 渚經義矣. 故王柏《書疑》, 蔡沈《皇極數》之類, 非解經之正軌者, 咸無取焉.

2. 《尙書正義》二十卷(內府藏本)

舊本題漢孔安國《傳》, 其書至晉豫章內史梅賾, 始奏於朝. 唐貞觀十六年(642), 孔穎達等爲之疏, 永徽四年(653), 長孫無忌等, 又加刊定. 孔傳之依託, 自朱子以來, 遞有論辯辨. 至國朝閻若璩, 作《尙書古文疏證》, 其事愈明, 其灼然可據者, 梅鷟《尙書考異》, 攻其註〈禹貢〉'瀦水出河南北山'一條, '積石山在金城西南羌中'一條, 地名皆在安國後. 朱彝尊《經義考》, 攻其註〈書序〉'東海駒驪扶餘馯貊之屬'一條, 謂駒驪王朱蒙, 至漢元帝建昭二年(B.C.37), 始建國. 安國武帝時人, 亦不及見. 若璩則攻其註〈泰誓〉, 雖有周親不如仁人, 與所註《論語》相反, 又安國《傳》, 有〈湯

誓〉, 而註《論語》'予小子履'一
節, 乃以爲《墨子》所引〈湯
誓〉之文(案: 安國《論語》注今
佚, 此條乃何晏〈集解〉所引),
皆證佐分明, 更無疑義. 至
若璩謂:「定從孔《傳》, 以孔
穎達之故, 則不盡然. 考《漢
書》藝文志敘〈古文尚書〉, 但
稱安國獻之, 遭巫蠱事, 未
立於學官. 不云作《傳》, 而
《經典釋文》敘錄, 乃稱〈藝

〈欽定四庫全書〉(淸)

文志〉云:「安國獻《尚書傳》, 遭巫蠱事, 未立於學官.」始增入一《傳》字.」以證實其事.
又稱今以孔氏爲正, 則定從孔《傳》者, 乃陸德明, 非自穎達, 惟德明於〈舜典〉下註
云:「孔氏《傳》亡〈舜典〉一篇, 時以王肅注頗類孔氏, 故取王注, 從'愼徽五典'以下,
爲〈舜典〉, 以續孔《傳》. 又云'曰若稽古帝舜曰重華, 協于帝'十二字, 是姚方興所上,
孔氏《傳》本無. 阮孝緒《七錄》亦云:「方興本, 或此下更'有濬哲文明溫恭允塞元德升
聞乃命以位'凡二十八字, 異聊出之. 於王注無施也, 則開皇中, 雖增入此文, 尙未增
入孔傳中, 故德明云爾. 今本二十八字, 當爲穎達增入耳. 梅賾之時, 去古未遠, 其傳
實據王肅之注, 而附益以舊訓. 故《釋文》稱王肅亦注今文, 所解大與古文相類. 或
肅私見孔《傳》, 而秘之乎! 此雖以末爲本, 未免倒置, 亦足見其根據古義, 非盡無
稽矣. 穎達之疏, 晁公武《讀書志》謂「因梁費甝疏廣之.」然穎達原序, 稱爲〈正義〉
者, 蔡大寶·巢猗·費甝·顧彪·劉焯·劉炫六家, 而以劉焯·劉炫, 最爲詳雅, 其書實因
二劉, 非因費氏. 公武或以《經典釋文》所列義疏, 僅甝一家. 故云然與! 《朱子語錄》
謂:「五經疏《周禮》最好, 《詩》·《禮記》次之, 《易》·《書》爲下.」其言良允, 然名物訓故,
究賴之以有考, 亦何可輕也?

3.〈目錄序〉

臣等謹案:《尙書注疏》十九卷, 漢孔安國傳, 唐孔穎達疏. 漢初惟傳伏生〈今文尙書〉二十八篇, 後安國得壁中書較多於伏生所傳, 又其字體與漢隸異, 是爲〈古文〉. 永嘉之亂, 古文中絶, 晉梅賾乃上〈古文尙書〉四十五篇, 並安國臣所作《傳》, 識者疑之. 穎達作〈正義〉, 專主安國翻疑, 康成等所見〈古文〉爲僞書, 何也? 晁公武謂:「其因梁費甝疏廣之, 盖六朝諸家《尙書義疏》, 世多不傳, 惟是書猶存, 其崖畧」云.

乾隆四十二年(1777)八月, 恭校上.

總纂官紀昀, 臣陸錫熊, 臣孫士毅.

總校官臣陸費墀

4.〈尙書正義序〉

國子祭酒·上護軍曲·阜縣開國子·臣孔穎達奉勅撰.

夫書者, 人君辭誥之典, 右史記言之策, 古之王者, 事叢萬機, 發號出令, 義非一揆. 或設教以馭下, 或展禮以事上;或宣威以肅震曜, 或敷和而散風雨. 得之則百度惟貞, 失之則千里斯謬. 樞機之發, 榮辱之生, 絲綸之動, 不可不愼. 所以辭不苟出君, 擧必書;欲其昭法, 誡愼言行也. 其泉源所漸, 基於出震之君, 繡藻斯彰郁乎! 如雲之后, 勳·華揖讓而〈典〉·〈謨〉起;湯·武革命而〈誓〉·〈誥〉興. 先君宣父, 生於周末, 有至德而無至位, 修聖道以顯聖人, 芟煩亂而翦浮辭, 擧宏綱而撮機要. 上斷唐·虞, 下終秦魯, 時經五代書, 摠百篇, 採翡翠之羽毛, 拔犀象之牙角, 罄荆山之石. 所得者, 連城窮漢水之濱;所求者, 照乘巍巍蕩蕩, 無得而稱郁郁, 紛紛於斯爲盛, 斯乃前言往行, 足以垂法將來者也. 曁乎七雄已戰, 五精未聚, 儒雅與深穽同埋, 經典共積薪俱燎. 漢氏大濟區宇, 廣求遺逸, 採古文於金石, 得今書於齊魯, 其文則歐陽·夏侯二家之所說.

蔡邕碑·石刻之古文, 則兩漢亦所不行, 安國注之, 寔遭巫蠱, 遂寢而不用. 歷及魏晉, 方始稍興. 故馬·鄭諸儒, 莫覩其學, 所注經傳, 時或異同. 晉世皇甫謐, 獨得其書, 載於帝紀, 其後傳授, 乃可詳焉. 但古文經, 雖然早出, 晚始得行. 其辭富而備, 其義宏而雅, 故復而不厭, 久而愈亮. 江左學者, 咸悉祖焉. 近至隋初, 始流河朔. 其爲〈正義〉者, 蔡大寶·巢猗·費甝·顧彪·劉焯·劉炫等. 其諸公, 旨趣多或因循, 怗釋注文, 義皆淺略. 惟劉焯·劉炫, 最爲詳雅. 然焯乃織綜經文, 穿鑿孔穴, 詭其新見, 異彼前儒. 非險而更爲險, 無義而更生義. 竊以古人言〈誥〉, 惟在達情, 雖復時或取象, 不必辭皆有意, 若其言必託數經, 悉對文斯, 乃鼓怒浪於平流, 震驚飆於靜樹, 使教者煩而多惑; 學者勞而少功, 過猶不及, 良爲此也. 炫嫌焯之煩, 雜就而删焉. 雖復微稍省要, 又好改張前義, 義更太略, 辭又過華, 雖爲文筆之善, 乃非開奬之路; 義既無義, 文又非文, 欲使後生, 若爲領袖, 此乃炫之所失, 未爲得也. 今奉明勅, 考定是非, 謹罄庸愚, 竭所聞見, 覽古人之傳記, 質近代之異同; 存其是而去其非, 削其煩而增其簡, 此亦非敢臆說, 必據舊聞, 謹與朝散大夫, 行太學博士, 臣王德韶, 前四門助教, 臣李子雲等, 謹共銓叙, 至十六年, 又奉勅與前修疏人, 及通直郎, 行四門博士, 驍騎尉, 臣朱長才, 給事郎守四門博士上騎都尉, 臣蘇德融, 登仕郎守太學助教雲騎尉, 臣隨德素儒林郎守四門助教雲騎尉, 臣王士雄等, 對勅使趙弘智, 覆更詳審, 爲之〈正義〉, 凡二十卷. 庶對揚於聖範, 冀有益於童稚, 略陳其事叙之云爾.

Ⅱ.《漢書》藝文志 六藝略《尚書》

《尙書古文經》四十六卷. 爲五十七篇.(1)

《經》二十九卷. 大·小夏侯二家.《歐陽經》三十二卷.(2)

《傳》四十一篇.

《歐陽章句》三十一卷.

大·小《夏侯章句》各二十九卷.

大·小《夏侯解故》二十九篇.

《歐陽說義》二篇.

劉向《五行傳記》十一卷.

許商《五行傳記》一篇.

《周書》七十一篇. 周史記.(3)

《議奏》四十二篇. 宣帝時石渠論.(4)

凡《書》九家, 四百一十二篇. 入劉向《稽疑》一篇.(5)

(1) 師古曰:「孔安國序云「凡五十九篇, 爲四十六卷. 承詔作傳, 引序各冠其篇首, 定五十八篇.」鄭玄敍贊云「後又亡其一篇」, 故五十七.」

(2) 師古曰:「此二十九卷, 伏生傳授者.」

(3) 師古曰:「劉向云『周時誥誓號令也, 蓋孔子所論百篇之餘也.』今之存者四十五篇矣.」

(4) 韋昭曰:「閣名也, 於此論書.」

(5) 師古曰:「此凡言入者, 謂《七略》之外班氏新入之也. 其云出者與此同.」

《易》曰:「河出圖, 洛出書, 聖人則之.」(1) 故《書》之所起遠矣, 至孔子纂焉,(2) 上斷於堯, 下訖於秦, 凡百篇, 而爲之序, 言其作意. 秦燔書禁學, 濟南伏生獨壁藏之.

漢興亡失, 求得二十九篇, 以教齊魯之間. 訖孝宣世, 有《歐陽》·《大小夏侯氏》, 立於學官.《古文尚書》者, 出孔子壁中.(3) 武帝末, 魯共王懷孔子宅, 欲以廣其宮. 而得《古文尚書》及《禮記》·《論語》·《孝經》凡數十篇, 皆古字也. 共王往入其宅, 聞鼓

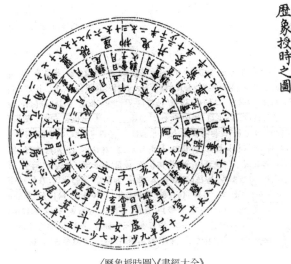

〈歷象授時圖〉《書經大全》

琴瑟鍾磬之音, 於是俱, 乃止不壞. 孔安國者, 孔子后也, 悉得其書, 以考二十九篇, 得多十六篇.(4) 安國獻之. 遭巫蠱事, 未列於學官. 劉向以中古文校歐陽、大小夏侯三家經文,《酒誥》脫簡一,《召誥》脫簡二.(5) 率簡二十五字者, 脫亦二十五字, 簡二十二字者, 脫亦二十二字, 文字異者七百有余, 脫字數十.《書》者, 古之號令, 號令於眾, 其言不立具, 則聽受施行者弗曉. 古文讀應爾雅, 故解古今語而可知也.

(1)師古曰:「上繫之辭也.」

(2)孟康曰:「纂音撰.」

(3)師古曰:「《家語》云孔騰字子襄, 畏秦法峻急, 藏《尚書》·《孝經》·《論語》於夫子舊堂壁中, 而《漢記》尹敏傳云孔鮒所藏. 二說不同, 未知孰是.」

(4)師古曰:「壁中書多, 以考見行世二十九篇之外, 更得十六篇.」

(5)師古曰:「召讀曰邵.」

Ⅲ.《史記》관련 자료

1.〈五帝本紀〉

黃帝者, 少典之子, 姓公孫, 名曰軒轅. 生而神靈, 弱而能言, 幼而徇齊, 長而敦敏, 成而聰明.

軒轅之時, 神農氏世衰. 諸侯相侵伐, 暴虐百姓, 而神農氏弗能征. 於是軒轅乃習用干戈, 以征不享, 諸侯咸來賓從. 而蚩尤最爲暴, 莫能伐. 炎帝欲侵陵諸侯, 諸侯咸歸軒轅. 軒轅乃修德振兵, 治五氣, 蓻五種, 撫萬民, 度四方, 敎熊羆貔貅貙虎, 以與炎帝戰於阪泉之野. 三戰, 然後得其志. 蚩尤作亂, 不用帝命. 於是黃帝乃徵師諸侯, 與蚩尤戰於涿鹿之野, 遂禽殺蚩尤. 而諸侯咸尊軒轅爲天子, 代神農氏, 是爲黃帝. 天下有不順者, 黃帝從而征之, 平者去之, 披山通道, 未嘗寧居.

東至于海, 登丸山, 及岱宗. 西至于空桐, 登雞頭. 南至于江, 登熊·湘. 北逐葷粥, 合符釜山, 而邑于涿鹿之阿. 遷徙往來無常處, 以師兵爲營衛. 官名皆以雲命, 爲雲師. 置左右大監, 監于萬國. 萬國和, 而鬼神山川封禪與爲多焉. 獲寶鼎, 迎日推筴. 擧風后·力牧·常先·大鴻以治民. 順天地之紀, 幽明之占, 死生之說, 存亡之難. 時播百穀草木, 淳化鳥獸蟲蛾, 旁羅日月星辰水波土石金玉, 勞勤心力耳目, 節用水火材物. 有土德之端, 故號黃帝.

黃帝二十五子, 其得姓者十四人.

黃帝居軒轅之丘, 而娶於西陵之女, 是爲嫘祖. 嫘祖爲黃帝正妃, 生二子, 其後皆有天下: 其一曰玄囂, 是爲靑陽, 靑陽降居江水; 其二曰昌意, 降居若水. 昌意娶蜀山氏女, 曰昌僕, 生高陽, 高陽有聖德焉. 黃帝崩, 葬橋山. 其孫昌意之子高陽立, 是爲帝顓頊也.

帝顓頊高陽者, 黃帝之孫而昌意之子也. 靜淵以有謀, 疏通而知事; 養材以任地,載時以象天, 依鬼神以制義, 治氣以敎化, 絜誠以祭祀. 北至于幽陵, 南至于交阯, 西至于流沙, 東至于蟠木. 動靜之物, 大小之神, 日月所照, 莫不砥屬.

帝顓頊生子曰窮蟬. 顓頊崩, 而玄囂之孫高辛立, 是爲帝嚳.

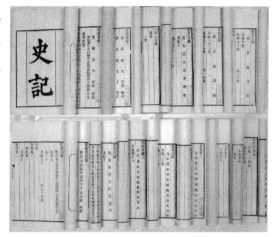

《史記》와 二十四史

帝嚳高辛者, 黃帝之曾孫也. 高辛父曰蟜極, 蟜極父曰玄囂, 玄囂父曰黃帝. 自玄囂與蟜極皆不得在位, 至高辛卽帝位. 高辛於顓頊爲族子.

高辛生而神靈, 自言其名. 普施利物, 不於其身. 聰以知遠, 明以察微. 順天之義, 知民之急. 仁而威, 惠而信, 脩身而天下服. 取地之財而節用之, 撫敎萬民而利誨之, 曆日月而迎送之, 明鬼神而敬事之. 其色郁郁, 其德嶷嶷. 其動也時, 其服也士. 帝嚳漑執中而徧天下, 日月所照, 風雨所至, 莫不從服.

帝嚳娶陳鋒氏女, 生放勳. 娶娵訾氏女, 生摯. 帝嚳崩, 而摯代立. 帝摯立, 不善(崩), 而弟放勳立, 是爲帝堯.

帝堯者, 放勳. 其仁如天, 其知如神. 就之如日, 望之如雲. 富而不驕, 貴而不舒. 黃收純衣, 彤車乘白馬. 能明馴德, 以親九族. 九族旣睦, 便章百姓. 百姓昭明, 合和萬國.

乃命羲·和, 敬順昊天, 數法日月星辰, 敬授民時. 分命羲仲, 居郁夷, 曰暘谷. 敬道日出, 便程東作. 日中, 星鳥, 以殷中春. 其民析, 鳥獸字微. 申命羲叔, 居南交. 便程南爲, 敬致. 日永, 星火, 以正中夏. 其民因, 鳥獸希革. 申命和仲, 居西土, 曰昧谷. 敬道日入, 便程西成. 夜中, 星虛, 以正中秋. 其民夷易, 鳥獸毛毨. 申命和叔; 居北方, 曰幽都. 便在伏物. 日短, 星昴, 以正中冬. 其民燠, 鳥獸氄毛. 歲三百六十六日, 以閏月正四時. 信飭百官, 衆功皆興.

堯曰:「誰可順此事?」放齊曰:「嗣子丹朱開明.」堯曰:「吁! 頑凶, 不用.」堯又曰:「誰可者?」讙兜曰:「共工旁聚布功, 可用.」堯曰:「共工善言, 其用僻, 似恭漫天, 不可.」堯又曰:「嗟, 四嶽, 湯湯洪水滔天, 浩浩懷山襄陵, 下民其憂, 有能使治者?」皆曰鯀可. 堯曰:「鯀負命毀族, 不可.」嶽曰:「异哉, 試不可用而已.」堯於是聽嶽用鯀. 九歲, 功用不成.

堯曰:「嗟! 四嶽: 朕在位七十載, 汝能庸命, 踐朕位?」嶽應曰:「鄙德忝帝位.」堯曰:「悉擧貴戚及疏遠隱匿者.」衆皆言於堯曰:「有矜在民閒, 曰虞舜.」堯曰:「然, 朕聞之. 其何如?」嶽曰:「盲者子. 父頑, 母嚚, 弟傲, 能和以孝, 烝烝治, 不至姦.」堯曰:「吾其試哉!」於是堯妻之二女, 觀其德於二女. 舜飭下二女於嬀汭, 如婦禮. 堯善之, 乃使舜愼和五典, 五典能從. 乃遍入百官, 百官時序. 賓於四門, 四門穆穆, 諸侯遠方賓客皆敬. 堯使舜入山林川澤, 暴風雷雨, 舜行不迷. 堯以爲聖, 召舜曰:「女謀事至而言可績, 三年矣. 女登帝位.」舜讓於德不懌. 正月上日, 舜受終於文祖. 文祖者, 堯大祖也.

於是帝堯老, 命舜攝行天子之政, 以觀天命. 舜乃在璿 璣玉衡, 以齊七政. 遂類于上帝, 禋于六宗, 望于山川, 辯于群神. 揖五瑞, 擇吉月日, 見四嶽諸牧, 班瑞. 歲二月, 東巡狩, 至於岱宗, 柴, 望秩於山川. 遂見東方君長, 合時月正日, 同律度量衡, 脩五禮五玉三帛二生一死爲摯, 如五器, 卒乃復. 五月, 南巡狩; 八月, 西巡狩; 十一月, 北巡狩: 皆如初. 歸, 至于祖禰廟, 用特牛禮. 五歲一巡狩, 群四朝. 徧告以言, 明試以功, 車服以庸. 肇十有二州, 決川. 象以典刑, 流宥五刑, 鞭作官刑, 扑作敎刑, 金作贖刑. 眚災過, 赦; 怙終賊, 刑. 欽哉, 欽哉, 惟刑之靜哉!

讙兜進言共工, 堯曰不可而試之工師, 共工果淫辟. 四嶽擧鯀治鴻水, 堯以爲不可, 嶽彊請試之, 試之而無功, 故百姓不便. 三苗在江淮·荊州數爲亂. 於是舜歸而言於帝, 請流共工於幽陵, 以變北狄; 放讙兜於崇山, 以變南蠻; 遷三苗於三危, 以變西戎; 殛鯀於羽山, 以變東夷: 四罪而天下咸服.

堯立七十年得舜, 二十年而老, 令舜攝行天子之政, 薦之於天. 堯辟位凡二十八年而崩. 百姓悲哀, 如喪父母. 三年, 四方莫擧樂, 以思堯. 堯知子丹朱之不肖, 不足授天下, 於是乃權授舜. 授舜, 則天下得其利而丹朱病;授丹朱, 則天下病而丹朱得其利. 堯曰:「終不以天下之病而利一人」, 而卒授舜以天下. 堯崩, 三年之喪畢, 舜讓辟丹朱於南河之南. 諸侯朝覲者不之丹朱而之舜, 獄訟者不之丹朱而之舜, 謳歌者不謳歌丹朱而謳歌舜. 舜曰:「天也」, 夫而後之中國踐天子位焉, 是爲帝舜.

虞舜者, 名曰重華. 重華父曰瞽叟, 瞽叟父曰橋牛, 橋牛父曰句望, 句望父曰敬康, 敬康父曰窮蟬, 窮蟬父曰帝顓頊, 顓頊父曰昌意:以至舜七世矣. 自從窮蟬以至帝舜, 皆微爲庶人.

舜父瞽叟盲, 而舜母死, 瞽叟更娶妻而生象, 象傲. 瞽叟愛後妻子, 常欲殺舜, 舜避逃;及有小過, 則受罪. 順事父及後母與弟, 日以篤謹, 匪有解.

舜, 冀州之人也. 舜耕歷山, 漁雷澤, 陶河濱, 作什器於壽丘, 就時於負夏. 舜父瞽叟頑, 母嚚, 弟象傲, 皆欲殺舜. 舜順適不失子道, 兄弟孝慈. 欲殺, 不可得;即求, 嘗在側.

舜年二十以孝聞. 三十而帝堯問可用者, 四嶽咸薦虞舜, 曰可. 於是堯乃以二女妻舜以觀其內, 使九男與處以觀其外. 舜居嬀汭, 內行彌謹. 堯二女不敢以貴驕事舜親戚, 甚有婦道. 堯九男皆益篤. 舜耕歷山, 歷山之人皆讓畔;漁雷澤, 雷澤上人皆讓居;陶河濱, 河濱器皆不苦窳. 一年而所居成聚, 二年成邑, 三年成都. 堯乃賜舜絺衣, 與琴, 爲築倉廩, 予牛羊. 瞽叟尙復欲殺之, 使舜上塗廩, 瞽叟從下縱火焚廩. 舜乃以兩笠自扞而下, 去, 得不死. 後瞽叟又使舜穿井, 舜穿井爲匿空旁出. 舜既入深, 瞽叟與象共下土實井, 舜從匿空出, 去. 瞽叟·象喜, 以舜爲已死. 象曰:「本謀者象.」象與其父母分, 於是曰:「舜妻堯二女, 與琴, 象取之. 牛羊倉廩予父母.」象乃止舜宮居, 鼓其琴. 舜往見之. 象鄂不懌, 曰:「我思舜正鬱陶!」舜曰:「然, 爾其庶矣!」舜復事瞽叟愛弟彌謹. 於是堯乃試舜五典百官, 皆治.

昔高陽氏有才子八人, 世得其利, 謂之「八愷」. 高辛氏有才子八人, 世謂之「八元」. 此十六族者, 世濟其美, 不隕其名. 至於堯, 堯未能擧. 舜擧八愷, 使主后土, 以揆百事, 莫不時序. 擧八元, 使布五敎于四方, 父義, 母慈, 兄友, 弟恭, 子孝, 內平外成.

昔帝鴻氏有不才子, 掩義隱賊, 好行凶慝, 天下謂之渾沌. 少皞氏有不才子, 毀信惡忠, 崇飾惡言, 天下謂之窮奇. 顓頊氏有不才子, 不可敎訓, 不知話言, 天下謂之檮杌. 此三族世憂之. 至于堯, 堯未能去. 縉雲氏有不才子, 貪于飲食, 冒于貨賄, 天下謂之饕餮. 天下惡之, 比之三凶. 舜賓於四門, 乃流四凶族, 遷于四裔, 以御螭魅, 於是四門辟, 言毋凶人也.

舜入于大麓, 烈風雷雨不迷, 堯乃知舜之足授天下. 堯老, 使舜攝行天子政, 巡狩. 舜得舉用事二十年, 而堯使攝政. 攝政八年而堯崩. 三年喪畢, 讓丹朱, 天下歸舜. 而禹·皋陶·契·后稷·伯夷·夔·龍·倕·益·彭祖自堯時而皆舉用, 未有分職. 於是舜乃至於文祖, 謀于四嶽, 辟四門, 明通四方耳目, 命十二牧論帝德, 行厚德, 遠佞人, 則蠻夷率服. 舜謂四嶽曰:「有能奮庸美堯之事者, 使居官相事?」皆曰:「伯禹爲司空, 可美帝功.」舜曰:「嗟, 然! 禹, 汝平水土, 維是勉哉.」禹拜稽首, 讓於稷·契與皋陶. 舜曰:「然, 往矣.」舜曰:「棄, 黎民始飢, 汝后稷播時百穀.」舜曰:「契, 百姓不親, 五品不馴, 汝爲司徒, 而敬敷五教, 在寬.」舜曰:「皋陶, 蠻夷猾夏, 寇賊姦軌, 汝作士, 五刑有服, 五服三就; 五流有度, 五度三居: 維明能信.」舜曰:「誰能馴予工?」皆曰垂可. 於是以垂爲共工. 舜曰:「誰能馴予上下草木鳥獸?」皆曰益可. 於是以益爲朕虞. 益拜稽首, 讓于諸臣朱虎·熊羆. 舜曰:「往矣, 汝諧.」遂以朱虎·熊羆爲佐. 舜曰:「嗟! 四嶽, 有能典朕三禮?」皆曰伯夷可. 舜曰:「嗟! 伯夷, 以汝爲秩宗, 夙夜維敬, 直哉維靜絜.」伯夷讓夔·龍. 舜曰:「然. 以夔爲典樂, 教稚子, 直而溫, 寬而栗, 剛而毋虐, 簡而毋傲; 詩言意, 歌長言, 聲依永, 律和聲, 八音能諧, 毋相奪倫, 神人以和.」夔曰:「於! 予擊石拊石, 百獸率舞.」舜曰:「龍, 朕畏忌讒說殄僞, 振驚朕衆, 命汝爲納言, 夙夜出入朕命, 惟信.」舜曰:「嗟! 女二十有二人, 敬哉, 惟時相天事.」三歲一考功, 三考絀陟, 遠近衆功咸興. 分北三苗.

此二十二人咸成厥功: 皋陶爲大理, 平, 民各伏得其實; 伯夷主禮, 上下咸讓; 垂主工師, 百工致功; 益主虞, 山澤; 棄主稷, 百穀時茂; 契主司徒, 百姓親和; 龍主賓客, 遠人至; 十二牧行而九州莫敢辟違; 唯禹之功爲大, 披九山, 通九澤, 決九河, 定九州, 各以其職來貢, 不失厥宜. 方五千里, 至于荒服. 南撫交阯·北發, 西戎·析枝·渠廋·氐·羌, 北山戎·發·息愼, 東長·鳥夷, 四海之內咸戴帝舜之功. 於是禹乃興九招之樂, 致異物, 鳳皇來翔. 天下明德皆自虞帝始.

舜年二十以孝聞, 年三十堯舉之, 年五十攝行天子事, 年五十八堯崩, 年六十一代堯踐帝位. 踐帝位三十九年, 南巡狩, 崩於蒼梧之野. 葬於江南九疑, 是爲零陵. 舜之踐帝位, 載天子旗, 往朝父瞽叟, 夔夔唯謹, 如子道. 封弟象爲諸侯. 舜子商均亦不肖, 舜乃豫薦禹於天. 十七年而崩. 三年喪畢, 禹亦乃讓舜子, 如舜讓堯子. 諸侯歸之, 然後禹踐天子位. 堯子丹朱, 舜子商均, 皆有疆土, 以奉先祀. 服其服, 禮樂如之. 以客見天子, 天子弗臣, 示不敢專也.

自黃帝至舜·禹, 皆同姓而異其國號, 以章明德. 故黃帝爲有熊, 帝顓頊爲高陽, 帝嚳爲高辛, 帝堯爲陶唐, 帝舜爲有虞. 帝禹爲夏后而別氏, 姓姒氏. 契爲商, 姓子氏. 棄爲周, 姓姬氏.

太史公曰: 學者多稱五帝, 尙矣. 然尙書獨載堯以來; 而百家言黃帝, 其文不雅馴, 薦紳先生難言之. 孔子所傳宰予問五帝德及帝繫姓, 儒者或不傳. 余嘗西至空桐, 北過涿鹿, 東漸於海, 南浮江淮矣, 至長老皆各往往稱黃帝·堯·舜之處, 風敎固殊焉, 總之不離古文者近是. 予觀春秋·國語, 其發明五帝德·帝繫姓章矣, 顧弟弗深考, 其所表見皆不虛. 書缺有閒矣, 其軼乃時時見於他說. 非好學深思, 心知其意, 固難爲淺見寡聞道也. 余幷論次, 擇其言尤雅者, 故著爲本紀書首.

2. 〈夏本紀〉

夏禹, 名曰文命. 禹之父曰鯀, 鯀之父曰帝顓頊, 顓頊之父曰昌意, 昌意之父曰黃帝. 禹者, 黃帝之玄孫而帝顓頊之孫也. 禹之曾大父昌意及父鯀皆不得在帝位, 爲人臣.

當帝堯之時, 鴻水滔天, 浩浩懷山襄陵, 下民其憂. 堯求能治水者, 群臣四嶽皆曰鯀可. 堯曰: 「鯀爲人負命毀族, 不可.」 四嶽曰: 「等之未有賢於鯀者, 願帝試之.」於是堯聽四嶽, 用鯀治水. 九年而水不息, 功用不成. 於是帝堯乃求人, 更得舜. 舜登用, 攝行天子之政, 巡狩. 行視鯀之治水無狀, 乃殛鯀於羽山以死. 天下皆以舜之誅爲是. 於是舜擧鯀子禹, 而使續鯀之業.

堯崩, 帝舜問四嶽曰: 「有能成美堯之事者使居官?」 皆曰: 「伯禹爲司空, 可成美

堯之功.」舜曰:「嗟, 然!」命禹:「女平水土, 維是勉之.」禹拜稽首, 讓於契·后稷·皐
陶. 舜曰:「女其往視爾事矣.」

禹爲人敏給克勤; 其德不違, 其仁可親, 其言可信; 聲爲律, 身爲度, 稱以出; 亹
亹穆穆, 爲綱爲紀.

禹乃遂與益·后稷奉帝命, 命諸侯百姓興人徒以傅土, 行山表木, 定高山大川. 禹
傷先人父鯀功之不成受誅, 乃勞身焦思, 居外十三年, 過家門不敢入. 薄衣食, 致
孝于鬼神. 卑宮室, 致費於溝淢. 陸行乘車, 水行乘船, 泥行乘橇, 山行乘檋. 左準
繩, 右規矩, 載四時, 以開九州, 通九道, 陂九澤, 度九山. 令益予衆庶稻, 可種卑
溼. 命后稷予衆庶難得之食. 食少, 調有餘相給, 以均諸侯. 禹乃行相地宜所有以
貢, 及山川之便利.

禹行自冀州始. 冀州: 旣載壺口, 治梁及岐. 旣脩太原, 至于嶽陽. 覃懷致功, 至
於衡漳. 其土白壤. 賦上上錯, 田中中, 常·衛旣從, 大陸旣爲. 鳥夷皮服. 夾右碣石,
入于海.

濟·河維沇州: 九河旣道, 雷夏旣澤, 雍·沮會同, 桑土旣蠶, 於是民得下丘居土.
其土黑墳, 草繇木條. 田中下, 賦貞, 作十有三年乃同. 其貢漆絲, 其篚織文. 浮於
濟·漯, 通於河.

海岱維青州: 堣夷旣略, 濰·淄其道. 其土白墳, 海濱廣潟, 厥田斥鹵. 田上下, 賦
中上. 厥貢鹽絺, 海物維錯, 岱畎絲·枲·鉛·松·怪石, 萊夷爲牧, 其篚酓絲. 浮於汶,
通於濟.

海岱及淮維徐州: 淮·沂其治, 蒙·羽其藝. 大野旣都, 東原底平. 其土赤埴墳, 草
木漸包. 其田上中, 賦中中. 貢維土五色, 羽畎夏狄, 嶧陽孤桐, 泗濱浮磬, 淮夷蠙
珠臮魚, 其篚玄纖縞. 浮于淮·泗, 通于河.

淮海維揚州: 彭蠡旣都, 陽鳥所居. 三江旣入, 震澤致定. 竹箭旣布. 其草惟夭,
其木惟喬, 其土塗泥. 田下下, 賦下上上雜. 貢金三品, 瑤·琨·竹箭, 齒·革·羽·旄, 島
夷卉服, 其篚織貝, 其包橘·柚錫貢. 均江海, 通淮·泗.

荊及衡陽維荊州: 江·漢朝宗于海. 九江甚中, 沱·涔已道, 雲土·夢爲治. 其土塗
泥. 田下中, 賦上下. 貢羽·旄·齒·革, 金三品, 杶·榦·栝·柏, 礪·砥·砮·丹, 維箘簬·楛,

三國致貢其名, 包匭菁茅, 其篚玄纁璣組, 九江入賜大龜. 浮于江·沱·涔·(于)漢, 踰于雒, 至于南河.

荊河惟豫州: 伊·雒·瀍·澗旣入于河, 滎播旣都, 道荷澤, 被明都. 其土壤, 下土墳壚. 田中上, 賦雜上中. 貢漆·絲·絺·紵, 其篚纖纊, 錫貢磬錯. 浮於雒, 達於河.

華陽黑水惟梁州: 汶·嶓旣藝, 沱·涔旣道, 蔡·蒙旅平, 和夷底績. 其土青驪. 田下上, 賦下中三錯. 貢璆·鐵·銀·鏤·砮·磬, 熊·羆·狐·貍·織皮. 西傾因桓是來, 浮于潛, 踰于沔, 入于渭, 亂于河.

黑水西河惟雍州: 弱水旣西, 涇屬渭汭. 漆·沮旣從, 灃水所同. 荊·岐已旅, 終南·敦物至于鳥鼠. 原隰底績, 至于都野. 三危旣度, 三苗大序. 其土黃壤. 田上上, 賦中下. 貢璆·琳·琅玕. 浮于積石, 至于龍門西河, 會于渭汭. 織皮昆侖·析支·渠搜, 西戎卽序.

道九山: 汧及岐至于荊山, 踰于河; 壺口·雷首至于太嶽; 砥柱·析城至于王屋; 太行·常山至于碣石, 入于海; 西傾·朱圉·鳥鼠至于太華; 熊耳·外方·桐柏至于負尾; 道嶓冢, 至于荊山; 內方至于大別; 汶山之陽至衡山, 過九江, 至于敷淺原.

道九川: 弱水至於合黎, 餘波入于流沙. 道黑水, 至于三危, 入于南海. 道河積石, 至于龍門, 南至華陰, 東至砥柱, 又東至于盟津, 東過雒汭, 至于大邳, 北過降水, 至于大陸, 北播爲九河, 同爲逆河, 入于海. 嶓冢道瀁, 東流爲漢, 又東爲蒼浪之水, 過三滋, 入于大別, 南入于江, 東匯澤爲彭蠡, 東爲北江, 入于海. 汶山道江, 東別爲沱, 又東至于醴, 過九江, 至于東陵, 東迆北會于匯, 東爲中江, 入于梅. 道沇水, 東爲濟, 入于河, 泆爲滎, 東出陶丘北, 又東至于荷, 又東北會于汶, 又東北入于海. 道淮自桐柏, 東會于泗·沂, 東入于海. 道渭自鳥鼠同穴, 東會于灃, 又東北至于涇, 東過漆·沮, 入于河. 道雒自熊耳, 東北會于澗·瀍, 又東會于伊, 東北入于河.

於是九州攸同, 四奧旣居, 九山栞旅, 九川滌原, 九澤旣陂, 四海會同. 六府甚脩, 衆土交正, 致愼財賦, 咸則三壤成賦. 中國賜土姓: 「祗台德先, 不距朕行.」

令天子之國以外五百里甸服: 百里賦納總, 二百里納銍, 三百里納秸服, 四百里粟, 五百里米. 甸服外五百里侯服: 百里采, 二百里任國, 三百里諸侯. 侯服外五百里綏服: 三百里揆文敎, 二百里奮武衛. 綏服外五百里要服: 三百里夷, 二百里蔡.

要服外五百里荒服: 三百里蠻, 二百里流.

東漸于海, 西被于流沙, 朔·南曁: 聲敎訖于四海. 於是帝錫禹玄圭, 以告成功于天下. 天下於是太平治.

皐陶作士以理民. 帝舜朝, 禹·伯夷·皐陶相與語帝前. 皐陶述其謀曰:「信其道德, 謀明輔和.」禹曰:「然, 如何?」皐陶曰:「於! 愼其身脩, 思長, 敦序九族, 衆明高翼, 近可遠在已.」禹拜美言, 曰:「然.」皐陶曰:「於! 在知人, 在安民.」禹曰:「吁! 皆若是, 惟帝其難之. 知人則智, 能官人; 能安民則惠, 黎民懷之. 能知能惠, 何憂乎驩兜, 何遷乎有苗, 何畏乎巧言善色佞人?」皐陶曰:「然, 於! 亦行有九德, 亦言其有德.」乃言曰:「始事事, 寬而栗, 柔而立, 愿而共, 治而敬, 擾而毅, 直而溫, 簡而廉, 剛而實, 彊而義, 章其有常, 吉哉. 日宣三德, 蚤夜翊明有家. 日嚴振敬六德, 亮采有國. 翕受普施, 九德咸事, 俊乂在官, 百吏肅謹. 毋敎邪淫奇謀. 非其人居其官, 是謂亂天事. 天討有罪, 五刑五用哉. 吾言底可行乎?」禹曰:「女言致可績行.」皐陶曰:「余未有知, 思贊道哉.」

帝舜謂禹曰:「女亦昌言.」禹拜曰;「於, 予何言! 予思日孳孳.」皐陶難禹曰:「何謂孳孳?」禹曰:「鴻水滔天, 浩浩懷山襄陵, 下民皆服於水. 予陸行乘車, 水行乘舟, 泥行乘橇, 山行乘檋, 行山栞木. 與益予衆庶稻鮮食. 以決九川致四海, 浚畎澮致之川. 與稷予衆庶難得之食. 食少, 調有餘補不足, 徙居. 衆民乃定, 萬國爲治.」皐陶曰:「然, 此而美也.」

禹曰:「於, 帝! 愼乃在位, 安爾止. 輔德, 天下大應. 淸意以昭待上帝命, 天其重命用休.」帝曰:「吁, 臣哉, 臣哉! 臣作朕股肱耳目. 予欲左右有民, 女輔之. 余欲觀古人之象. 日月星辰, 作文繡服色, 女明之. 予欲聞六律五聲八音, 來始滑, 以出入五言, 女聽. 予卽辟, 女匡拂予. 女無面諛. 退而謗予. 敬四輔臣. 諸衆讒嬖臣, 君德誠施皆淸矣.」禹曰:「然. 帝卽不時, 布同善惡則毋功.」

帝曰:「毋若丹朱傲, 維慢游是好, 毋水行舟, 朋淫于家, 用絶其世. 予不能順是.」禹曰:「予(辛壬)娶塗山, [辛壬]癸甲, 生啓予不子, 以故能成水土功. 輔成五服, 至于五千里, 州十二師, 外薄四海, 咸建五長, 各道有功. 苗頑不卽功, 帝其念哉.」帝曰:「道吾德, 乃女功序之也.」

皋陶於是敬禹之德, 令民皆則禹. 不如言, 刑從之. 舜德大明.

於是夔行樂, 祖考至, 群后相讓, 鳥獸翔舞, 簫韶九成, 鳳皇來儀, 百獸率舞, 百官信諧. 帝用此作歌曰:「陟天之命, 維時維幾.」乃歌曰:「股肱喜哉, 元首起哉, 百工熙哉!」皋陶拜手稽首揚言曰:「念哉, 率爲興事, 愼乃憲, 敬哉!」乃更爲歌曰:「元首明哉, 股肱良哉, 庶事康哉!」(舜)又歌曰:「元首叢脞哉, 股肱惰哉, 萬事墮哉!」帝拜曰:「然, 往欽哉!」於是天下皆宗禹之明度數聲樂, 爲山川神主.

帝舜薦禹於天, 爲嗣. 十七年而帝舜崩. 三年喪畢, 禹辭辟舜之子商均於陽城. 天下諸侯皆去商均而朝禹. 禹於是遂卽天子位, 南面朝天下, 國號曰夏后, 姓姒氏.

帝禹立而舉皋陶薦之, 且授政焉, 而皋陶卒. 封皋陶之後於英·六, 或在許. 而后舉益, 任之政.

十年, 帝禹東巡狩, 至于會稽而崩. 以天下授益. 三年之喪畢, 益讓帝禹之子啓, 而辟居箕山之陽. 禹子啓賢, 天下屬意焉. 及禹崩, 雖授益, 益之佐禹日淺, 天下未洽. 故諸侯皆去益而朝啓, 曰:「吾君帝禹之子也」. 於是啓遂卽天子之位, 是爲夏后帝啓.

夏后帝啓, 禹之子, 其母塗山氏之女也.

有扈氏不服, 啓伐之, 大戰於甘. 將戰, 作甘誓, 乃召六卿申之. 啓曰:「嗟! 六事之人, 予誓告女: 有扈氏威侮五行, 怠棄三正, 天用勦絶其命. 今予維共行天之罰. 左不攻于左, 右不攻于右, 女不共命. 御非其馬之政, 女不共命. 用命, 賞于祖; 不用命, 僇于社, 予則帑僇女.」遂滅有扈氏. 天下咸朝.

夏后帝啓崩, 子帝太康立. 帝太康失國, 昆弟五人, 須于洛汭, 作五子之歌.

太康崩, 弟中康立, 是爲帝中康. 帝中康時, 羲·和湎淫, 廢時亂日. 胤往征之, 作胤征.

中康崩, 子帝相立. 帝相崩, 子帝少康立. 帝少康崩, 子帝予立. 帝予崩, 子帝槐立. 帝槐崩, 子帝芒立. 帝芒崩, 子帝泄立. 帝泄崩, 子帝不降立. 帝不降崩, 弟帝扃立. 帝扃崩, 子帝廑立. 帝廑崩, 立帝不降之子孔甲, 是爲帝孔甲. 帝孔甲立, 好方鬼神, 事淫亂. 夏后氏德衰, 諸侯畔之. 天降龍二, 有雌雄, 孔甲不能食, 未得豢龍氏. 陶唐旣衰, 其后有劉累, 學擾龍于豢龍氏, 以事孔甲. 孔甲賜之姓曰御龍氏, 受豕韋之後. 龍一雌死, 以食夏后. 夏后使求, 懼而遷去.

孔甲崩, 子帝皋立. 帝皋崩, 子帝發立. 帝發崩, 子帝履癸立, 是爲桀. 帝桀之時, 自孔甲以來而諸侯多畔夏, 桀不務德而武傷百姓, 百姓弗堪. 迺召湯而囚之夏臺, 已而釋之. 湯修德, 諸侯皆歸湯, 湯遂率兵以伐夏桀. 桀走鳴條, 遂放而死. 桀謂人曰:「吾悔不遂殺湯於夏臺, 使至此.」湯乃踐天子位, 代夏朝天下湯修德, 諸侯皆歸湯, 湯遂率兵以伐夏桀. 桀走鳴條, 遂放而死. 桀謂人曰:「吾悔不遂殺湯於夏臺, 使至此.」湯乃踐天子位, 代夏朝天下. 湯封夏之後, 至周封於杞也.

太史公曰: 禹爲姒姓, 其後分封, 用國爲姓, 故有夏后氏·有扈氏·有男氏·斟尋氏·彤城氏·襃氏·費氏·杞氏·繒氏·辛氏·冥氏·斟(氏)戈氏. 孔子正夏時, 學者多傳夏小正云. 自虞·夏時, 貢賦備矣. 或言禹會諸侯江南, 計功而崩, 因葬焉, 命曰會稽. 會稽者, 會計也.

3. 〈殷本紀〉

殷契, 母曰簡狄, 有娀氏之女, 爲帝嚳次妃. 三人行浴, 見玄鳥墮其卵, 簡狄取吞之, 因孕生契. 契長而佐禹治水有功. 帝舜乃命契曰:「百姓不親, 五品不訓, 汝爲司徒而敬敷五敎, 五敎在寬.」封于商, 賜姓子氏. 契興於唐·虞·大禹之際, 功業著於百姓, 百姓以平.

契卒, 子昭明立. 昭明卒, 子相土立. 相土卒, 子昌若立. 昌若卒, 子曹圉立. 曹圉卒, 子冥立. 冥卒, 子振立. 振卒, 子微立. 微卒, 子報丁立. 報丁卒, 子報乙立. 報乙卒, 子報丙立. 報丙卒, 子主壬立. 主壬卒, 子主癸立. 主癸卒, 子天乙立, 是爲成湯.

成湯, 自契至湯八遷. 湯始居亳, 從先王居, 作帝誥.

湯征諸侯. 葛伯不祀, 湯始伐之. 湯曰:「予有言: 人視水見形, 視民知治不.」伊尹曰:「明哉! 言能聽, 道乃進. 君國子民, 爲善者皆在王官. 勉哉, 勉哉!」湯曰:「汝不能敬命, 予大罰殛之, 無有攸赦.」作湯征.

伊尹名阿衡. 阿衡欲奸湯而無由, 乃爲有莘氏媵臣, 負鼎俎, 以滋味說湯, 致于王道. 或曰, 伊尹處士, 湯使人聘迎之, 五反然後肯往從湯, 言素王及九主之事. 湯擧任以國政. 伊尹去湯適夏. 旣醜有夏, 復歸于亳. 入自北門, 遇女鳩・女房, 作女鳩女房.

湯出, 見野張網四面, 祝曰:「自天下四方皆入吾網.」湯曰:「嘻, 盡之矣!」乃去其三面, 祝曰:「欲左, 左. 欲右, 右. 不用命, 乃入吾網.」諸侯聞之, 曰:「湯德至矣, 及禽獸.」當是時, 夏桀爲虐政淫荒, 而諸侯昆吾氏爲亂. 湯乃興師率諸侯, 伊尹從湯, 湯自把鉞以伐昆吾, 遂伐桀. 湯曰:「格女衆庶, 來, 女悉聽朕言. 匪台小子敢行擧亂, 有夏多罪, 予維聞女衆言, 夏氏有罪. 予畏上帝, 不敢不正. 今夏多罪, 天命殛之. 今女有衆, 女曰: ‘我君不恤我衆, 舍我嗇事而割政’. 女其曰: ‘有罪, 其奈何’? 夏王率止衆力, 率奪夏國. 有衆率怠不和, 曰: ‘是日何時喪? 予與女皆亡’! 夏德若茲, 今朕必往. 爾尙及予一人致天之罰, 予其大理女. 女毋不信, 朕不食言. 女不從誓言, 予則帑僇女, 無有攸赦.」以告令師, 作湯誓. 於是湯曰:「吾甚武」, 號曰武王.

桀敗於有娀之虛, 桀奔於鳴條, 夏師敗績. 湯遂伐三㚇, 俘厥寶玉, 義伯・仲伯作典寶. 湯旣勝夏, 欲遷其社, 不可, 作夏社. 伊尹報. 於是諸侯畢服, 湯乃踐天子位, 平定海內.

湯歸至于泰卷陶, 中𡌈作誥. 旣絀夏命, 還亳, 作湯誥:「維三月, 王自至於東郊. 告諸侯群后: ‘毋不有功於民, 勤力迺事, 予乃大罰殛女, 毋予怨.’ 曰: ‘古禹・皐陶久勞于外, 其有功乎民, 民乃有安. 東爲江, 北爲濟, 西爲河, 南爲淮, 四瀆已修, 萬民乃有居. 后稷降播, 農殖百穀. 三公咸有功于民, 故后有立. 昔蚩尤與其大夫作亂百姓, 帝乃弗予, 有狀. 先王言不可不勉.’ 曰: ‘不道, 毋之在國, 女毋我怨.’」以令諸侯. 伊尹作咸有一德, 咎單作明居.

湯乃改正朔, 易服色, 上白, 朝會以晝.

湯崩, 太子太丁未立而卒, 於是迺立太丁之弟外丙, 是爲帝外丙. 帝外丙卽位三年, 崩, 立外丙之弟中壬, 是爲帝中壬. 帝中壬卽位四年, 崩, 伊尹迺立太丁之子太甲. 太甲, 成湯適長孫也, 是爲帝太甲. 帝太甲元年, 伊尹作伊訓, 作肆命, 作徂后.

帝太甲旣立三年, 不明, 暴虐, 不遵湯法, 亂德, 於是伊尹放之於桐宮. 三年, 伊尹攝行政當國, 以朝諸侯.

帝太甲居桐宮三年, 悔過自責, 反善, 於是伊尹迺迎帝太甲而授之政. 帝太甲修德, 諸侯咸歸殷, 百姓以寧. 伊尹嘉之, 迺作太甲訓三篇, 襃帝太甲, 稱太宗.

太宗崩, 子沃丁立. 帝沃丁之時, 伊尹卒. 旣葬伊尹於亳, 咎單遂訓伊尹事, 作沃丁.

沃丁崩, 弟太庚立, 是爲帝太庚. 帝太庚崩, 子帝小甲立. 帝小甲崩, 弟雍己立, 是爲帝雍己. 殷道衰, 諸侯或不至.

帝雍己崩, 弟太戊立, 是爲帝太戊. 帝太戊立伊陟爲相. 亳有祥桑穀共生於朝, 一暮大拱. 帝太戊懼, 問伊陟. 伊陟曰:「臣聞妖不勝德, 帝之政其有闕與? 帝其修德.」太戊從之, 而祥桑枯死而去. 伊陟贊言于巫咸. 巫咸治王家有成, 作咸艾, 作太戊. 帝太戊贊伊陟于廟, 言弗臣, 伊陟讓, 作原命. 殷復興, 諸侯歸之, 故稱中宗.

中宗崩, 子帝中丁立. 帝中丁遷于隞. 河亶甲居相. 祖乙遷于邢. 帝中丁崩, 弟外壬立, 是爲帝外壬. 仲丁書闕不具. 帝外壬崩, 弟河亶甲立, 是爲帝河亶甲. 河亶甲時, 殷復衰.

河亶甲崩, 子帝祖乙立. 帝祖乙立, 殷復興. 巫賢任職.

祖乙崩, 子帝祖辛立. 帝祖辛崩, 弟沃甲立, 是爲帝沃甲. 帝沃甲崩, 立沃甲兄祖辛之子祖丁, 是爲帝祖丁. 帝祖丁崩, 立弟沃甲之子南庚, 是爲帝南庚. 帝南庚崩, 立帝祖丁之子陽甲, 是爲帝陽甲. 帝陽甲之時, 殷衰.

自中丁以來, 廢適而更立諸弟子, 弟子或爭相代立, 比九世亂, 於是諸侯莫朝.

帝陽甲崩, 弟盤庚立, 是爲帝盤庚. 帝盤庚之時, 殷已都河北, 盤庚渡河南, 復居成湯之故居, 迺五遷, 無定處. 殷民咨胥皆怨, 不欲徙. 盤庚乃告諭諸侯大臣曰:「昔高后成湯與爾之先祖俱定天下, 法則可修. 舍而弗勉, 何以成德!」乃遂涉河南, 治亳, 行湯之政, 然後百姓由寧, 殷道復興. 諸侯來朝, 以其遵成湯之德也.

帝盤庚崩, 弟小辛立, 是爲帝小辛. 帝小辛立, 殷復衰. 百姓思盤庚, 迺作盤庚三篇. 帝小辛崩, 弟小乙立, 是爲帝小乙.

帝小乙崩, 子帝武丁立. 帝武丁卽位, 思復興殷, 而未得其佐. 三年不言, 政事決定於冢宰, 以觀國風. 武丁夜夢得聖人, 名曰說. 以夢所見視群臣百吏, 皆非也. 於是迺使百工營求之野, 得說於傅險中. 是時說爲胥靡, 築於傅險. 見於武丁, 武丁曰是也. 得而與之語, 果聖人, 擧以爲相, 殷國大治. 故遂以傅險姓之, 號曰傅說.

帝武丁祭成湯, 明日, 有飛雉登鼎耳而呴, 武丁懼. 祖己曰:「王勿憂, 先修政事.」 祖己乃訓王曰:「唯天監下典厥義, 降年有永有不永, 非天夭民, 中絶其命. 民有不若德, 不聽罪, 天旣附命正厥德, 乃曰其奈何. 嗚呼! 王嗣敬民, 罔非天繼, 常祀毋禮于棄道.」武丁修政行德, 天下咸驩, 殷道復興.

帝武丁崩, 子帝祖庚立. 祖己嘉武丁之以祥雉爲德, 立其廟爲高宗, 遂作高宗肜日及訓.

帝祖庚崩, 弟祖甲立, 是爲帝甲. 帝甲淫亂, 殷復衰.

帝甲崩, 子帝廩辛立. 帝廩辛崩, 弟庚丁立, 是爲帝庚丁. 帝庚丁崩, 子帝武乙立. 殷復去亳, 徙河北.

帝武乙無道, 爲偶人, 謂之天神. 與之博, 令人爲行. 天神不勝, 乃僇辱之. 爲革囊, 盛血, 卬而射之, 命曰「射天」. 武乙獵於河渭之閒, 暴雷, 武乙震死. 子帝太丁立. 帝太丁崩, 子帝乙立. 帝乙立, 殷益衰.

帝乙長子曰微子啓, 啓母賤, 不得嗣. 少子辛, 辛母正后, 辛爲嗣. 帝乙崩, 子辛立, 是爲帝辛, 天下謂之紂.

帝紂資辨捷疾, 聞見甚敏; 材力過人, 手格猛獸; 知足以距諫, 言足以飾非; 矜人臣以能, 高天下以聲, 以爲皆出己之下. 好酒淫樂, 嬖於婦人. 愛妲己, 妲己之言是從. 於是使師涓作新淫聲, 北里之舞, 靡靡之樂. 厚賦稅以實鹿臺之錢, 而盈鉅橋之粟. 益收狗馬奇物, 充仞宮室. 益廣沙丘苑臺, 多取野獸蜚鳥置其中. 慢於鬼神. 大冣樂戲於沙丘, 以酒爲池, 縣肉爲林, 使男女倮相逐其閒, 爲長夜之飮.

百姓怨望而諸侯有畔者, 於是紂乃重刑辟, 有炮格之法. 以西伯昌·九侯·鄂侯爲三公. 九侯有好女, 入之紂. 九侯女不憙淫, 紂怒, 殺之, 而醢九侯. 鄂侯爭之彊, 辨之疾, 幷脯鄂侯. 西伯昌聞之, 竊嘆. 崇侯虎知之, 以告紂, 紂囚西伯羑里. 西伯之臣閎夭之徒, 求美女奇物善馬以獻紂, 紂乃赦西伯. 西伯出而獻洛西之地, 以請除炮格之刑. 紂乃許之, 賜弓矢斧鉞, 使得征伐, 爲西伯. 而用費中爲政. 費中善諛, 好利, 殷人弗親. 紂又用惡來. 惡來善毀讒, 諸侯以此益疏.

西伯歸, 乃陰修德行善, 諸侯多叛紂而往歸西伯. 西伯滋大, 紂由是稍失權重.

王子比干諫, 弗聽. 商容賢者, 百姓愛之, 紂廢之. 及西伯伐飢國, 滅之, 紂之臣祖伊聞之而咎周, 恐, 奔告紂曰:「天旣訖我殷命, 假人元龜, 無敢知吉, 非先王不相我後人, 維王淫虐用自絶, 故天棄我, 不有安食, 不虞知天性, 不迪率典. 今我民罔不欲喪, 曰'天曷不降威, 大命胡不至'? 今王其奈何?」紂曰:「我生不有命在天乎!」祖伊反, 曰:「紂不可諫矣.」西伯旣卒, 周武王之東伐, 至盟津, 諸侯叛殷會周者八百. 諸侯皆曰:「紂可伐矣.」武王曰:「爾未知天命.」乃復歸.

紂愈淫亂不止. 微子數諫不聽, 乃與大師·少師謀, 遂去. 比干曰:「爲人臣者, 不得不以死爭.」迺强諫紂. 紂怒曰:「吾聞聖人心有七竅.」剖比干, 觀其心. 箕子懼, 乃詳狂爲奴, 紂又囚之. 殷之大師·少師乃持其祭樂器奔周. 周武王於是遂率諸侯伐紂. 紂亦發兵距之牧野. 甲子日, 紂兵敗. 紂走入, 登鹿臺, 衣其寶玉衣, 赴火而死. 周武王遂斬紂頭, 縣之[大]白旗. 殺妲己. 釋箕子之囚, 封比干之墓, 表商容之閭. 封紂子武庚·祿父, 以續殷祀, 令修行盤庚之政. 殷民大說. 於是周武王爲天子. 其後世貶帝號, 號爲王. 而封殷後爲諸侯, 屬周.

周武王崩, 武庚與管叔·蔡叔作亂, 成王命周公誅之, 而立微子於宋, 以續殷後焉.

太史公曰: 余以頌次契之事, 自成湯以來, 采於書詩. 契爲子姓, 其後分封, 以國爲姓, 有殷氏·來氏·宋氏·空桐氏·稚氏·北殷氏·目夷氏. 孔子曰, 殷路車爲善, 而色尚白.

4. 〈周本紀〉

周后稷, 名棄. 其母有邰氏女, 曰姜原. 姜原爲帝嚳元妃. 姜原出野, 見巨人迹, 心忻然說, 欲踐之, 踐之而身動如孕者. 居期而生子, 以爲不祥, 棄之隘巷, 馬牛過者皆辟不踐; 徙置之林中, 適會山林多人, 遷之; 而棄渠中冰上, 飛鳥以其翼覆薦之. 姜原以爲神, 遂收養長之. 初欲棄之, 因名曰棄.

棄爲兒時, 屹如巨人之志. 其游戲, 好種樹麻·菽, 麻·菽美. 及爲成人, 遂好耕農, 相地之宜, 宜穀者稼穡焉, 民皆法則之. 帝堯聞之, 擧棄爲農師, 天下得其利, 有

功. 帝舜曰:「棄, 黎民始飢, 爾后稷播時百穀.」封棄於邰, 號曰后稷, 別姓姬氏. 后
稷之興, 在陶唐·虞·夏之際, 皆有令德.

后稷卒, 子不窋立. 不窋末年, 夏后氏政衰, 去稷不務, 不窋以失其官而奔戎狄之
閒. 不窋卒, 子鞠立. 鞠卒, 子公劉立. 公劉雖在戎狄之閒, 復脩后稷之業, 務耕種,
行地宜, 自漆·沮度渭, 取材用, 行者有資, 居者有畜積, 民賴其慶. 百姓懷之, 多徙
而保歸焉. 周道之興自此始, 故詩人歌樂思其德. 公劉卒, 子慶節立, 國於豳.

慶節卒, 子皇僕立. 皇僕卒, 子差弗立. 差弗卒, 子毀隃立. 毀隃卒, 子公非立. 公
非卒, 子高圉立. 高圉卒, 子亞圉立. 亞圉卒, 子公叔祖類立. 公叔祖類卒, 子古公
亶父立. 古公亶父復脩后稷·公劉之業, 積德行義, 國人皆戴之. 薰育戎狄攻之,
欲得財物, 予之. 已復攻, 欲得地與民. 民皆怒, 欲戰. 古公曰:「有民立君, 將以利
之. 今戎狄所爲攻戰, 以吾地與民. 民之在我, 與其在彼, 何異? 民欲以我故戰, 殺
人父子而君之, 予不忍爲.」乃與私屬遂去豳, 度漆·沮, 踰梁山, 止於岐下. 豳人舉
國扶老攜弱, 盡復歸古公於岐下. 及他旁國聞古公仁, 亦多歸之. 於是古公乃貶戎
狄之俗, 而營築城郭室屋, 而邑別居之. 作五官有司. 民皆歌樂之, 頌其德.

古公有長子曰太伯, 次曰虞仲. 太姜生少子季歷, 季歷娶太任, 皆賢婦人, 生昌,
有聖瑞. 古公曰:「我世當有興者, 其在昌乎?」長子太伯·虞仲知古公欲立季曆以傳
昌, 乃二人亡如荊蠻, 文身斷髮, 以讓季歷.

古公卒, 季歷立, 是爲公季. 公季脩古公遺道, 篤於行義, 諸侯順之.

公季卒, 子昌立, 是爲西伯. 西伯曰文王, 遵后稷·公劉之業, 則古公·公季之法,
篤仁, 敬老, 慈少. 禮下賢者, 日中不暇食以待士, 士以此多歸之. 伯夷·叔齊在孤竹,
聞西伯善養老, 盍往歸之. 太顛·閎夭·散宜生·鬻子·辛甲大夫之徒皆往歸之.

崇侯虎譖西伯於殷紂曰:「西伯積善累德, 諸侯皆嚮之, 將不利於帝.」帝紂乃囚
西伯於羑里. 閎夭之徒患之. 乃求有莘氏美女, 驪戎之文馬, 有熊九駟, 他奇怪物,
因殷嬖臣費仲而獻之紂. 紂大說, 曰:「此一物足以釋西伯, 況其多乎!」乃赦西伯,
賜之弓矢斧鉞, 使西伯得征伐. 曰:「譖西伯者, 崇侯虎也.」西伯乃獻洛西之地, 以
請紂去炮格之刑. 紂許之.

西伯陰行善, 諸侯皆來決平. 於是虞·芮之人有獄不能決, 乃如周. 入界, 耕者皆

讓畔, 民俗皆讓長. 虞·芮之人未見西伯, 皆慙, 相謂曰:「吾所爭, 周人所恥, 何往爲, 祇取辱耳.」遂還, 俱讓而去. 諸侯聞之, 曰「西伯蓋受命之君」.

明年, 伐犬戎. 明年, 伐密須. 明年, 敗耆國. 殷之祖伊聞之, 懼, 以告帝紂. 紂曰:「不有天命乎? 是何能爲!」明年, 伐邘. 明年, 伐崇侯虎. 而作豐邑, 自岐下而徙都豐. 明年, 西伯崩, 太子發立, 是爲武王.

西伯蓋卽位五十年. 其囚羑里, 蓋益易之八卦爲六十四卦. 詩人道西伯, 蓋受命之年稱王而斷虞芮之訟. 後十年而崩, 諡爲文王. 改法度, 制正朔矣. 追尊古公爲太王, 公季爲王季: 蓋王瑞自太王興.

武王卽位, 太公望爲師, 周公旦爲輔, 召公·畢公之徒左右王, 師脩文王緒業.

九年, 武王上祭于畢. 東觀兵, 至于盟津. 爲文王木主, 載以車, 中軍. 武王自稱太子發, 言奉文王以伐, 不敢自專. 乃告司馬·司徒·司空·諸節:「齊栗, 信哉! 予無知, 以先祖有德臣, 小子受先功, 畢立賞罰, 以定其功.」遂興師. 師尙父號曰:「總爾衆庶, 與爾舟楫, 後至者斬.」武王渡河, 中流, 白魚躍入王舟中, 武王俯取以祭. 旣渡, 有火自上復于下, 至于王屋, 流爲烏, 其色赤, 其聲魄云. 是時, 諸侯不期而會盟津者八百諸侯. 諸侯皆曰:「紂可伐矣.」武王曰:「女未知天命, 未可也.」乃還師歸.

居二年, 聞紂昏亂暴虐滋甚, 殺王子比干, 囚箕子. 太師疵·少師彊抱其樂器而奔周. 於是武王徧告諸侯曰:「殷有重罪, 不可以不畢伐.」乃遵文王, 遂率戎車三百乘, 虎賁三千人, 甲士四萬五千人, 以東伐紂. 十一年十二月戊午, 師畢渡盟津, 諸侯咸會. 曰:「孳孳無怠!」武王乃作〈太誓〉, 告于衆庶:「今殷王紂乃用其婦人之言, 自絕于天, 毀壞其三正, 離逷其王父母弟, 乃斷棄其先祖之樂, 乃爲淫聲, 用變亂正聲, 怡說婦人. 故今予發維共行天罰. 勉哉夫子, 不可再, 不可三!」

二月甲子昧爽, 武王朝至于商郊牧野, 乃誓. 武王左杖黃鉞, 右秉白旄, 以麾. 曰:「遠矣西土之人!」武王曰:「嗟! 我有國冢君, 司徒·司馬·司空, 亞旅·師氏, 千夫長·百夫長, 及庸·蜀·羌·髳·微·纑·彭·濮人, 稱爾戈, 比爾干, 立爾矛, 予其誓.」王曰:「古人有言'牝雞無晨. 牝雞之晨, 惟家之索'. 今殷王紂維婦人言是用, 自棄其先祖肆祀不答, 昏棄其家國, 遺其王父母弟不用, 乃維四方之多罪逋逃是崇是長, 是信是使, 俾暴虐于百姓, 以姦軌于商國. 今予發維共行天之罰. 今日之事, 不過六步七步,

乃止齊焉, 夫子勉哉! 不過於四伐五伐六伐七伐, 乃止齊焉, 勉哉夫子! 尚桓桓, 如
虎如羆, 如豺如離, 于商郊, 不禦克奔, 以役西土, 勉哉夫子! 爾所不勉, 其于爾身
有戮.」誓已, 諸侯兵會者車四千乘, 陳師牧野.

帝紂聞武王來, 亦發兵七十萬人距武王. 武王使師尚父與百夫致師, 以大卒馳帝
紂師. 紂師雖衆, 皆無戰之心, 心欲武王亟入. 紂師皆倒兵以戰, 以開武王. 武王
馳之, 紂兵皆崩畔紂. 紂走, 反入登于鹿臺之上, 蒙衣其殊玉, 自燔于火而死. 武王
持大白旗以麾諸侯, 諸侯畢拜武王, 武王乃揖諸侯, 諸侯畢從. 武王至商國, 商國
百姓咸待於郊. 於是武王使群臣告語商百姓曰:「上天降休!」商人皆再拜稽首, 武王
亦答拜. 遂入, 至紂死所. 武王自射之, 三發而后下車, 以輕劍擊之, 以黃鉞斬紂頭,
縣大白之旗. 已而至紂之嬖妾二女, 二女皆經自殺. 武王又射三發, 擊以劍, 斬以玄
鉞, 縣其頭小白之旗. 武王已乃出復軍.

其明日, 除道, 脩社及商紂宮. 及期, 百夫荷罕旗以先驅. 武王弟叔振鐸奉陳常
車, 周公旦把大鉞, 畢公把小鉞, 以夾武王. 散宜生·太顛·閎夭皆執劍以衛武王. 既
入, 立于社南大卒之左, [左]右畢從. 毛叔鄭奉明水, 衛康叔封布茲, 召公奭贊采,
師尚父牽牲. 尹佚筴祝曰:「殷之末孫季紂, 殄廢先王明德, 侮蔑神祇不祀, 昏暴商
邑百姓, 其章顯聞于天皇上帝.」於是武王再拜稽首, 曰:「膺更大命, 革殷, 受天明
命.」武王又再拜稽首, 乃出.

封商紂子祿父殷之餘民. 武王爲殷初定未集, 乃使其弟管叔鮮·蔡叔度相祿父
治殷. 已而命召公釋箕子之囚. 命畢公釋百姓之囚, 表商容之閭. 命南宮括散鹿臺
之財, 發鉅橋之粟, 以振貧弱萌隸. 命南宮括·史佚展九鼎保玉. 命閎夭封比干之
墓. 命宗祝享祠于軍. 乃罷兵西歸. 行狩, 記政事, 作武成. 封諸侯, 班賜宗彝, 作分
殷之器物. 武王追思先聖王, 乃褒封神農之後於焦, 黃帝之後於祝, 帝堯之後於薊,
帝舜之後於陳, 大禹之後於杞. 於是封功臣謀士, 而師尚父爲首封. 封尚父於營丘,
曰齊. 封弟周公旦於曲阜, 曰魯. 封召公奭於燕. 封弟叔鮮於管, 弟叔度於蔡. 餘各
以次受封.

武王徵九牧之君, 登豳之阜, 以望商邑. 武王至于周, 自夜不寐. 周公旦即王所,
曰:「曷爲不寐?」王曰:「告女: 維天不饗殷, 自發未生於今六十年, 麋鹿在牧, 蜚鴻

滿野. 天不享殷, 乃今有成. 維天建殷, 其登名民三百六十夫, 不顯亦不賓滅, 以至今. 我未定天保, 何暇寐!」王曰:「定天保, 依天室, 悉求夫惡, 貶從殷王受. 日夜勞來定我西土, 我維顯服, 及德方明. 自洛汭延于伊汭, 居易毋固, 其有夏之居. 我南望三塗, 北望嶽鄙, 顧詹有河, 粵詹雒·伊, 毋遠天室.」營周居于雒邑而後去. 縱馬於華山之陽, 放牛於桃林之虛; 偃干戈, 振兵釋旅: 示天下不復用也.

武王已克殷, 後二年, 問箕子殷所以亡. 箕子不忍言殷惡, 以存亡國宜告. 武王亦醜, 故問以天道.

武王病. 天下未集, 群公懼, 穆卜, 周公乃祓齋, 自爲質, 欲代武王, 武王有瘳. 後而崩, 太子誦代立, 是爲成王.

成王少, 周初定天下, 周公恐諸侯畔周, 公乃攝行政當國. 管叔·蔡叔群弟疑周公, 與武庚作亂, 畔周. 周公奉成王命, 伐誅武庚·管叔, 放蔡叔. 以微子開代殷後, 國於宋. 頗收殷餘民, 以封武王少弟封爲衛康叔. 晉唐叔得嘉穀, 獻之成王, 成王以歸周公于兵所. 周公受禾東土, 魯天子之命. 初, 管·蔡畔周, 周公討之, 三年而畢定, 故初作大誥, 次作微子之命, 次歸禾, 次嘉禾, 次康誥·酒誥·梓材, 其事在周公之篇. 周公行政七年, 成王長, 周公反政成王, 北面就群臣之位.

成王在豐, 使召公復營洛邑, 如武王之意. 周公復卜申視, 卒營築, 居九鼎焉. 曰:「此天下之中, 四方入貢道里均.」作召誥·洛誥. 成王旣遷殷遺民, 周公以王命告, 作多士·無佚. 召公爲保, 周公爲師, 東伐淮夷, 殘奄, 遷其君薄姑. 成王自奄歸, 在宗周, 作多方. 旣絀殷命, 襲淮夷, 歸在豐, 作周官. 興正禮樂, 度制於是改, 而民和睦, 頌聲興. 成王旣伐東夷, 息愼來賀, 王賜榮伯, 作賄息愼之命.

成王將崩, 懼太子釗之不任, 乃命召公·畢公率諸侯以相太子而立之. 成王旣崩, 二公率諸侯, 以太子釗見於先王廟, 申告以文王·武王之所以爲王業之不易, 務在節儉, 毋多欲, 以篤信臨之, 作顧命. 太子釗遂立, 是爲康王. 康王卽位, 徧告諸侯, 宣告以文武之業以申之, 作康誥. 故成康之際, 天下安寧, 刑錯四十餘年不用. 康王命作策, 畢公分居里, 成周郊, 作畢命.

康王卒, 子昭王瑕立. 昭王之時, 王道微缺. 昭王南巡狩不返, 卒於江上. 其卒不赴告, 諱之也. 立昭王子滿, 是爲穆王. 穆王卽位, 春秋已五十矣. 王道衰微, 穆王閔文武之道缺, 乃命伯冏申誡太僕國之政, 作冏命. 復寧.

穆王將征犬戎, 祭公謀父諫曰:「不可. 先王燿德不觀兵. 夫兵戢而時動, 動則威, 觀則玩, 玩則無震. 是故周文公之頌曰:'載戢干戈, 載櫜弓矢, 我求懿德, 肆于時夏, 允王保之.' 先王之於民也, 茂正其德而厚其性, 阜其財求而利其器用, 明利害之鄉, 以文脩之, 使之務利而辟害, 懷德而畏威, 故能保世以滋大. 昔我先王世后稷以服事虞·夏. 及夏之衰也, 棄稷不務, 我先王不窋用失其官, 而自竄於戎狄之閒. 不敢怠業, 時序其德, 遵脩其緒, 脩其訓典, 朝夕恪勤, 守以敦篤, 奉以忠信. 奕世載德, 不忝前人. 至于文王·武王, 昭前之光明而加之以慈和, 事神保民, 無不欣喜. 商王帝辛大惡于民, 庶民不忍, 訢載武王, 以致戎于商牧. 是故先王非務武也, 勸恤民隱而除其害也. 夫先王之制, 邦內甸服, 邦外侯服, 侯衛賓服, 夷蠻要服, 戎翟荒服. 甸服者祭, 侯服者祀, 賓服者享, 要服者貢, 荒服者王. 日祭, 月祀, 時享, 歲貢, 終王. 先王之順祀也, 有不祭則脩意, 有不祀則脩言, 有不享則脩文, 有不貢則脩名, 有不王則脩德, 序成而有不至則脩刑. 於是有刑不祭, 伐不祀, 征不享, 讓不貢, 告不王. 於是有刑罰之辟, 有攻伐之兵, 有征討之備, 有威讓之命, 有文告之辭. 布令陳辭而有不至, 則增脩於德, 無勤民於遠. 是以近無不聽, 遠無不服. 今自大畢·伯士之終也, 犬戎氏以其職來王, 天子曰'予必以不享征之, 且觀之兵', 無乃廢先王之訓, 而王幾頓乎? 吾聞犬戎樹敦, 率舊德而守終純固, 其有以禦我矣.」王遂征之, 得四白狼四白鹿以歸. 自是荒服者不至.

諸侯有不睦者, 甫侯言於王, 作脩刑辟. 王曰:「吁, 來! 有國有土, 告汝祥刑. 在今爾安百姓, 何擇非其人, 何敬非其刑, 何居非其宜與? 兩造具備, 師聽五辭. 五辭簡信, 正於五刑. 五刑不簡, 正於五罰. 五罰不服, 正於五過. 五過之疵, 官獄內獄, 閱實其罪, 惟鈞其過. 五刑之疑有赦, 五罰之疑有赦, 其審克之. 簡信有眾, 惟訊有稽. 無簡不疑, 共嚴天威. 黥辟疑赦, 其罰百率, 閱實其罪. 劓辟疑赦, 其罰倍灑, 閱實其罪. 臏辟疑赦, 其罰倍差, 閱實其罪. 宮辟疑赦, 其罰五百率, 閱實其罪. 大辟疑赦, 其罰千率, 閱實其罪. 墨罰之屬千, 劓罰之屬千, 臏罰之屬五百, 宮罰之屬三百, 大辟之罰其屬二百: 五刑之屬三千.」命曰甫刑.

穆王立五十五年, 崩, 子共王繄扈立. 共王游於涇上, 密康公從, 有三女奔之. 其母曰:「必致之王. 夫獸三爲群, 人三爲衆, 女三爲粲. 王田不取群, 公行不下衆, 王御不參一族. 夫粲, 美之物也. 衆以美物歸女, 而何德以堪之? 王猶不堪, 況爾之小醜乎! 小醜備物, 終必亡.」康公不獻, 一年, 共王滅密. 共王崩, 子懿王囏立. 懿王之時, 王室遂衰, 詩人作刺.

懿王崩, 共王弟辟方立, 是爲孝王. 孝王崩, 諸侯復立懿王太子燮, 是爲夷王.

夷王崩, 子厲王胡立. 厲王卽位三十年, 好利, 近榮夷公. 大夫芮良夫諫厲王曰:「王室其將卑乎? 夫榮公好專利而不知大難. 夫利, 百物之所生也, 天地之所載也, 而有專之, 其害多矣. 天地百物皆將取焉, 何可專也? 所怒甚多, 而不備大難. 以是敎王, 王其能久乎? 夫王人者, 將導利而布之上下者也. 使神人百物無不得極, 猶日怵惕懼怨之來也. 故頌曰'思文后稷, 克配彼天, 立我蒸民, 莫匪爾極'. 大雅曰'陳錫載周'. 是不布利而懼難乎, 故能載周以至于今. 今王學專利, 其可乎? 匹夫專利, 猶謂之盜, 王而行之, 其歸鮮矣. 榮公若用, 周必敗也.」厲王不聽, 卒以榮公爲卿士, 用事.

王行暴虐侈傲, 國人謗王. 召公諫曰:「民不堪命矣.」王怒, 得衛巫, 使監謗者, 以告則殺之. 其謗鮮矣, 諸侯不朝. 三十四年, 王益嚴, 國人莫敢言, 道路以目. 厲王喜, 告召公曰:「吾能弭謗矣, 乃不敢言.」召公曰:「是鄣之也. 防民之口, 甚於防水. 水壅而潰, 傷人必多, 民亦如之. 是故爲水者決之使導, 爲民者宣之使言. 故天子聽政, 使公卿至於列士獻詩, 瞽獻曲, 史獻書, 師箴, 瞍賦, 矇誦, 百工諫, 庶人傳語, 近臣盡規, 親戚補察, 瞽史敎誨, 耆艾脩之, 而后王斟酌焉, 是以事行而不悖. 民之有口也, 猶土之有山川也, 財用於是乎出; 猶其有原隰衍沃也, 衣食於是乎生. 口之宣言也, 善敗於是乎興. 行善而備敗, 所以産財用衣食者也. 夫民慮之於心而宣之於口, 成而行之. 若壅其口, 其與能幾何?」王不聽. 於是國莫敢出言, 三年, 乃相與畔, 襲厲王. 厲王出奔於彘.

厲王太子靜匿召公之家, 國人聞之, 乃圍之. 召公曰:「昔吾驟諫王, 王不從, 以及此難也. 今殺王太子, 王其以我爲讎而懟怒乎? 夫事君者, 險而不讎懟, 怨而不怒, 況事王乎!」乃以其子代王太子, 太子竟得脫.

召公·周公二相行政, 號曰「共和」. 共和十四年, 厲王死于彘. 太子靜長於召公家,二相乃共立之爲王, 是爲宣王. 宣王卽位, 二相輔之, 脩政, 法文·武·成·康之遺風, 諸侯復宗周. 十二年, 魯武公來朝.

宣王不脩籍於千畝, 虢文公諫曰不可, 王弗聽. 三十九年, 戰于千畝, 王師敗績于姜氏之戎.

宣王旣亡南國之師, 乃料民於太原. 仲山甫諫曰:「民不可料也.」宣王不聽, 卒料民.

四十六年, 宣王崩, 子幽王宮涅立. 幽王二年, 西周三川皆震. 伯陽甫曰:「周將亡矣. 夫天地之氣, 不失其序; 若過其序, 民亂之也. 陽伏而不能出, 陰迫而不能蒸, 於是有地震. 今三川實震, 是陽失其所而塡陰也. 陽失而在陰, 原必塞; 原塞, 國必亡. 夫水土演而民用也. 土無所演, 民乏財用, 不亡何待! 昔伊·洛竭而夏亡, 河竭而商亡. 今周德若二代之季矣, 其川原又塞, 塞必竭. 夫國必依山川, 山崩川竭, 亡國之徵也. 川竭必山崩. 若國亡不過十年, 數之紀也. 天之所棄, 不過其紀.」是歲也, 三川竭, 岐山崩.

三年, 幽王嬖愛褒姒. 褒姒生子伯服, 幽王欲廢太子. 太子母申侯女, 而爲后. 後幽王得褒姒, 愛之, 欲廢申后, 幷去太子宜臼, 以褒姒爲后, 以伯服爲太子. 周太史伯陽讀《史記》曰:「周亡矣.」昔自夏后氏之衰也, 有二神龍止於夏帝庭而言曰:「余, 褒之二君.」夏帝卜殺之與去之與止之, 莫吉. 卜請其漦而藏之, 乃吉. 於是布幣而策告之, 龍亡而漦在, 櫝而去之. 夏亡, 傳此器殷. 殷亡, 又傳此器周. 比三代, 莫敢發之, 至厲王之末, 發而觀之. 漦流于庭, 不可除. 厲王使婦人裸而譟之. 漦化爲玄黿, 以入王後宮. 後宮之童妾旣齓而遭之, 旣笄而孕, 無夫而生子, 懼而棄之. 宣王之時童女謠曰:「檿弧箕服, 實亡周國.」於是宣王聞之, 有夫婦賣是器者, 宣王使執而戮之. 逃於道, 而見鄕者後宮童妾所棄妖子出於路者, 聞其夜啼, 哀而收之, 夫婦遂亡, 奔於褒. 褒人有罪, 請入童妾所棄女子者於王以贖罪. 棄女子出於褒, 是爲褒姒. 當幽王三年, 王之後宮見而愛之, 生子伯服, 竟廢申后及太子, 以褒姒爲后, 伯服爲太子. 太史伯陽曰:「禍成矣, 無可奈何!」

褒姒不好笑, 幽王欲其笑萬方, 故不笑. 幽王爲烽燧大鼓, 有寇至則擧烽火. 諸侯悉至, 至而無寇, 褒姒乃大笑. 幽王說之, 爲數擧烽火. 其後不信, 諸侯益亦不至.

幽王以虢石父爲卿, 用事, 國人皆怨. 石父爲人佞巧善諛好利, 王用之. 又廢申后, 去太子也. 申侯怒, 與繒·西夷犬戎攻幽王. 幽王擧烽火徵兵, 兵莫至. 遂殺幽王驪山下, 虜襃姒, 盡取周賂而去. 於是諸侯乃卽申侯而共立故幽王太子宜臼, 是爲平王, 以奉周祀.

平王立, 東遷于雒邑, 辟戎寇. 平王之時, 周室衰微, 諸侯彊幷弱, 齊·楚·秦·晉始大, 政由方伯.

四十九年, 魯隱公卽位.

五十一年, 平王崩, 太子洩父蚤死, 立其子林, 是爲桓王. 桓王, 平王孫也.

桓王三年, 鄭莊公朝, 桓王不禮. 五年, 鄭怨, 與魯易許田. 許田, 天子之用事太山田也. 八年, 魯殺隱公, 立桓公. 十三年, 伐鄭, 鄭射傷桓王, 桓王去歸.

二十三年, 桓王崩, 子莊王佗立. 莊王四年, 周公黑肩欲殺莊王而立王子克. 辛伯告王, 王殺周公. 王子克奔燕.

十五年, 莊王崩, 子釐王胡齊立. 釐王三年, 齊桓公始霸.

五年, 釐王崩, 子惠王閬立. 惠王二年. 初, 莊王嬖姬姚, 生子穨, 穨有寵. 及惠王卽位, 奪其大臣園以爲囿, 故大夫邊伯等五人作亂, 謀召燕·衛師, 伐惠王. 惠王奔溫, 已居鄭之櫟. 立釐王弟穨爲王. 樂及徧舞, 鄭·虢君怒. 四年, 鄭與虢君伐殺王穨, 復入惠王. 惠王十年, 賜齊桓公爲伯.

二十五年, 惠王崩, 子襄王鄭立. 襄王母蚤死, 後母曰惠后. 惠后生叔帶, 有寵於惠王, 襄王畏之. 三年, 叔帶與戎·翟謀伐襄王, 襄王欲誅叔帶, 叔帶奔齊. 齊桓公使管仲平戎于周, 使隰朋平戎于晉. 王以上卿禮管仲. 管仲辭曰:「臣賤有司也, 有天子之二守國·高在. 若節春秋來承王命, 何以禮焉. 陪臣敢辭.」王曰:「舅氏, 余嘉乃勳, 毋逆朕命.」管仲卒受下卿之禮而還. 九年, 齊桓公卒. 十二年, 叔帶復歸于周.

十三年, 鄭伐滑, 王使游孫·伯服請滑, 鄭人囚之. 鄭文公怨惠王之入不與厲公爵, 又怨襄王之與衛滑, 故囚伯服. 王怒, 將以翟伐鄭. 富辰諫曰:「凡我周之東徙, 晉·鄭焉依. 子穨之亂, 又鄭之由定, 今以小怨棄之!」王不聽. 十五年, 王降翟師以伐鄭. 王德翟人, 將以其女爲后. 富辰諫曰:「平·桓·莊·惠皆受鄭勞, 王棄親親翟, 不可從.」王不聽. 十六年, 王絀翟后, 翟人來誅, 殺譚伯. 富辰曰:「吾數諫不從. 如是不出,王以我爲黔乎?」乃以其屬死之.

初, 惠后欲立王子帶, 故以黨開翟人, 翟人遂入周. 襄王出奔鄭, 鄭居王于氾. 子帶立爲王, 取襄王所紬翟后與居溫. 十七年, 襄王告急于晉, 晉文公納王而誅叔帶. 襄王乃賜晉文公珪鬯弓矢, 爲伯, 以河內地與晉. 二十年, 晉文公召襄王, 襄王會之河陽·踐土, 諸侯畢朝, 書諱曰「天王狩于河陽」.

二十四年, 晉文公卒.

三十一年, 秦穆公卒.

三十二年, 襄王崩, 子頃王壬臣立. 頃王六年, 崩, 子匡王班立. 匡王六年, 崩, 弟瑜立, 是爲定王.

定王元年, 楚莊王伐陸渾之戎, 次洛, 使人問九鼎. 王使王孫滿應設以辭, 楚兵乃去. 十年, 楚莊王圍鄭, 鄭伯降, 已而復之. 十六年, 楚莊王卒.

二十一年, 定王崩, 子簡王夷立. 簡王十三年, 晉殺其君厲公, 迎子周於周, 立爲悼公.

十四年, 簡王崩, 子靈王泄心立. 靈王二十四年, 齊崔杼弒其君莊公.

二十七年, 靈王崩, 子景王貴立. 景王十八年, 后太子聖而蚤卒. 二十年, 景王愛子朝, 欲立之, 會崩, 子丐之黨與爭立, 國人立長子猛爲王, 子朝攻殺猛. 猛爲悼王. 晉人攻子朝而立丐, 是爲敬王.

敬王元年, 晉人入敬王, 子朝自立, 敬王不得入, 居澤. 四年, 晉率諸侯入敬王于周, 子朝爲臣, 諸侯城周. 十六年, 子朝之徒復作亂, 敬王奔于晉. 十七年, 晉定公遂入敬王于周.

三十九年, 齊田常殺其君簡公.

四十一年, 楚滅陳. 孔子卒.

四十二年, 敬王崩, 子元王仁立. 元王八年, 崩, 子定王介立.

定王十六年, 三晉滅智伯, 分有其地.

二十八年, 定王崩, 長子去疾立, 是爲哀王. 哀王立三月, 弟叔襲殺哀王而自立, 是爲思王. 思王立五月, 少弟嵬攻殺思王而自立, 是爲考王. 此三王皆定王之子.

考王十五年, 崩, 子威烈王午立.

考王封其弟于河南, 是爲桓公, 以續周公之官職. 桓公卒, 子威公代立. 威公卒, 子惠公代立, 乃封其少子於鞏以奉王, 號東周惠公.

威烈王二十三年, 九鼎震. 命韓·魏·趙爲諸侯.

二十四年, 崩, 子安王驕立. 是歲盜殺楚聲王.

安王立二十六年, 崩, 子烈王喜立. 烈王二年, 周太史儋見秦獻公曰:「始周與秦國合而別, 別五百載復合, 合十七歲而霸王者出焉.」

十年, 烈王崩, 弟扁立, 是爲顯王. 顯王五年, 賀秦獻公, 獻公稱伯. 九年, 致文武胙於秦孝公. 二十五年, 秦會諸侯於周. 二十六年, 周致伯於秦孝公. 三十三年, 賀秦惠王. 三十五年, 致文武胙於秦惠王. 四十四年, 秦惠王稱王. 其後諸侯皆爲王.

四十八年, 顯王崩, 子愼靚王定立. 愼靚王立六年, 崩, 子赧王延立. 王赧時東西周分治. 王赧徙都西周.

西周武公之共太子死, 有五庶子, 毋適立. 司馬翦謂楚王曰:「不如以地資公子咎, 爲請太子.」左成曰:「不可. 周不聽, 是公之知困而交疏於周也. 不如請周君孰欲立, 以微告翦, 翦請令楚(賀)[資]之以地.」果立公子咎爲太子.

八年, 秦攻宜陽, 楚救之. 而楚以周爲秦故, 將伐之. 蘇代爲周說楚王曰:「何以周爲秦之禍也? 言周之爲秦甚於楚者, 欲令周入秦也, 故謂'周秦'也. 周知其不可解, 必入於秦, 此爲秦取周之精也. 爲王計者, 周於秦因善之, 不於秦亦言善之, 以疏之於秦. 周絕於秦, 必入於郢矣.」

秦借道兩周之閒, 將以伐韓, 周恐借之畏於韓, 不借畏於秦. 史厭謂周君曰:「何不令人謂韓公叔曰『秦之敢絕周而伐韓者, 信東周也. 公何不與周地, 發質使之楚?』秦必疑楚不信, 是韓不伐也. 又謂秦曰『韓彊與周地, 將以疑周於秦也, 周不敢不受.』秦必無辭而令周不受, 是受地於韓而聽於秦.」

秦召西周君, 西周君惡往, 故令人謂韓王曰:「秦召西周君, 將以使攻王之南陽也, 王何不出兵於南陽? 周君將以爲辭於秦. 周君不入秦, 秦必不敢踰河而攻南陽矣.」

東周與西周戰, 韓救西周. 或爲東周說韓王曰:「西周故天子之國, 多名器重寶. 王案兵毋出, 可以德東周, 而西周之寶必可以盡矣.」

王赧謂成君. 楚圍雍氏, 韓徵甲與粟於東周, 東周君恐, 召蘇代而告之. 代曰:「君何患於是. 臣能使韓毋徵甲與粟於周, 又能爲君得高都.」周君曰:「子苟能, 請以國聽子.」代見韓相國曰:「楚圍雍氏, 期三月也, 今五月不能拔, 是楚病也. 今相國乃徵甲與粟於周, 是告楚病也.」韓相國曰:「善. 使者已行矣.」代曰:「何不與周高都?」韓相國大怒曰:「吾毋徵甲與粟於周亦已多矣, 何故與周高都也?」代曰:「與周高都, 是周折而入於韓也, 秦聞之必大怒忿周, 卽不通周使, 是以獘高都得完周也. 曷爲不與?」相國曰:「善.」果與周高都.

三十四年, 蘇厲謂周君曰:「秦破韓·魏, 扑師武, 北取趙藺·離石者, 皆白起也. 是善用兵, 又有天命. 今又將兵出塞攻梁, 梁破則周危矣. 君何不令人說白起乎? 曰:『楚有養由基者, 善射者也. 去柳葉百步而射之, 百發而百中之. 左右觀者數千人, 皆曰善射. 有一夫立其旁, 曰: 善, 可敎射矣. 養由基怒, 釋弓搤劍, 曰: 客安能敎我射乎? 客曰: 非吾能敎子支左詘右也. 夫去柳葉百步而射之, 百發而百中之, 不以善息, 少焉氣衰力倦, 弓撥矢鉤, 一發不中者, 百發盡息. 今破韓·魏, 扑師武, 北取趙藺·離石者, 公之功多矣. 今又將兵出塞, 過兩周, 倍韓, 攻梁, 一擧不得, 前功盡棄. 公不如稱病而無出』.」

四十二年, 秦破華陽約. 馬犯謂周君曰:「請令梁城周.」乃謂梁王曰:「周王病若死, 則犯必死矣. 犯請以九鼎自入於王, 王受九鼎而圖犯.」梁王曰:「善.」遂與之卒, 言戍周. 因謂秦王曰:「梁非戍周也, 將伐周也. 王試出兵境以觀之.」秦果出兵. 又謂梁王曰:「周王病甚矣, 犯請後可而復之. 今王使卒之周, 諸侯皆生心, 後擧事且不信. 不若令卒爲周城, 以匿事端.」梁王曰:「善.」遂使城周.

四十五年, 周君之秦客謂周(最)[聚]曰:「公不若譽秦王之孝, 因以應爲太后養地, 秦王必喜, 是公有秦交. 交善, 周君必以爲公功. 交惡, 勸周君入秦者必有罪矣.」秦攻周, 而周冣謂秦王曰:「爲王計者不攻周. 攻周, 實不足以利, 聲畏天下. 天下以聲畏秦, 必東合於齊. 兵獘於周, 合天下於齊, 則秦不王矣. 天下欲獘秦, 勸王攻周. 秦與天下獘, 則令不行矣.」

五十八年, 三晉距秦. 周令其相國之秦, 以秦之輕也, 還其行. 客謂相國曰:「秦之輕重未可知也. 秦欲知三國之情. 公不如急見秦王曰:『請爲王聽東方之變』, 秦王必重公. 重公, 是秦重周, 周以取秦也; 齊重, 則固有周聚以收齊: 是周常不失重國之交也.」秦信周, 發兵攻三晉.

五十九年, 秦取韓陽城負黍, 西周恐, 倍秦, 與諸侯約從, 將天下銳師出伊闕攻秦, 令秦無得通陽城. 秦昭王怒, 使將軍摎攻西周. 西周君奔秦, 頓首受罪, 盡獻其邑三十六, 口三萬. 秦受其獻, 歸其君於周.

周君·王赧卒, 周民遂東亡. 秦取九鼎寶器, 而遷西周公於憚狐. 後七歲, 秦莊襄王滅東(西)周. 東西周皆入于秦, 周旣不祀.

太史公曰: 學者皆稱周伐紂, 居洛邑, 綜其實不然. 武王營之, 成王使召公卜居, 居九鼎焉, 而周復都豐·鎬. 至犬戎敗幽王, 周乃東徙于洛邑. 所謂「周公葬(我)[於]畢」, 畢在鎬東南杜中. 秦滅周. 漢興九十有餘載, 天子將封泰山, 東巡狩至河南, 求周苗裔, 封其後嘉三十里地, 號曰周子南君, 比列侯, 以奉其先祭祀.

Ⅳ. 歷代 《尚書》 硏究目錄

끝으로 〈四庫全書總目提要〉에 보이는 청대까지의 《尚書》 연구목록을 나열하면 다음과 같다.

(1)《洪範口義》(2권) 宋 胡瑗(撰)

(2)《東坡書傳》(13권) 宋 蘇軾(撰)

(3)《尚書全解》(40권) 宋 林之奇(撰)

(4)《鄭敷文書說》(1권) 宋 鄭伯熊(撰)

(5)《禹貢指南》(4권) 宋 毛晃(撰)

(6)《禹貢論五卷後論一卷山川地理圖二卷》 宋 鄭大昌(撰)

(7)《尚書講義》(20권) 宋 史浩(撰)

(8)《尚書詳解》(26권) 宋 何僎(撰)

(9)《禹貢說斷》(4권) 宋 傅寅(撰)

(10)《書說》(35권) 宋 呂祖謙(撰)

(11)《尚書說》(7권) 宋 黃度(撰)

(12)《五誥解》(4권) 宋 楊簡(撰)

(13)《絜齋家塾書鈔》(12권) 宋 袁燮(撰)

(14)《書集傳》(6권) 宋 蔡沈(撰)

(15)《尚書詳解》(50권) 宋 黃倫(撰)

(16)《尚書精義》(50권) 宋 陳經(撰)

(17)《融堂書解》(20권) 宋 錢時(撰)

(18)《洪範統一》(1권) 宋 趙善湘(撰)

(19)《尚書要義》(17권) 《尚書序說》(1권) 宋 魏了翁(撰)

(20)《尚書集傳或問》(2권) 宋 陳大猷(撰)

(21)《尙書詳解》(13권) 宋 胡士行(撰)

(22)《尙書表注》(2권) 宋 金履祥(撰)

(23)《書纂言》(4권) 元 吳澄(撰)

(24)《尙書集傳纂疏》(6권) 元 陳櫟(撰)

(25)《讀書叢說》(6권) 元 許謙(撰)

(26)《尙書輯錄纂注》(6권) 元 董鼎(撰)

(27)《尙書通考》(10권) 元 黃鎭成(撰)

(28)《書蔡傳旁通》(6권) 元 陳師凱(撰)

(29)《讀書管見》(2권) 元 王充耘(撰)

(30)《書義斷法》(6권) 元 陳悅道(撰)

(31)《尙書纂傳》(46권) 元 王天與(撰)

(32)《尙書句解》(13권) 元 朱祖義(撰)

(33)《書傳大全》(10권) 明 胡廣(等)(奉敕撰)

(34)《尙書考異》(5권) 明 梅鷟(撰)

(35)《尙書疑義》(6권) 明 馬明衡(撰)

(36)《尙書日記》(16권) 明 王樵(撰)

(37)《尙書砭蔡編》(1권) 明 袁仁(撰)

(38)《尙書注考》(1권) 明 陳泰交(撰)

(39)《尙書疏衍》(4권) 明 陳第(撰)

(40)《洪範明義》(4권) 明 黃道周(撰)

(41)《日講書經解義》(13권) 淸 成祖(御定)

(42)《欽定書經傳說彙纂》(24권) 淸 成祖(敕撰)

(43)《書經稗疏》(4권) 淸 王夫之(撰)

(44)《古文尙書疏證》(8권) 淸 閻若璩(撰)

(45)《古文尙書冤詞》(8권) 淸 毛奇齡(撰)

(46)《尙書廣聽錄》(5권) 淸 毛奇齡(撰)

(47)《尙書埤傳》(17권) 淸 朱鶴齡(撰)

(48)《禹貢長箋》(12권) 淸 朱鶴齡(撰)

(49)《禹貢錐指》(20권)《圖》(1권) 淸 胡渭(撰)

(50)《尙書解義》(1권) 淸 李光地(撰)

(51)《書經衷論》(4권) 淸 張英(撰)

(52)《尙書地理今釋》(1권) 淸 蔣廷錫(撰)

(53)《禹貢會箋》(12권) 淸 徐文靖(撰)

(54)《尙書大全》(4권)《補遺》(1권) 漢 伏勝(撰)

(55)《書義矜式》(6권) 元 王充耘(撰)

(56)《書古文訓》(16권) 宋 薛季宣(撰)

(57)《書疑》(9권) 宋 王柏(撰)

(58)《古洪範》(1권) 宋 賀成大(撰)

(59)《定正洪範》(2권) 元 胡一中(撰)

(60)《尙書旁注》(6권) 明 朱升(撰)

(61)《書疑卓躍》(6권) 淸 陳雅言(撰)

(62)《書傳通釋》(6권) 明 彭勖(撰)

(63)《尙書直指》(6권) (撰人不明)

(64)《書經提要》 明 章陬(撰)

(65)《書傳洪範考疑》(1권) 明 吳世忠(撰)

(66)《禹貢詳略》 明 韓邦奇(撰)

(67)《尙書說要》(5권) 明 呂柟(撰)

(68)《書經旨略》(1권) 明 王大用(撰)

(69)《尙書譜》(5권) 明 梅鷟(撰)

(70)《書疇彝訓》(1권) 明 蔡悉(撰)

(71)《禹貢圖說》(1권) 明 鄭曉(撰)

(72)《禹貢說》(1권) 明 鄭曉(撰)

(73)《古書世學》(6권) 明 豐坊(撰)

(74)《書經直解》(13권) 明 張居正(撰)

(75)《書經說意》(10권) 明 沈偉(撰)

(76)《書經講義會編》(12권) 明 申時行(撰)

(77)《禹貢山川郡邑考》(4권) 明 王繼(撰)

(78)《禹貢元珠》(1권) 明 兪鯤(撰)

(79)《書經疑問》(12권) 明 姚舜牧(撰)

(80)《書帷別記》(4권) 明 王樵(撰)

(81)《尙書要旨》(30권) 明 王肯堂(撰)

(82)《尙書辨解》(10권) 明 郝敬(撰)

(83)《禹貢備遺增注》(2권) 明 胡瓚(撰)

(84)《書傳會衷》(10권) 明 曹學佺(撰)

(85)《虞書箋》(2권) 明 茅瑞徵(撰)

(86)《禹貢匯疏》(15권) 明 茅瑞徵(撰)

(87)《尙書傳翼》(10권) 明 陸鍵(撰)

(88)《尙書晩訂》(12권) 明 史維堡(撰)

(89)《尙書葦籥》(21권) 明 潘士遴(撰)

(90)《書經集意》(6권) 明 萬嗣達(撰)

(91)《禹貢圖注》 明 艾南英(撰)

(92)《禹貢合注》(5권) 明 何允彝(撰)

(93)《讀尙書略記》 明 朱朝瑛(撰)

(94)《書繹》(6권) 明 楊文彩(撰)

(95)《禹貢廣覽》(3권) 明 許胥臣(撰)

(96)《尙書講義》 明 蔡璋(撰)

(97)《尙書解意》(6권) 明 李楨辰(撰)

(98)《禹貢通解》(1권) 明 邵璸(撰)

(99)《尙書集解》(20권) 淸 孫承澤(撰)

(100)《九州山水考》(3권) 淸 孫承澤(撰)

(101)《尙書近指》(6권) 淸 孫奇逢(撰)

(102)《尙書引義》(6권) 淸 王夫之(撰)

(103)《尙書體要》(6권) 淸 錢肅潤(撰)

(104)《書經疏略》(6권) 淸 張沐(撰)

(105)《古文尙書考》(1권) 淸 陸隴其(撰)

(106)《尙書惜陰錄》(6권) 淸 徐世沐(撰)

(107)《尙書口義》(3권) 淸 劉懷志(撰)

(108)《禹貢正義》(3권) 淸 曹爾成(撰)

(109)《舜典補亡》(1권) 淸 蔣家駒(撰)

(110)《尙書義疏》淸 蔣家駒(撰)

(111)《書經詳說》淸 冉覲祖(撰)

(112)《禹貢臆參》淸 楊陸榮(撰)

(113)《禹貢譜》(2권) 淸 王澍(撰)

(114)《禹貢解》(8권) 淸 晏斯盛(撰)

(115)《今文尙書說》(3권) 淸 陸奎勳(撰)

(116)《尙書通義》(14권) 淸 方苞如(撰)

(117)《尙書擧隅》(6권) 淸 徐志遴(撰)

(118)《禹貢方域考》(1권) 淸 湯奕瑞(撰)

(119)《尙書約指》(6권) 淸 楊方達(撰)

(120)《尙書通典略》(2권) 淸 楊方達(撰)

(121)《禹貢約義》淸 華玉淳(撰)

(122)《尙書質疑》(8권) 淸 王心敬(撰)

(123)《書經參義》(6권) 淸 姜兆錫(撰)

(124)《尙書質疑》(2권) 淸 顧棟高(撰)

(125)《書經提要》(10권) 淸 徐鐸(撰)

(126)《尙書小疏》(1권) 淸 沈彤(撰)

(127)《心園書經知新》(8권) 淸 郭兆奎(撰)

(128)《尙書讀記》(1권) 淸 閻循觀(撰)

(129)《尙書私學》(4권) 淸 江昱(撰)

(130)《尙書註解纂要》(6권) 淸 吳蓮(撰)

(131)《尙書剩義》(4권) 淸 黃璘(撰)

(132)《別本尙書大傳》(3권)《補遺》(1권) 淸 孫之騄(編)

(133)《尙書註解纂要》(6권) 淸 吳蓮(撰)

案:《尙書》文句古奧, 訓釋爲艱. 故宋元以前, 注是經者差少, 歷年久遠, 傳本彌稀. 凡有遺編, 率皆採錄, 惟薛季宣之贋古, 王柏賀成大胡一中之改經, 特黜而存目. 一以杜好奇之漸, 一以杜變亂古經之漸也.

임동석(茆浦 林東錫)

慶北 榮州 上茆에서 출생. 忠北 丹陽 德尙골에서 성장. 丹陽初中 졸업. 京東高 서울 教大 國際大 建國大 대학원 졸업. 雨田 辛鎬烈 선생에게 漢學 배움. 臺灣 國立臺灣師範 大學 國文研究所(大學院) 博士班 졸업. 中華民國 國家文學博士(1983). 建國大學校 教授. 文科大學長 역임. 成均館大 延世大 高麗大 外國語大 서울대 등 大學院 강의. 韓國中國言語學會 中國語文學研究會 韓國中語中文學會 등 會長 역임. 저서에 《朝鮮譯學考》(中文)《中國學術概論》《中韓對比語文論》. 편역서에 《수레를 밀기 위해 내린 사람들》《栗谷先生詩文選》. 역서에 《漢語音韻學講義》《廣開土王碑研究》《東北民族源流》《龍鳳文化源流》《論語心得》〈漢語雙聲疊韻研究〉 등. 학술 논문 50여 편. 현 건국대 명예교수. 靑丘書堂 훈장.

임동석중국사상100

서경 書経(尚書)

林東錫 譯註

1판 1쇄 발행/2017년 9월 9일
발행인 고정일
발행처 동서문화사
창업 1956. 12. 12. 등록 16-3799
서울 중구 다산로 12길 6(신당동 4층)
☎546-0331~6 (FAX) 545-0331
www.dongsuhbook.com
잘못 만들어진 책은 바꾸어 드립니다.

＊

＊
사업자등록번호 211-87-75330
ISBN 978-89-497-1641-1　04080
ISBN 978-89-497-0542-2　(세트)